신라 왕권과 여성

신라 왕권과 여성

이 현 주

경인문화사

들어가며

우연이 거듭하여 필연이 되었다. 연구의 주제는 우연이었다. 처음부터 여성의 역사에 관심을 두었던 것은 아니다. 시작은 신라의 건국신화였다. 지식과 종교 사회학에 대한 흥미는 한국 사상의 기원, 즉 원형에 대한 관심으로 이어졌다. 그 중에서 신라의 건국신화는 왕과 왕비의 이성二聖이 동일한 비중으로 다루어졌다는 점이 흥미로웠고, 이는 신라 상고기의 왕비족에 대한 연구로 이어졌다. 여전히 가장 큰 연구 주제는 사회 속의 인간, 구체적으로는 정치제도와 인간활동 간의 상호작용이다. 이와 같은 고민을 구체화한 논문이 「신라 왕실여성의 칭호변천 연구」(성균관대학교 사학과 박사학위, 2014)이다. 신라사 속의 여성을 보기 위해 신라 정치제도와 왕실여성의 제도의 상관성, 즉 후비제를 성립과 운영을 고찰하였다. 이후 「신라후비제연구」(신서원, 2024)로 엮어냈다.

이 책은 신라 왕권과 여성의 상관성에 대한 연구주제를 심화하고, 확장하며 고민한 흔적이다. 한국 고대사회는 발전을 거듭했다. 왕권은 강화되었고, 정치체제는 정치해졌으며, 통치방식은 정교해졌다. 신라는 한국 고대국가 중에서 가장 오랜 기간 존속하였고, 후대 왕조인 고려와 직접적인 연관성을 지닌 왕조이다. 신라는 대외적으로 주변 국가와 전쟁 및 외교를 통한 교류를 통해 선진 제도를 수용하였고, 대내적으로 왕권 및 통치체제의 변화에 기반하여 체제를 발전시켰다. 그럼에도 불구하고 한국 고대의 여성은 여전히 그 자리에 머물러 있다고 인식하였다. 즉 '신모神母' 아니면 '사제司祭'가 여성의 고유한 역할이라고 강조하였다.

이와 같은 문제의식 하에 일련의 연구를 수행 중이다. 『신라후비제연구』에서는 신라의 정치체제 발전에 상응하여 형성된 왕실 여성 제도에 주목하였다. 『신라 왕권과 여성』에서는 이를 더욱 확장하여 신라의 왕권 변화에 상응하는 왕실 여성의 지위와 역할을 고찰하였으며, 아울러 혼인 및 가족 제도의 변천이 여성의 지위와 역할에 어떤 영향을 미쳤는지를 살펴보았다. 제도가 가진 역사적 맥락을 변화와 지속이라는 관점에서 분석함으로써, 신라 사회의 역동성과 그 속에서 형성된 왕실 여성의 존재 양상을 보다 입체적으로 조명하고자 하였다.

연구의 지속은 우연이 아니다. 연구를 지속할 수 있었던 것은 수많은 학은學恩에 기인한다. 역사가로 훈련을 받는 과정은 쉽지만은 않았다. 그렇기에 연구를 지속하는 기반을 다질 수 있었다.

지도교수이신 김영하 선생님, 그리고 남재우, 김종복, 이창훈, 박민경, 백창기, 한영화, 정동준, 강성봉, 최성규, 위가야, 박수진, 권순홍 선후배님께 감사를 전한다. 한국여성사학회, 신라사학회, 수선사학회, 한국고대사학회, 한국역사연구회에서 학회 활동을 하며 인연을 맺은 선생님들과의 교유는 연구의 영역을 확장하고, 심화하는 계기가 되었다. 오랜 기간 학술 교류와 우정을 나누고 있는 義江明子, 伴瀨明美, 稲田奈津子, 三上喜孝, 橋本繁, 豊島悠果, 伊集院葉子께 감사를 전한다.

무엇보다 함께 연구하는 공동연구자들께 감사를 전한다. 그들이 있기에 더 큰 꿈을 꾼다. 공동연구자인 이상국, Won-tak Joo, Joseph Dennis, Eugene Y. Park, 이상동, 채선규께 감사를 전한다.

그리고 가족, 조응수와 조윤형에게 가장 큰 감사를 전한다.

구미龜尾에서 태어나 구미九美에서 살며
이 현 주 씀

목 차

들어가며

제1부 신라 왕실여성과 정치 · 1

제1장 한국 고대 여성의 역사와 인식 …………………………… 3
   머리말 ……………………………………………………………… 3
   1. 여성사 연구의 시기별 경향 ………………………………… 6
   2. 여성사 연구의 주제별 검토 ………………………………… 15
   맺음말 : 경계 넘나들기 ………………………………………… 25

제2장 신라 중대 책봉호冊封號 수수授受의 배경과 의미 ……… 26
   머리말 ……………………………………………………………… 26
   1. 신라왕의 책봉호와 나당관계의 변천 ……………………… 29
   2. 신라 왕실여성 책봉의 배경과 의미 ………………………… 43
   맺음말 ……………………………………………………………… 52

제3장 신라 중대 만월태후의 자기인식과
   '성덕대왕신종聖德大王神鍾' ……………………………… 54
   머리말 ……………………………………………………………… 54
   1. 봉덕사의 창건과 '성덕대왕신종' …………………………… 56
   2. '성덕대왕신종' 명문의 이해와 '효孝' ……………………… 60
   3. 만월태후의 자기인식과 정치적 지향 ……………………… 72
   맺음말 ……………………………………………………………… 78

제4장 신라 하대초기 왕실여성의 책봉과 의미 ·· 80
    머리말 ··· 80
    1. 왕실여성의 책봉과 위상 변화 ·· 83
    2. 태자와 왕후 책봉의 연동성 ··· 89
    3. 당의 신라왕대비 책봉과 의미 ··· 95
    맺음말 ··· 105

제5장 9세기 나당관계와 재당신라인 사회 ··· 107
    머리말 ··· 107
    1. 재당신라인 사회의 특성과 재당신라인의 정체성 ···················· 109
    2. 나당관계와 재당신라인 사회의 상관성 ··································· 127
    맺음말 ··· 134

제6장 신라 『효경』의 수용과 활용 ··· 137
    머리말 ··· 137
    1. 『효경』의 수용 배경 ··· 139
    2. 경덕왕의 『어주효경御注孝經』의 수용과 '효치孝治' ·················· 150
    3. 진성왕의 통치와 '효녀' 창출 ·· 156
    맺음말 ··· 164

제2부 신라 왕실여성과 가족 · 167

제1장 한국 고대의 '가家'의 기원 ·· 169
    머리말 : 한국 고대 '가족사' 연구의 시작 ··································· 169
    1. 한국 고대의 '족族'을 찾아서 ·· 174
    2. 한국 고대의 '가家'를 찾아서 - 왕위계승을 중심으로 - ········· 179
    3. 한국 고대의 '부父'를 찾아서 ·· 182
    맺음말 : 고대 가족의 이원적 운영 원리 ···································· 184

제2장 한국 고·중세의 혼인제와 '유녀遊女'의 인식 ······················ 186
    머리말 - 정절과 음란 : 유녀의 기록과 실제 사이 ················ 186
    1. 중국사서의 유녀관련 기록의 특징 ······························ 190
    2. 제한적 처변거주(서류부가형)의 혼인제와 유녀 ················ 196
    3. '유녀' 인식의 변천 ·· 209
    맺음말 - 시선과 기록 : 차이가 차별이 되는 순간 ················ 216

제3장 신라 유교 가족윤리의 도입과 변용 ······························ 220
    머리말 ·· 220
    1. 상복법과 유교의 예제적 '가家' 개념의 도입 ···················· 223
    2. 유교 가족윤리의 수용 ·· 232
    3. 유교의 예제적 '가家'와 신라의 '족族' ··························· 245
    맺음말 ·· 251

제4장 신라 태자제의 수용과 왕실의 '가족家族' 인식 ················ 253
    머리말 ·· 253
    1. 태자제와 왕위계승 양상의 변화 ································ 255
    2. 태자제의 수용과 운용 ·· 261
    3. 태자제와 왕실의 '가족家族' 인식 ······························ 273
    맺음말 ·· 286

제5장 신라 하대초기의 왕위계승과 태후의 역할 ······················ 289
    머리말 ·· 289
    1. 인겸계의 등장과 태후의 위상 ·································· 291
    2. 인겸계의 태자와 태후 ·· 299
    3. 왕위계승과 태후의 역할 ·· 305
    맺음말 ·· 315

제6장 신라 하대 왕위계승권과 왕실여성 ································ 317
　머리말 ·· 317
　1. 경문왕가의 성립과 왕위계승 양상 ··· 319
　2. 헌강왕계의 왕위계승과 '의부모義父母' ······································ 334
　3. 왕위계승권과 왕실여성의 상관성 ·· 340
　맺음말 ·· 346

맺으며 · 349

참고문헌　354

관련연구　358

찾아보기　359

제1부

신라 왕실여성과 정치

제1장 한국 고대 여성의 역사와 인식

머리말

여성사는 역사 속의 여성이 연구주제이고, 여성의 시각으로 역사를 재구성하는 것을 목적으로 한다. 실질적으로 여성사의 범위는 제반 역사연구에서 여성을 부수적으로 파악한 연구부터 여성 주체의 지위와 역할에 관한 연구, 여성주의의 시각으로 역사를 재인식하는 연구에 이르기까지 매우 다양하다. 이들 연구는 역사 속의 여성을 인식하고, 드러냈다는 점에서 모두 유의미하다. 다만 여성사의 연구 방법과 시각은 지속적으로 모색되어야 할 것이다.

한국 고대 여성의 연구사 검토는 박용옥에 의해 처음으로 이루어졌다. 박용옥은 1958년부터 20년간의 한국 여성사 연구 전반에 대해 검토하였다.[1] 당시의 연구 경향은 주로 근대여성사, 그 중에서 항일민족운동사의 여성의 지위에 관한 연구가 비중이 컸다.[2] 박용옥은 개화기 이후의 근대화과정에서 여성의 지위와 역할에 관한 연구가 많았고 그 일환으로 한국 전통사회에서 여성의 지위를 주목하였다.[3]

1990년대에 한국 여성사 연구가 본격화하였고, 연구사 검토와 여성사 특집이 이루어졌다. 우선 한국여성연구회의 여성사분과에서 한국 여성사

---

1) 박용옥, 「한국 여성사연구의 동향」 『이화사학연구』 9, 1976.
2) 박용옥, 앞의 논문, 1976, 31쪽.
3) 박용옥은 『한국여성사』 I 에서 원시사회에서 고대사회로 이행되는 사회 속에서, 또 중세 이후의 남권중심구조의 사회 속에서 여성의 지위를 어떻게 지켜왔는가에 대한 발전적 사관에 입각하려 서술했다는 점을 높이 평가하였다(앞의 논문, 1976, 32쪽).

연구의 동향을 전근대와 근현대로 나누어 고찰하였다.[4] 전근대를 원시고대-중세Ⅰ(고려)-중세Ⅱ(조선)로 시기 구분하였고, 각 시기별 혼인-가족제도 및 친족-여성관 및 이데올로기의 주제로 검토하였다. 고대에서는 여성노동의 주제를 추가하였고, 고려에서는 상속제도의 주제를 추가하였다. 또한 고려와 조선에서는 여성교육의 주제를 추가하였고, 조선은 여성윤리관의 주제도 서술하였다.[5]

또한 최숙경은 『한국사시민강좌』의 여성사 특집에서 1920년대부터 80년대 이후까지 시대 및 주제별로 연구사를 검토하였다.[6] 특히 1920년대 이능화의 『조선여속고』(1927), 『조선해어화사』(1927)를 여성사 연구의 지평을 열어준 연구로 주목하였다.

최숙경은 일제강점기-해방이후-1960-1970년대-1980년대 이후로 시기 구분하여 경향을 살펴보고, 혼인과 가족-여성교육과 노동-여성운동을 주제별로 검토하였다. 1980년대 이전의 여성관련 연구는 주로 가족, 혼인, 친족 등 제도사 중심의 연구였고, 여성사 연구는 여성교육, 여성운동에 집중되었다고 파악하였다.[7] 1977년에 한국 여성학이 도입되면서 1980년대의 여성사 연구는 새로운 시각이 등장하고, 주제도 다양해졌다고 하였다. 그럼에도 불구하고 여전히 여성을 주체로 파악한 연구라고 하기는 어렵다고 보았다.[8]

이순구는 『한국사연구 50년』에서 해방 전후 시기부터 2004년까지의 전근대 여성사의 연구 성과를 검토하였다.[9] 이순구는 이능화의 『조선여속고』가 여성을 주제로 한 최초의 단행본, 최초의 통사적인 여성사 연구였을 뿐

---

4) 한국여성연구회, 「한국 여성사 연구 동향과 과제-전근대편」『여성과 사회』 3, 1992.
5) 한국여성연구회, 같은 논문, 1992, 317-338쪽.
6) 최숙경, 「한국 여성사 연구의 성립과 과제」『한국사시민강좌』 15, 1994.
7) 최숙경, 앞의 논문, 1994, 6-7쪽.
8) 최숙경, 앞의 논문, 1994, 7쪽.
9) 이순구, 「전근대 여성사 연구의 현황과 과제」, 한국문화연구원 편, 『한국사연구 50년』, 혜안, 2005.

만 아니라 여성에 관해 풍부한 주제를 담고 있고, 자료집적 성격을 가지고 있다고 주목하였다.10) 이후 1960~1970년대 - 1980년대 - 1990년대 - 2000년대로 시기 구분하여 연구사를 검토하였다. 이순구는 1970년대에 여성에게 초점을 맞춘 연구가 이루어지기 시작하였고, 1980년대에 독립된 여성사가 늘어나고 페미니즘적 시각도 확대되었다고 보았다. 이후 1990년대 중반 이후 2000년대 이르러서야 본격적인 여성사관련 연구 성과가 많아졌다고 파악하였다.11)

한국여성사 연구의 시발점을 박용옥은 1958년에 이화여자대학교에서 출간한 『韓國女性文化論叢』으로 보았고,12) 한국여성연구회에서는 본격적인 여성사 연구의 시작을 백남운의 『조선사회경제사』(1933)로 보았다.13) 또한 최숙경과 이순구는 이능화의 『조선여속고』(1927)를 주목하였다.

이들 연구사 검토를 통해 여성사의 과제는 여성 종속의 원인과 억압의 기원과 구조를 밝히고, 불완전한 역사에서 전체사로 나아갈 것을 지향해야 한다는 점을 확인하였다.

이후 한국여성사학회의 특집으로, 2007년에 '여성사 연구 현황과 과제', 2013년에 '한국여성사연구의 현황과 전망'이 기획되었다. 2007년에는 강영경이 고대에서 고려시대까지를 범주로 2005-2007년의 여성사 연구 현황을 검토하였고,14) 2013년에는 김선주가 삼국시대부터 고려시대를 범주로 2007-2013년의 여성사 연구 현황을 검토하였다.15) 2015년에 정해은이 삼국~조선시대를 범주로 여성사 연구의 동향을 고찰하였다.16) 이들 연구사

---

10) 이순구, 앞의 논문, 2005, 431쪽.
11) 이순구, 앞의 논문, 2005, 429-430쪽.
12) 박용옥, 앞의 논문, 1976, 30쪽.
13) 한국여성연구회, 앞의 논문, 1992, 317쪽.
14) 강영경, 「한국 여성사 연구의 현황과 과제-고려시대까지를 중심으로-」『여성과 역사』 6, 2007.
15) 김선주, 「여성과 여성성 연구의 모색-삼국시대부터 고려시대까지를 배경으로-」『여성과 역사』 19, 2013.
16) 정해은, 「한국여성사의 동향과 전망 : 삼국~조선시대를 중심으로」『한국문화연구』

검토에서는 검토 시기를 고대에 한정하지 않았고, 전근대 또는 고대~고려의 연구사를 검토하였다. 최근 김영심과 강영경은 한국 고대 여성사 연구의 경향을 대략 살펴보았다.17)

　현재 한국 고대 여성사는 많은 연구성과가 축적되었다. 기존의 연구사는 검토대상의 분야를 역사학으로 한정하지 않았거나 검토대상의 시기를 고대로 한정하지 않았다. 따라서 본 연구에서는 시기와 분야를 고대와 역사로 한정하여 고대 여성의 연구사를 검토하고자 한다. 우선 고대 여성사의 시기에 따른 연구 경향을 살펴보고, 다음으로 고대 여성사의 주요 연구 주제를 검토하고자 한다. 고대 여성사의 시기별 경향과 주제별 검토를 통해 향후 여성사 연구에 일조할 수 있기를 바란다.

1. 여성사 연구의 시기별 경향

　한국의 여성사 연구는 크게 두 가지로 구분할 수 있다. 하나는 여성사의 시각과 이론을 토대로 명확한 주제의식 하에 이루어진 연구이다. 다른 하나는 기존의 역사 연구에서 하나의 변수로서 여성을 주목한 연구이다. 전자의 경우, 서양 여성사 연구의 시각과 이론을 도입하고, 적용하고자 하였다.18) 역사에서 여성이 소외되고, 배제되었음을 인식하고, 그 매커니즘을

28, 2015.
17) 김영심, 「한국 고대 여성사 연구 현황과 연구의 진전을 위한 제언」 노태돈교수 정년기념논총 간행위원회 엮음, 『한국 고대사 연구의 시각과 방법』, 사계절, 2014 ; 강영경, 「고대 여성사 연구 동향」, 강영경 외, 『한국 여성사 연구 70년』, 한국학중앙연구원출판부, 2017.
18) 한국 여성사 연구에 영향을 미친 서양의 여성사 연구는 여성사(woman's history), 페미니스트 역사(Feminist History)와 젠더사(gender history) 등이 있다. 초기의 여성사 연구는 거다 러너에 의해 "역사 속의 여성의 위치"에 대한 문제제기가 제시되었다(Gerda Lerner, "Placing Women in History, Definitions and Challenes", *Feminist Studies*, vol. 5, no. 1/2, 1975, pp.5-14). 이후 기존의 역사학에서 배제되었던 여성

밝히고자 하였다. 이를 통해 역사 속의 여성을 재인식하고, 나아가 새로운 역사상을 정립하는 것을 목적으로 한다. 후자의 경우, 역사 연구의 각 분야에서 여성 관련 연구를 통해 기존의 역사상을 보완하고자 하였다. 역사 속의 여성을 규명하고, 이를 통해 전체사를 지향하는 것을 목적으로 한다.

이들 두 가지 흐름의 연구는 역사 속에 파편적으로 흩어진 여성의 흔적을 찾고, 이를 통해 역사의 실재에 밝히고자 한 연구들이라는 점에서 유의미하다. 고대 여성사의 연구 경향을 시기별로 살펴보고자 한다.

Ⅰ기는 사회사의 영역에서 여성사 연구가 시작된 시기이다. 일제강점기와 해방 이후 혼인·친족 관련 연구에서 여성사 연구가 이루어졌다. 1920년대에 여성사 연구가 시작되었다. 최초의 여성사 저작은 이능화의 『조선여속고』(1927)와 『조선해어화사』(1927)이다. 이능화의 『조선여속고』와 『조선해어화사』는 근대적인 역사연구방법론으로 씌어진 최초의 여성사연구서이다. 『조선여속고』는 상고시대부터 조선시대의 여속을 다루고 있는데, 조선시대 이전의 것은 문헌자료이고, 개화기 이후의 것은 저자의 견문이다. 저자가 이 책을 저술하게 된 동기는 서문에서 "미국인 임락林樂의 『五洲女俗通考』에 조선의 여인들은 "어린 아이가 울면 고양이가 온다고 어른다[兒啼聲文曰猫來云]."는 것 외에는 아무 것도 적혀 있지 않아 임락의

의 역사를 발굴하고, 재현하는 여성의 역사에 대한 연구가 이루어졌다. 이는 기존의 역사 서술에서 여성의 지위와 역할을 보충하는 보충사(compensatory), 그리고 유의미한 활동을 한 여성을 발굴하는 공헌사(contribution)로 이어졌다(정현백, 「새로운 여성사, 새로운 역사학」『역사학보』 150, 1996 ; 『여성사 다시 쓰기』, 당대, 2007). 페미니스트 역사는 역사연구를 통해 여성억압의 기원과 작동원리를 밝히고, 그것을 타파하고자 하였다. 젠더사는 사회에 의해 산출되고, 구성되고, 만들어진 젠더정체성의 관점에서 역사를 분석하였다(Joan W. Scott, "Some More Reflection on Gender and Politics", *Gender and Politics of History(revised ed.)*, New York: Columbia University Press, 1999). 젠더사는 남성 중심의 역사 서술에 여성을 보충하는 것에 대한 근본적인 문제제기였고, 역사학 연구 방법론으로서의 새로운 패러다임을 제시하였다. 이에 기존 역사서술의 대상으로 인식되지 않았던 섹슈얼리티, 출산, 자녀 양육 등의 사생활에서의 권력 역시 연구의 영역으로 확대되었다(정현백, 앞의 책, 2007).

무식을 탓하기 전에 우리나라의 여속 문헌이 없는 탓이라 하여, 그러한 문헌을 작성하기 위하여 사료를 모아 10여년에 걸쳐 이 책을 쓴다고" 밝히고 있다.[19]

해방 이후, 1960~1970년대에 1970년대의 가족법 개정 운동, 1975년의 '세계 여성의 해' 선포 등으로 가족에 대한 관심이 높아졌다. 또한 사회사 연구가 활성화되었는데,[20] 이는 혼인 및 친족 연구로 이어졌다.[21] 이들 연구에서 여성의 지위와 역할에 대한 관심이 시작되었다.

1960년에 숙명여자대학교에서 아세아여성연구소를 설치하고, 『아세아여성연구』라는 학술지를 발간했다. 1972년에 이화여자대학교에서 한국여성사연구소를 설치하였는데, 1977년에 여성자원개발연구소와 통폐합하여 한국여성연구소를 설립하고, 여성학 강좌를 개설하였다. 해방 이후의 여성사 연구는 이러한 움직임에서 시작되었다.

고대 여성사 연구의 시발점이 되었던 것은 1972년에 출간된『한국여성사』(전3권)[22]와 1977년에 시대별로 편찬된 『한국여성관련자료집』이었다.[23] 특히『한국여성사』는 통사로, 전근대는 제1부 고려이전, 제2부 조선시대로 구성하였다. 1부는 최숙경이 집필하였는데, 선사사회-부족사회-고대사회-고려시대로 시기 구분하였다. 선사사회 속의 여성과 부족사회 속의 여성, 고대사회의 여성을 구분하였고, 고대사회의 여성은 정치, 종교, 지위, 일상생활과 문화의 주제로 서술하였다. 사회의 변화, 그에 따른 여성의 역

---

19) 이능화 저, 김상억 역,『조선여속고』, 동문선, 2009.
20) 정해은, 앞의 논문, 2015, 294-296쪽.
21) 김두헌,『한국가족제도연구』, 서울대학교출판부, 1969 ; 이광규,「신라왕실의 친족체계」『동아문화』14, 1977 ;「신라왕실의 혼인체계」『민족과문화』2, 1988 ; 김의규,「신라 모계제 사회설에 대한 검토」『한국사연구』23, 1979 ; 최재석,「신라왕실의 혼인제」『한국사연구』40, 1983a ;「신라왕실의 친족구조」『동방학지』35, 1983b ; 이종욱,「신라시대의 혈족집단」『역사학보』115, 1987.
22) 한국여성사편찬위원회,『한국여성사』, 이화여자대학교 출판부, 1972.
23) 梨花女子大學校 韓國女性史硏究所,『韓國女性關係資料集Ⅰ-古代篇』, 梨花女子大學校 出版部, 1977.

할과 지위의 변화를 고찰한 저서이다.

또한 한국 고대사에서 신라의 친족집단과 혼인체계에 관한 연구에서 여성이 다루어졌다. 한국 고대사 분야에서 가장 먼저 주목되는 연구는 이기백의 고구려와 신라의 왕비족 연구관련 연구이다.[24] 고구려 및 신라에서 정치사회와 왕권이 변화하는 과정과 왕비족의 관련성을 고찰하였다.

Ⅱ기는 고대 여성의 지위와 역할을 밝히기 위한 연구가 촉발된 시기이다. 1980년대에 여성운동과 여성학이 성장하고, 민중사가 출현하였다.[25] 여성운동의 영향으로 여성사 연구의 열의가 커지기 시작한 시기이다.[26] 이 시기는 비록 연구성과는 적지만, 역사 속의 여성을 주목하고, 그 존재양상을 밝히기 위한 여성사 연구가 시작된 시기라는 점에서 주목된다.

초기의 고대여성사 연구의 과제는 여성 억압의 기원을 밝히고, 여성의 역할과 지위를 고찰하는 것이었다. 특히 신모의 신성성과 여사제의 역할을 통해 고대 여성의 역할과 지위를 고찰하였다. 본격적인 연구는 강영경의 「韓國 古代社會의 女性 ; 三國時代 女性의 社會活動과 그 地位를 中心으로」부터 시작되었다.[27] 강영경의 논문은 한국 고대 여성의 존재양상을 신화 속의 신성, 정치활동, 경제력, 가정 내 지위의 주제로 살펴보았다. 이영하는 「高句麗家族制度와 娶嫂婚制」에서 가부장제와 관련하여 고구려의 취수혼을 고찰하였다.[28] 또한 여성사제인 노구의 역할을 규명한 연구,[29] 신라 여성의 풍속,[30] 신라여성의 토지 소유[31] 등을 주목한 연구도 이루어졌다.

---

[24] 이기백, 「고구려왕비족고」『진단학보』 20, 1959 ; 「신라시대의 갈문왕」『역사학보』 58, 1973.
[25] 정해은, 앞의 논문, 2015, 296쪽.
[26] 이순구, 앞의 책, 2005, 435쪽.
[27] 강영경, 「한국고대사회에 있어서의 여성의 존재형태-삼국시대 여성의 사회활동과 그 지위를 중심으로-」, 숙명여자대학교 석사학위논문, 1980 ; 「韓國 古代社會의 女性 ; 三國時代 女性의 社會活動과 그 地位를 中心으로」『淑大史論』 11·12합집, 1982.
[28] 李英夏, 「高句麗家族制度와 娶嫂婚制」『論文集-人文·社會科學篇』 제25집, 1987.
[29] 崔光植, 「三國史記 所載 老嫗의 性格」『史叢』 25, 1981.
[30] 金用淑, 「新羅의 女俗」『新羅文化祭學術發表會論文集 : 新羅民俗 新研究』 4, 1983.

Ⅲ기는 여성사 연구가 본격적으로 이루어진 시기이다. 1990년대에는 사회사의 일환으로 여성사 연구가 행해졌고, 여성사의 주제의식을 기반으로 한 연구도 이루어졌다. 이 시기의 여성사 연구는 역사학계와 대중의 관심을 받기 시작하였다. 학회의 '여성사특집' 기획과 대중서의 편찬이 이루어진 시기이다.

1994년에 『한국사시민강좌』 15호에서 「韓國史上의 女性」을 주제로 특집을 구성하였다. 이 특집에서 고대 여성사는 「고대 여성의 지위」와[32] 「신라의 여왕들」의 2편이었다.[33] 김두진은 「고대 여성의 지위」에서 지모신신앙과 여사제 - 불교의 수용과 관음신앙 - 유교와 여성의 덕목에 대해서 고찰하였다.[34] 정용숙은 「신라의 여왕들」에서 여왕의 즉위 배경, 여왕통치의 특징, 여왕통치에 대한 인식에 대해서 고찰하였다.[35] 또한 신앙,[36] 혼인,[37] 정치[38] 분야에서 유의미한 연구가 이루어졌다.

1996년에 역사학회는 『역사학보』 150호에서 여성사를 주제로 특집호를 구성하였다. 총설, 한국사, 동양사, 서양사의 논문 총 10편으로 구성되었다. 해당 특집호에서 한국사는 4편이었는데, 조선사 2편, 일제강점기 논문 1편, 미군정기 논문 1편이 수록되었다. 고대사 관련 논문은 없었으나, 여성사 특집호가 구성된 학술지였다는 점에서 주목된다. 또한 1999년에 한국여성

---

31) 최재석, 「신라시대 여자의 토지소유」 『한국학보』 40, 1985.
32) 金杜珍, 「한국 古代 女性의 지위」 『韓國史 市民講座』 15, 일조각, 1994.
33) 鄭容淑, 「신라의 女王들」 『韓國史市民講座』 15, 일조각, 1994.
34) 김두진, 앞의 논문, 1994, 21-37쪽.
35) 정용숙, 앞의 논문, 1994, 40-61쪽.
36) 김영미, 「신라불교사에 나타난 여성의 신앙생활과 승려들의 여성관」 『여성신학논집』 1, 1995 ; 申瀅植, 「韓國 古代의 傳統信仰과 女性」 『先史와 古代』 8, 1997 ; 전호태, 「한국 고대의 여성」 『한국고대사연구』 12, 1997.
37) 강성원, 「신라 및 통일 신라 시대의 혼인 풍속」 『백산학보』 52, 1999 ; 韓鈴和, 「高句麗 地母神信仰과 母處制」 『史學研究』 58·59, 1999.
38) 김선주, 「眞興王의 卽位와 只召太后의 攝政」 『한국학대학원논문집』 제12집, 1997 ; 박해현, 「新羅 景德王代의 外戚 勢力」 『韓國古代史研究』 11, 1997 ; 文暻鉉, 「弑王說과 善德女王」 『白山學報』 52, 1999.

사가 대중서로 출간되었는데, 한국여성연구소 여성사연구실에서 『우리 여성의 역사』를 출간하였고,[39] 『우리나라 여성들은 어떻게 살았을까』 시리즈도 출간되었다.[40] 이 중 1권에 해당하는 시기가 고대부터 조선시기이다.

이처럼 1990년대 이후 역사의 대중화를 위한 노력과 역사 연구의 주제와 대상이 거시사에서 미시사의 개인과 일상으로 옮겨감에 따라 여성도 주목되었다. 그러나 여성사는 여전히 역사 연구의 변방에 위치하였다.

Ⅳ기는 2000년대에 여성사의 연구 성과가 축적된 시기이다. 여성사 연구가 양적으로 팽창하고, 외연이 넓어졌다. 이는 한국여성사학회의 창설로 이어졌다.

이 시기에 정치제도[41], 혼인[42] 신앙[43] 분야에서 주목할 만한 연구가 이루어졌고, 효행담, 여성성불론, 여왕의 이미지도 연구주제로 다루어졌다.[44] 고조선사,[45] 고구려사,[46] 백제사,[47] 가야사[48]에서도 유의미한 연구가 행

---

39) 한국여성연구소 여성사연구실, 『우리 여성의 역사』, 청년사, 1999.
40) 이배용 외, 『우리나라 여성들은 어떻게 살았을까』 1·2, 청년사, 1999.
41) 이영호, 「新羅의 王權과 貴族社會 - 중대 국왕의 혼인 문제를 중심으로」 『新羅文化』 22, 2003 ; 전기웅, 「眞聖女王代의 花郎 孝宗과 孝女知恩 說話」 『韓國民族文化』 25, 2005 ; 김선주, 「신라 사회 여성의 정치 활동」 『史學硏究』 77, 2005 ; 고현아, 「신라 원화제 시행의 배경과 성격」 『역사와현실』 67, 2008 ; 이현주, 「新羅 上古期 王妃族의 등장과 추이」 『사림』 31, 2008.
42) 김영심, 「혼인습속과 가족구성원리를 통해 본 한국 고대사회의 女性」 『강좌한국고대사』 10, 2003 ; 김선주, 「신라사회의 혼인 형태와 '壻屋制'」 『역사민속학』 17, 2003.
43) 趙二玉, 「韓國古代의 國家形成과 女性信仰」 『東洋古典硏究』 20, 2004 ; 강영경, 「신라 상대(上代)시기의 여사제女司祭 - 어무女巫와 비구니比丘尼의 역할을 중심으로」 『여성과역사』 2, 2005 ; 최혜영, 「고대 '새모습 여인'에 나타난 여성상」 『歷史敎育論集』 36, 2006.
44) 김현정, 「고대 孝行談과 여성」 『祥明史學』 13·14합집, 2008 ; 조경철, 「신라의 여왕과 여성성불론」 『역사와 현실』 71, 2009 ; 정연식, 「선덕여왕의 이미지 창조」 『韓國史硏究』 147, 2009 ; 「선덕여왕과 성조(聖祖)의 탄생, 첨성대」 『역사와현실』 74, 2009.
45) 강영경, 「단군신화에 나타난 웅녀의 역할」 『여성과역사』 16, 2012.
46) 강영경, 「古墳壁畵를 通해서 본 高句麗 女性의 役割과 地位」 『高句麗渤海硏究』 17, 2004 ; 채미하, 「高句麗의 國母信仰」 『東北亞歷史論叢』 12, 2006 ; 윤상열, 「고구려 왕후 우씨에 대하여」 『역사와실학』 32, 2007.

해졌다.

여성사를 특집으로 구성한 학술지의 발간과 대중서의 간행도 활발하게 이루어졌다. 2003년에 이화여자대학교 사학회의 『이대사원』 36에서 '평강공주와 단양에 대한 역사적 조명'을 특집호로 구성하였다.[49] 2005년에는 역사학연구소의 『역사연구』 15호에서 '역사 속의 여성 노동'을 주제로 특집호를 구성하였다.[50]

『우리 역사의 여왕들』이라는 단행본도 간행되었고,[51] 2005년에는 한국여성향토문화연구원에서 『한국여성들, 무엇을 믿고 살았을까』를 출간하였다.[52] 신라사학회는 2006년에 『신라속의 사랑 사랑속의 신라』,[53] 2008년에 『신라 속의 사랑 사랑속의 신라 : 통일신라편』을 출간하였다.[54] 이를 통해 『삼국사기』와 『삼국유사』에 수록된 신라의 여성들을 대중적으로 소개하였다.

2004년의 한국여성사학회의 창설은 여성사 연구의 공적인 공간 확보라는 차원에서 주목할 만한 성과였다. 한국여성사학회는 2004년부터 2020년

---

[47] 조경철, 「백제 왕비 팔수부인(八須夫人)의 출자와 그 생애」 『여성과역사』 11, 2009.
[48] 백승충, 「김해지역의 가야관련 전승자료-허왕후 설화를 중심으로」 『향토사연구』 15, 2003 ; 권주현, 「왕후사(王后寺)와 가야(加耶)의 불교전래문제(佛敎傳來問題)-가야사회(加耶社會)의 신앙체계(信仰體系)와 관련하여」 『대구사학』 95, 2009.
[49] 연갑수, 「평강공주와 온달에 대한 문화유산 보존과 문화사업」 『梨大史苑』 35, 2003 ; 박용옥, 「고구려의 혼인 풍속과 평강공주의 자배혼인과 그 역사적 성격」 『梨大史苑』 35, 2003 ; 이배용, 「평강공주에 대한 여성사적 조명과 현대적 의미」 『梨大史苑』 35, 2003 ; 이은순, 「단양의 민속문화와 혼속」 『梨大史苑』 35, 2003 ; 신형식, 「한국고대사에 있어서 단양의 위상」 『梨大史苑』 35, 2003.
[50] 한영화, 「고대사회의 성별분업과 여성노동」 『역사연구』 15, 2005 ; 이임하, 「해방뒤 국가건설과 여성노동」 『역사연구』 15, 2005 ; 김정화, 「1960년대 기혼여성의 노동-도시빈민을 중심으로-」 『역사연구』 15, 2005 ; 김춘수, 「1960~1970년대 여성노동자의 주거공간과 담론」 『역사연구』 15, 2005.
[51] 조범환, 『우리 역사의 여왕들』, 책세상, 2000.
[52] 한국여성향토문화원, 『한국여성들, 무엇을 믿고 살았을까』, 집문당, 2005.
[53] 신라사학회, 『신라 속의 사랑 사랑속의 신라』, 경인문화사, 2006.
[54] 신라사학회, 『신라 속의 사랑 사랑속의 신라 : 통일신라편』, 경인문화사, 2008.

까지 매년 두 차례 학술지 『여성과 역사』를 간행하였다. 『여성과 역사』의 간행은 한국사, 동양사, 서양사 간의 학문적 교류의 매개가 되었고, 이는 연구 영역의 확대를 가져왔다. 여성사 연구에 대한 정기적인 간행지 발간은 여성사 연구가 비약적으로 축적되는 계기가 되었다.

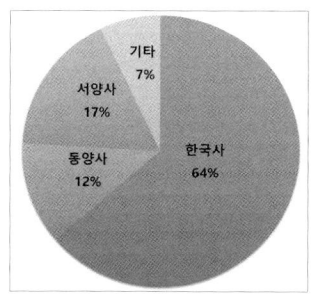
그림1 분야별 연구 분포도

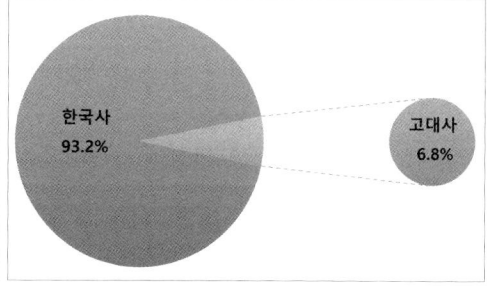
그림2 한국 고대사 연구 비중

그림1은 『여성과 역사』에 실린 논문의 분야별 비중에 관한 것이고, 그림2는 한국사에서 고대사 논문의 비중이다. 2020년 32호까지 실린 논문 편수는 총 278편인데, 『여성과 역사』에 실린 논문의 분야별 비중을 보면 한국사가 월등히 많다.

다만 한국사 분야에서 고대 여성사 논문은 학술논문이 10편, 연구사 검토가 2편으로, 총 12편이다.[55] 고대사 연구의 비중이 적지만, 연구주제가

---

55) 강영경, 앞의 논문, 2005, 2007, 2012 ; 조경철, 앞의 논문, 2009 ; 김선주, 「여성과 여성성 연구의 모색 — 삼국시대부터 고려시대까지를 배경으로」 『여성과역사』 19, 2013 ; 이현주, 「신라 중대 신목왕후(神穆王后)의 혼인과 위상」 『여성과역사』 22, 2015 ; 「신라 중대 만월태후의 자기인식과 '성덕대왕신종(聖德大王神鍾)'」 『여성과역사』 27, 2017 ; 「신라 하대초기의 왕위계승과 태후의 역할」 『여성과역사』 29, 2018 ; 김선주, 「고등학교 『한국사』 교과서의 고대 여성 관련 서술 검토」 『여성과역사』 24, 2016 ; 「신라 진성여왕의 재현과 섹슈얼리티」 『여성과역사』 29, 2018 ; 「신라 진성왕의 양위 과정과 배경」 『여성과역사』 32, 2020 ; 한영화, 「고대사회의 혼인과 간음에 대한 처벌」 『여성과역사』 27, 2017.

신앙, 혼인, 정치뿐만 아니라 인식과 담론의 영역까지 폭넓게 분포하고 있다는 점이 주목된다.

Ⅴ기는 2010년 이후부터 최근까지의 연구이다. 2010년 이후는 연구주제가 다양해지고, 연구성과도 비약적으로 늘어났다.

고대 여성을 주제로 한 학술서도 출간되었고,56) 통사로 구성된 대중서도 출간되었다.57) 신라사학회는 2011년 2월에 제101회 기념 연구발표회를 '통일신라시대 왕과 왕의 여인들 그리고 정치'를 주제로 주최하였다. 연구발표회에서 발표된 논문은 『신라사학보』 22에 특집으로 수록하였다.58) 이후 정치제도사 영역에서 여성의 지위와 역할을 고찰한 연구가 다수 이루어졌다. 또한 2019년 6월에 한국사상사학회에서 '제도와 규범 속 여성 - 새로운 여성담론의 모색'이라는 주제로 연구발표회를 주최하였다.59) 2010년 이후 여성사는 역사의 변방이 아닌 역사의 확장된 외연으로 인식되기 시작하였다.

이처럼 한국 고대의 여성사 연구는 Ⅰ기(1920~1970년대) - Ⅱ기(1980년대) - Ⅲ기(1990년대) - Ⅳ기(2000년대) - Ⅴ기(2010년대)로 변화·발전하였

---

56) 김선주, 『신라의 고분문화와 여성』, 국학자료원, 2010.
57) 국사편찬위원회, 『한국문화사 35 - '몸'으로 본 한국여성사 - 』, 2011 ; 이순구 주진오 김선주 권순형 박정애 김은경, 『한국 여성사 깊이 읽기 - 역사 속 말없는 여성들에게 말 걸기 - 』, 푸른역사, 2013 ; 김창겸, 김선주, 권순형, 이순구, 이성임, 임혜련, 『한국 왕실여성 인물사전』, 한국학중앙연구원, 2015 ; 정현백, 김선주, 권순형, 정해은, 신영숙, 이임하, 『글로벌시대에 읽는 한국여성사』, 사람의무늬, 2016.
58) 李泳鎬, 「통일신라시대의 王과 王妃」, 『신라사학보』 22, 2011 ; 金台植, 「'母王'으로서의 新羅 神睦太后」, 『신라사학보』 22, 2011 ; 曺凡煥, 「新羅 中代 聖德王代의 政治的 動向과 王妃의 交替」, 『신라사학보』 22, 2011 ; 김수태, 「신라 혜공왕대 만월부인의 섭정」, 『신라사학보』 22, 2011 ; 김창겸, 「신라 憲康王과 義明王后, 그리고 '野合'과 孝恭王」, 『신라사학보』 22, 2011.
59) 이현주, 「효녀 지은을 통해 본 고대여성과 효 - 한국 고대의 '효녀'의 창출 - 」; 김현라, 「『고려사』 형법지 '義絶'규정을 통해 본 고려시기 부부관 - 당·송대의 '의절' 규정과의 비교를 중심으로 - 」; 이숙인, 「조선후기 사회통합론과 여성의 성 - 여성의 성으로 쓰는 조선후기 사상사 - 」; 이정인, 「개화기 '여훈서'와 '교과서'에 드러난 여성에 대한 인식」; 이임하, 「전후, 욕망의 주체들」.

다. 다음은 한국 고대 여성사의 시기별 연구 경향을 표로 작성한 것이다.

시 기			연구 경향
Ⅰ기	1920 ~1970년대	시작	사회사로서의 여성사 연구가 시작되었고, 이는 혼인 및 친족, 가족사에서 여성의 연구로 이어졌다.
Ⅱ기	1980년대	촉발	여성사 연구의 관점과 방법을 수용하면서 여성의 지위와 역할에 대한 연구가 시작되었다.
Ⅲ기	1990년대	본격	제반 역사 분야와 여성사에서 여성을 주목하고 연구하였다. '여성사특집'가 기획되고, 대중서가 발간되었다.
Ⅳ기	2000년대	확장	여성사 연구성과가 양적으로 팽창된 시기이다. 연구 성과의 축적을 기반으로 여성사 연구의 외연이 넓어졌다.
Ⅴ기	2010년대	심화	역사 연구의 각 분야에서 많은 성과가 축적되었고, 다양한 주제와 시각으로 심도 깊은 연구가 이루어지고 있다.

2. 여성사 연구의 주제별 검토

한국 고대 여성사 연구는 1920년대에 시작되었고, 1980년대에 촉발되었으며, 1990년대에 본격화하였다. 2000년대 이후 연구범위가 확장되고, 연구주제가 다양해져 많은 연구성과가 축적되었다. 다음은 한국 고대 여성사 연구의 시기와 주제별 연구 경향을 살펴본 것이다.

16   제1부 신라 왕실여성과 정치

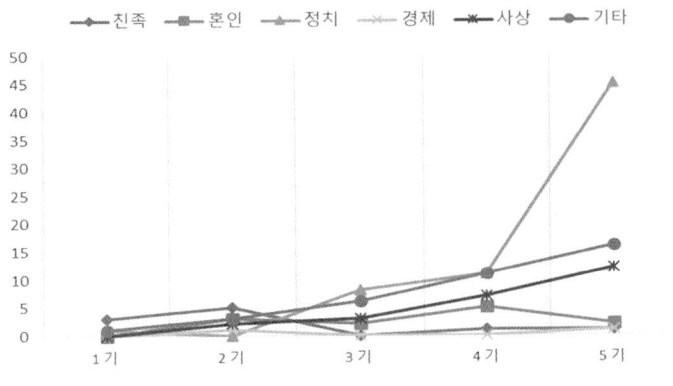

그림3 여성사 연구주제의 시기별 추세

그림3은 연구주제를 시기별로 파악한 것이다.60) Ⅰ기에는 친족 관련 연구가 가장 많이 이루어졌고, 이후 정치, 사상 관련 연구가 점차 증가하였음을 알 수 있다. Ⅲ기부터 연구 성과가 증가하다가 Ⅳ기 이후에는 연구 주제가 다양해지고, 연구 성과가 비약적으로 증가하였음을 알 수 있다. 특히 정치사 영역에서 많은 연구가 이루어졌다. Ⅳ기에 기타 주제가 급증하는데, 기타 연구주제는 개설, 문자자료, 제도, 성역할 등의 다양한 주제를 포함한다. 여성사 연구는 여성의 지위와 역할을 규명하는 데 초점이 맞추어져 있었다. 고대사회에서 여성의 지위가 상대적으로 높았음을 밝히고, 그 원인을 증명하기 위하여 모계제적 혼속, 여성의 신성성, 여왕의 존재 등을 주목하였다. 고대 여성사 연구의 주요 주제와 쟁점, 최근의 연구 경향을 살펴보고자 한다.

---

60) 해당 표의 대상 논문은 고대 시기의 여성 관련 논문이다. 따라서 여성사 관점의 연구가 아니라고 하더라도 여성의 역사와 관련된 연구들을 집계하였다. 따라서 정치사, 제도사, 사회사, 국제관계사 관점의 연구도 포함되어 있음을 밝혀둔다. 저자가 불민한 탓에 여성사 관련 연구인데도 누락된 경우가 있을 수 있다. 추후에 보완할 것을 기약하며, 여기서는 연구의 시기별·주제별 경향을 파악하고자 한다.

1) 혼인 및 친족 : 서옥제와 취수혼

Ⅰ기에 사회사의 영역에서 혼인 및 친족과 관련하여 여성 연구가 이루어졌다. 이후 Ⅱ기에는 여성사 연구의 일환으로 '여성의 지위'에 관한 연구가 다수 이루어졌다. 가부장제와 여성의 지위의 상관성을 밝히고자 하였고, 고대의 모계사회적 특징을 규명한 연구들이 이루어졌다.61) 고구려와 신라의 혼인 형태로 서옥제를 주목한 연구가 이루어졌고,62) 고구려의 모처제와63) 취수혼을 주목한 연구도 이루어졌다.64)

또한 혼인의 사회경제적 맥락을 파악하는 연구와65) 가족의 구성원리,66) 혼인의 계층성을 고찰한 연구가 이루어졌다.67) 이들 연구는 혼인제도를 통해 고대사회의 다양한 면모를 밝혔다. 혼인 및 친족과 여성의 존양상에 관한 연구는 다양한 관점과 방법을 통해 심화될 필요가 있다.

2) 신모와 여사제

고대 여성의 지위와 역할과 관련한 주요 주제는 신모神母와 여사제女司祭이다. 고대사회에만 보이는 여성의 존재양태이다. 또한 고대사회의 여성

---

61) 이광규, 「신라왕실의 친족체계」 『동아문화』 14, 1977 ; 최재석, 『한국가족제도사연구』, 일지사, 1983.
62) 김선주, 「고구려 婿屋制의 婚姻 形態」 『高句麗渤海研究』 13, 2002 ; 「신라사회의 혼인 형태와 '婿屋制'」 『역사민속학』 17, 2003.
63) 韓鈴和, 앞의 논문, 1999.
64) 李英夏, 앞의 논문, 1987 ; 盧泰敦, 「高句麗 초기의 娶嫂婚에 관한 一考察」 『金哲埈博士華甲紀念史學論叢』, 1983 ; 김수태, 「2세기말 3세기대 고구려의 왕실혼인-취수혼에 대한 재검토를 중심으로-」 『韓國古代史研究』 38, 2005 ; 박노석, 「고구려의 서옥제와 형사취수제」 『건지인문학』 4, 2010.
65) 이강래, 「한국 고대 혼인에 보이는 財貨의 성격」 『韓國史研究』 147, 2009 ; 「한국 고대 혼인의 사회사적 함의」 『호남문화연구』 49, 2011.
66) 김영심, 앞의 논문, 2003.
67) 김지희, 「고구려 혼인 습속의 계층성(階層性)과 그 배경」 『東北亞歷史論叢』 60, 2018.

을 다른 시기와 비교할 때 상대적으로 높은 지위, 상대적으로 다양하고 중요한 비중의 역할을 이해할 때 신모神母 또는 성모聖母의 존재는 중요한 근거이다. 건국신화에서 고조선의 웅녀, 고구려의 유화, 백제의 소서노, 신라의 알영, 가야의 정견모주와 허황옥은 주요한 연구 주제이다. 신화의 역사성을 고려할 때, 고대사회에서 여성의 지위와 역할, 인식을 반영하고 있다고 이해하기 때문이다.

신화속의 여성을 역사적 존재로 이해하고 규명하려는 연구들이 진행되었다.[68] 또한 신모와 국가제의[69], 여신女神과 성모[70], 여성 사제[71], 불교와의 연관성[72] 등의 연구로 확장되었다. 최근 탐라의 건국신화의 3신녀에 대한 연구도 진행되었다.[73]

고대사회의 여신은 역사학뿐만 아니라 국문학, 민속학, 종교학 등의 분

---

[68] 姜英卿, 앞의 논문, 1982, 2012, 앞의 논문 ; 李志暎, 「河伯女, 柳花를 둘러싼 고구려 건국신화의 전승 문제」『동아시아고대학』 13, 2006a ; 「주몽신화를 통해본 건국신화 속의 건국과정의 두 양상:시조모에 대한 새로운 인식」『한국문화연구』 10, 2006b ; 김경화, 「고구려 시조모 柳花傳承과 동북아 지역의 崇柳 풍속 사이의 상관성 再論」『동아시아고대학』 22, 2010 ; 車玉德, 「소서노(召西奴)에 대한 기본 자료 검토」『동아시아고대학』 5, 2002 ; 서철원, 「대가야 건국신화와의 비교를 통해 본 백제 건국신화의 인물 형상과 그 의미」『인문학연구』 36, 2008 ; 김태식, 「大伽耶의 世系와 道設智」『진단학보』 81, 1996 ; 김선주, 「신라의 알영 전승 의미와 시조묘」『역사와 현실』 76, 2010 ; 「신라의 건국신화와 閼英」『新羅史學報』 23, 2011.

[69] 채미하, 「신라의 건국신화와 국가제의」『한국사학보』 55, 2014 ; 「한국 고대 신모(神母)와 국가제의(國家祭儀) – 유화와 선도산 신모를 중심으로 –」『東北亞歷史論叢』 52, 2016 ; 金台植, 「新羅國母廟로서의 神宮」『한국고대사탐구』 4, 2010.

[70] 신형식, 앞의 논문, 1994 ; 이장웅, 「신라 娑蘇(仙桃聖母) 神話의 변화와 國家祭祀」『新羅史學報』 38, 2016 ; 전호태, 「한국 고대의 여신신앙」『역사와 경계』 108, 2018 ; 김선주, 「신라 신도성모 전승의 역사적 의미」『史學研究』 99, 2010 ; 「'선도성모 수희불사'의 형성 배경과 의미」『新羅史學報』 43, 2018.

[71] 나희라, 『신라의 국가제사』, 지식산업사, 2003 ; 이현주, 「신라 상고 시기 '부인(夫人)' 칭호의 수용과 의미」『역사와 현실』 86, 2012.

[72] 김두진, 앞의 논문, 1994 ; 전호태, 앞의 논문, 1997 ; 강영경, 앞의 논문, 2005 ; 권주현, 앞의 논문, 2009 ; 이현주, 「신라 중고기 왕실여성과 불교 – 영흥사의 창건과 도유나랑을 중심으로 –」『사림』 60, 2017a.

[73] 채미하, 「탐라 건국신화에 보이는 3신녀(神女)의 역할과 위상」『탐라문화』 57, 2018.

야에서도 주목하는 주제이다. 여성숭배사상의 비교사적 고찰, 여신설화의 전승과정, 여신 이미지의 의미, 여신과 제의의 관계, 여신사상에서 보이는 치유적 성격 등 주목할 만한 연구가 다수 이루어졌다. '여신'은 타학문과의 융합연구를 통해 확장과 심화가 가능한 연구주제이다.

3) 정치적 지위와 역할 : 여왕, 그리고 왕실여성

왕실여성은 왕과 혈연 또는 혼인의 관계에 있는 여성으로, 왕모, 왕녀, 왕매, 왕처를 일컫는다.74) 왕실여성은 왕실 또는 귀족 출신이므로 상대적으로 사료에 남겨질 가능성이 높다. 특히 왕모와 왕처의 경우, 왕계의 일원으로서 기록되었다. 따라서 왕실여성에 관한 연구는 상대적으로 많이 이루어졌고, 이들 연구는 고대 여성의 정치적 지위와 역할을 규명하였다.

여왕女王은 고대여성의 정치적 역할과 관련하여 가장 주목 받는 존재이다. 여왕의 즉위배경과 통치능력, 여왕에 대한 인식에 관한 연구가 다수이다. 특히 최초의 여왕인 선덕여왕의 즉위배경과 관련하여75) 대략 두 가지의 견해가 제시되었다. 하나는 선덕여왕의 즉위는 특수한 정치상황에 기인한 결과였고, 선덕여왕대의 통치는 실질적으로 김춘추와 김유신에 의해 이루어졌던 것으로 파악한 견해이다.76) 다른 하나는 고대 여성, 특히 신라 여성의 정치적, 사회적 지위가 높았고, 그 결과 여왕의 즉위가 가능했다고 파악한 견해이다.77) 후자는 중고기의 지소태후의 섭정에 관한 연구로 이

---

74) 왕실여성은 왕과 친인척의 관계를 가진 여성들을 의미한다. 왕의 배우자 및 왕과 혈연관계에 있는 여성을 의미하는데, 왕의 처첩[王妻], 왕의 조모 및 모[王母], 왕의 자매[王妹], 왕의 딸[王女] 등이 이에 속한다(이현주, 「신라 후비제의 비교사적 고찰 －正妃의 지위를 중심으로－」『사림』 73, 2020, 53쪽).
75) 『三國遺事』 권1, 王曆, 第二十七善德女王.
76) 신형식, 『韓國古代史의 新研究』, 일조각, 1984, 249-250쪽 : 주보돈, 「毗曇의 亂과 善德王代 政治運營」『李基白先生古稀紀念 韓國史學論叢』上, 일조각, 1994, 220-224쪽 : 「한국 고대사회 속 여성의 지위」『계명사학』 21, 2010, 50-56쪽.
77) 강영경, 앞의 논문, 1982 : 정용숙, 앞의 논문, 1994 : 김두진, 앞의 논문, 1994 : 전

어졌다.78) 또한 여왕의 통치능력에 대한 연구,79) 여왕의 인식에 관한 연구가 이루어졌다.80)

　　진성여왕에 관한 연구도 다수 이루어졌다.81) 최근 진성여왕의 통치력을 규명하는 연구도 이루어졌다.82) 진성여왕의 왕위계승 배경과 통치는 물론 이미지에 대한 연구도83) 행해졌다. 여왕에 대한 인식은 시기와 관점에 따라 차이를 보인다. 한국 고대사회에서 여왕의 존재가 가지는 의미를 다각도로 검토할 필요가 있다.

　　또한 정치사의 영역에서 왕과 귀족세력 간의 역학관계를 밝히기 위해 왕비세력을 주목한 연구가 다수 이루어졌다. 신라 중대의 왕비교체가 가진 정치적 의미를 고찰한 일련의 연구는 중대의 정치적 지형을 다각도로 살펴본 연구이다.84) 신라 하대의 태자비인 정교를 주목한 연구와85) 고구려

　　　호태, 앞의 논문, 1997 ; 조범환, 앞의 책, 2000 ; 조경란, 「선덕왕이 이야기하는 선덕왕의 즉위」『신라사학보』 14, 2008 ; 이동윤, 「新羅 上代 왕실의 재생산 인식과 女性의 즉위 배경」『한국민족문화』 74, 2020.
78) 김선주, 「眞興王의 卽位와 只召太后의 攝政」『한국학대학원논문집』 12, 1997 ; 고현아, 「신라 원화제 시행의 배경과 성격」『역사와 현실』 67, 2008 ; 강영경, 「蔚山 川前里書石 銘文을 통해 본 신라왕실의 초기불교정책」『韓國岩刻畫硏究』 18, 2014.
79) 姜英卿, 「新羅 善德王의 「知幾三事」에 대한 一考察」『원우논총』 5, 1990 ; 김선주, 「신라 선덕여왕과 영묘사」『한국고대사연구』 71, 2013 이 외에 선덕왕대를 배경으로 한 연구가 다수 있다.
80) 姜在哲, 「善德女王知幾三事條 說話의 硏究」『동양학』 21, 1991 ; 염중섭, 「善德王의 轉輪聖王적인 측면 고찰」『史學硏究』 93, 2009.
81) 李培鎔, 「新羅下代 王位繼承과 眞聖女王」『千寬宇先生還曆紀念 韓國史學論叢』, 1985 ; 權英五, 「金魏弘과 진성왕대 초기 정국 운영」『大丘史學』 76, 2004 ; 전기웅, 「眞聖女王代의 花郞 孝宗과 孝女知恩 說話」『韓國民族文化』 25, 2005 ; 권주현, 「진성왕에 대한 단상」『계명사학』 24, 2013 이 외에 신성왕대를 배경으로 한 연구가 다수 있다.
82) 김선주, 「진성왕의 양위 과정과 배경」『여성과 역사』 32, 2020.
83) 김선주, 「신라 진성여왕의 재현과 섹슈얼리티」『여성과 역사』 29, 2018.
84) 조범환, 「神穆太后-신라 중대 孝昭王代의 정치적 동향과 신목태후의 섭정-」『서강인문논총』 29, 2010 ; 「신라 중대 聖德王代의 정치적 동향과 왕비의 교체」『신라사학보』 22, 2011a ; 「王妃의 교체를 통하여 본 孝成王代의 정치적 동향」『韓國史硏究』 154, 2011b ; 「『삼국유사』 왕력편의 異種記事를 통해 본 中代 新羅의 정치구조 -신라 중대 景德王의 왕비 교체와 정치적 동향을 중심으로-」『신라사학보』 30,

의 우왕후,86) 백제의 팔수부인을87) 주목한 연구도 행해졌다.

한편 신라 왕실여성의 칭호가 정치사회적 조건과 맞물려 변천하였음을 밝히고, 왕실여성의 서열이 제도화되는 과정을 고찰한 연구가 이루어졌다.88) 신라의 정치사회적 조건의 변화, 즉 왕권의 강화, 왕과 정치세력의 역학관계, 정치체제의 변화, 율령과 예제의 수용, 유교와 불교의 수용 등의 변화에 의해 왕실여성의 지위와 역할이 제도화되는 과정을 밝혔다.89) 또한 신라 후비제의 성립 과정과 특징을 규명하였다.90)

4) 출토자료와 여성

금석문, 목간 등의 문자자료는 당대인에 의해 작성한 출토자료이다. 기본사료 또는 1차 사료로 칭하며, 문서로 재정리된 2, 3차 사료보다 더욱 중요한 가치를 지닌다. 출토자료의 발견은 해당 시기의 사회상을 재인식하는 중요한 근거가 되거나, 인물의 발견 및 재인식을 하는 계기가 된다. 출토자

2014a ;「신라 中代末 惠恭王의 婚姻을 통하여 본 政局의 변화」『新羅文化』43, 2014b ;『신라 중대 혼인 정치사』, 일조각, 2022.
85) 선석열,「신라 헌덕왕대의 정치과정과 정교부인의 혼인 문제」『新羅文化』48, 2016 ; 홍승우,「헌덕왕대 太子妃 貞嬌와 태자」『新羅文化』51, 2018.
86) 윤상열, 앞의 논문, 2007.
87) 조경철, 앞의 논문, 2009.
88) 이현주,『新羅 王室女性의 稱號變遷 硏究』, 성균관대학교 박사학위논문, 2014.
이현주,「신라 중대 왕후의 책봉과 위상 정립」『역사와 현실』95, 2015a ;「신라 중대 효성왕대 혜명왕후와 '正妃'의 위상」『韓國古代史探究』21, 2015b ;「신라 중대 王母의 칭호와 위상-혜공왕대 만월태후를 중심으로」『韓國古代史研究』85, 2017a ;『신라후비제연구』, 신서원, 2024.
89) 이현주, 앞의 논문, 2012, 2013, 2015a ;「신라의 '여인왕생' 인식과 의미-삼국유사 욱면비염불승조를 중심으로」『역사와 현실』106, 2017b ;「신라 하대초기 왕실여성의 책봉과 의미」『新羅史學報』42, 2018 ;「신라『효경』의 수용과 활용」『한국사상사학』64, 2020a ;「신라 하대 왕위계승권과 왕실여성-경문왕가를 중심으로-」『新羅文化』56, 2020b.
90) 이현주,「신라 후비제의 비교사적 고찰-正妃의 지위를 중심으로」『사림』73, 2020c.

료를 통해 발견되고, 부각되고, 재인식된 여성에 관한 연구들이 주목된다.

신라의 「울주천전리서석」에는 6세기 왕실여성의 기록이 있다. 「울주천전리서석」 중 법흥왕대에 새겨진 명문으로 을사년(법흥왕 12년, 525년)에 새긴 을사명乙巳銘과 기미년(법흥왕 26년, 539년)에 새긴 기미명己未銘이 있다. 이 중 기미명에는 부걸지비, 심맥부지, 지몰시혜비가 놀러 와서 새긴 글이 있다. 부걸지비는 법흥왕비인 보도부인, 심맥부지는 진흥왕, 지몰시혜비는 지소태후이다. 진흥왕은 540년에 즉위했으므로, 기미명은 즉위 1년 전의 기록이다.[91]

지소태후는 법흥왕의 딸이고, 진흥왕의 어머니이다. 진흥왕은 법흥왕의 외손자로, 어린 나이에 즉위하였다. 진흥왕의 즉위와 통치는 어머니인 지소태후의 정치적 지원으로 가능할 수 있었을 것이다. 지소태후는 섭정기간에 국사를 편찬하고, 흥륜사를 중건하는 등의 정치적 업적을 남겼다. 또한 「울주천전리서석」 을사명에는 사료에는 누락된 어사추여랑왕이 기록되어 있다. 어사추여랑왕은 지증왕의 딸이고, 법흥왕의 누이이다. 새로운 여성 인물의 발견이다. 아직 발견되지 않은 출토자료가 기대되는 이유이다.

1971년에 무령왕릉이 발견되고, 무령왕과 무령왕비의 지석이 출토되었다. 무령왕비 지석을 통해 백제여성의 지위를 고찰한 연구가 이루어졌다.[92] 또한 2009년에 익산 미륵사지 석탑을 해체 수리하던 중 발견된 「金製舍利奉安記」를 통해 무왕의 왕비인 사택왕후가 발견되었다. 「금제사리봉안기」에는 미륵사의 건립을 발원한 사람이 백제왕후인 사택적덕의 딸이고, 639년(무왕 40) 음력 1월 29일에 사리를 받들어 맞이했다고 기록하였다.

2009년에 한국사상사학회가 '익산 미륵사지와 백제 불교'를 주제로 하

---

91) 金龍善, 「蔚州 川前里書石 銘文의 硏究」『역사학보』 81, 1979 ; 李喜寬, 「新羅上代 智證王系의 王位繼承과 朴氏王妃族」『東亞硏究』 20, 1990 ; 李炫珠, 앞의 논문, 2013 ; 강영경, 앞의 논문, 2014 ; 「울산 천전리 서석곡의 명문과 세선화에 보이는 여성」『韓國岩刻畵硏究』 19, 2015 ; 橋本 繁, 「蔚州川前里書石原銘・追銘にみる新羅王權と王京六部」『史滴』 40, 2018 외 다수의 연구가 있다.

92) 정재윤, 「武寧王妃 誌石을 통해본 백제 여성의 지위」『중국고중세사연구』 42, 2016.

술대회를 개최하였고, 신라사학회와 국민대학교 한국학연구소도 '익산 미륵사지 출토 유물에 대한 종합적 검토'를 주제로 학술대회를 개최하였다. 「금제사리봉안기」의 발견에 의해 백제사 각 분야에서 많은 연구가 이루어졌다. 『삼국유사』 무왕조에는 「서동요」의 주인공인 선화공주를 무왕의 왕비이자 미륵사 건립의 주창자로 기록한 반면, 「금제사리봉안기」에는 사택왕후로 기록하고 있어 논란을 야기했다.[93]

「금제사리봉안기」의 발견으로 인해 사료에는 누락된 사택왕후의 존재가 드러날 수 있었다. 이 외에 고구려 고분 벽화에서 보이는 여성을 주목한 연구와[94] 여성 묘지명에 대한 연구도[95] 행해졌다. 출토자료를 통한 여성인물의 발견과 재인식은 지속적으로 이루어질 것이다.

5) 최근의 연구

최근 한국 고대 여성사 분야에서 많은 연구 성과가 축적되었다. 다양한 주제와 시각으로 심도 깊은 연구도 이루어지고 있다. 여성의 자기인식,[96] 여성관[97] 여성과 불교[98] 여성과 유교[99], 여성의 관직[100] 등의 연구가 행

---

93) 신종원 외, 『익산 미륵사와 백제-서탑 사리봉안기 출현의 의의-』, 일지사, 2011 ; 이현주, 「신라 선화공주의 역사적 실재와 역할」 『사림』 70, 2019 ; 이병호, 『백제왕도 익산, 그 미완의 꿈』, 책과 함께, 2019 참조.
94) 강영경, 앞의 논문, 2004 ; 정승혜, 「古代의 譯人-덕흥리 벽화고분 「太守來朝圖」의 여성 통역관의 발견과 관련하여」 『목간과 문자』 19, 2017.
95) 盧重國, 「新羅時代 姓氏의 分枝化와 食邑制의 實施 : 薛瑤墓誌銘을 중심으로」 『韓國古代史硏究』 15, 1999 ; 권덕영, 「「大唐故金氏夫人墓銘」과 관련한 몇 가지 문제」 『韓國古代史硏究』 54, 2009 ; 권은주, 「唐代 營州 출신 고구려계 高英淑의 묘지명 검토」 『韓國古代史硏究』 84, 2016 ; 이현주, 「9세기 나당관계와 재당신라인 사회」 『역사와 경계』 115, 2020d.
96) 이현주, 「신라 중대 만월태후의 자기인식과 '성덕대왕신종(聖德大王神鍾)'」 『여성과 역사』 27, 2017.
97) 김영미, 앞의 논문, 1995 ; 김덕원, 「元曉와 義湘의 女性觀에 대한 考察」 『韓國史學報』 33, 2008 ; 조범환, 「新羅末 知識人 崔致遠의 眞聖女王 認識」 『耽羅文化』 63, 2020.
98) 조경철, 「신라의 여왕과 여성성불론」 『역사와 현실』 71, 2009 ; 김정숙, 「신라 불교

해졌다. 가배를 통해 여성축제의 단면을 살펴본 연구와[101] 설화를 통해 고구려의 혼속을 살펴본 연구도 있었다.[102]

여성을 역사서술에 포함하기 위해서 여성의 본질적인 역할, 즉 출산과 육아의 재생산 기능과 성성을 새로운 범주로 고려할 필요가 있다.[103] 최근 여성의 재생산 기능과 性性을 주목한 연구가 이루어졌다. 가배를 통해 위계질서와 성역할의 재생산을 살펴보거나[104] 신라 상대 왕실의 재생산 인식을 통해 여왕의 즉위배경을 살펴본 연구가 이루어졌다.[105] 한국 고대의 시조신화를 통해 성별관계와 권력관계의 상관성을 고찰한 연구도[106] 행해졌다.

이처럼 여성사 연구의 주제와 범위는 다양한 층위를 갖고 있다. 여성사 연구의 양적 축적과 질적 전환을 모색해야 한다. 이를 통해 역사 속의 여성을 발견하고, 인식하고, 위치 부여할 수 있기를 기대한다.

　　에서 비구니의 존재와 활동」『대구사학』 99, 2010 ; 박미선, 「신라 불교 수용기 왕실 여성의 역할」『인문학연구』 29, 2015 ; 이현주, 앞의 논문, 2017a, 2017b ; 신선혜, 「신라 '阿尼'의 의미와 위상」『韓國史學報』 73, 2018.
99) 김영심, 「한국 고대사회 女性의 삶과 儒敎 - 여성 관련 윤리관의 검토를 중심으로-」『韓國古代史研究』 30, 2003 ; 김현정, 앞의 논문, 2008 ; 조범환, 「『三國遺事』 '貧女養母'條에 나타난 知恩의 효성」『新羅文化祭學術論文集』 30, 2009 ; 고소진, 「손순매아조와 빈녀양모조를 통해 본 신라 하대 孝」『대구사학』 115, 2014 ; 이현주, 앞의 논문, 2020a.
100) 김정숙, 「신라시대 여성의 직조활동과 관직 진출」『민족문화논총』 44, 2010.
101) 윤성재, 「신라 가배(嘉排)와 여성 축제」『역사와 현실』 87, 2013.
102) 김지영, 「고구려의 혼속 - 한씨 미녀 설화를 중심으로」『역사와 현실』 106, 2017.
103) 정현백, 앞의 논문, 1996, 14-15쪽.
104) 백동인, 「新羅 嘉俳의 정치성 - 위계질서와 성역할의 재생산-」『韓國古代史探究』 32, 2019.
105) 이동윤, 앞의 논문, 2020.
106) 김현정, 「한국 고대 시조신화를 통해 본 성별관계와 권력관계의 상관성」『先史와 古代』 60, 2019.

맺음말 : 경계 넘나들기

역사 속의 여성은 선택적으로 기록되었다. 여성의 기록은 누락되었고, 배제되었다. 여성의 삶과 역할은 축소되고, 숨겨졌다. 역사에서 배제되었던 여성의 삶을 복원하는 것은 인간의 역사를 총체적으로 파악하기 위한 필수적인 작업이다. 역사 속의 여성을 찾기 위해서는 남겨진 흔적의 의미를 찾고, 기록의 행간을 읽어내어 복원해야 한다.

한국사에서 여성사는 역사학 분야로 인정받았는가. 고대사에서 여성사는 역사 연구의 범주 안에 포함되었는가. 한국사에서 여성의 역사는 두 가지의 범주에서 이루어졌다. 하나는 여성사의 주제 의식과 시각으로 역사 속의 여성을 규명하는 연구이다. 다른 하나는 정치사회사를 비롯한 제반 역사 연구에서 여성을 주제로 삼은 연구이다. 여성사 연구를 전자에 한정한다면 한국 고대 여성사 연구는 아직 학문적 체계를 갖추지 못한 시작 단계로 인식할 수 있다.

여성사가 역사연구의 분야로서 자리 잡지 못하였다는 것은 곧 여성사의 경계가 유연하다는 것을 의미한다. 전자의 연구는 여성의 역사를 복원하고, 새로운 관점으로 역사상을 재구성할 수 있다. 후자의 연구는 역사 속의 여성을 발견하고, 존재 양상을 파악할 수 있다. 역사 속의 여성을 규명하기 위해서 역사학은 물론 타 학문 분야의 경계를 넘나들 필요가 있다. 이들 연구를 통해 역사 속의 여성을 발굴하고, 재인식하고, 나아가 새로운 역사상을 구축할 수 있을 것이다.

제2장 신라 중대 책봉호冊封號 수수授受의 배경과 의미

머리말

책봉冊封은 중국 영토 내의 왕과 제후 관계, 중국 영토 밖의 중국과 주변국 관계를 공인하는 통치의 수단이었다. 중국의 통치제도는 주周의 봉건제-진秦의 군현제-한漢의 군국제로 이어졌는데, 한의 군국제는 봉건제와 군현제가 통합된 형태였다. 즉 황제가 다스리는 지역은 군현제, 그 외의 지역은 봉건제로 다스리는 체제이다.[1] 봉건제에서 책봉冊封은 책명봉작冊命封爵을 일컫는데, 왕이 제후에게 등급에 맞는 작위爵位와 봉토封土를 하사하는 것을 의미한다. 또한 지위地位, 즉 칭호稱號만 하사하는 경우, 책립冊立이라 한다. 중국의 책봉제는 중국 내부의 통치 방식뿐만 아니라 주변국과 관계를 맺는 방식으로도 활용되었다. 한漢은 주변국의 왕을 군신이나 제후로 책봉하고, 작위와 봉토를 수여하는 형식으로 관계를 맺었는데, 이는 후대 왕조도 계승하였다.

기왕의 연구에서 수당과 주변제국의 국제관계는 당 중심의 국제질서 하에 조공-책봉을 기반으로 이루어졌다고 보았다.[2] 이는 동아시아의 국가들

---

1) 西島定生은 한의 군국제는 주의 봉건제와 진의 군현제가 혼합된 것이고, 한의 군국제가 외국에까지 확장된 형태가 '책봉체제론'이라고 하였다(西島定生, 『西島定生東アジア史論集 第三卷 - 東アジア世界と冊封體制』, 岩波書店, 1962).
2) 西嶋定生, 앞의 책, 1962 ; 西嶋定生, 「序說—東アジア世界の形成と冊封體制—」 『中國古代國家と東アジア世界』, 東京大學出版會, 1970 ; 金子修一, 『隋唐の國際秩序と東アジア』, 名著刊行, 2001.

간의 다양한 관계를 단순화하여 책봉체제 일원론으로 설명하였다는 한계가 있었다.3) 또한 국제관계를 명분과 실리의 관점에서 조공국의 주체적 입장을 강조하거나4) 각국의 역학관계에 따른 세력균형으로 파악하기도 하였다.5) 이는 중국과 동아시아 제국 간의 관계를 일원적으로 파악하여 동아시아 각국 간의 다자적 국제관계의 흐름을 놓칠 수 있다. 따라서 동아시아 국제관계는 중국 왕조와 동아시아 각국의 입장을 동시에 고려하고, 국제질서의 흐름과 각국의 내부 상황을 유기적으로 연관시켜 고찰할 필요가 있다.6)

기왕의 나당관계사 연구는 중국왕조 중심의 관점에서 탈피하여 신라의 내부정황에 주목하고, 나당관계의 변화의 추이를 밝혀내었다.7) 또한 최근의 7~8세기의 동아시아 국제관계를 다원적이고, 중층적인 외교관계로 이해하는 연구도 이루어졌다.8) 신라의 대외관계사 연구는 동아시아 국제질

---

3) 金翰奎, 「7-8世紀 東아시아 世界秩序의 構造的 特性과그 運營體制의 機能」『진단학보』 88, 1999, 399-402쪽 ; 여호규, 「6~8세기 동아시아 국제관계사 연구의 진전을 기대하며」『역사와 현실』 61, 2000a, 19-30쪽.
4) 全海宗, 「韓中 朝貢關係 槪觀」『東洋史學研究』 1, 1966 ; 徐榮洙, 「三國과 南北朝交涉의 성격」『東洋學』 11, 1981.
5) 盧泰敦, 「5~6세기 동아시아의 국제정세와 고구려의 대외관계」『동방학지』 44, 1984 ; 盧重國, 「高句麗 對外關係史 研究의 現況과 課題」『동방학지』 49, 1985.
6) 여호규, 앞의 글, 2006a, 19-25쪽.
7) 申瀅植, 「統一新羅의 對唐關係」『韓國古代史의 新研究』, 一潮閣, 1984 ; 全海宗, 『韓中關係史研究』, 一潮閣, 1977 ; 權悳永, 『古代韓中外交史-遣唐使研究-』, 一潮閣, 1997 ; 연민수·이기동 외, 『8세기 동아시아 역사상』, 동북아역사재단, 2011.
8) 권덕영, 「羅唐交涉史에서의 조공과 책봉」『한국 고대국가와 중국왕조의 조공·책봉관계』, 고구려연구재단, 2006 ; 여호규, 「책봉호 수수(授受)를 통해 본 수당의 동방정책과 삼국의 대응」『역사와현실』 61, 2006b ; 김종복, 「남북국(南北國)의 책봉호(册封號)에 대한 기초적 검토」『역사와현실』 61, 2006 ; 「8세기 초 나당관계의 재개와 사신 파견-삼국사기 신라본기 기사의 오류 수정을 중심으로-」『진단학보』 126, 2016 ; 「8세기 초 발해·당의 긴장관계에 대한 신라의 외교전략-나당간의 국서를 중심으로-」『대구사학』 126, 2017 ; 정동준, 「7세기 중반 백제·신라의 대외정책 비교」『新羅史學報』 42, 2018 ; 曺凡煥, 「新羅 中代의 동아시아 政策과 對應」『신라사학보』 45, 2019.

서를 간과하고 신라 중심의 대당관계에 매몰되거나, 동아시아 제국 간의 역관계에 치중하여 각국 내부의 상황과 변화를 간과할 우려가 있다. 나당관계의 연구 역시 동아시아 정세의 대외적인 요인과 신라와 당 각국의 대내적인 요인을 유기적으로 파악할 필요가 있다.

나당관계는 7세기 동아시아 국제전을 기점으로 전후로 나뉜다. 7세기의 전쟁은 648년의 나당동맹으로 시작하여 660년의 백제 멸망, 668년의 고구려 멸망을 초래하였고, 674년 나당전쟁으로 종결하였다. 이후 당과 신라는 648년부터 674년에 이르는 시기 동안 동맹 체결과 파기의 양극단의 관계를 맺었다. 7세기 동아시아의 전쟁과 외교는 동아시아 각국의 이해관계가 충돌하고 맞물린 결과였다.[9]

따라서 본 장에서는 신라 중대의 나당관계를 신라왕과 왕실여성의 책봉호를 중심으로 고찰하고자 한다. 즉 책봉호를 중심으로 7세기 이후의 당-신라의 관계를 각국의 대내적 상황과 대외적 정황을 고려하여 살펴보고, 신라가 나당관계를 내부의 통치에 활용하는 점을 알아보고자 한다. 우선 7세기의 나당관계가 변화한 국제적 계기를 살펴보고, 신라 중대의 신라왕 책봉호의 배경과 의미를 알아보고자 한다. 마지막으로 신라 중대에 당이 신라의 왕비와 왕모를 책봉한 배경에 대해서 살펴볼 것이다. 이를 통해 나당관계를 당의 대신라정책과 신라의 대당외교활용이라는 측면에서 고찰하고자 한다. 동아시아 정세 속에서의 신라의 역할을 이해하는데 일조할 수 있기를 기대한다.

---

9) 金瑛河, 「新羅의 百濟統合戰爭과 體制變化 : 7세기 동아시아의 國際戰과 사회변동의 一環」『韓國古代史研究』16, 1999;『新羅中代社會研究』, 一志社, 2007 ; 「7세기 동아시아의 정세와 전쟁-신라의 백제통합과 관련하여」『신라사학보』38, 2016.

1. 신라왕의 책봉호와 나당관계의 변천

1) 당의 한반도 정책과 나당관계의 변화

신라가 처음으로 책봉을 받은 시기는 진흥왕 26년(565)이다. 진흥왕은 북제北齊로부터 사지절使持節 동이교위東夷校尉 낙랑군공樂浪郡公 신라왕新羅王으로 책봉을 받았다.10) 이후 진평왕 16년(594)에 상개부上開府 낙랑군공樂浪郡公 신라왕新羅王으로 책봉되었고,11) 46년(624)에 주국柱國 낙랑군공樂浪郡公 신라왕新羅王으로 제수되었다.12) 또한 632년에 진평왕이 죽자 좌광록대부左光祿大夫로 추증되었다.13) 594년에 진평왕이 수문제로부터 받은 상개부上開府는 상개부의동삼사上開府儀同三司이다. 북주北周 무제武帝 때 처음 두어졌던 훈관호勳官號로, 독자적인 관청과 관원을 둘 수 있는 개부開府 위에 증치한 관작이었다. 수문제는 581년에 즉위하였는데, 즉위한 해에 백제의 위덕왕을 상개부의동삼사上開府儀同三司 대방군공帶方郡公으로 책봉하였다.14) 또한 수문제는 고구려의 영양왕이 590년에 즉위하자, 상개부의동삼사上開府儀同三司 요동군공遼東郡公으로 책봉하였는데, 영양왕이 591년에 표表를 올려 사은謝恩하고 왕王으로 책봉하여 달라고 요청하자 수문제가 책봉해주었다.15)

수문제는 백제 위덕왕을 상개부의동삼사上開府儀同三司 대방군공帶方郡公

---

10) 『三國史記』 卷4, 新羅本紀4, 眞興王 26년 ; 『北齊書』 卷7, 武成 河淸 4년 2월조.
11) 『三國史記』 卷4, 新羅本紀4, 眞平王 16년 ; 『隋書』 卷81, 東夷列傳 新羅 ; 『通典』 卷185, 邊防 新羅.
12) 『三國史記』 卷4, 新羅本紀4, 眞平王 46년 ; 『資治通鑑』 卷190, 高宗紀 ; 『册府元龜』 卷963, 外臣部 册封 武德 7년조에는 낙랑군공이라고 하였고, 『舊唐書』 卷199, 新羅傳 ; 『新唐書』 卷220, 新羅傳에서는 樂浪郡王이라고 하였다. '郡公'은 正二品이고, '郡王'은 從一品으로 더 높은 爵號이다.
13) 『三國史記』 卷4, 新羅本紀4, 眞平王 54년 ; 『舊唐書』 卷199, 新羅傳 ; 『新唐書』 卷220, 新羅傳.
14) 『三國史記』 卷27, 百濟本紀5, 威德王 28년 ; 『隋書』 卷80 百濟傳.
15) 『三國史記』 卷20, 高句麗本紀8, 嬰陽王 원년 ; 『北史』 列傳, 高句麗.

백제왕百濟王으로, 신라 진평왕을 상개부上開府 낙랑군공樂浪郡公 신라왕新羅王으로, 고구려 영양왕은 상개부의동삼사上開府儀同三司 요동군공遼東郡公 고구려왕高句麗王으로 책봉하였다. 이처럼 수대에 책봉호의 형식이 '훈관勳官+군공郡公+본국왕本國王'으로 정형화되었는데, 이는 당초까지 지속되었다.16) 고구려, 신라, 백제의 책봉호로 보아, 수문제가 각국의 지리적 위치를 한사군과 결부하여 이해하였고, 수와 한반도 각국의 관계를 지리상의 원근이나 친소로 규정하지 않았음을 알 수 있다.

당태종이 626년에 즉위하고, 그 직후부터 주변으로 세력 확장을 본격화하면서 나당관계가 급변하였다. 계기가 된 사건은 정관 원년(627)에 발발한 동돌궐 지배 하의 철륵鐵勒 부족들의 반란이었다. 당태종은 629년에 이세적李世勣, 이정李靖에게 공격을 명하였고, 630년에 동돌궐을 멸망을 시킨 후, 기미주羈縻州를 설치하였다.17) 이후 정관 14년(640)에 서역의 고창국古昌國을 멸망시키고 안서도호부를 설치하였고,18) 또한 정관 18년(644) 9월에 언기焉耆를 평정하고, 같은 해 12월에 이세적 등에게 명하여 고구려를 공격하였다.19) 당태종의 군대가 요하 동쪽의 고구려성들을 연이어 함락시키고, 6월 안시성에 이르러 전투를 하던 중 9월에 설연타가 당의 북변을 공격하자 같은 달에 안시성에서 군대를 철수하였고, 이듬해인 646년 정월에 설연타를 공격하여 결국 평정하였다.

이처럼 당태종은 주변국을 평정하고, 기미주를 세워서 영역화하고자 하였다.20) 당태종의 세력 확장에서도 알 수 있듯이 중국 왕조가 주변으로 세력을 확장하는 양상은 북방, 서방, 동방의 순이었다.21) 당태종의 세력 확장

---

16) 여호규, 앞의 글, 2006b, 38쪽.
17) 鄭炳俊, 「唐代 異民族 管理方式의 다양성 및 그 변용-羈縻府州 제도를 중심으로-」『東洋史學研究』143, 2018, 16-18쪽.
18) 『資治通鑑』卷195, 貞觀 14년 8월조, 9월조.
19) 『資治通鑑』卷197, 貞觀 18년 9월조, 12월조.
20) 정병준, 「吐蕃의 吐谷渾 併合과 大非川 戰鬪」『역사학보』218, 2013, 314쪽.
21) 堀敏一, 『中國通史-問題史としてみる』, 講談社, 2000, 200-203쪽.

은 주변국에게 위협이 되었다. 반면 628년에 당태종이 죽고, 고종이 즉위하자 토번이 점차 위협적인 존재로 부상하기 시작하였다. 토번은 당의 영향 하에 있던 토욕혼을 지속적으로 공격하였고, 663년에 결국 멸망시켰다. 이로써 토번의 북쪽 변경과 당의 서쪽 변경이 직접 맞닿게 되었고, 이는 당조의 위협이 되었다.22)

이와 같은 상황 하에서 김춘추는 648년에 그의 아들 문왕과 당에 가서 당고종을 친견하고, 당의 청병외교를 성사시켰다.23) 이후 660년 백제의 멸망, 668년 고구려의 멸망, 663년 5월의 토욕혼 멸망 및 8월의 백강구白江口 전투, 674~676년의 나당전쟁으로 이어지는 동아시아 국제전이 발발했던 것이다.

7세기에 당과 백제, 고구려, 신라, 토번, 왜까지 참전한 전쟁은 675년 9월에 신라가 매소성 전투에서 승리하고, 676년 2월에 당이 안동도호부를 요동고성遼東古城으로,24) 웅진도독부를 건안고성建安古城으로 옮긴 후,25) 같은 해 11월에 신라가 기벌포 전투에서 승리하고 당군이 철수하면서 종결되었다. 당군이 한반도에서 철수한 이유 중 하나는 토번의 위협이었다.26) 당이 한반도의 전쟁에 치중하여 토번이 토욕혼을 공격하여 멸망시키고, 세력을 확장하는 것을 방치하였다.27) 토번은 676년 윤3월부터 파상적으로 당을 공격하였고, 678년 정월에 당이 반격하였으나 9월에 대패하였다. 이

---

22) 정병준, 앞의 글, 2013, 319-320쪽.
23) 『三國史記』 卷5, 新羅本紀5, 眞德王 2년 ; 『舊唐書』 卷199, 新羅傳 ; 『新唐書』 卷220, 新羅傳 ; 『資治通鑑』 卷199, 太宗 貞觀 22년조 12월 계미조 ; 『册府元龜』 卷974, 外臣部, 褒異 貞觀 22년 12월조.
24) 『唐會要』 卷73, 安東都護府, 의봉 2년 2월조.
25) 『資治通鑑』 卷202, 의봉 2년 2월 조.
26) 陳寅恪, 「外族盛衰之連環性及外患與內政之關」 『唐代政治史述論稿』, 上海古籍出版社, 1982, 133-139쪽 ; 古畑徹, 「七世紀から八世紀初にかけての新羅·唐關係—新羅外交史の一試論—」 『朝鮮學報』 107, 1983 ; 서영교, 『나당전쟁사연구』, 아세아문화사, 2006, 286-292쪽 ; 노태돈, 『삼국통일전쟁사』, 서울대학교출판부, 2009, 240-242쪽 ; 이상훈, 『나당전쟁연구』, 주류성, 2012, 319쪽.
27) 정병준, 「당의 한반도 정책과 대응」 『신라사학보』 45, 2019, 142-144쪽.

후 당은 한반도에 군대를 파견하지 않았는데, 이로 보아 당조의 한반도에 대한 전략이 전환되었음을 알 수 있다.28)

이와 관련하여 당조의 한반도 전략의 전환의 배경을 알기 위하여 당조 내부의 사정도 고려할 필요가 있다. 655년에 측천무후가 당고종의 황후로 책립되었다. 이후의 당의 대외정책을 고종과 측천무후가 공동으로 추진한 것으로 보는 견해도 있으나,29) 고종의 치세기간과 측천무후의 치세기간의 대외정책이 달랐음을 알 수 있다. 우선 치세기간 중 사신 파견의 횟수로 볼 때, 당태종의 경우, 치세 23년 간 45건의 사신파견이 있었고, 당고종의 경우, 34년 간 17건의 사신파견이 있었다. 반면 측천무후의 경우, 20년 간 8건에 불과하다.30) 또한 674년에 측천무후가 올린 '의견12조意見十二條'가 주목된다. '의견12조意見十二條'의 3조를 보면, "전쟁을 멈추고[息兵] 도덕으로 천하를 교화한다"라고 하였다.31) 측천무후가 당고종에게 올린 12조의 의견은 황제의 허락을 받아 시행되었다. 674년에 측천무후가 올린 의견이 675년에 유인궤가 철수한 배경이었을 것으로 이해하기도 한다.32)

측천무후 치세기간의 외교정책에 대해 북방에 대한 이해와 대처의 부족, 토번에 대한 미온적인 태도, 동방에 대한 거의 절연의 상태였던 것으로 보아 능동적이지 않았다고 보기도 한다.33) 반면 측천무후가 민심을 얻고 권력을 공고히 하기 위한 하나의 수단으로 종교, 즉 불교를 이용하는 과정에서 나온 정책으로 보기도 한다.34) 측천무후는 치세기간 동안 북방과 서방

---

28) 정병준, 앞의 글, 2019, 155-157쪽.
29) Richard W.L. Guisso, *Wu Tse-T'en and the politics of legitimization in Tang China*, Press Washington, 1978, pp.107-125.
30) 염경이, 「당 무후중종대 사신 파견과 그 외교적 역할」『인문과학연구』 18, 2007, 75-76쪽.
31) 『新唐書』 卷76, 后妃上, 高宗則天武皇后傳.
32) 黃約瑟, 「武則天與朝鮮半島政局」, 劉健明 編, 『黃約瑟隋唐史 論集』, 中華書局, 1997의 번역논문인 정병준, 차오링 역, 「武則天과 한반도 정세(黃約瑟)」『신라사학보』 35, 2015, 232쪽.
33) 염경이, 앞의 논문, 2007, 76쪽.

의 변경지대에 둔전屯田을 개발하여 안정적으로 방어하고, 주변의 국가들과 우호관계를 유지하였다.35) 670년대 측천무후의 외교정책은 세력 확장이 아니라 안정적 유지 및 운영을 하고자 하는 방향으로 변화했음을 알 수 있다. 이와 같은 7세기의 한반도를 둘러싼 국제정세의 변화, 당조의 대외정책의 변화는 이후의 나당관계를 좌우하였다. 다음 표1은 진흥왕부터 중대 왕들의 책봉호 일람표이다.

표1 신라 중고기~중대왕의 책봉호 일람표

시기		왕명	기년	주체	수여	책봉호
중고기	I	진흥왕	26년(565)	북제 武成帝	책봉	使持節東夷校尉 樂浪郡公 新羅王
		진평왕	16년(594)	수문제	책봉	開府 樂浪郡公 新羅王
			46년(624)	당태종	제수	柱國 樂浪郡公 新羅王
			54년(632)		추증	左光祿大夫
		선덕왕	4년(632)		襲位	柱國 樂浪郡公(樂浪郡王) 新羅王
			16년(647)		추증	光祿大夫
		진덕왕	원년(647)	당고종	襲位	柱國 樂浪郡王 新羅王
			8년(654)		추증	開府儀同三司
중대	II	무열왕	원년(654)		책봉	開府儀同三司 新羅王
		문무왕	원년(661)		책봉	開府儀同三司 上柱國 樂浪郡王 新羅王
			3년(663)		책봉	雞林州大都督
		신문왕	원년(681)		襲位	開府儀同三司 雞林州大都督 上柱國 樂浪郡王 新羅王
		효소왕	원년(692)	무측천	襲位	輔國大將軍 行左豹韜尉大將軍 雞林州都督
	III	성덕왕	원년(702)		襲位	新羅王 輔國大將軍 行左豹韜尉大將軍 雞林州都督
			12년(713)	당현종	책봉	驃騎將軍 特進行左威衛大將軍 使持節大都督 雞林州諸軍事 雞林州刺史 上柱國 樂浪郡公 新羅王
			32년(733)		加授	開府儀同三司 寧海軍使
			36년(737)		추증	太子太保
		효성왕	2년(738)		襲位	開府儀同三司 新羅王
		경덕왕	2년(743)		襲位	開府儀同三司 新羅王

---

34) 黃約瑟, 저, 정병준, 차오링 역, 앞의 논문, 239-240쪽.
35) 黃約瑟, 저, 정병준, 차오링 역, 앞의 논문, 241-243쪽.

시기	왕명	기년	주체	수여	책봉호
	혜공왕	4년(768)	당대종	襲位	開府儀同三司 新羅王

전거 : 『三國史記』 新羅本紀(本紀), 『北齊書』, 『隋書』, 『舊唐書』(舊), 『新唐書』(新), 『資治通鑑』(通鑑), 『册府元龜』(册府), 『唐會要』(會要), 『通典』.

    표1을 보면, 신라왕은 선왕의 책봉호를 승습承襲하고 있음을 알 수 있다. 표1을 보면, 신라가 진흥왕 26년에 낙랑군공 신라왕으로 책봉되었고, 진평왕 역시 낙랑군공 신라왕으로 책봉되었다. 이어 즉위한 선덕왕 역시 선왕인 진평왕의 책봉호를 이어 주국 낙랑군공 신라왕으로 책봉되었다.[36] 이처럼 진흥왕, 진평왕, 선덕왕이 낙랑군공으로 책봉된데 반하여 진덕왕은 즉위 원년(647)에 주국 낙랑군왕으로 책봉되었다.[37] '군왕郡王'은 종1품從一品이고, '군공郡公'은 정2품正二品의 작호爵號이다. 선덕왕의 경우, 『삼국사기』와 『책부원귀』에는 낙랑군공으로 기록하였고,[38] 『구당서』에는 낙랑군왕으로 기록하고 있다.[39] 『삼국사기』는 외교 관련, 특히 견당사 파견 기사는 『책부원귀』의 사료적 가치를 높이 사서 전재轉載하는 경향이 있다.[40] 『구당서』는 일괄적으로 '낙랑군왕'으로 기재한 것으로 보아 『삼국사기』와 『책부원귀』의 '낙랑군공'이 신빙성이 높다.

    진덕왕이 '낙랑군왕'으로 책봉된 것은 당의 한반도 전략과 신라의 외교가 맞물린 결과로 생각된다. 당과 신라는 각국이 처한 상황 하에서 양국은 서로에게 1차적 위협의 대상이 아니었다. 뿐만 아니라 중국왕조와 신라와의 관계, 즉 책봉과 조공으로 지속된 외교관계는 양국의 우호를 증진시킬

---

36) 『三國史記』 卷5, 新羅本紀5, 善德王 4年 ; 『册府元龜』 卷963, 外臣部 册封에서는 樂浪郡公이라고 하였고, 『舊唐書』 卷199, 新羅傳 ; 『新唐書』 卷220, 新羅傳에서는 樂浪郡王이라고 하였다.
37) 『三國史記』 卷5, 新羅本紀5, 眞德王 元年 ; 『舊唐書』 卷199, 新羅傳, 『新唐書』 卷220, 新羅傳, 『資治通鑑』 卷197, 太宗 貞觀 22年.
38) 『册府元龜』 卷964, 外臣部 封册.
39) 『舊唐書』 卷199, 新羅傳.
40) 전덕재, 「삼국사기 신라본기 중하대 기록의 원전과 완성」 『大丘史學』 120, 2015.

가능성을 내포한 것이었다. 진덕왕이 책봉 받은 다음해인 648년에 김춘추는 당고종을 친견하여, 청병請兵을 성사시킬 수 있었다.

654년에 진덕왕이 죽자 종1품從一品의 문산관文散官인 개부의동삼사開府儀同三司로 추증되었고, A-1의 무열왕은 개부의동삼사 신라왕으로 책봉되었다. 또한 문무왕 원년(661)에 상주국으로, 3년(663)에 계림주대도독으로 책봉받았는데, 이는 문무왕은 11년(671)에 행군총관 설인귀에게 보낸 답서에서도 알 수 있다. 문무왕은 설인귀에게 보내는 답서에서 자신을 "계림주대도독 좌위대장군 개부의동삼사 상주국 신라왕"이라고 하였다.41) 계림주대도독은 종2품으로, 당이 신라 영역을 명목상 당의 기미주로 편입한 데 따른 기미주관호羈縻州官號이며, 좌위대장군은 정3품으로 당의 중앙군사조직인 16위衛의 하나인 좌위의 지휘관이다. 또한 개부의동삼사는 종1품으로 문산관文散官 중 최고직이며, 상주국은 정2품으로 최고 훈호勳號이다.42)

진평왕이 당태종으로부터 종2품의 주국柱國 책봉을 받은 이후, 선덕왕, 진덕왕, 무열왕은 주국의 훈위를 받았는데, 문무왕이 상주국을 받은 이후 신라왕들은 상주국으로 책봉받았던 것이다.

이처럼 진덕왕이 신라군왕을 책봉받고, 무열왕이 개부의동삼사로 책봉받고, 문무왕이 계림주대도독 상주국으로 책봉받은 이후, 신라왕은 선왕의 책봉호를 승습하여 계림주대도독 개부의동삼사 상주국 신라왕을 책봉받았다. 이와 같은 당의 신라왕 책봉호는 7세기의 당, 신라, 백제, 고구려, 왜, 토번 간의 역관계와 전쟁에 따른 당의 한반도 정책이 반영된 것이었다.

2) 효소왕·성덕왕의 책봉 배경과 의미

나당전쟁이후, 경색되었던 나당관계는 측천무후의 이민족 정책과 신라 중대왕실의 적극적인 당제唐制 수용과 맞물려 완화되었다. 681년에 신문왕

---

41) 『三國史記』 卷7, 新羅本紀7, 文武王 11年.
42) 김종복, 앞의 논문, 2016, 5쪽.

이 즉위하자, 측천무후는 책봉사를 보내어 선왕에 이어 개부의동삼사 상주국 낙랑군왕 신라왕으로 책봉하였다. 또한 신문왕 역시 적극적으로 당제를 받아들여 체제를 정비하고, 왕권을 강화하고자 하였다. 신문왕은 686년에 사신을 보내『예기禮記』와 문장文章에 관한 책을 요청하였고,43) 측천무후는 담당관청에 명하여 길흉요례와 문관사림에 관한 글을 채택하여, 50권의 책으로 만들어 보내주었다. 670년대 이후, 당조의 이민족 정책, 즉 전쟁이 아닌 예禮로 이민족을 교화하여 통치하려는 정책과 신라 중대왕실의 적극적인 당제 수용 방침의 이해관계가 맞물린 결과였다. 그러나 692년에 측천무후가 김춘추의 묘호인 '태종太宗'이 당태종과 같으므로, 고치라고 요구하였고, 신문왕이 거절하자44) 당과 신라의 관계는 다시 경색되었다.

신라와 당 사이의 국교는 효소왕 8년(699), 신라가 당으로 사신을 보내며 재개되었다.45) 효소왕에 이어 즉위한 성덕왕은 즉위 초부터 매년 당에 사신을 파견하였고, 이후 나당관계는 호조를 보였다. 효소왕은 측천무후로부터 신라왕新羅王·보국대장군輔國大將軍·행좌표도위대장군行左豹韜尉大將軍·계림주도독雞林州都督으로 책봉받았고,46) 성덕왕은 702년에 즉위하면서 측천무후의 승인 하에 효소왕의 책봉호를 계승하였다. 신라 중대왕들의 책봉호의 변천과 의미를 살펴보고자 한다. 다음은 신라 중대 왕들의 책봉 관련 사료이다.

> A-1. 태종무열왕 원년(654), 당에서 사신을 보내 符節을 가지고 禮를 갖추어 [왕을] 開府儀同三司 新羅王으로 봉하였다.47)

---

43) 『三國史記』 卷8, 新羅本紀8, 神文王 6年 ; 『舊唐書』 卷199, 新羅傳.
44) 『三國史記』 卷8, 新羅本紀8, 神文王 12年.
45) 『三國史記』 卷8, 新羅本紀8, 孝成王 8年 ; 『册府元龜』 卷970 外臣部, 朝貢.
46) 『三國史記』 卷8, 新羅本紀8, 孝昭王 元年 ; 『舊唐書』 卷199, 新羅傳 ; 『唐會要』 卷95, 新羅傳 ; 『資治通鑑』 卷205, 長壽 2年 2월 병자조 ; 『册府元龜』 卷964, 外臣部, 册封
47) 『三國史記』 卷5, 新羅本紀5, 太宗武烈王 元年 ; 『舊唐書』 卷199, 新羅傳 ; 『新唐書』 卷220, 新羅傳 ; 『資治通鑑』 卷199, 永徽 5년 윤 5월조 ; 『册府元龜』 卷964, 外臣部 册封

A-2. 문무왕 원년(661), 龍朔 원년에 春秋가 卒하니, 조서를 내려 그의 아들 太府卿 法敏으로 뒤를 잇게 하여, 開府儀同三司 上柱國 樂浪郡王 新羅王으로 삼았다.48)

A-3. 신문왕 원년(681), 당고종이 사신을 보내 신라왕으로 책봉하고, 선왕의 官爵을 잇게 하였다.49)

A-4 효소왕 원년(692), 당 則天皇后가 吊祭에 사신을 보냈고, 이어서 왕을 新羅王 輔國大將軍 行左豹韜尉大將軍 鷄林州都督에 책봉하였다.50)

A-5. 성덕왕 원년(702), 당 측천무후는 효소왕이 죽었다는 소식을 듣고는 그를 위해 애도하고, 조회를 이틀간 멈추고, 사신을 보내 위문하면서 성덕왕을 신라왕으로 책봉하고, 더하여 형의 將軍·都督의 호를 잇게 하였다.51)

A-6. 효성왕 2년(738), 봄 2월에 당현종이 성덕왕이 죽었다는 소식을 듣고 오랫동안 슬퍼하고, 左贊善大夫 邢璹을 홍려소경으로 삼아 보내 조문하고 제사하게 하고, 太子太保를 추증하였다. 또 새로 왕위를 이은 임금을 開府儀同三司 新羅王으로 책봉했다.52)

A-7. 경덕왕 2년(743), 당현종이 贊善大夫 魏曜를 보내 조문하고 제사하였다. 이어 왕을 신라왕으로 책봉하고 전 임금의 관작을 잇게 했다.53)

永徽 5년 5월조.
48) 『舊唐書』 卷199, 新羅 龍朔 元年.
49) 『三國史記』 卷6, 新羅本紀6, 神文王 원년 ; 『舊唐書』 卷5 開耀 원년 10월 丁亥條 ; 『唐會要』 卷95 新羅傳 ; 『册府元龜』 卷964 外臣部 封册 ; 『資治通鑑』 卷202 開耀 元年 10월 丁亥條.
50) 『三國史記』 卷6, 新羅本紀6, 孝昭王 원년 ; 『舊唐書』 卷199 新羅傳 ; 『唐會要』 卷95 新羅傳 ; 『册府元龜』 卷964 外臣部 封册 ; 『資治通鑑』 卷205 長壽 2年 2月 丙子條.
51) 『三國史記』 卷6, 新羅本紀6, 聖德王 원년 ; 『舊唐書』 卷199 新羅傳 ; 『唐會要』 卷95 新羅傳 ; 『册府元龜』 卷964 外臣部 封册 ; 『資治通鑑』 卷207, 長安 3年 閏 4月.
52) 『三國史記』 卷9, 新羅本紀9, 孝成王 2년 ; 『舊唐書』 卷9 本紀9 玄宗下 開元25年 ; 『新唐書』 卷220 列傳145 東夷 新羅 ; 『册府元龜』 卷975 外臣部 褒異 ; 『資治通鑑』 卷214, 唐紀30 玄宗至道大聖大明孝皇帝.
53) 『三國史記』 卷9, 新羅本紀9, 景德王 2年 ; 『新唐書』 卷220 列傳145 東夷 新羅 ; 『唐會要』 卷95 新羅.

A-8. 혜공왕 4년(768), 당의 代宗이 倉部郞中 歸崇敬에게 御史中丞을 겸직시켜 보내, 부절과 책봉 조서를 가지고 와 왕을 開府儀同三司 新羅王으로 책봉하였다. 아울러 왕의 어머니 김씨를 大妃로 책봉했다.54)

A의 사료는 신라 중대 왕들이 즉위한 후, 당으로부터 책봉을 받은 사례이다. A-1의 무열왕은 개부의동삼사 신라왕으로 책봉받았고, A-2의 문무왕은 개부의동삼사 상주국 낙랑군왕 신라왕으로 책봉받았다. A-3의 신문왕은 선왕의 관작을 잇고, 신라왕으로 책봉받았다. A-4의 효소왕은 신라왕 보국대장군 행좌표도위대장군 계림주도독으로 책봉받았다. A-5의 성덕왕은 형의 장군·도독의 호를 잇고, 신라왕으로 책봉받았다. A-6의 효성왕은 개부의동삼사 신라왕으로 책봉받았고, A-7의 경덕왕은 전왕의 관작을 이어받고, 신라왕으로 책봉받았다. A-8의 혜공왕은 개부의동삼사 신라왕으로 책봉받았다. 이로 볼 때 신왕新王은 선왕先王의 관작官爵을 이어서 책봉을 받았음을 알 수 있다.

다만 효소왕은 신라왕 보국대장군 행좌표도위대장군 계림주도독의 책봉을 받고 있어 주목된다. '보국대장군 행표도위대장군'에 관한 책봉 사실이 기록에 남아 있지 않다. 효소왕은 692년에 선왕인 신문왕의 책봉을 승습하였는데, 신문왕이 보국대장군 행좌표도위대장군을 책봉받은 기록이 없다. 책봉을 받은 시기와 의미에 대해서 살펴볼 필요가 있다. 우선 행좌표도위대장군은 정3품이다. '행行'은 행수법行守法에 의한 표기로, 관품이 높고 관직이 낮을 경우는 '행行'이라 하고, 반대의 경우는 '수守'를 쓴다. 신문왕과 효소왕은 정2품의 보국대장군으로서 정3품의 좌표도위대장군을 받았기 때문에 '행行'을 칭하였던 것이다.

---

54) 『三國史記』 卷9, 新羅本紀9, 惠恭王 4年 ; 『舊唐書』 卷199, 新羅傳 ; 『新唐書』 卷220, 新羅傳 ; 『唐會要』 卷95 新羅傳 ; 『册府元龜』 卷654, 外臣部 奉使部 廉愼條 ; 『册府元龜』 卷965 外臣部 封册 永徽 5年 5月.

여기서 표도위豹韜尉는 '표도위豹韜衛'의 오기이고, 당의 금위직禁衛職이다.55) 수대隋代에 둔위屯衛였고, 이후 당의 용삭龍朔 연간(661~663)에 위위威衛로 개칭했다가 광택光宅 연간(684년 9~12월)에 표도위豹韜衛라 하였다. 이후 신룡神龍 연간(705~707)에 다시 위위威衛로 개칭하였다. 따라서 행좌표도위위대장군行左豹韜尉大將軍의 책봉호는 당에서는 684~705년에 존재했던 칭호이고, 효소왕이 즉위한 해는 692년이므로, 신문왕은 684~692년 사이에 책봉받았을 것이다.

다음으로 보국대장군은 정2품의 무산관武散官으로, 종1품의 개부의동삼사보다 한 단계 낮다.56) 뿐만 아니라 보국대장군은 김인문이 받은 책봉호였다. 신문왕 10년(690)에 실질적인 통치자였던 측천무후가 김인문을 보국대장군輔國大將軍 상주국上柱國 임해군개국공臨海郡開國公 좌우림군장군左羽林軍將軍으로 제수하였다.57) 김인문은 673년에 당고종이 문무왕 대신 신라왕으로 삼고자 한 적이 있었고, 이후 679년에 진군대장군鎭軍大將軍 행우무위위行右武威衛 대장군大將軍에 전임되었다가 690년에 보국대장군輔國大將軍 상주국上柱國 임해군개국공臨海郡開國公 좌우림군장군左羽林軍將軍에 제수되었다.58) 김인문은 효소왕 3년(694)에 당에서 죽었고, 이듬해인 695년에 신라로 운구되어 장사지냈다.59)

A-4의 사료대로 효소왕이 신문왕의 책봉을 승습한 것이라고 한다면, 신문왕은 적어도 684~692년 사이에 행좌표도위대장군을 책봉받고, 690~692년 사이에 보국대장군으로 책봉받았어야 하는데, 그에 관한 기록은 전해지지 않는다. 신문왕은 6년(686)에 견당사를 보내어 예기禮記와 문장文章에 관한 서적을 청하여 받았다. 같은 해에 건립된 청주운천동신라사적비에 '수

---

55) 이병도, 『역주 삼국사기』 상, 을유문화사, 1996, 205쪽.
56) 『新唐書』 卷46, 志36, 百官1, 尙書省, 兵部.
57) 『三國史記』 卷44, 列傳4, 金仁問.
58) 『三國史記』 卷44, 列傳4, 金仁問.
59) 『三國史記』 卷44, 列傳4, 金仁問.

공2년垂拱二年'이라는 당의 연호가 나오는 것으로 보아 이때 당의 정삭正朔을 받아왔음을 알 수 있다.60) 이후 신문왕 12년(692)에 신문왕은 측천무후가 태종의 묘호를 고치라고 한 요구를 거절하고, 같은 해 7월에 신문왕이 죽었다. 692년에 효소왕이 즉위하고, 측천무후로부터 책봉을 받았으므로61) 686년에 신문왕이 행좌표도위대장군를 가수加受받았을 가능성이 크다. 효소왕이 개부의동삼사開府儀同三司가 아닌 보국대장군輔國大將軍으로 강등되어 책봉을 받은 것은 692년에 태종 묘호를 개칭하라는 요구를 거절한 데 따른 것으로 여겨진다.

성덕왕은 702년에 즉위하였고, 측천무후의 승인 하에 효소왕의 책봉호를 계승하였다. 성덕왕은 즉위 후에도 여러 차례 책봉을 받았다. 다음은 성덕왕의 책봉 관련 사료이다.

> B-1. 성덕왕 원년(702), 당 측천무후는 효소왕이 죽었다는 소식을 듣고는 그를 위해 애도하고, 조회를 이틀간 멈추고, 사신을 보내 위문하면서 성덕왕을 신라왕으로 책봉하고, 더하여 형의 將軍·都督의 호를 잇게 하였다.62)
> B-2. 성덕왕 6년(707), (당 중종이) 神龍 3년에 驃騎大將軍을 제수하였다.63)
> B-3. 성덕왕 12년(713), (당 현종이) 조서를 내려 왕을 驃騎將軍 特進 行左威衛大將軍 使持節 大都督林州諸軍事 鷄林州刺史 上柱國 樂浪郡公 新羅王에 책봉하였다.64)
> B-4. 성덕왕 32년(733) 가을 7월에 당 현종은 渤海靺鞨이 바다를 건너 등주로 쳐들어오자, 太僕員外卿 金思蘭을 [신라로] 귀국하게 하

---

60) 권덕영, 앞의 책, 1997, 43-45쪽.
61) 『三國史記』 卷8, 新羅本紀8, 神文王 12年.
62) 『三國史記』 卷6, 新羅本紀6, 聖德王 元年 ; 『舊唐書』 卷199, 新羅傳 ; 『唐會要』 卷95 新羅傳 ; 『册府元龜』 卷964 外臣部 封册 ; 『資治通鑑』 卷207 長安 3年 閏 4月.
63) 『唐會要』 95, 新羅傳.
64) 『三國史記』 卷8, 新羅本紀8, 聖德王 12年.

여, 왕에게 開府儀同三司 寧海軍使를 더 제수하고 군사를 일으켜 말갈의 남쪽 도읍을 치도록 하게 하였다. [군사를 출병시켰는데] 마침 큰 눈이 한 자 넘게 쌓이고 산길이 험하여 절반이 넘는 병사들이 죽고 아무 공 없이 돌아왔다.65)

B 사료는 성덕왕이 책봉을 받은 기록이다 B사료에 의하면, 성덕왕은 702년에 신라왕 보국대장군 행좌표도위대장군 계림주도독으로 선왕인 효소왕의 책봉을 승습하였다. 이후 707년에 표기대장군을 제수받았는데, 보국대장군이 종2품인데 반해 표기대장군은 종1품으로 승진한 것이다. 또한 713년에 표기장군驃騎將軍 특진特進 행좌위위대장군行左威衛大將軍 사지절사持節 대도독계림주제군사大都督鷄林州諸軍事 계림주자사鷄林州刺史 상주국上柱國 낙랑군공樂浪郡公 신라왕新羅王으로 책봉받았다. 특진特進은 정2품의 문산관文散官이다. 행좌위위대장군行左威衛大將軍은 정3품으로 16위의 하나인 좌위위左威衛의 대장군大將軍이고, 사지절使持節은 독자적 군사권을 의미하며, 대도독계림주제군사大都督雞林州諸軍事는 독자적 권한으로 통제할 수 있는 군사지역, 계림주자사雞林州刺史는 행정권을 각각 의미한다.66) 이후 성덕왕은 733년에 개부의동삼사開府儀同三司 영해군사寧海軍使를 제수받았다.

B-1~3은 성덕왕을 책봉한 주체가 각각 다르다. B-1에서 책봉한 이는 측천무후였고, B-2는 당 중종, 그리고 B-3은 당 현종이다. 당 중종은 683년에 고종이 죽자, 즉위하였다. 그러나 모후인 측천무후가 권력을 장악하고 있었으므로, 이 시기의 실질적인 통치자는 측천무후였다. 나아가 690년에 측천무후는 국호를 당에서 주周로 바꾸었고, 705년까지 15년간 황제로 통치하였다. 이후 705년에서야 중종은 국호를 다시 당으로 바꾸고, 실질적인 황제로서 재위할 수 있었다.

따라서 B-2의 성덕왕 6년의 책봉은 당 중종이 실질적인 통치자로서 수

---

65) 『三國史記』卷8, 新羅本紀8, 聖德王 32年.
66) 김종복, 앞의 논문, 2016, 15-16쪽.

여한 것임을 알 수 있다. 당 현종이 712년에 즉위하였는데, B-3 성덕왕의 책봉은 당 현종이 즉위한 직후에 이루어졌음을 알 수 있다. 이로 보아 B-1은 성덕왕이 즉위하면서 선왕의 책봉호를 승습承襲한 책봉이었고, B-2와 3은 각각 당 왕조의 정황에 따른 책봉, 즉 중종의 복위와 현종의 즉위와 관련한 은사恩賜였음을 알 수 있다. 즉 책봉의 배경이 B-1은 신라 내부의 사정에 있었다면, B-2와 3은 당조 내부의 사정에 의한 것이었다.

한편 B-4는 당과 신라의 내부 사정이 아닌 외부의 사정에 따른 것이었다. 732년 7월에 발해말갈이 바다를 건너 등주登州를 공격해오자 당현종은 견당사로 입당해있던 신라인 김사란金思蘭를 귀국시켜 성덕왕이 말갈의 남쪽 도읍을 치게 하였다.67) 즉 성덕왕 32년(733)에 성덕왕이 당으로부터 개부의동삼사開府儀同三司 영해군사寧海軍使의 책봉을 받은 것은 발해의 등주 공격과 당의 신라 파병 요청이 직접적인 원인이었다. 당은 성덕왕을 영해군사寧海軍使로 책봉하였는데, 이로 보아 신라가 해로로 파병하기를 기대하였던 것으로 보인다.68) 이는 성덕왕이 이듬해 734년에 배를 타고 바다를 건너 승전보를 바치겠다고 표문을 올려 청한 것으로도 알 수 있다.69) 이처럼 성덕왕대의 나당관계는 당 현종의 즉위, 발해에 대한 견제를 계기로 우호관계가 강화되었다.

발해의 건국과 흥기는 나당관계의 전환점이 되었다. 698년 발해의 건국으로 인해 699년 신라와 당의 외교관계가 재개되었고,70) 732년 9월 발해의 등주 공격으로 인해 신라와 당의 우호관계를 강화되었다.71) 성덕왕 이후

---

67) 『三國史記』 卷8, 新羅本紀8, 聖德王 32年 ; 『三國史記』 卷43 列傳 金庾信 下 ; 『全唐文』 卷284 張九齡篇 「勅新羅王金興光書」.
68) 末松保和, 「新羅の郡縣制, 特にその完成期の二三の問題」『學習院大學文學部研究年報』 21, 1975 ; 『末松保和朝鮮史著作集』 2, 吉川弘文館, 1975 재수록, 180쪽.
69) 『三國史記』 卷8, 新羅本紀8, 聖德王 33年 ; 『册府元龜』 卷973, 外臣部, 助國討伐 開元 22년조.
70) 『三國史記』 卷8, 新羅本紀8, 孝成王 8年 ; 『册府元龜』 卷970 外臣部 朝貢.
71) 김종복, 앞의 논문, 2006, 63-71쪽.

신라-당 관계는 우호적이었고, 당과 신라 사이의 책봉호 수수授受도 안정적으로 이루어졌다. 이처럼 신라 중대의 나당관계는 각국의 대내외적인 상황과 결부되어 전개된 것이었다. 즉 당과 신라 간의 조공-책봉은 양국의 이해관계에 기반한 정치적 행위였다.

2. 신라 왕실여성 책봉의 배경과 의미

신라 왕실여성의 책봉과 관련하여 다수의 연구가 이루어졌다.[72] 이들 연구는 신라 왕실여성이 당으로부터 책립을 받게 된 국내적 요인, 즉 당의 책립 배경으로써 신라 왕권, 왕실과 진골세력간의 관계, 책립의 과정으로써 이를 둘러싼 정치세력 간의 역관계, 책립의 결과로써 왕실여성의 지위와 역할 등을 고찰하였다. 그러나 당이 신라의 책립 요청을 수락한 국제적 계기에 대한 분석은 미비하였다. 당이 신라의 왕실여성을 책립한 배경과 계기를 고찰할 필요가 있다.

중대 왕실은 진골출신으로 왕위에 올랐기 때문에 왕권을 강화하기 위한 명분과 체제 정비가 필요했다. 중대 왕들은 당의 율령과 예제를 도입하여 체제를 정비하고 왕권을 강화하고자 하였다. 이와 같은 중대왕실의 왕권 강화와 체제 정비의 필요는 나당관계를 우호적으로 유지하는 내부적 요건이 되었다. 또한 발해의 건국, 당현종의 즉위, 발해의 등주 공격 등은 당과 신라 간의 관계가 긴밀해지는 외부적 요건이 되었다.

성덕왕은 재위 36년 간 총 46회의 견당사를 파견하였는데, 견당사는 외교사절이자, 공적 무역의 매개자였고, 문화 교류의 통로였다. 성덕왕은 견

---

[72] 이현주,「신라 중대 왕후의 책봉과 위상 정립」『역사와 현실』 95, 2015a ;「신라 중대 효성왕대 혜명왕후와 '正妃'의 위상」『韓國古代史探究』 21, 2015b ;「신라 중대 王母의 칭호와 위상 - 혜공왕대 만월태후를 중심으로」『韓國古代史研究』 85, 2017a ;「신라 하대초기 왕실여성의 책봉과 의미」『新羅史學報』 42, 2018.

당사 파견을 통해 대외적으로 우호적인 나당관계를 견고하게 하고, 대내적으로 당의 제도와 문물을 수용하여 체제를 정비하고 왕권을 강화하고자 하였다. 성덕왕 이후 나당관계는 더욱 긴밀해졌고, 이는 신라왕의 책봉 외에 신라의 왕실여성의 책봉이 이루어지는 배경이 되었다. 다음은 신라 중대의 왕실여성 책봉과 관련된 사료이다.

> C-1. 태종무열왕 원년(654), 여름 4월에 왕의 죽은 아버지를 文興大王으로 추봉하고, 어머니를 文貞太后로 삼았다.[73]
>
> C-2. 신문왕 3년(683), 5월 7일에 伊湌 文穎과 愷元을 보내 [김흠운의] 집에 가서 [그의 딸을] 夫人으로 책봉하게 하였다. 그날 卯時에 波珍湌 大常·孫文, 阿湌 坐耶·吉叔 등을 보내 각자의 아내와 딸, 그리고 梁部와 沙梁部 두 부의 여인 각각 30명씩과 함께 [부인을] 맞아 오게 하였다. 부인이 탄 수레의 좌우에 시종과 관인 및 여인들이 매우 많았다. [수레가] 왕궁의 북문에 이르자 [부인은] 수레에서 내려 궁궐 안으로 들어갔다.[74]
>
> C-3. 효소왕 2년(693), [또한] 부례랑을 봉하여 大角干 신라 재상의 관작명으로 삼고, [그의] 아버지 大玄 阿喰을 太大角干으로 삼았다. 어머니 龍寶夫人은 沙梁部 鏡井宮主로 삼고 안상법사를 대통大統으로 삼았으며, 창고 관리 다섯 명은 모두 석방하여 관작을 각기 5급씩 올려주었다.[75]
>
> C-4. 성덕왕 11년(712), 가을 8월에 金庾信의 아내를 夫人으로 봉하고 매년 곡식 천 석을 하사하도록 하였다.[76]
>
> C-5. 성덕왕 19년(720), 3월에 伊湌 金順元의 딸을 왕비로 맞이하였다. (중략) 6월에 왕비를 왕후로 책봉하였다.[77]
>
> C-6. 경덕왕, 왕은 玉莖의 길이가 8치나 되었다. 아들이 없으므로 왕

---

73) 『三國史記』 卷5, 新羅本紀5, 太宗武烈王 元年.
74) 『三國史記』 卷8, 新羅本紀8, 神文王 3年.
75) 『三國遺事』 卷3, 塔像4, 栢栗寺.
76) 『三國史記』 卷8, 新羅本紀8, 聖德王 11年.
77) 『三國史記』 卷8, 新羅本紀8, 聖德王 19年.

비를 폐하여 沙梁夫人으로 봉하였다. 후비 滿月夫人의 시호는 景垂太后이며 依忠 각간의 딸이었다.[78]

C-1은 무열왕이 즉위한 후에 그의 부모를 문흥대왕과 문정태후로 추봉한 것으로, 왕모를 태후로 추봉한 기록이 처음으로 나온 기록이다. C-2는 신문왕이 즉위한 후에 김흠운의 딸과 혼인하였는데, 그 의례를 유교식 친영의례로 거행하였다. 유교식 혼인의례의 절차 중에 부인을 책립하였는데, 이는 '책비冊妃' 단계에 해당한다. C-3은 효소왕대에 부례랑과 그의 부모를 포상한 기록인데, 효소왕의 어머니인 용보부인을 경정궁주로 책봉하였다는 기록이다. C-4는 성덕왕이 김유신의 아내를 부인으로 책봉한 기록이다. C-5는 성덕왕이 김순원의 딸을 맞아 왕비로 삼고, 6월에 왕비를 왕후로 삼았다는 기록이다. 또한 C-6은 경덕왕이 왕비인 삼모부인을 출궁시키고,[79] 사량부인으로 책봉하였다는 기록이다.

C-1, 2, 5는 모두 왕실여성과 관련한 것으로, C-1 '追封A爲B', C-2는 '冊爲夫人', C-5는 '納A爲B', '冊A爲B'라고 하였다. C-1은 왕의 부모에 대한 추봉이다. 또한 C-2의 '冊爲夫人'과 C-5의 '納A爲B'는 중대의 왕실혼인이 유교식 혼인의례로 이루어졌고, 그 절차 중 '책비'에 해당하므로 동일한 의례적 행위를 지칭하는 것임을 알 수 있다.[80] 즉 왕실여성은 '왕비', '왕후', '태후' 지위에 '冊立'되었던 것이다.

반면 C-3, 4는 진골귀족여성의 사례로, C-3과 4 모두 '封A爲B'라고 하였다. C-6의 경덕왕의 전 왕비인 삼모부인은 왕실여성이었으나, 출궁되면서 강등되어 '封A'라고 하여 사량부인으로 책봉되었음을 알 수 있다. C-6은 '封沙梁夫人' 부인이라고 하였는데, 이는 '封三毛夫人爲沙梁夫人'의 축약된 표현일 것이다. C-6의 왕비 출궁 기사와 관련하여 성덕왕대의 왕비 출

---

78) 『三國遺事』 卷2, 紀異2, 景德王・忠談師・表訓大德.
79) 『三國遺事』 卷1, 王曆, 景德王.
80) 이현주, 앞의 논문, 2015a.

궁 기사가 주목된다.

> D-1. 성덕왕 15년(716), 成貞 [또는 嚴貞] 王后를 [궁에서] 나가게 하였는데, 채색 비단 5백 필, 田地 2백 결, 租 1만 석, 집 한 채를 하사하였다. 집은 康申公의 옛 집을 사서 주었다.[81]
> D-2. 원성왕 원년(785), 3월에 前妃인 具足王后를 外宮으로 내보내고 租 3만 4천 석을 내렸다.[82]

위의 사료에 따르면, D-1에서 성덕왕은 성정왕후를 출궁시키면서 채색 비단, 전지, 조, 집 한 채를 하사하였다. D-2의 원성왕 역시 선왕인 선덕왕의 왕비인 구족왕후를 출궁시키면서 외궁에 거주하도록 하였고, 조를 하사하였다. C-6의 삼모부인 역시 출궁 당시에 거주지와 생활을 영위할 수 있는 댓가를 하사받았을 것으로 여겨진다. 또한 D-1의 성덕왕후와 D-2의 구족왕후는 역시 출궁 시에 물질적인 보상 외에 왕후가 아닌 '부인'의 지위를 부여받았을 것이다. 즉 C-3과 4, 6, D-1과 2는 왕실여성이 아닌 귀족여성으로서 지위와 물질적인 보상을 받은 기록이다. 이들 기록에서는 '封A爲B'라고 하였는데, 즉 이들은 지위와 그에 상당하는 전지田地와 택宅, 또는 수조권 등을 하사받았던 것이다. 이로 볼 때 지위만 수여되는 경우는 '책립冊立', 지위와 지역적 기반의 물질적 보상이 수여되는 경우는 '책봉冊封'이었고, 전자의 경우는 왕실여성, 후자의 경우는 왕실여성외의 여성, 즉 귀족여성에 해당함을 알 수 있다.

사료 C와 D로 보아, 신라는 당으로부터 책봉제를 수용하였고, 이를 상층 여성들, 즉 왕실여성과 귀족여성들에게 적용하였음을 알 수 있다. 즉 왕비와 왕후를 책립하여 그 지위를 공식화하였고, 출궁으로 인해 왕실여성에서 귀족여성으로 강등당한 경우나 귀족여성의 포상 등에는 지위와 봉토에

---

81) 『三國史記』 卷8, 新羅本紀8, 聖德王 15年.
82) 『三國史記』 卷10, 新羅本紀10, 元聖王 元年.

해당하는 하사품을 하사하여 책봉하였다.

중대 왕실은 진골로서 왕위를 계승하였기 때문에 왕실과 다른 진골귀족과의 구분이 대내적 선결과제였다. 중대 왕실은 '후后' 칭호를 수용하였는데, 이는 왕권 강화를 목적으로 한 한화적 내정 개혁의 일환이었다. '왕후王后' 칭호는 진골 출신이었던 중대 왕실이 다른 진골귀족들과 구분하기 위한 방편의 하나였다. 왕실여성과 진골귀족여성은 신분은 진골로서 같으나, 지위는 왕족과 귀족으로서 위상 차이가 생겨났던 것이다. 중대의 '왕후' 칭호는 대외적으로는 7세기 동아시아국제전 이후의 중대 왕실의 자긍심을 표출하는 것이었고, 대내적으로는 왕실과 진골귀족 간의 위상 차이를 명백히 하는 수단이었다. 이를 통해 중대 왕실이 위상을 확고히 하고 왕권을 강화하고자 의도하였던 것이다. 또한 책봉의 형식을 통해 왕실여성과 진골귀족여성 간의 위상 차이를 제도화하였고, 이를 통해 왕실의 권위를 높이고자 하였다.[83]

또한 신라 중대에 당조가 신라왕뿐만 아니라 신라의 왕실여성도 책봉한 사례가 2건이 보인다. 하나는 효성왕대의 신라왕비新羅王妃 책봉이고, 다른 하나는 혜공왕대의 신라왕대비新羅王大妃 책봉이다. 효성왕비가 책봉된 사실은 『삼국사기三國史記』, 『신당서新唐書』, 『당회요唐會要』, 『책부원귀冊府元龜』에 실려 있다. 당으로부터 신라의 왕실여성의 책봉 받은 사례는 효성왕대가 최초이다. 다음은 관련 기록이다.

> E-1. 효성왕 2년(738), 당이 사신을 보내어 조칙으로 王妃 朴氏를 책봉하였다.[84]
>
> E-2. 효성왕 4년(740), 봄 3월에 당나라가 사신을 보내어 夫人金氏를 책봉하여 王妃로 삼았다.[85]

---

83) 이현주, 앞의 논문, 2015a, 258-259쪽.
84) 『三國史記』卷9, 新羅本紀9, 孝成王 2年.
85) 『三國史記』卷9, 新羅本紀9, 孝成王 4年.

E-3. 조금 후에 그 처 朴氏를 책봉하여 妃로 삼았다.[86]

E-4. (開元) 28년, 承慶妻 朴氏를 책봉하여 新羅王妃로 삼았다.[87]

E-5. 開元 28年, 3月癸卯 新羅國王 金承慶의 妻 金氏를 책봉하여 新羅王妃로 삼았다.[88]

사료 E는 당이 효성왕비를 책봉한 사실을 전하고 있다. E-1과 2는 『삼국사기』의 기록이고, E-3은 『신당서』, E-4는 『당회요』, E-5는 『책부원귀』의 기록이다. 그런데 사료의 기록이 다소간 상이한데, 특히 당이 신라왕비를 책봉한 횟수와 대상에서 차이가 있다. 『삼국사기』는 738년과 740년의 2차례라고 하였고, 『신당서』, 『당회요』, 『책부원귀』는 각각 1차례라고 하였다. 『신당서』는 왕비 책봉 시점을 적시하지는 않았으나, '조금 후에'라고 하여 신라왕과 신라왕비의 책봉 시점이 같지 않았음을 알려주고 있다. 『당회요』, 『책부원귀』는 개원 28년, 즉 740년에 책봉하였다고 하였다. E-2, 4, 5는 신라왕비 책봉이 740년이라고 하였다. 효성왕은 738년에 책봉되었는데, E-3으로 보아 효성왕비가 책봉된 시점은 그 이후로 여겨진다. 740년으로 볼 여지가 있는 것이다.

따라서 E-1의 738년 책봉 기사를 제외하고는 E-2, 3, 4, 5는 신라왕비 책봉 시점이 740년임을 알 수 있다. 또한 740년에 책봉된 신라왕비는 효성왕이 3년(739)에 비妃로 맞아들인 이찬 순원의 딸인 혜명이었을 것이다.[89] 효성왕에게는 박씨왕비, 후궁, 김씨왕비(혜명) 등의 여러 배우자가 있었는데, 이들 중 혜명은 당으로부터 신라왕비 책봉을 받음으로써 '정비正妃'의 지위를 획득하였다. 성덕왕대에 대당외교가 활발해진 결과 당제唐制에 대한 이해가 심화되었고, 당시 당제唐制에 대한 이해도가 높았던 김순원이 이를 적극적으로 활용하여 왕비세력으로서의 사회적 지위를 구축하였던

---

86) 『新唐書』 卷220, 列傳145, 東夷傳 新羅.
87) 『唐會要』 卷95 新羅傳, 開元 28年.
88) 『册府元龜』 卷975, 外臣部20, 褒異2.
89) 이현주, 앞의 논문, 2015b, 243-247쪽.

것이다.[90]

　이처럼 당이 이례적으로 신라왕비를 책봉한 것은 신라측의 요청과 당조의 수락에 의한 것이었을 것으로 여겨진다. 이와 같은 책봉의 배경은 다음의 신라왕대비의 책봉에서도 보인다. 혜공왕대에 혜공왕의 모후인 만월태후의 신라왕대비 책봉이 있었다. 다음은 관련 사료이다.

　　혜공왕 4년(768), 당나라 代宗이 倉部郎中 歸崇敬에게 御史中丞을 겸직시켜 보내 부절과 책봉조 서를 가지고와 왕을 開府儀同三司 新羅王 으로 책봉하고 아울러 왕의 어머니 김씨를 大妃로 책봉하였다.[91]

　위의 사료는 만월태후가 당으로부터 대비大妃로 책봉을 받았다는 기록이다. 『신당서』, 『당회요』, 『책부원귀』에도 동일한 내용이 실려 있다.[92] 『전당문全唐文』에 실린 신라왕대비를 책립하는 책문을 보면, 당의 대종代宗이 『춘추春秋』의 뜻에 의거하여 그 어머니에게 존호尊號를 더한다고 하였다.[93]
　만월태후가 '대비' 책봉을 받은 것은 당이 신라 왕실여성을 책봉한 두번째 사례이자, 신라왕의 왕모를 책봉한 첫 번째 사례이다. 당이 '신라왕대비'를 책봉한 배경으로, 『구당서』와 『책부원귀』에서 신라가 당에 김은거를 보내어 방물方物을 바치고 책명冊命을 청하였다고 하였다.[94] 즉 신라가 신라왕대비 책봉을 요청하였고, 당이 이와 같은 요구를 수락한 것이었다.
　어린 혜공왕을 대신하여 섭정을 하였던 만월태후는 당의 책봉을 통해 통치력을 확보하고자 하였다. 즉 만월태후는 신라의 정치적 여건에 의해 당의 책봉호인 '대비'를 능동적으로 수용하였고, 이를 통해 섭정으로서의

---

90) 이현주, 앞의 논문, 2015b, 259-261쪽.
91) 『三國史記』 卷9, 新羅本紀9, 惠恭王 4年.
92) 『新唐書』 卷220, 新羅傳 ; 『唐會要』 卷95, 新羅傳 ; 『册府元龜』 卷654, 奉使部 廉愼條 ; 『册府元龜』 卷965 外臣部 封册條.
93) 『全唐文』 卷785, 「册新羅王太妃文」 ; 『唐大詔令集』 卷129, 「册新羅王太妃文」.
94) 『舊唐書』, 東夷列傳, 新羅 ; 『册府元龜』 卷972, 外臣部17, 朝貢5.

위상을 정립하고자 했던 것이다.95) 신라 중대에 이루어진 당에 의한 신라 왕실여성의 책봉, 즉 효성왕대의 신라왕비 책봉, 혜공왕대의 신라왕대비의 책봉의 배경은 중대왕실과 진골세력간의 정치적 역관계에 의한 것이었다.

그렇다면 당이 신라의 책봉 요청을 수락한 이유는 무엇일까. 중국 왕조는 책봉冊封·기미羈縻·호시互市 등의 수단을 통해 주변국을 통제하려고 하였다. 국제결혼, 그 중에서 공주의 강가降嫁 역시 주변국을 종속시키고, 통제하는 수단 중 하나였다. 이민족의 시집간 중국의 황실의 공주를 화번공주和蕃公主라고 하는데, 화번궁주의 강가는 그 자체로 중국왕조의 외교정책이었던 것이다.96) 화번공주의 강가는 중국과 주변국과의 화친과 견제의 수단이었다.

반면 당의 신라왕비, 신라왕대비의 책봉은 당이 아닌 신라의 필요와 요청에 의한 것이었다. 효성왕의 왕비를 책봉한 주체는 당 현종이었다. 성덕왕은 적극적인 대당외교를 펼쳤다. 신라 중대왕권의 당제에 대한 적극적인 수용 의지와 당 내부의 잦은 정권 교체는 나당관계를 우호적으로 유지하는 신라와 당, 각국의 내부적 요인이었다. 또한 발해의 위협과 견제는 신라와 당의 관계를 더욱 긴밀하게 하는 외부적 요인으로 작용하였다. 특히 당 현종은 성덕왕대의 신라를 군자君子의 나라로 칭하였다. 하정사인 김지량을 통해 보내는 조서에 신라에 대해서 "인의仁義의 나라라고 하며, 문장文章과 예악禮樂이 군자君子의 풍모가 있다"고 하였다.97) 또한 성덕왕이 죽고, 그를 이은 효성왕을 책봉할 때도 책봉사인 형숙에게 신라에 대해서 말하며 "신라는 군자의 나라라 일컬어지고, 자못 글을 잘 알아 중국과 비슷함이 있다."라고 하고 있다.98) 즉 당현종과 성덕왕 간의 우호적인 관계는 신

---

95) 이현주, 앞의 논문, 2017a : 「신라 중대 만월태후의 자기인식과 성덕대왕신종聖德大王神鍾」, 『여성과 역사』, 27, 2017b.
96) 藤野月子 저, 정병준 역, 「中國 古代의 國際結婚」, 『한국고대사탐구』, 33, 2019, 519-522쪽.
97) 『三國史記』 卷8, 新羅本紀8, 聖德王 30年.
98) 『三國史記』 卷9, 新羅本紀9, 孝成王 2年.

라가 중화中華와 유사한 군자君子의 풍모가 있는 나라로 인식하게 되는 계기가 되었다. 당이 유화책의 일환으로 효성왕대 신라의 책봉 요청을 허락하였을 것으로 여겨진다.

이후 당현종 치세기간인 755년 12월부터 763년 2월까지 일어난 안록산, 사사명의 난이 일어났다. 755년의 안록산의 난이 일어나자 현종은 756년에 번진에게 재정과 군사를 독립시켰고, 지방관의 임명권을 부여하였는데,99) 이 조처는 일시적인 것이었으나 점차 고착화되었다.100) 안사의 난 이후에 절도사는 변경뿐 만 아니라 당의 내지內地에도 증치되었고, 권한이 강화되었던 것이다. 이처럼 안사의 난은 당의 국력을 소모시켰고, 당 중앙정부의 통치력을 약화시켰다.

혜공왕의 왕모를 책봉한 주체는 당대종이었다. 당대종은 황태손으로서 조부인 당현종과 함께 반란을 피해 서쪽으로 도망갔다가 반란이 끝나자 장안으로 돌아왔다. 당대종은 762년 부왕인 당숙종이 죽자 즉위하였는데, 안사의 난이 끝난 이후, 강한 번진으로 인한 지방통제력의 약화, 토번의 공격, 파상적으로 일어나는 반란 등이 이어졌다. 이와 같은 당 내부의 상황은 신라와의 우호적인 관계를 지속해야만 하는 이유로 작용하였을 것이다. 신라 성덕왕과 당현종의 치세 이후로 견고해진 나당관계, 신라 내부의 왕권 강화, 당 내부의 통치력 약화의 정황은 신라의 책봉 요청과 당조의 수락이라는 결과로 이어지게 되었다.

요컨대 당이 신라 왕실여성을 책립한 것은 신라의 요청을 당이 수락하여 이루어진 것이었다. 신라는 당의 책봉을 통해 지위를 공식화하였는데, 이는 대당관계뿐만 아니라 신라 내부의 정치적 역관계, 즉 왕실과 귀족세력, 귀족세력들간의 정치적 알력에도 활용하였다. 책봉을 통해 대내외적인 정당성을 획득하고자 하였고, 그 일환으로 당의 '신라왕비'와 '신라왕대비'

---

99) 『資治通鑑』 卷28, 肅宗至德元載條.
100) 李宗燮, 「唐代 中央과 沿岸 蕃鎭의 關係-對外業務를 중심으로-」 『中國史硏究』 50, 2007, 93-94쪽.

책봉이 필요했던 것이다. 신라는 대당외교를 대내적인 정치에 활용하였음을 알 수 있다. 신라 왕실여성이 당의 책립을 받은 것은 대내적으로는 중대왕실과 귀족세력 간의 정치적 역관계에 의한 것이었다. 또한 대외적으로는 성덕왕 이후의 견고한 나당관계, 당 내부의 통치력 약화에 의한 것이었다.

맺음말

7세기 동아시아의 전쟁과 외교는 동아시아 각국의 이해관계가 충돌하고 맞물린 결과였다. 나당전쟁이후, 경색되었던 나당관계는 670년대 당조의 이민족 정책 변화와 신라 중대왕실의 적극적인 唐制 수용과 맞물려 완화되었다. 성덕왕 이후, 나당관계는 우호적인 관계가 지속되었다. 중대왕실의 왕권 강화와 체제 정비의 필요는 나당관계를 우호적으로 유지하는 내부적 요건이 되었다. 또한 발해의 건국, 당현종의 즉위, 발해의 등주 공격 등은 당과 신라 간의 관계가 긴밀해지는 외부적 요건이 되었다. 나당관계의 외교방식인 조공-책봉관계는 양국의 이해관계에 기반한 정치적 행위였던 것이다.

성덕왕은 재위 36년 간 총 46회의 견당사를 파견하였는데, 견당사는 외교사절이자, 공적 무역의 매개자였고, 문화 교류의 통로였다. 성덕왕은 견당사 파견을 통해 대외적으로 우호적인 나당관계를 견고하게 하고, 이를 기반으로 당의 제도와 문물을 수용하여 대내적으로 체제를 정비하고 왕권을 강화하고자 하였다. 성덕왕 이후 나당관계는 더욱 긴밀해졌고, 이는 신라왕의 책봉 외에 신라의 왕실여성의 책봉이 이루어지는 배경이 되었다.

신라는 당으로부터 책봉제를 수용하였고, 이를 상층 여성들, 즉 왕실여성과 귀족여성들에게도 적용하였다. 왕비와 왕후를 책립하여 그 지위를 공식화하였고, 출궁으로 인해 왕실여성에서 귀족여성으로 강등당한 경우나 귀족여성의 포상 등에는 지위와 봉토에 해당하는 하사품을 하사하여 책봉하였다. 이처럼 중대 왕실은 책봉의 형식을 통해 왕실여성과 진골귀족여성 간의 위상 차이를 제도화하였다. 이를 통해 왕실의 권위를 높이고, 왕권을 강화하고자 하였다.

신라 중대에 당조가 신라왕뿐만 아니라 신라의 왕실여성도 책봉한 사례가 2건이 보인다. 하나는 효성왕대의 신라왕비 책봉이고, 다른 하나는 혜공왕대의 신라왕대비 책봉이다. 당이 신라왕비를 책봉한 것은 주변국과 비교할 때, 이례적으로 이루어졌다. 당에 의한 신라 왕실여성의 책립은 신라가 내부적인 필요에 따라 요청했고, 이를 당이 허락하여 이루어진 것이었다. 즉 당이 신라왕비와 왕대비를 책립한 것은 대내적으로는 중대왕실과 귀족세력 간의 정치적 역관계에 의한 것이었다. 또한 대외적으로는 성덕왕 이후의 견고한 나당관계, 당 내부의 통치력 약화에 의한 것이었다.

제3장 신라 중대 만월태후의 자기인식과 '성덕대왕신종聖德大王神鍾'

머리말

'성덕대왕신종'은 봉덕사奉德寺에 있었던 종으로 봉덕사종이라고도 한다. '성덕대왕신종'의 주조 계획은 경덕왕대에 세워졌으나, 종의 완성은 혜공왕 7년인 신해년(771)에 이루어졌다. 성덕대왕신종의 명문에는 종을 주조한 목적과 과정, 의미가 명문으로 새겨져 있다. '성덕대왕신종'의 명문 내용은 신라 중대왕권의 성격과 왕실 세력의 추이를 밝히는 데 있어 빼놓을 수 없는 중요한 자료이다.

중대 정치사연구에서 봉덕사와 '성덕대왕신종'에 대해 주목하였다. 특히 혜공왕대의 정치사연구와 관련하여 '성덕대왕신종'의 명문은 중요하게 여겨졌다. 봉덕사와 중대왕실간의 관계를 고찰하기도 하였고,[1] '성덕대왕신종'의 명문을 분석하고, 그로 인해 정치세력의 추이를 살펴보기도 하였다.[2] 또한 혜공왕대의 왕실여성, 즉 태후와 혜공왕의 왕비를 중심으로 왕

---

1) 李昊榮,「新羅 中代王室과 奉德寺」『史學志』8, 1974 ;『新羅三國統一과 麗·濟 敗亡原因研究』, 서경문화사, 2001 재수록 ; 金壽泰,「統一新羅期 專制王權의 崩壞와 金邕」『歷史學報』99·100합, 1983 ; 李泳鎬,「新羅中代 王室寺院의 官寺的 機能」『韓國史研究』43, 1983 ; 李基東,「羅末麗初 近侍機構와 文翰機構의 擴張」『新羅骨品制社會와 花郎徒』, 一潮閣, 1984 ; 李英愛,「신라중대왕권과 봉덕사, 성덕대왕신종」경희대학교 석사학위논문, 2001 ; 전덕재,「봉덕사의 위치와 그 성격」『신라문화제학술발표논문집』36, 2015.
2) 今西龍,「聖德大王神鍾銘」『新羅史研究』, 近江書店, 1933 ; 李昊榮,「聖德大王神鍾銘의 解釋에 관한 몇 가지 문제」『考古美術』125, 1975 ;『新羅三國統一과 麗·濟 敗亡原因研究』, 서경문화사, 2001 재수록 ; 濱田耕策,「新羅の聖德大王神鍾と中代の王室」

과 귀족세력, 즉 정치 세력 간의 역학관계를 파악한 연구들이 이루어졌다.3) 이들 연구에서는 기왕의 정치사 연구와 마찬가지로 왕실여성이 속한 정치세력의 추이를 살펴보는 것에 초점이 맞춰져 있다. 만월태후의 자기인식, 그를 기반으로 한 정치적 입지와 역할이라는 측면은 간과되었다.

중대의 왕실여성은 진골귀족집단과 왕실 사이의 접점에 위치한다. 중대의 진골귀족여성은 혼인을 전후로 자신이 출생한 진골귀족집단에서 왕실의 일원으로 소속이 변동된다. 왕실여성이 자신의 기반을 어느 곳에 두는지, 또는 어느 집단에서의 소속감이 큰 지에 따라 그의 정치적 입지와 역할이 달라질 것임은 자명하다. 만월태후는 경덕왕대의 왕후였고, 혜공왕대의 태후였다. 또한 태후로서 섭정하였고, 당으로부터 책봉된 왕태비였다.

본 장에서는 만월태후의 정치적 기반의 변화, 그에 따른 자기인식의 확립을 고찰하고자 한다. 만월태후의 자기 인식의 형성, 그에 따른 정치적 지향을 '성덕대왕신종'의 명문을 중심으로 살펴볼 것이다. 우선 봉덕사의 창건 배경을 알아보고, 봉덕사종인 '성덕대왕신종'의 주조와 그에 내포된 의미를 찾고자 한다. 다음으로 '성덕대왕신종'의 명문을 구조적으로 분석하고, 명문에 등장하는 '태후太后'와 '효孝'의 의미에 대해 살펴볼 것이다. 마지막으로 만월태후의 자기인식과 그에 따른 정치적 지향에 대해 고찰하고자 한다. 이를 통해 신라 중대 왕실여성의 존재양상을 파악하는 데 일조할 수 있기를 기대한다.

『呴沫集』 3, 1981 ; 『新羅國史の硏究 -アジア史の視點から-』, 吉川弘文館, 2002 재수록.
3) 박해현, 「혜공왕대 귀족세력과 중대왕권」 『전남사학』 11, 1997 ; 『신라중대정치사연구』, 국학자료원, 2003 ; 신정훈, 「신라 혜공왕대 정치적 추이와 천재지변의 성격」 『동서사학』 8, 2001 ; 신정훈, 『8세기 신라의 정치와 왕권』, 한국학술정보, 2010 ; 김수태, 「신라 혜공왕대 만월부인의 섭정」 『신라사학보』 22, 2011 ; 曺凡煥, 「신라 中代末 惠恭王의 婚姻을 통하여 본 政局의 변화」 『신라문화』 43, 2014.

1. 봉덕사의 창건과 '성덕대왕신종'

'성덕대왕신종'이 안치된 곳은 봉덕사였다. 중대왕실과 봉덕사의 관계를 알아봄으로써 '성덕대왕신종' 주조와 완성이 갖는 의미를 알아보고자 한다. 다음은 그와 관련된 사료이다.

> A. 또 (왕은) 黃銅 12만근을 희사하여 부왕이신 성덕왕을 위하여 큰 종 하나를 주조하고자 하였으나 이루지 못하고 세상을 떠나니, 그 아들 혜공대왕 건운이 大曆 庚戌 12월에 有司에게 명하여 공인들을 모아 능히 그것을 완성하여 봉덕사에 안치하였다. [이] 절은 곧 효성왕 開元 26년 무인戊寅(738년)에 부왕인 성덕대왕의 명복을 빌기 위하여 창건한 것이다. 그러므로 鍾銘은 '聖德大王神鍾之銘'이라 하였다. (성덕왕은 곧 경덕왕의 아버지로 興光大王이다. 종은 본래 경덕왕이 아버지를 위하여 시주한 금이었으므로 聖德鍾이라 한다.) 朝散大夫 前太子司議郎 翰林郎 金弼粤이 임금의 교지를 받들어 종명을 지었는데, 글이 번다하므로 수록하지 않는다.4)

위의 사료는 『삼국유사』 탑상편에 나오는 봉덕사에 관한 사료이다. 봉덕사는 효성왕이 738년에 성덕왕의 명복을 빌기 위하여 창건한 절이었다. 그리고 경덕왕은 그의 부모의 명복을 빌고자 봉덕사종을 주조할 계획을 세웠다. 이후에 '성덕대왕신종'은 경덕왕이 일찍이 죽었기 때문에 그의 아들인 혜공왕대에 이르러서야 비로서 완성되었다. 이처럼 봉덕사와 봉덕사종, 즉 성덕대왕신종은 34대 효성왕(재위737~742), 35대 경덕왕(재위 742~765), 36대 혜공왕(재위765~780)에 걸쳐 창건되고, 주조되었다. 봉덕사와 봉덕사종은 효성왕과 경덕왕의 아버지인 33대 성덕왕(재위702~737)의

---

4) 『三國遺事』 卷3, 塔像4, 皇龍寺鍾 芬皇寺藥師 奉德寺鍾.

명복을 빌기 위한 목적으로 만들어졌던 것이다.
 그렇다면 성덕대왕신종이 안치되었던 봉덕사는 어떠한 사찰이었을까. 다음은 봉덕사에 관한 사료이다.

> B-1. 제33대 성덕왕 神龍 2년 병오丙午(706년)에 흉년이 들어 인민들의 굶주림이 심하였다. 정미丁未(707년) 정월 초하루부터 7월 30일까지 백성을 구제하기 위해 곡식을 나누어 주었는데, 한 사람당 하루 3升으로 하였다. 일이 끝나고 계산해보니 (모두) 30만 5백 석이었다. 왕이 太宗大王을 위해 奉德寺를 창건하고, 仁王道場을 7일 동안 열고 크게 사면하였다. 이때부터 비로소 侍中의 직을 두었다.(어떤 책에는 효성왕 때의 일이라고 한다.)5)
> B-2. 奉德寺成典은 18년(759)에 修營奉德寺使院으로 고쳤으나, 후에 (옛 이름인 봉덕사성전으로) 복구되었다.6)

앞서 A는 『삼국유사』 탑상편의 봉덕사종인 성덕대왕신종을 주조한 내력을 기록한 것이고, B-1은 『삼국유사』 기이편, B-3은 『삼국사기』 직관지로, 모두 봉덕사에 관한 사료이다. A와 B-1은 봉덕사의 창건시기와 주체에 대한 것이고, B-2는 경덕왕 18년 759년에 봉덕사성전의 명칭을 수영봉덕사사원으로 고쳤다는 기록이다. B-2에서 봉덕사성전과 수영봉덕사성전은 동일한 성격의 관부로, 봉덕사를 관리하고 보수하는 일을 담당한 관청이었다.7) 이들 A와 B-1과 B-2의 사료를 통해 봉덕사가 성덕왕대부터 효성왕, 경덕왕에 이르기까지 왕실과 밀접한 연관성을 지니고 있었음을 알 수 있다.

---

5) 『三國遺事』 卷2, 紀異, 聖德王.
6) 『三國史記』 卷38, 雜志7, 職官 上, 奉德寺成典.
7) 寺院成典은 사원의 보수 및 조영을 담당한 관사였는데,(李弘稙, 「新羅 僧官制와 佛敎 政策의 諸問題」 『白性郁博士頌壽紀念 佛敎學論文集』, 1959, 16쪽), 이후에 사찰의 수리, 조영을 계기로 상설직이 두어졌다(朴南守, 「사원성전과 불사의 조영체계」 『東國史學』 28, 1994 ; 『新羅手工業史』, 신서원, 1996 재수록).

A와 B-1은 봉덕사의 창건 연대와 주체를 각각 다르게 전하고 있다. 봉덕사의 창건 연대를 A에서는 효성왕이 개원 26년 무인년인 738년에 부왕이 성덕대왕의 명복을 빌기 위해서 봉덕사를 창건하였다고 하였다. 반면 B-1에서는 707년, 또는 그 이후에 성덕왕이 태종대왕의 명복을 빌기 위하여 봉덕사를 창건하였다고 하였다.

기왕의 연구에서는 봉덕사가 착공된 시기가 성덕왕대이고, 봉덕사가 완성된 시기가 효성왕 2년인 738년이라고 이해하기도 한다. 봉덕사의 착공부터 완성까지 오랜 시기가 걸린 이유는 성덕왕대의 전반의 20여년 간에 걸친 재해로 인해 공사가 본격적으로 이루어지지 못했을 것이라고 보았던 것이다.[8] 한편 B-1의 기사로 보아 성덕왕대에 봉덕사를 완성하였고, A의 기사로 보아 효성왕이 봉덕사를 중창한 것으로 보기도 하였다.[9]

그런데 경주시 구황동에 위치한 황복사지에서는 '(봉)덕태종사(령)(奉)德太宗寺(令)'이란 명문이 포함된 비편이 발견되었다.[10] 이로 보아 B-1의 기사대로 성덕왕이 태종무열왕의 명복을 추복하기 위해 '봉덕태종사'를 창건하였던 것임을 알 수 있다.

다음으로 성덕왕대에 봉덕사를 창건한 이유에 대해서 기왕의 연구에서 B-1의 사료를 근거로, 성덕왕이 중대 왕실의 정통성과 권위를 내세우기 위하여 태종대왕의 명복을 창건하였다고 보기도 하였다.[11] 또한 B-1의 인왕도량仁王道場을 근거로[12] 중대왕실의 정통성이라는 정치적 측면 외에 재난

---

8) 이호영, 앞의 논문, 1974, 39쪽.
9) 李英愛, 앞의 논문, 2001, 3-18쪽.
10) 윤선태는 황복사 비편 중 '德太宗寺'는 奉德太宗寺이며, '奉德太宗寺令'이란 봉덕사성전의 장관을 이르는 것이라고 추정하였다(「新羅의 寺院成典과 衿荷臣」,『한국사연구』108, 2000, 10-13쪽).
11) 蔡尙植,「新羅統一期의 成典寺院의 구조와 기능」,『釜山史學』8, 1984, 94-95쪽.
12) 이는 부처님이 설한 護國三部經 중 하나인 仁王經을 기반한 仁王道場이 근거이다. 인왕도량은 百高座會 또는 仁王百高座會라고도 부르는데, 인왕경을 강독하는 법회이다. 인왕경의 호국품에 갖가지 재난이 있고, 외적이 와서 파괴하려고 할 때 護國의 법을 시행하라고 하였다고 한다(전덕재, 앞의 논문, 2015, 138쪽).

극복이라는 의미가 컸을 것으로 보았다.13)

그러나 A사료에서 효성왕이 738년에 성덕왕을 추복하기 위해 봉덕사를 창건하였다는 기록은 효성왕이 봉덕사에서 성덕왕을 추복하였다는 사실을 알려준다. 이로 보아 봉덕사가 성덕왕대에는 태종무열왕을 추복하였고, 효성왕대이후에는 성덕왕을 추복하였음을 알 수 있다. 즉 효성왕대 이후로 봉덕사는 태종무열왕과 성덕왕을 추복하는 사찰이 되었던 것이다. 즉 성덕왕이 태종무열왕을 추복하기 위해 창건한 봉덕사에서 효성왕이 성덕왕의 추복도 행했던 것이다.

이로 볼 때 A사료에서 효성왕이 738년에 창건한 것은 봉덕사 자체가 아니라 봉덕사 내에 성덕왕을 추복하기 위한 건물이었을 것이다. 이로서 봉덕사는 태종무열왕에서 성덕왕, 그리고 효성왕에 이르기까지 중대 왕권의 정통성을 상징하는 사찰로 자리매김하였음을 알 수 있다.

신라는 고구려를 정벌한 문무왕 8년(668)부터 성덕왕이 견당사를 보낸 성덕왕 2년(703)까지 35년간 사실상 국교 단절의 상태였다. 성덕왕은 처음 견당사를 파견한 668년부터 거의 매년 당에 숙위사宿衛使, 하정사賀正使, 조공사朝貢使 등의 성격의 사신을 파견하였다.14) 성덕왕은 왕권강화와 정치적 안정을 위해 대외적으로 당의 견당사 파견을 통해 외교관계를 회복하고자 하였다. 또한 대내적으로 태종무열왕의 원찰인 봉덕사를 건립하여, 이를 통해 왕권의 정통성을 확보하고자 하였던 것이다.

이처럼 봉덕사는 중대 왕실의 정통성과 밀접히 연관된 사찰이었다. 경덕왕은 봉덕사에 부왕인 성덕왕을 추복하는 '성덕대왕신종'을 주조하고자

---

13) 이영애는 성덕왕이 봉덕사를 창건한 이유에 대해 선왕 추복을 통해 성덕왕의 정통성을 표방하고, 잦은 재해를 관념적으로 극복하여 왕권을 안정시키고자 하였던 것으로 파악하였다(앞의 논문, 2011, 10쪽) ; 전덕재는 중대왕실의 정통성이라는 측면도 무시할 수는 없지만, 재난이 발생하였을 때 태종대왕의 명복을 빌어서 이를 통해 재난을 극복하고, 백성과 나라를 평안하게 해주리라는 기대가 있었을 것으로 보았다(앞의 논문, 2015, 137쪽).
14) 權悳永, 『古代韓中外交史』, 一潮閣, 1997, 45-60쪽.

하였던 것이다. '성덕대왕신종'은 혜공왕대에 비로서 완성되었는데, 이는 선왕의 추복이라는 명분을 통해 현왕의 왕권의 정당성을 확보하고자 하는 노력의 일환이었다. 봉덕사가 태종무열왕-성덕왕-효성왕으로 이어졌다면, 봉덕사종(성덕대왕신종)은 그 연장선상에서 성덕왕-경덕왕-혜공왕으로 이어졌던 것이다. 선왕인 부왕에 대한 추복은 '효'이자 '정통성'과 연관된 사안이었다.

2. '성덕대왕신종' 명문의 이해와 '孝孝'

'성덕대왕신종' 명문에 대한 판독과 해석은 그다지 논란이 없다. 그럼에도 불구하고 마멸에 의해 판독이 미상인 글자가 있어 여전히 주의를 필요하다. 따라서 '성덕대왕신종' 명문 중 논란이 되는 부분에 대해 기왕의 판독문을 비교하고, 탁본을 대조함으로써 판독을 확인하고, 해석하고자 한다.[15] '성덕대왕신종'의 판독은 『해동금석원海東金石苑』[16], 『조선금석총람朝鮮金石總覽』[17], 『조선금석고朝鮮金石攷』[18], 『신라사연구新羅史研究』[19], 『조선종朝鮮鐘』[20], 이호영의 연구[21], 『한국금석유문韓國金石遺文』[22], 『한국금석전문韓國金石全文』 고대 편[23], 『역주 한국고대금석문』 Ⅲ[24]을 참조하였다.

---

15) 남동신, 「성덕대왕신종」『譯註 韓國古代金石文』Ⅲ의 판독과 해석을 참조하고, 해석의 경우, 부분 수정하였음을 밝혀둔다.
16) 劉喜海, 『海東金石苑』, 1831.
17) 朝鮮總督府, 『朝鮮金石總覽』, 1919.
18) 葛城末治, 『朝鮮金石攷』, 大阪屋號書店, 1935.
19) 今西龍, 『新羅史研究』, 圖書刊行社, 1970.
20) 坪井良平, 『朝鮮鐘』, 角川書店, 1974.
21) 이호영, 「聖德大王神鐘銘의 解釋에 관한 몇 가지 문제」『考古美術』125, 1974.
22) 黃壽永, 『韓國金石遺文』, 一志社, 1976.
23) 허흥식, 『韓國金石全文』 古代篇, 아세아문화사, 1984.
24) 남동신, 「聖德大王神鍾」『譯註 韓國古代金石文』Ⅲ, 1992.

제3장 신라 중대 만월태후의 자기인식과 '성덕대왕신종聖德大王神鍾' 61

행	C	성덕대왕신종 판독	판독
1		聖德大王神鍾之銘	
2		朝散大夫兼太子司議郎翰林郎金弼奧奉敎撰	司議郎25)
3			弼奧26)
4		1)夫至道包含於形象之外視之不能見其原大音震動於天地之間聽之不能	
5		聞其響是故憑開假說觀三眞之奧載懸擧神鍾悟一乘之圓音夫其鍾也稽	
6		之佛土驗在於闍膩尋之帝鄕則始制於鼓延空而能鳴其響不竭重爲難	
7		轉其體不褻所以王者元功克銘其上群生離苦亦在其中也2)伏惟	
8		**聖德大王**德共山河而幷峻名齊日月而高懸擧忠良而撫俗崇禮樂而觀風	而27)
9		野務本農市無濫物時嫌金玉世尙文才不意子噹有心老誡四十餘年臨邦	
10		勤政一無干戈驚擾百姓所以四方隣國萬里歸賓唯有欽風之望未曾飛矢	
11		之窺燕秦用人齊晉替覇豈可幷輪雙轡而言矣然雙樹之期難測千秋之夜	
12	1)	易長晏駕已來于今三十四也3)頃者 孝嗣景德大王在世之日繼守	
13	~	丕業監撫庶機早隔 慈規對星霜而起戀重遣 嚴訓臨闕殿以	
14	5)	增悲追遠之情轉悽盆魂之心更切敬捨銅一十二萬斤欲鑄一丈鍾一口立	丈鍾28)
15		志未成奄爲就世4)㉠今 我聖君行合 祖宗意符至理殊祥見於千	
16		古令德冠於常時六街龍雲蔭灑於玉階九天雷鼓震響於金闕菓米之林離	
17		離乎外境非煙之色煥煥乎京師此卽報玆誕生之日應其臨政之時也㉡仰惟	
18		**太后**恩若地平化黔黎於仁敎心如天鏡奬父子之孝誠是知朝於元舅之賢	太后29)
19		夕於忠臣之輔無言不擇何行有愆乃顧遺言逾成宿營爾5)其有司辦事工匠	
20		畫模歲大大淵月惟大呂是時日月替暉陰陽調氣風和天靜神器化成狀如	畫模30)替31)
21		岳立聲若龍音上徹於有頂之巓潛通於無底之下見之者稱奇聞之者受福	
22		願玆妙因奉翊 尊靈聽聽聞之淸響登無說之法筵契三明之勝心居	
23		一乘之眞境乃至瓊萼之叢共金柯以永茂邦家之業將鐵圍而彌昌有情無	
24		識慧海同波咸出塵區幷昇覺路臣弼奧拙無才敢奉 聖詔貸班超	弼奧拙32)
25		之筆隨陸佐之言述其願旨銘記于鍾也翰林臺書生大奈麻金符晥書	符晥33)

25) 司議郎: 남동신, 「聖德大王神鍾」; 今西龍, 『新羅史硏究』; 坪井良平, 『朝鮮鍾』.
　　朝議郎: 劉喜海, 『海東金石苑』; 黃壽永, 『韓國金石遺文』; 허흥식,『韓國金石全文』 古代 篇.
　　▨議郎: 朝鮮總督府, 『朝鮮金石總覽』; 葛城末治, 『朝鮮金石攷』.
26) 弼奧: 葛城末治, 『朝鮮金石攷』; 坪井良平, 『朝鮮鍾』; 黃壽永, 『韓國金石遺文』; 허흥식, 『韓國金石全文』 古代 篇; 남동신, 「聖德大王神鍾」.
　　弼▨: 劉喜海, 『海東金石苑』.
　　▨▨: 朝鮮總督府, 『朝鮮金石總覽』.

행	C	성덕대왕신종 판독	판독
26		其詞曰	
27		㉠紫極懸象 黃輿啓方 山河鎭列 區宇分張 東海之上 衆仙所藏	
28		地居桃壑 界接扶桑 爰有我國 合爲一鄕 ㉡元元聖德 曠代彌新	元元34)
29		妙妙淸化 遐邇克臻 將恩被遠 與物霑均 茂矣千葉 安乎萬倫	
30		愁雲忽慘 慧日無春 ㉢恭恭孝嗣 繼業施機 治俗仍古 移風豈違	
31	6)	日思嚴訓 常慕慈輝 更以脩福 天鍾爲祈 偉哉我后 盛德不輕	
32		㉣寶瑞頻出 靈符每生 主賢天祐 時泰國平 追遠惟勤 隨心願成	
33		乃顧遺命 于斯寫鍾 人神獎力 珍器成容 ㉤能伏魔鬼 救之魚龍	
34		震威暘谷 淸韻朔峯 聞見俱信 芳緣允種 圓空神體 方顯聖蹤	
35		永是鴻福 恒恒轉重	
36			
37		翰林郎 級飡金弼奧奉 詔撰	
38		待詔大奈麻姚湍書	姚湍35)
39			
40		檢校使兵部令兼殿中令司馭府令	
41		修城府令監四天王寺府令幷檢	
42		校眞智大王寺使上相大角干臣	
43		金邕	
44		檢校使肅政臺令兼修城府令檢	
45		校感恩寺使角干臣金良相	
46	7)	副使執事部侍郎阿飡金體信	金體信36)
47		判官右司祿館使級飡金忠得	金忠得37)
48		判官級飡金 忠封	忠封38)
49		判官大奈麻金 如芿庾	如芿庾39)
50		錄事奈麻金 一珍	一珍40)
51		錄事奈麻金 張幹	張幹41)
52		錄事大舍金 ▨▨	▨▨
53			
54		大曆六年歲次辛亥十二月十四日鑄鍾大博士大奈麻朴從鎰	朴從鎰42)
55		次博士奈麻朴賓奈	朴賓奈43)
56		奈麻 朴韓味 大舍 朴負缶	朴負缶44)

弼奚: 今西龍, 『新羅史硏究』; 이호영, 「聖德大王神鐘銘의 解釋에 관한 몇 가지 문제」.
27) 以: 朝鮮總督府, 『朝鮮金石總覽』; 葛城末治, 『朝鮮金石攷』; 黃壽永, 『韓國金石遺文』;

坪井良平, 『朝鮮鐘』.
而: 남동신, 「聖德大王神鍾」; 이호영, 「聖德大王神鐘銘의 解釋에 관한 몇 가지 문제」.
28) 丈鍾: 黃壽永, 『韓國金石遺文』; 이호영, 「聖德大王神鐘銘의 解釋에 관한 몇 가지 문제」; 남동신, 「聖德大王神鍾」; 坪井良平, 『朝鮮鐘』.
大鍾: 葛城末治, 『朝鮮金石攷』; 今西龍, 『新羅史研究』.
29) 大君: 허흥식, 『韓國金石全文』古代 篇.
太后: 朝鮮總督府, 『朝鮮金石總覽』; 葛城末治, 『朝鮮金石攷』; 今西龍, 『新羅史研究』; 坪井良平, 『朝鮮鐘』; 黃壽永, 『韓國金石遺文』; 남동신, 「聖德大王神鍾」.
30) 畵模: 朝鮮總督府, 『朝鮮金石總覽』.
畵摸: 黃壽永, 『韓國金石遺文』; 이호영, 「聖德大王神鐘銘의 解釋에 관한 몇 가지 문제」.
31) 借: 劉喜海, 『海東金石苑』.
僣: 黃壽永, 『韓國金石遺文』.
替(?): 남동신, 「聖德大王神鍾」.
32) 文拙: 朝鮮總督府, 『朝鮮金石總覽』; 坪井良平, 『朝鮮鐘』.
文: 今西龍, 『新羅史研究』.
奚拙: 허흥식, 『韓國金石全文』古代 篇; 이호영, 「聖德大王神鐘銘의 解釋에 관한 몇 가지 문제」.
奧拙: 黃壽永, 『韓國金石遺文』; 남동신, 「聖德大王神鍾」.
33) 卄白: 劉喜海, 『海東金石苑』.
▨▨: 朝鮮總督府, 『朝鮮金石總覽』; 今西龍, 『新羅史研究』.
▨白宛: 葛城末治, 『朝鮮金石攷』.
□晥: 坪井良平, 『朝鮮鐘』.
34) 六元: 黃壽永, 『韓國金石遺文』.
元元: 남동신, 「聖德大王神鍾」.
35) 洪端: 朝鮮總督府, 『朝鮮金石總覽』; 葛城末治, 『朝鮮金石攷』.
□湍: 今西龍, 『新羅史研究』.
姚端: 坪井良平, 『朝鮮鐘』; 黃壽永, 『韓國金石遺文』.
36) 金敬信: 朝鮮總督府, 『朝鮮金石總覽』; 今西龍, 『新羅史研究』.
金體信: 葛城末治, 『朝鮮金石攷』; 坪井良平, 『朝鮮鐘』; 이호영, 「聖德大王神鐘銘의 解釋에 관한 몇 가지 문제」; 黃壽永, 『韓國金石遺文』; 남동신, 「聖德大王神鍾」.
37) 金▨得: 劉喜海, 『海東金石苑』; 朝鮮總督府, 『朝鮮金石總覽』; 葛城末治, 『朝鮮金石攷』; 坪井良平, 『朝鮮鐘』.
김芇淂: 黃壽永, 『韓國金石遺文』.
金忠得: 허흥식, 『韓國金石全文』古代 篇.
38) ▨▨: 劉喜海, 『海東金石苑』.
忠封: 朝鮮總督府, 『朝鮮金石總覽』; 葛城末治, 『朝鮮金石攷』; 今西龍, 『新羅史研究』; 坪井良平, 『朝鮮鐘』; 黃壽永, 『韓國金石遺文』; 허흥식, 『韓國金石全文』古代 篇; 남동

C 성덕대왕신종의 명

조산대부 겸 태자사의랑 한림랑인 김필오金弼奧가 왕명을 받들어 지음.

C-1. 무릇 지도至道는 형상의 외면에 포함되어 있어 보기는 하지만 그 근원을 볼 수 없고, 대음大音은 천지의 사이에 진동하므로 듣기는 하지만 그 울림을 들을 수는 없다. 그러므로 가설假說을 열어서 삼진三眞의 오재奧載를 관觀하게 하고, 신종神鍾을 내걸어서 일승一乘의 원음圓音을 오悟하게 하였다. 대저 종이라

신, 「聖德大王神鍾」.
39) ☒☒: 劉喜海, 『海東金石苑』; 葛城末治, 『朝鮮金石攷』; 今西龍, 『新羅史研究』.
　　☒甫: 朝鮮總督府, 『朝鮮金石總覽』.
　　如芴庚: 黃壽永, 『韓國金石遺文』; 남동신, 「聖德大王神鍾」.
　　如甫: 허흥식, 『韓國金石全文』 古代 篇.
40) 一珍: 朝鮮總督府, 『朝鮮金石總覽』; 남동신, 「聖德大王神鍾」.
　　一 弥: 坪井良平, 『朝鮮鐘』.
　　一 珎: 黃壽永, 『韓國金石遺文』, 허흥식, 『韓國金石全文』 古代 篇.
41) ☒☒: 朝鮮總督府, 『朝鮮金石總覽』.
　　張幹: 남동신, 「聖德大王神鍾」.
42) ☒☒☒: 劉喜海, 『海東金石苑』; 朝鮮總督府, 『朝鮮金石總覽』; 今西龍, 『新羅史研究』; 葛城末治, 『朝鮮金石攷』; 坪井良平, 『朝鮮鐘』.
　　朴從鎰: 黃壽永, 『韓國金石遺文』; 허흥식, 『韓國金石全文』 古代 篇; 남동신, 「聖德大王神鍾」.
43) ☒☒: 朝鮮總督府, 『朝鮮金石總覽』; 今西龍, 『新羅史研究』; 葛城末治, 『朝鮮金石攷』; 坪井良平, 『朝鮮鐘』.
　　☒☒本: 劉喜海, 『海東金石苑』.
　　朴賓奈: 黃壽永, 『韓國金石遺文』; 허흥식, 『韓國金石全文』 古代 篇; 남동신, 「聖德大王神鍾」.
　　朴雲(?)奈: 이호영, 「聖德大王神鍾銘의 解釋에 관한 몇 가지 문제」.
44) ☒☒岳: 劉喜海, 『海東金石苑』; 朝鮮總督府, 『朝鮮金石總覽』; 葛城末治, 『朝鮮金石攷』; 今西龍, 『新羅史研究』.
　　朴☒☒: 坪井良平, 『朝鮮鐘』.
　　朴負缶: 이호영, 「聖德大王神鍾銘의 解釋에 관한 몇 가지 문제」; 黃壽永, 『韓國金石遺文』; 허흥식, 『韓國金石全文』 古代 篇; 남동신, 「聖德大王神鍾」.

제3장 신라 중대 만월태후의 자기인식과 '성덕대왕신종聖德大王神鍾' 65

는 것을 상고해보면, 불토佛土에서는 카니슈카 왕闕膩대에 있었음을 알 수 있고, 제향帝鄕에서는 고연이 처음 만들었다. 비어 있으므로 울림이 있고 반향이 그치지 않고, 무거우므로 굴리기 어렵고, 몸체를 들어 올릴 수 없다. 그래서 왕의 큰 공적을 그 위에 새기는 것이니 중생이 괴로움을 떠나는 것 역시 그 안에 있다.

C-2. 엎드려 생각컨대 성덕대왕께서는 덕은 산하山河와 같이 드높았고 명성은 일월日月과 같이 드날렸다. 훌륭한 인재[忠良]을 등용하여 풍속을 어루만지고 예절과 음악을 숭앙하여 풍속을 살피셨다. 들에서는 근본이 되는 농사에 힘썼고, 시장에서는 남용되는 물건이 없었다. 당시 사람들은 금옥金玉을 싫어하고 문재文才를 숭상하였다. 자령子靈에 뜻을 두지 않고, 나이든 이의 훈계[老誡]에 마음을 두었다. 40여년 동안 나라에 임하여 정사에 힘써서, 단 한번도 전쟁으로 백성을 요동케 한 일이 없었다. 그러므로 사방의 이웃나라와 먼 곳의 귀빈이 오직 왕의 교화를 흠모하는 마음[欽風之望]만 있고, 전쟁을 엿보는 일은 일찍이 없었다. 연燕과 진秦이 사람을 잘 쓰고 제齊와 진晉이 교대로 패업을 완수한 일을 가지고 어찌 나란히 한다고 말할 수 있을까. 그러나 돌아가실 날은 예측하기 어렵고 후회하는 밤은 도리어 길다. 돌아가신지 지금까지 34년이다.

C-3. 근래에 효성스런 후계자인 경덕대왕께서 살아계실 때에 큰 왕업을 계수繼守하여 여러 일을 잘 살폈다. 일찍이 어머니를 여의어 세월이 흐를수록 그리움이 일어났으며 거듭 아버지를 잃어 텅빈 대궐을 대할 때마다 슬픔이 더하였다. 돌아가신 부모에 대한 마음[追遠之情]이 점점 더 슬퍼지고, 영혼에 대한 마음[益魂之心]이 더욱 간절해졌다. 구리 12만 근을 희사하여 1장이나 되는 종 1구를 주조하고자 뜻을 세웠으나, 미처 이루지 못하고 갑자기 돌아가셨다.

C-4. ㉠ 지금의 우리 성군께서는 행실이 조상에 부합하고, 뜻이 지극한 도리에 부합하여, 빼어난 상서로움이 과거보다 특별하고, 아름다운 덕은 현재에서 으뜸이다. 온 천지[六街]의 상서로운 구름[龍雲]이 옥계玉階를 음덕으로 적시고, 온 하늘[九天]의 천둥이

금궐金闕에 진동으로 울렸다. 외경外境에서는 이삭이 맺힌 벼가 숲을 이루어 늘어지고, 경사京師에서는 연기가 없는 빛이 밝게 빛났다. 이러한 상서는 태어나신 날에 보응하고, 정사에 임한 때에 응답한 것이다.

ⓒ 우러러 생각컨대 태후太后께서는 은덕이 지평地平과 같아서 백성들을 어진 가르침으로 교화하고, 마음은 천경天鏡과 같아서 부자의 효성을 장려하셨다. 이는 아침에는 왕의 원구元舅의 어짐과 저녁에는 충신의 보필을 받을 줄 알아서 말을 가리지 않고는 하지 않으니(신중하게 하니), 어찌 행동에 허물이 있으리오. 이에 유언을 돌아보고 드디어 오랜 뜻을 이루고자 하였다.

C-5. 유사有司에서 일을 준비하고, 기술자들은 밑그림을 그렸다. 때는 신해년(771) 12월이었다.[45] 이때 해와 달이 교대로 빛나고 음양의 기운이 조화롭고 바람은 따뜻하고 하늘은 고요하였다. 신기神器가 완성되니, 형상은 산이 솟은 듯하고 소리는 용의 소리 같았다. 위로는 유정천有頂天의 꼭대기까지 꿰뚫고 아래로는 무저곡無底谷의 밑바닥까지 통하였다. 그것을 본 자는 기이하다고 칭송하고 그것을 들은 자는 복을 받았다. 원컨대 이 묘인妙因을 받들어 돕는 것으로, 존령尊靈이 두루 들리는 맑은 소리[普聞之淸響]를 듣고, 말을 초월한 법연[無說之法筵]에 올라 삼명을 꿰뚫는 뛰어난 마음[三明之勝心]에 합치하고, 일승의 진경[一乘之眞境]에 거하게 되기를 바란다. 나아가 왕손이 황금가지처럼 영원히 무성하고, 왕업이 철위산鐵圍山같이 더욱 번창하소서. 모든 중생[有情無識]이 지혜의 바다에서 함께 파도치다가 같이 세속을 벗어나서 아울러 깨달음의 길에 오르소서. 신 필오는 졸렬하여 재주가 없음에도 감히 성스런 왕명을 받들어 반고의 붓을 빌리고 육좌의 말에 따라 그 서원하는 뜻을 서술하며 종에 명을 기록합니다.

한림대 서생인 대나마 김부환이 쓰다.

---

45) 大淵: 대정헌大淵獻. 고갑자 십이지의 열두 번째인 해亥. 즉 신해년辛亥年(771)大呂: 十二月(丑).

제3장 신라 중대 만월태후의 자기인식과 '성덕대왕신종聖德大王神鍾' 67

C-6. 그 사詞에 이르되,
㉠ 하늘에 천문이 걸리고 대지에 방위가 열렸으며, 산과 물이 나란히 자리잡고 천하가 나뉘어 뻗쳤다. 동해 가에 뭇 신선이 숨은 곳, 땅은 복숭아 골짜기에 머물고 경계는 해뜨는 곳에 닿았다. 이에 우리나라가 있어 합하여 한 고을이 되었다.
㉡ 크고도 크도다 성인의 덕이여! 세상에 드물 만큼 더욱 새롭다. 오묘하고도 오묘하도다 맑은 교화여! 멀고 가까운 곳에서 능히 이르게 하였다. 은혜를 멀리까지 입게 하고 물건을 줌에 고루 젖게 하였다. 무성하도다 모든 자손이여 안락하도다. 온갖 동포여. 수심어린 구름이 문득 슬퍼지니, 지혜의 태양이 봄이 없구나.
㉢ 공경스럽고 효성스런 후손이 왕업을 이어 기틀을 베풀었다. 풍속을 다스리되 옛 것에 따르니, 풍속을 옮아감에 어찌 어김이 있으랴. 매일 부친의 가르침을 생각하고 항상 모친의 모습을 그리워하였다. 다시 복을 닦고자 하늘종으로 빌었다. 위대하도다 우리 태후시여! 왕성한 덕이 가볍지 아니하도다.
㉣ 보배로운 상서가 자주 출현하고 영험스런 부응이 매양 생겨났다. 임금이 어질매 하늘이 돕고 시절은 태평하고 나라는 평안하였다. 조상을 생각하기를 부지런히 하고 그 마음을 따라 서원을 이루었다. 이에 유명을 돌아보고 이에 종을 베꼈다. 사람과 귀신이 힘을 도와 진기한 그릇이 모습을 이루었다.
㉤ 능히 마귀를 항복시키고 물고기와 용을 구제할 만하다. 위엄이 동방에 떨치고 맑은 소리는 북쪽 봉우리에 울렸다. 듣는 이나 보는 이가 모두 믿음을 일으켜 꽃다운 인연을 진실로 씨뿌렸다. 원만하게 빈 속에 신기한 몸체가 바야흐로 성인의 자취를 드러내었다. 영원히 큰 복이 되고 항상 장중하리라.
C-7. 한림랑인 급찬 김필오가 왕명을 받들어 짓고,
대조인 대나마 요단이 쓰다.

검교사 병부령 겸 전중령 사어부령
수성부령 감사천왕사부령 병검

교진지대왕사사인 상상 대각간 신
김옹金邕
검교사 숙정대령 겸 수성부령 겸
교감은사사인 각간 신 김양상金良相
부사 집사부의 시랑인 아찬 김체신金體信
　　　　　　　　판관 우사록관사 급찬 김충득金忠得
　　　　　　　　판관 급찬인김충봉金忠封
　　　　　　　　판관 대나마 김여잉유金如芿庾
　　　　　　　　녹사 나마 김일진金一珍
　　　　　　　　녹사 나마 김장간金張幹
　　　　　　　　녹사 대사 김▨▨ 金▨▨」
　　　　　　　　주종대박사 대나마 박종일朴從鎰
　　　　　　　　　차박사 나마 박빈내朴賓柰
　　　　　　　　　　나마 박한미朴韓味
　　　　　　　　　　대사 박부부朴負缶
大曆六年歲次辛亥十二月十四日」

성덕대왕신종의 명문은 종의 주조가 완성된 해인 신해년(771) 12월에 작성되었다. 명문에는 성덕대왕신종을 주조한 내력을 상세히 기록하고 있다. 명문을 작성한 이를 살펴보면, A에서는 조산대부朝散大夫 전태자사의랑前太子司議郎 한림랑翰林郎 김필월金弼粵이라고 하였고, C에서는 조산대부 겸 태자사의랑 한림랑인 김필오金弼奧라고 하였다. 김필월과 김필오의 월과 오는 동음으로, 동일인의 이름을 동음이자同音異字로 표기한 것이다. 김필오가 성덕대왕신종명을 작성한 이유는 그가 왕명을 문서로 작성하고 왕의 자문에 응하던 한림대翰林臺의 수장인 한림랑이었기 때문이었다. A에서 김필오가 전 태자사의랑이라고 하였는데, 태자사의랑은 동궁에 속한 관직이다. 김필오는 혜공왕이 태자였을 때 그에게 배속된 관인이었고, 혜공왕이 왕으로 즉위한 이후에 한림랑으로서 문한기구文翰機構의 중추적 역할을 담당하였음을 알 수 있다.

C-1은 종을 주조한 까닭을 밝히고 있다. C-2는 성덕대왕의 업적에 대해서 언급하였고, C-3에서는 경덕왕이 종을 주조를 시작하였으나, 죽음으로 인하여 끝까지 이루지 못한 것에 대해서 말하였다. C-4에서 "지금의 성군"이라는 표현으로 혜공왕이 덕에 대해서 찬양하고 있다. 그리고 C-5에서 태후(太后)가 유언을 받들어 종의 주조를 완성시키고자 하였음을 밝히고 있다. C-6은 사詞로서 C-1~5의 내용을 시의 형식으로 축약하여 노래한 것이다. 그리고 C-7은 성덕대왕신종의 주조와 관여한 인물들의 명단이다.

'성덕대왕신종' 명문에서 C-5과 6에서 '태후太后'와 '후后'라는 칭호가 보인다. '후后'는 '왕후王后'와 '태후太后' 모두에 해당하는 칭호이다. '태후'가 누구인지에 대한 논란이 있었다. 종의 주조를 시작한 시점을 중심으로 경덕왕의 모후, 즉 성덕왕의 비妃인 소덕태후炤德太后로 보기도 하고,[46] 주조를 완성한 시점, 즉 혜공왕대를 기점으로 그의 모후로 파악하기도 하였다. 이에 경덕왕의 선비先妃인 삼모부인,[47] 또는 혜공왕의 모후인 만월태후로 보는 견해가 제기되었다.[48]

'태후'가 누구인지는 C-6의 사詞의 구조를 보면 명확하다. C-2의 성덕대왕의 공덕은 C-6 ㉡에서 성인의 공덕으로 찬양하고 있다. C-3에서 경덕왕이 아버지와 어머니를 그리워하며 종을 주조할 계획을 세운 내용은 C-6 ㉢에서 효성스러운 경덕왕이 아버지와 어머니를 기리기 위하여 천종을 만들 뜻을 세운 것을 말하였다. 다음으로 C-4에서 우리 성군이라고 하여 당시의 왕인 혜공왕대에 들어서 태후의 뜻에 의해 종의 주조를 완성한 것을 이르고 있는데, C-6 ㉣에서는 태후의 위대한 덕을 찬양하였다. 마지막으로 종의 완성을 찬양하는데, 이 역시 C-6 ㉤과 내용상 조응한다.

---

46) 南東信, 「聖德大王神鍾銘」, 韓國古代社會硏究所 編, 『譯註 韓國古代金石文』 3, 駕洛國史蹟開發硏究院, 1992, 386쪽.
47) 이호영은 "성덕대왕신종명문"에서의 태후와 元舅를 각각 삼모부인과 김옹으로 보았다. 李昊榮, 「聖德大王神鍾銘의 解釋에 관한 몇 가지 문제」, 『新羅三國統合과 麗·濟敗亡原因硏究』, 서경문화사, 2001, 453-455쪽.
48) 金壽泰, 『新羅中代政治史硏究』, 一潮閣, 1996.

이처럼 C-6의 '후后'는 사詞에 등장하는 칭호로, 본문에서의 '후后'에 해당하는 칭호와 동일한 인물을 지칭한 것이다. 즉 C-6의 '후后'는 C-5의 '태후太后'이다. 또한 C-5에서 태후가 백성을 교화하고, 부자의 효성을 장려하는 덕을 지녔다고 찬양하고 있다. 이에 해당하는 이는 종이 완성된 시점인 신해년, 즉 혜공왕 7년에 섭정을 하고 있었던 만월태후 임을 알 수 있다.[49]

'성덕대왕신종'의 주조 목적을 알아보고자 한다. 경덕왕이 처음 종을 주조하고자 하였던 이유는 부모에 대한 그리움이었다. C-3 '자규慈規'는 어머니를 가리키고, '엄훈嚴訓'은 아버지를 가리킨다. 이는 C-6 사詞의 ㉢에서도 '엄훈嚴訓'과 '자휘慈輝'라 하여, 부친의 가르침과 모친의 모습이라 일컬었다. 경덕왕이 부모를 그리워하는 마음에 종을 주조하고자 하였으나 그 뜻을 끝내 이루지 못하고 돌아가셨다는 것이다. 신종의 주조를 완성한 것은 혜공왕대에 섭정이었던 만월태후의 의지였다. C-4의 ㉡에 의하면 만월태후는 부자父子, 즉 경덕왕과 혜공왕의 효성을 장려하였고, 결국 경덕왕의 유언에 따라 종을 주조하기에 이르렀다고 하였다. 즉 성덕대왕신종의 주조 목적은 죽은 부모에 대한 추복이었던 것이다. 이와 관련하여 성덕왕 5년(706)에 만들어진 「황복사석탑금동사리함기皇福寺石塔金銅舍利函記」가 주목된다. 다음은 해당 명문이다.

> 대저 성인은 가만히 있으면서 혼탁한 세상에서 백성을 기르고 지극한 덕은 억지로 하지 않으면서 이 세상에서 중생을 제도한다. 신문대왕神文大王이 오계五戒로 세상에 응하고 십선十善으로 백성을 다스려 통치를 안정하고 공功을 이루고는 천수天授 3년(692) 임진년 7월 2일에 돌아갔다. 신목태후神睦太后와 효조대왕孝照大王이 받들어 종묘宗廟의 신성한 영령英靈을 위해 선원가람禪院伽藍에 삼층석탑을 세웠다. 성력聖曆 3년(700) 경자년 6월 1일에 신목태후神睦太后가 마침내 세

---

49) 이현주, 「신라 중대 王母의 칭호와 위상-혜공왕대 만월태후를 중심으로-」『韓國古代史研究』85, 2017, 426-427쪽.

상을 떠나 높이 극락에 오르고 대족大足 2년(702) 임인년 7월 27일에는 효조대왕孝照大王도 승하하였다.

　신룡神龍 2년(706) 경오년 5월 30일에 지금의 대왕이 부처 사리 4과와 6치 크기의 순금제 미타상 1구와 무구정광대다라니경 1권을 석탑의 둘째층에 안치하였다.

　이 복전福田으로 위로는 신문대왕神文大王과 신목태후神睦太后 효조대왕孝照大王의 대대 성묘聖廟가 열반산을 베고 보리수에 앉는데 보탬이 되기를 빈다. 지금의 융기대왕隆基大王은 수명이 강산江山과 같이 오래고 지위는 알천閼川과 같이 크며 천명의 자손이 구족하고 칠보의 상서로움이 나타나기를 빈다. 왕후는 몸이 달의 정령과 같고 수명이 겁수劫數와 같기를 빈다. 내외 친속들은 옥나무처럼 장대하고 보물 가지처럼 무성하게 열매맺기를 빈다. 또한 범왕梵王 제석帝釋 사천왕四天王은 위덕威德이 더욱 밝아지고 기력氣力이 자재로와져 천하가 태평하고 항상 법륜을 굴려 삼도三塗의 중생이 어려움을 벗어나고 육도六道 중생이 즐거움을 받으며 법계法界의 중생들이 모두 불도佛道를 이루기를 빈다.50)

　위의 명문은 황복사 삼층석탑 안의 금동사리함기에 새겨진 것이다. 명문에 따르면, 692년에 신문왕이 돌아가시자 그의 아내와 아들인, 신목태후와 효조대왕(효소왕)이 종묘의 영령을 위해 삼층석탑을 세웠다. 이후 700년에 신목태후가, 702년에 효소왕이 돌아가셨다. 이후 효소왕의 동모제同母弟인 성덕왕이 즉위하였는데, 706년에 석탑 안에 부처 사리 4과와 순금제 미타상 1구, 무구정광대다라니경 1권을 석탑의 둘째층에 안치하였다. 황복사의 삼층석탑은 종묘의 신성한 영령, 즉 돌아가신 신문왕의 영령을 위해 세운 것이었다. 이후 성덕왕이 그 탑 안에 사리와 부처상, 불경을 안치한 것은 그의 부모인 신문왕과 신목태후, 그리고 그의 동모형同母兄인 효소왕의 명복을 위해서였다. 이를 통해 성덕왕 본인과 왕후의 천수天壽(그리고

---

50) 정병삼, 「皇福寺石塔金銅舍利函記」 『譯註 韓國古代金石文』 Ⅲ, 1992.

자손 및 내외 친속의 번영, 나아가 중생이 불도를 이루기를 바란다는 기원으로 끝을 맺고 있다. 즉 성덕왕은 그의 부모, 선왕을 추복함으로써 당대와 후대의 번영을 바랐던 것이다. 또한 종묘宗廟와 선왕先王과의 직계적 정통성 역시 표방하고 있다는 점이 주목된다. 「황복사석탑금동사리함기」에서도 선대 왕과의 관계는 현왕의 정통성과 직결되는 사안이었음을 유추할 수 있다. 왕의 '효'는 곧 정통성의 표상이었던 것이다.

앞서 살펴본 것처럼 '성덕대왕신종'이 안치된 봉덕사는 태종무열왕-성덕왕-효성왕에 이르기까지 왕권의 정통성을 표상하는 사찰이었다. 봉덕사에 안치된 '성덕대왕신종'은 성덕왕-경덕왕-혜공왕으로 이어지는 정통성의 상징이었고, 이는 '효'로써 표상화되었다. 이처럼 만월태후는 '성덕대왕신종'을 완성함으로써 성덕왕과 경덕왕, 경덕왕과 혜공왕의 '부자父子의 효孝'를 부각하였다. 만월태후는 '효'관념을 통해 중대 왕실의 정통 후계자로서의 혜공왕의 권위를 확보하고자 하였던 것이다.

3. 만월태후의 자기인식과 정치적 지향

왕실여성은 혼인을 전후로 하여 소속과 역할이 달라진다. 특히 중대에는 진골귀족여성이 혼인을 통해 왕실일원으로 소속이 변경된다. 따라서 왕실혼인은 왕실여성의 자기인식이 형성하는 기제로 작용한다. 왕실여성의 자기인식은 정치적 입지의 확립으로 이어지고, 정치적 역할로 표상된다. 소속에 따른 신분의 변동은 심리적 기반의 이동을 가져오고, 이는 정치적 행위로 표출되어 나타나게 되는 것이다. 이에 만월태후의 혼인을 기점으로 형성된 자기인식을 정치적 입지와 역할을 중심으로 알아보고자 한다.

만월은 서불한 김의충金義忠의 딸로, 경덕왕 2년(743), 4월에 혼인하여 왕비가 되었다.[51] 만월부인이 혼인하기 전에 경덕왕에게 이미 왕비가 있었다. 『삼국유사』의 왕력편에서는 경덕왕의 선비先妃인 삼모부인三毛夫人은 궁중에서 폐출廢黜되었고, 후사後嗣가 없다고 하였다.52) 또한『삼국유사』기이편에서는 경덕왕의 선비는 아들이 없어서 폐출되었다고 기록하고 있다.53) 만월은 경덕왕 2년(743)에 후비後妃로 들어왔으므로, 삼모부인이 폐출된 시점은 그 이전임을 알 수 있다.54) 만월이 왕비가 된 시점은 경덕왕의 즉위 직후이다. 이로 보아 경덕왕 즉위 초기에 있었던 왕비의 교체는 정치세력 간의 알력에 의한 것이었고, 무자無子는 명분이었을 것으로 여겨진다.55)

그럼에도 불구하고 만월이 왕후로서 공고한 지위를 갖게 된 것은 차기 왕위계승자, 즉 태자를 출산한 이후였다. 만월부인이 왕자를 출산한 시기는 혼인하고 15년 후인 경덕왕 17년(758)이었다. 경덕왕과 만월이 혼인한 시기는 경덕왕 2년(743)이었다. 아직 동궁, 태자가 태어나기 이전인 경덕왕 11년(752)에 동궁아관東宮衙官을 두었다는 기사가 나온다.56) 경덕왕과 만월

---

51) 『三國史記』 卷9, 新羅本紀 9, 景德王 2년.
52) 『三國遺事』 卷1, 王歷篇, 제35 景德王.
53) 『三國遺事』 卷2, 紀異2, 景德王・忠談師・表訓大德.
54) 삼모부인이 출궁당한 이유에 대해 여러 견해가 제기되었다. 삼국유사의 기록대로 무자無子가 주요 원인이었다고 보기도 하고,(이영호,「신라의 왕권과 귀족사회-중대 국왕의 혼인 문제를 중심으로-」『신라문화』 22, 2003, 35쪽) 왕권강화를 위한 외척세력의 견제로 보기도 하였다.(김수태,『新羅中代政治史硏究』, 일조각, 1996, 114쪽; 조범환,「삼국유사 왕력편의 이종기사를 통해본 중대 신라의 정치구조-신라 중대 경덕왕의 왕비 교체와 정치적 동향을 중심으로-」『신라사학보』 30, 2014, 137-138쪽). 반면 경덕왕 즉위 초기에 왕권이 미약한 상황에서 귀족세력 간의 알력이 있었고, 결국 삼모부인 세력이 밀려난 것으로 보는 견해도 제기되었다.(전덕재,「新羅 中代 對日外交의 推移와 眞骨貴族의 動向-聖德王-惠恭王代를 中心으로-」『韓國史論』 37, 1997, 32-33쪽; 신정훈,『8세기 신라의 정치와 왕권』한국학술정보, 2010, 46-47쪽) 또한 경덕왕과 삼모부인 간의 합의에 의한 것으로 보기도 하였다(김선주,「신라 경덕왕대 삼모부인三毛夫人의 생애와 정치적 의미」『역사학연구』 44, 2011, 12-14쪽).
55) 이현주,「신라 중대 王母의 칭호와 위상-혜공왕대 만월태후를 중심으로-」『韓國古代史硏究』 85, 2017, 430-431쪽.
56) 『三國史記』 卷9, 新羅本紀9, 景德王 11年.

이 아들을 간절히 기대하고 있었던 정황은 다음의 삼국유사의 기록을 통해 알 수 있다.

> 왕이 하루는 표훈表訓대덕大德을 불러 말하기를, "짐이 복이 없어 아들을 두지 못했으니, 원컨대 대덕께서 상제上帝께 청하여 아들을 두게 해주시오"라고 하였다. 표훈이 천제天帝에게 올라가 고하고 돌아와서 아뢰기를, "상제께서 말씀하시기를, 딸을 구한다면 가능하나 아들은 합당하지 못하다고 하셨습니다"라고 하였다. 왕이 말하길, "원컨대 딸을 바꿔 아들로 해주시오."라고 하였다. 표훈이 다시 하늘에 올라가 청하니, 상제가 말하기를, "될 수는 있지만, 아들이 되면 나라가 위태로울 것이다"라고 하였다. 표훈이 내려오려 할 때 상제가 다시 불러 말하기를, "하늘과 사람 사이를 어지럽게 할 수는 없는데, 지금 스님은 마치 이웃 마을처럼 왕래하면서 천기天機를 누설했으니, 이후로는 다시 다니지 말라"라고 하였다. 표훈이 돌아와 천제의 말로써 왕을 깨우쳤으나, 왕은 말하기를, "나라는 비록 위태로울지라도 아들을 얻어서 뒤를 잇는다면 족하겠소"라고 하였다. 이리하여 만월왕후가 태자를 낳으니 왕이 매우 기뻐하였다.[57]

위의 사료는 표훈 대덕이 경덕왕의 청을 받아서 천제天帝에게 아들을 구하는 내용을 담고 있다. 경덕왕이 두 번이나 거듭하여 딸이 아닌 아들을 낳기를 기원하였다는 내용이다. 천제가 딸을 아들로 바꾼다면 나라가 위태로울 것이라고 경고를 했음에도 불구하고, 경덕왕은 나라가 위태로울지라도 아들을 얻어서 왕위를 계승하고 싶다고 강력하게 요청하였다. 경덕왕 17년(758)에 왕사가 태어났고,[58] 경덕왕 19년(760)에 왕태자로 봉하였다.[59] 경덕왕의 왕권은 차기왕위계승자인 아들이 태어남으로 인해 보다 공고해졌다. 또한 만월의 위상 역시 아들인 건운을 낳고, 그가 왕태자로 책봉됨에

---

57) 『三國遺事』 卷2, 紀異2, 景德王·忠談師·表訓大德.
58) 『三國史記』 卷9, 新羅本紀9, 景德王 17年.
59) 『三國史記』 卷9, 新羅本紀9, 景德王 19年.

따라 더욱 확고해졌던 것이다.

765년에 경덕왕이 죽고, 왕태자인 건운이 혜공왕으로 즉위하였다. 혜공왕은 즉위 당시에 나이가 8세에 지나지 않으므로 어머니인 만월태후가 섭정을 하였다.[60] 만월태후의 섭정기인 혜공왕 4년(768) 7월에 대공大恭과 대렴大廉의 반란이 일어나고,[61] 혜공왕 6년(770) 가을 8월에 대아찬 김융金融의 반란이 일어났다.[62] 이는 만월태후의 섭정에 대한 반란이자 혜공왕의 왕권에 대한 도전이었다. 혜공왕 4년(768)에 당으로부터 혜공왕과 만월태후는 각각 신라왕新羅王과 대비大妃의 책봉을 받았다.[63] 이후 혜공왕 8년, 9년, 10년, 11년에 연이어 당으로 사신을 보내 조공을 바쳤다. 이는 신라 내부의 정치적 위기를 타개하고자 하는 만월태후의 외교적 전략이었던 것이다.[64]

또한 만월태후는 대내적으로 지지세력을 확보할 필요가 있었다. '성덕대왕신종'의 명문 중 C-4 ⓛ에서 태후의 공덕을 기리는 부분을 주목할 필요가 있다. C-4 ⓛ에서 태후의 통치를 도와주는 세력으로 왕의 원구元舅와 충신忠臣의 존재가 보인다. 만월태후의 정치적 행위를 보좌하였던 원구와 충신은 누구를 지칭하는 것일까.

「성덕대왕신종명」의 주조명단에 기록된 인물들은 종의 책임자라고 할 수 있는 검교사 그룹과 종 제작의 실무자라고 할 수 있는 부사, 판관, 녹사의 관직을 가진 그룹, 그리고 종 제작을 위한 기술자인 박사그룹의 세 부류로 나눌 수 있다.[65] 이들 중 종의 책임자에 해당하는 인물은 김옹과 김양상, 이 두 사람이다.

「성덕대왕신종명」의 '원구'가 누구를 지칭한 것인지에 대한 논란이 있

---

60) 『三國史記』 卷9, 新羅本紀9, 惠恭王 元年.
61) 『三國史記』 卷9, 新羅本紀9, 惠恭王 4年.
62) 『三國史記』 卷9, 新羅本紀9, 惠恭王 6年.
63) 『三國史記』 卷9, 新羅本紀9, 惠恭王 4年.
64) 이현주, 앞의 논문, 2017, 432-433쪽.
65) 김수태, 「신라 혜공왕대 만월부인의 섭정」 『新羅史學報』 22, 2011, 153쪽.

다. 우선 원구라는 표현이 외가 친척을 일컫는 것으로, 만월부인과 혈연적 유대관계에 있는 사람이고, 그가 김옹으로 보았다.[66] 한편 「성덕대왕신종명」에서의 원구를 외삼촌이라고 특정하기에는 근거가 매우 박약하다고 보기도 한다.[67] 이에 원구를 장인의 뜻으로 보아서 혜공왕의 원비元妃인 신보부인의 아버지로 파악하기도 하였다.[68]

그런데 '성덕대왕신종'의 명문에서는 '왕의 원구元舅'라고 표현하였다. 즉 원구라는 표현은 혜공왕을 중심으로 한 표현이다. 원구는 혜공왕의 외척이나 장인을 일컫는 명칭인 것이다. 또한 '성덕대왕신종'의 명문에서 원구는 혜공왕이 아닌 만월태후를 보좌하는 인물이었다. 이로 볼 때 만월태후를 보좌하는 원구는 혜공왕의 장인이기 보다는 혜공왕의 외척으로, 김옹을 지칭한 것임을 알 수 있다.

『속일본기』에서는 김옹을 김순정金順貞의 손孫이라고 하였다.[69] 이에 대해 김옹을 김순정의 손자로 보기도 하고,[70] 아들로 보기도 한다.[71] 전자의 경우, 문자적 의미 그대로 파악한 것이고, 후자의 경우, 정치적 정황을 고려하여 손孫을 자손의 의미로 보아 '子' 즉 김옹을 김순정의 아들로 파악한

---

[66] 李昊榮, 앞의 논문, 1974, 13쪽 ; 濱田耕策, 『新羅國史の硏究 -アジア史の視點から-』, 吉川弘文館, 2002, 186-187쪽 ; 박해현, 『신라중대정치사연구』, 국학자료원 2004, 124-125쪽 ; 이영호, 『신라 중대의 정치와 권력구조』, 지식산업사, 2014, 93-95쪽 ; 김선주, 「신라 경덕왕대 삼모부인三毛夫人의 생애와 정치적 의미」 『역사학연구』 44, 2011, 21쪽.
[67] 김수태는 '성덕대왕신종명'에서 김옹과 김양상을 忠臣에 속하는 인물로 파악하였다 (김수태, 앞의 논문, 2011, 150-154쪽).
[68] 曺凡煥, 「삼국유사 왕력편의 이종기사를 통해 본 중대 신라의 정치구조-신라 중대 경덕왕의 왕비 교체와 정치적 동향을 중심으로-」 『신라사학보』 30, 2014, 233-234쪽.
[69] 『續日本紀』 卷33, 寶龜 5年 3月(惠恭王 10年).
[70] 『續日本紀』의 孫을 손자로 해석하기도 한다(鈴木靖民, 「金順貞·金邕論-新羅政治史の一考察」 『朝鮮學報』 45, 1967, 190쪽 ; 濱田耕策, 앞의 책, 2002, 186-187쪽; 박해현, 앞의 책, 2004, 124-125쪽 ; 김선주, 앞의 논문, 2011, 15쪽).
[71] 『속일본기』의 孫을 자손의 의미로 보기도 한다(今西龍, 앞의 책, 1933, 533쪽 ; 이호영, 앞의 논문, 1975, 13쪽; 金壽泰, 『新羅中代政治史硏究』, 一潮閣, 1996, 111-112쪽 각주37 참조).

것이다. 김순정의 죽은 시점이 성덕왕 25년(726년)이고,[72] 김옹이 김순정을 이어 상재가 된 시점이 혜공왕 10년(774년)으로[73] 48년의 시간 차가 있다. 이로 보아 김옹은 김순정의 손자였을 것으로 생각된다.

한편 김순정은 『삼국사기』 경덕왕 즉위조에 왕비의 아버지로 나온다.[74] 만월태후의 아버지는 김의충이므로, 순정은 출궁된 경덕왕의 선비인 삼모부인의 아버지임을 알 수 있다. 이처럼 『삼국사기』와 『속일본기』에 따르면, 김순정-순정의 딸인 삼모부인- 순정의 손자인 김옹의 계보가 이어진다. 김옹은 삼모부인의 조카인 것이다. 이에 '성덕대왕신종'의 원구를 혜공왕의 외삼촌으로 해석하고, 나아가 삼모부인의 아버지 순정과 만월부인의 아버지인 의충을 부자관계, 만월부인과 김옹을 남매관계로 상정하기도 하였다.[75]

김옹은 경덕왕 19년(760년) 4월에 시중에 임명되었는데, 같은 해 가을 7월에 건운을 왕태자로 봉하였다는 기사가 나온다.[76] 중대에서 시중의 정치적 지위는 국왕의 측근자이다.[77] 김옹이 시중으로 임명되고, 뒤이어 왕태자 책봉이 이루어진 것으로 보아 그가 경덕왕과 왕태자의 지지세력이었던 것을 알 수 있다.[78] 『속일본기』에 의하면, 김순정은 상재上宰이고, 이 지위를 손자인 김옹이 계승했다고 하였고, 「성덕대왕신종명」에서 김옹은 상상대각간上相大角干이라고 하였다. 김옹의 정치적 영향력은 만월태후가 섭정인 시기에도 지속되었던 것이다.

김옹과 만월태후와의 직접적인 혈연관계가 있는지는 알 수 없다. 그러나 왕의 원구로, 경덕왕의 선비인 삼모부인의 형제를 지칭할 여지가 충분

---

72) 『續日本紀』 卷9, 聖武天皇, 神龜3年 가을 7월 戊子.
73) 『續日本紀』 卷33, 光仁天皇, 寶龜5年, 3월.
74) 『三國史記』 卷9, 新羅本紀9, 景德王 元年.
75) 李昊榮, 앞의 논문, 1975, 13쪽 ; 濱田耕策, 앞의 책, 2002, 186-187쪽 ; 박해현, 앞의 책, 2004, 124-125쪽 ; 이영호, 앞의 책, 2014, 93-95쪽 ; 김선주, 앞의 논문, 2011, 21쪽.
76) 『三國史記』 卷9, 新羅本紀9, 景德王 19年.
77) 李基白, 『新羅政治社會史研究』, 一潮閣, 1974, 172쪽.
78) 김선주, 앞의 논문, 2011, 20쪽.

히 있다. 원구라는 표현은 혜공왕을 중심으로 한 표현이고, 혜공왕의 외가 친족은 만월태후뿐만 아니라 출궁된 삼모부인을 포함할 수 있는 것이다. 만월태후는 당시 김옹이 가지고 있었던 정치적 입지를 고려할 때, 김옹이 혜공왕의 원구임을 강조하고자 했을 가능성이 크다.[79] 만월태후는 김옹을 혜공왕과 자신의 정치세력으로 포섭하고자 원구의 호칭으로 친연성을 표현하였던 것이다.

이처럼 만월태후의 섭정기의 통치는 성덕왕-경덕왕-혜공왕으로 이어지는 중대 왕권의 보존을 위한 노력이었다. 이를 위해 만월태후는 내부적으로는 정치적 실권자와의 연대를 추진하고, 외부적으로는 당과의 외교관계를 활용하여 신라 내부의 정치사회적 안정을 도모하였다. 그런 의미에서 '성덕대왕신종'은 만월태후가 통치의 정당성과 왕권의 정통성을 주창하기 위한 기제였던 것이다.

이로 볼 때 만월태후가 혼인 이후에 갖게 된 자기인식은 왕실의 일원이었음을 알 수 있다. 만월태후는 스스로를 중대의 왕후이자 태후로서 규정하고, 어린 왕인 아들의 왕위와 왕실의 정통성을 보호하고 지키는 정치적 역할을 자임하였던 것이다.

맺음말

만월태후는 어린 왕인 아들을 대신하여 섭정으로서 정국을 운영하였다. 만월태후는 섭정에 대한 반발과 왕위에 대한 위협으로 혼란한 정국을 타개하기 위하여 통치의 정당성과 왕권의 정통성을 주장하여야만 했다. 만월태후의 섭정기에 가장 주목되는 점은 '성덕대왕신종'의 완성과 당 왕조와

---

[79] 김수태는 혜공왕과 내물왕계인 김옹과의 혈연적 유대관계는 없으나 정치적 기반이 취약했던 만월태후측이 정치적 유대를 나타내기 위해 원구로 표현했다고 하였다(김수태, 앞의 책, 1996, 110쪽).

의 적극적인 통교였다. 특히 '성덕대왕신종'의 완성은 만월태후의 적극적인 의지에 의해 이루어졌다.

'성덕대왕신종'의 명문에 따르면, 만월태후는 경덕왕과 혜공왕의 효성을 장려하였고, 경덕왕의 유언에 따라 종을 주조하였다고 하였다. '성덕대왕신종'은 성덕왕의 위대한 업적, 경덕왕의 부모에 대한 효심, 경덕왕의 아들인 혜공왕의 효심의 상징이었다. '효'을 매개로 성덕왕-경덕왕-혜공왕으로 이어지는 정통성을 주장하고자 하였던 것이다. '성덕대왕신종'은 만월태후가 통치의 정당성과 왕권의 정통성을 주창하기 위한 기제였다.

또한 만월태후는 '성덕대왕신종'의 정치적 상징성을 매개로 정치적 실권자와의 연대를 추진하였다. '성덕대왕신종'의 주조를 총괄하였던 명단에는 김옹과 김양상의 이름이 있고, 이들을 원구元舅와 충신忠臣으로 지칭하였다. 특히 김옹을 왕의 원구(삼촌)으로 표현한 것은 만월태후가 김옹이 가지고 있었던 정치적 입지를 고려하여 그와의 친연성을 강조한 것이었다.

이처럼 만월태후의 섭정기의 통치는 성덕왕-경덕왕-혜공왕으로 이어지는 중대 왕권의 보존을 위한 노력이었다. 이를 위해 만월태후는 내부적으로는 정치적 실권자와의 연대를 추진하였고, 외부적으로는 당과의 외교를 통해 신라 내부의 안정을 도모하였다. '성덕대왕신종'은 만월태후가 통치의 정당성과 왕권의 정통성을 주창하기 위한 기제였다.

만월태후가 혼인 이후에 갖게 된 자기인식은 왕후이자 태후였다. 만월태후는 왕후이자 태후로서 아들의 왕위와 왕실의 정통성을 보호하고 지키는 정치적 역할을 자임하였다.

제4장 신라 하대초기 왕실여성의 책봉과 의미

머리말

　신라 하대는 선덕왕부터 경순왕에 이르는 시기를 일컫는다. 780년에 혜공왕이 김양상과 김경신에 의해 피살되었고, 김양상이 선덕왕으로 즉위하면서 하대가 시작되었다. 하대는 신라의 전 시기 중에 가장 치열한 왕위계승분쟁이 일어났다. 그 배경과 의미에 대해서 파악하는 것이 하대 정치사 연구의 주요 과제 중 하나였다.

　원성왕대는 하대의 권력구조를 특징짓는 왕실친족집단원에 의한 권력 장악, 권력 집중의 한 전형이 확립되어 가던 시기로 주목되었다.[1] 하대의 첫 왕인 선덕왕대는 중대에서 하대로 이양하는 과도기였고, 원성왕이 하대의 실질적인 시조였다고 보았던 것이다.[2] 이는 중대에서 하대로의 전환이 일정한 과도기를 거쳐서 이행되는 것으로 파악한 관점이다.[3] 선덕왕이 죽

---

1) 李基東, 「新羅 下代의 王位繼承과 政治過程」 『新羅骨品制社會와 花郎徒』, 一潮閣, 1984, 152쪽.
2) 末松保和, 「新羅三代考」 『新羅史の諸問題』, 東洋文庫, 1954, 31쪽 ; 申瀅植, 『韓國古代史의 新研究』, 일조각, 1984, 131-132쪽 ; 김수태, 『新羅中代政治史研究』, 일조각, 1996, 124쪽.
3) 혜공왕대를 파악하는 정치사적 견해는 크게 두 가지로 나뉜다. 하나는 혜공왕대를 전환기로 보는 것이다. 즉 중대의 마지막 왕이었던 혜공왕대가 중대 전제정치에서 하대 귀족연립정권으로 전환되는 시기로 파악하였다(이기백, 「신라 혜공왕대의 정치적 변혁」 『사회과학』 2, 1958 ; 『新羅政治社會史研究』, 일조각, 1974 ; 김수태, 앞의 책, 1996). 다른 하나는 혜공왕대를 전환기로 파악하기 어렵다는 견해이다(이영호, 「신라 혜공왕대 정변의 새로운 해석」 『역사교육논집』 13·14, 1990 ; 「신라 혜공왕 12년 관호복구의 의미」 『대구사학』 39, 1991 ; 「신라 왕권과 귀족사회」 『신라문화』 22, 2003 ; 『신라 중대 정치와 권력구조』, 지식산업사, 2014). 전자에 따르면 선

은 이후에 김경신과 김주원 사이에 왕위를 둘러싼 분쟁이 일어났고, 결국 김경신이 원성왕으로 즉위하였다.4) 이후에 원성왕계가 왕위를 독점하였는데, 왕실 가계가 분지화分枝化됨에 따라 인겸계仁謙系와 예영계禮英系 및 균정계均貞系로 나뉘었다.5) 이처럼 하대에는 왕계를 중심으로 가계의 분지화가 이루어졌고, 각 가계별로 정치 세력화하였기 때문에6) 왕위계승을 둘러싼 갈등이 치열하게 전개되었다고 보았던 것이다. 반면 중대와 하대의 연속성을 지적한 견해가 제시되었다.7) 또한 하대 초기에 나타난 왕위계승분쟁을 일반화하는 것에 대한 문제제기도 이루어졌다.8)

덕왕대는 중대에서 하대로 이행하는 과도기적 성격을 가진 시기로 파악할 수 있다.
4) 李明植, 「신라 하대 김주원계의 정치적 입장」 『대구사학』 26, 1984 ; 金貞淑, 「金周元世系의 成立과 그 變遷」 『白山學報』 28, 1984 ; 金昌謙, 「新羅 元聖王의 卽位와 金周元系의 動向」 『卓村申延澈敎授停年退任紀念 史學論叢』, 일월서각, 1995.
5) 吳星, 「新羅 元聖王系의 王位交替」 『全海宗博士華甲記念 史學論叢』, 一潮閣, 1979 ; 尹炳喜, 「신라 하대 균정계의 왕위계승과 김양」 『역사학보』 96, 1982 ; 金東洙, 「新羅 憲德·興德王代의 改革政治」 『한국사연구』 39, 1982 ; 姜聲媛, 「新羅時代 反逆의 歷史的 性格」 『韓國史研究』 43, 1983 ; 李明植, 『新羅政治史研究』, 螢雪出版社, 1992 ; 金昌謙, 『新羅下代王位繼承研究』, 景仁文化社, 2003
6) 李基白, 앞의 책, 1974, 181, 186, 189, 190쪽.
7) 濱田耕策, 「新羅の下代初期における王權確立過程と性格」 『朝鮮學報』 1761-77, 2000, 247쪽 ; 권영오, 『新羅下代政治史研究』, 혜안, 2011.
8) 신라 하대를 시기 구분하여 파악할 필요가 있다. 하대를 정치변동에 따라 2시기로 구분하기도 하였다. 井上秀雄은 왕권쟁탈기(선덕왕~정강왕)과 지방세력의 자립기(진성왕~경순왕)으로 구분하였고(「新羅政治體制の變遷過程」 『新羅史基礎研究』, 東出版, 1974, 427쪽), 주보돈은 헌덕왕 14년(822)의 김헌창의 난을 기점으로 전기와 후기로 구분하기도 하였다(「통일신라의 지배체제와 정치」 『한국사』 3, 한길사, 1994, 332쪽). 반면 3시기로 구분하기도 하였는데, 李佑成은 초기(선덕왕~신무왕)·중기(문성왕~헌강왕·정강왕)·말기(진성왕~경순왕)까지로 설정하기도 하고(『韓國中世社會研究』, 一潮閣, 1991, 179-180쪽), 권영오는 초기(선덕왕~민애왕)·중기(신무왕~진성왕2년)·말기(진성왕3년~경순왕)까지로 보아, 각각 왕위계승 분쟁기-하대 정국 안정기-신라의 쇠퇴기로 파악하기도 하였다(앞의 책, 2011, 180쪽). 또한 김창겸은 하대 전 시기를 왕통과 정치세력의 변화를 근거로 4시기로 파악하기도 하였는데, Ⅰ기인 선덕왕~흥덕왕대는 '원성왕과 인겸계기'로, Ⅱ기인 희강왕~헌안왕대는 '원성왕계 내의 예영계기'로, Ⅲ기인 경문왕~효공왕대는 '경문왕계기'로, Ⅳ기인 신덕왕~경순왕대는 '박씨왕계와 경순왕기'로 파악하였다(앞의 책, 2003, 336-340쪽). 본 논문에서는 하

하대의 왕위계승분쟁은 하대 전 시기에 일어난 것이 아니라 특정 시기에 집중되어 있다. 하대 초기의 헌덕왕, 희강왕, 민애왕, 신무왕은 선왕을 죽이고, 왕위를 찬탈한 왕이었다. 그 중에서도 희강왕, 민애왕, 신무왕에 이르는 836년부터 839년까지는 왕위쟁탈전이 특히 격심하였다. 이들은 모두 원성왕계 후손으로, 이러한 왕위계승분쟁의 시발점은 원성왕대였음을 알 수 있다. 따라서 하대 초기의 왕위계승 양상과 왕실일원의 존재양상을 알기 위하여 하대 초기, 그 중에서도 원성왕대부터 흥덕왕에 이르는 시기를 살펴볼 필요가 있다.

하대의 왕위계승을 둘러싼 갈등은 왕실여성, 그 중에서도 왕의 모母와 처妻의 칭호와 지위에도 영향을 미쳤다. 신라 하대에는 대내외적으로 신라와 당이 신라의 왕실여성에게 책봉을 한 기록 역시 빈번하게 보이고 있다. 본 장에서는 선덕왕부터 흥덕왕대의 왕실여성, 그 중에서 왕모王母의 책봉과 위상을 알아보고자 한다. 우선 원성왕대 왕실여성의 역할과 위상을 알아보고, 다음으로 왕후 책봉의 조건과 의미를 살펴볼 것이다. 마지막으로 하대초기에 신라 왕실여성, 그 중에서 왕모王母가 당으로부터 책봉을 받는 정황과 의미를 고찰하고자 한다. 이를 통해 하대초기의 왕위계승과 정치 상황 하에서 왕실여성의 지위가 연동되는 양상을 파악할 수 있기를 기대한다.

대를 왕계와 정치적 특성에 따라 선덕왕부터 헌안왕까지를 초기, 경문왕부터 효공왕까지를 중기, 박씨왕대인 신덕왕부터 신라 마지막왕인 경순왕까지를 말기로 파악하고자 한다.

1. 왕실여성의 책봉과 위상 변화

1) 원성왕의 부계적 정통성 강조와 왕실여성

 선덕왕과 원성왕은 왕위계승과정이 부자父子간의 계승이 아니었을 뿐만 아니라 무력이 개입된 상황이었기에 왕위의 정통성이 부족하였다. 선덕왕과 원성왕이 즉위한 이후에 왕권의 정당성과 왕위의 정통성을 천명하기 위해 시행했던 일들을 살펴보고자 한다. 다음은 선덕왕과 원성왕이 부모를 추봉追封하고, 오묘제五廟制를 시행한 것과 관련된 사료이다.

> A-1. 宣德王이 왕위에 올랐다. 성은 김씨이고 이름은 良相이다. 奈勿王의 10대손으로, 아버지는 海湌 孝芳이다. 어머니는 김씨 四炤夫人으로 성덕왕의 딸이다. 왕비는 具足夫人으로 角干 良品의 딸이다. 또는 阿湌 義恭의 딸이라고도 하였다. 아버지를 開聖大王으로 추봉하고 어머니 김씨를 貞懿太后로 추존했으며, 처를 왕비로 삼았다.[9]
>
> A-2. 2월에 追封하여 고조부인 大阿湌 法宣을 玄聖大王이라 하고, 증조부인 伊湌 義寬을 神英大王이라 하고, 조부인 伊湌 魏文을 興平大王이라 하고, 아버지 一吉湌 孝讓을 明德大王이라 하였다. 어머니 박씨를 昭文太后라 하였으며, 아들 仁謙을 왕태자로 삼았다.[10]
>
> A-3. 聖德大王과 開聖大王의 두 묘를 닫고 始祖大王·太宗大王·文武大王과 조부 興平大王·아버지 明德大王을 五廟로 하였다.[11]

 A-1에서 선덕왕은 즉위 초기에 왕위의 정통성을 확보하기 위하여 부父를 추봉하고, 모母와 처妻를 높여서 각각 태후太后와 왕후王后로 삼았다.

---

9) 『三國史記』 卷9, 新羅本紀9, 宣德王 元年.
10) 『三國史記』 卷10, 新羅本紀10, 元聖王 元年.
11) 『三國史記』 卷10, 新羅本紀10, 元聖王 元年.

A-2에서 원성왕도 즉위 직후에 직계 4조四祖를 추봉하고, 왕모인 박씨를 소문태후로 추봉하였으며 왕태자를 책봉하였다. A-3은 원성왕대 오묘제 개정과 관련된 내용이다. 혜공왕은 혜공왕은 시조대왕인 미추왕, 태종대왕, 문무대왕과 친묘親廟인 성덕대왕과 경덕대왕을 더하여 오묘五廟로 하였다.[12] A-3은 혜공왕의 오묘제五廟制를 선덕왕이 개정하였고, 이후에 원성왕이 개정한 내용을 기록한 것이다. 선덕왕은 오묘五廟의 신위神位를 직계 2조二祖로 친묘親廟로 삼는 대신에 혜공왕대의 오묘五廟에서[13] 경덕대왕 대신 친부親父인 개성대왕의 신위만 바꾸었음을 알 수 있다. 혜공왕의 조부祖父가 성덕왕聖德王인데, 성덕왕은 선덕왕宣德王의 외조부外祖父이기도 했기 때문이다.[14]

이처럼 선덕왕이 외조부外祖父인 성덕대왕과 친부親父인 개성대왕의 신위를 오묘五廟에 모신 이유에 대해 즉위과정에서 도움을 주었던 무열왕계인 김주원 세력을 의식하였기 때문이라고 보기도 하였다.[15] 그보다는 선덕왕이 즉위과정에 있었던 불미스러운 일을 무마하기 위해 선왕인 혜공왕과의 연계성과 외조부인 성덕왕의 위상이 필요했을 것이라 여겨진다. 선덕왕은 母를 매개로 무열왕계로서 왕위의 정통성을 확보하고자 하였던 것이다.[16] 이처럼 선덕왕은 부모를 각각 대왕大王과 태후太后(태후)로 높이고, 오묘제에서 부父와 외조부外祖父인 성덕왕을 제사지냄으로써 왕위의 정당성을 확보하였음을 알 수 있다.

선덕왕이 죽은 후에 김경신과 김주원 사이에 왕위를 둘러싼 갈등이 있

---

12) 『三國史記』 卷32, 雜志1, 祭祀.
13) 『三國史記』 卷32, 雜志1, 祭祀.
14) 『三國史記』 卷9, 新羅本紀9, 宣德王 元年.
15) 채미하, 「新羅 惠恭王代 五廟制의 改定」 『韓國史研究』 108, 2000 : 앞의 책 재수록, 2008, 198-199쪽.
16) 邊太燮, 「廟制의 變遷을 통하여 본 新羅社會의 發展過程」 『歷史敎育』 8, 1964, 70-71쪽 ; 李光奎, 『韓國家族의 史的研究』, 一志社, 1977, 95쪽 ; 申瀅植, 「新羅史의 時代區分 - 三國史記 內容分析을 中心으로-」 『韓國史研究』 18, 1977, 27쪽.

었다. 김주원의 가문은 무열왕계로서 대대로 시중과 상대등 등의 고위관직을 역임하였다.17) 이로 보아 김경신이 왕으로 즉위할 당시에 왕위계승의 서열이 김주원보다 낮았을 것으로 여겨진다. 이처럼 김경신이 왕위에 오르는 것에 있어서 부계父系의 정통성이 부족하였다는 것이 한계점으로 작용하였던 것이다. 이는 원성왕 원년(785)에 오묘제를 직계 4조로 개정하는 것으로 이어졌고, 이후 애장왕대에 원성왕을 중심으로 오묘제의 개편으로 이어졌던 것이다.18)

원성왕의 부계의 관등으로 보아 중대에 진골귀족임에는 틀림없으나, 중대의 정국에서는 크게 두각을 나타내지 못하였던 것 같다.19) 따라서 오묘제를 개정하기 이전에 A-2)의 부계의 추봉 작업이 필요하였던 것이다. 이어서 왕태자를 책봉하였는데, 이로 보아 원성왕은 선덕왕과 달리 부계적 정통성을 천명하였음을 알 수 있다.

이처럼 선덕왕과 원성왕은 즉위 직후에 부모를 각각 대왕과 태후로 추봉하였다. 이는 왕의 정당성과 관련된 사안이었다. 특히 원성왕은 즉위 직후에 그의 직계 4조와 그의 모인 박씨를 추봉하고, 왕태자를 추봉하였다. 반면 원성왕의 처인 왕비에 대한 책봉은 기록에서 보이지 않는다. 원성왕의 즉위 배경과 관련하여 원성왕의 왕모와 왕비에 관해 살펴보고자 한다.

---

17) 김정숙, 앞의 논문, 1984, 150-158쪽 ; 金敬愛, 「新羅 元聖王의 卽位와 下代王室의 成立」『韓國古代史硏究』 41, 2006, 274-275쪽.
18) 하대에 특히 원성왕대와 애장왕대에 五廟制가 직계 4祖의 神位를 모시는 것으로 바뀌었다. 이는 원성왕계의 계보 의식이 성립되는 계기가 되었고, 김주원 세력에 대한 원성왕계의 강화, 즉 원성왕계라는 연대의식이 마련되는 계기가 되었던 것이다(채미하, 『신라 국가제사와 왕권』, 혜안, 2008, 214-216쪽).
19) 김경신의 가문 역시 중대에서 일정한 위치를 차지한 유력 진골귀족이었을 것이라고 보기도 하였다(李基東, 앞의 책, 1984, 151쪽; 金昌謙, 앞의 책, 2003, 32쪽). 반면 김경신의 아버지 효양이 일길찬의 관등에서 머물렀던 것으로 봉 중대에 김경신 가문이 정치적으로 크게 성장한 것 같지는 않다고 보았다. 그리고 이는 대고구려전쟁에서 그의 曾祖父인 의관이 전쟁에서의 패배를 이유로 면직되면서부터였을 것으로 보았다(박해현, 『신라중대정치사연구』, 국학자료원, 2003, 167쪽).

다음은 관련 사료이다.

> B-1. 어머니는 박씨 繼烏夫人이고 비는 김씨이니 神述角干의 딸이다. (중략) 어머니인 박씨를 昭文太后로 추봉하였다.[20]
>
> B-2. 어머니는 仁△ 또는 知烏夫人이고 시호는 昭文王后이며 昌近伊己의 딸이다. 왕비는 淑貞夫人으로, 神述 角干의 딸이다.[21]
>
> B-3. 두 탑은 天寶 17년 무술에 세우시니라.
> 남자형제와 두 여자형제 모두 셋이 업으로 이루시니라.
> 남자형제는 零妙寺의 言寂법사이며,
> 큰누이는 照文皇太后님이시며,
> 작은누이는 敬信太王의 姨母이시다.[22]
>
> B-4. 금성의 남쪽 해돋이를 볼 수 있는 산기슭에 崇福寺라는 절이 있사오니 이 절은 곧 先大王께서 왕위를 이어받으신 첫 해에 烈祖 元聖大王의 능을 모시고 명복을 빌기 위해 세운 것입니다. 옛 절이 생긴 기원을 상고하고 새 절이 이룩된 것을 살펴보건대, 옛날 파진찬 金元良은 炤文王后의 외숙이요 肅貞王后의 외조부로서, 몸은 귀공자였으나 마음은 참다운 옛 사람이었는데, 처음에는 謝安이 東山에서 마음껏 즐기듯이 歌堂과 舞館을 어엿하게 짓더니 나중에는 慧遠이 여럿이 함께 西方淨土에 가기를 기약한 것처럼 그를 희사하여 佛殿과 經臺로 삼아, 예전에 피리 금슬 소리이던 것이 오늘날 金鍾 玉磬 소리가 되었으니 시절이 변함에 따라 고쳐진 것으로 俗界를 벗어난 인연이었습니다. 절의 의지가 되는 것은 바위의 고니 모양인데 그로 인해 절 이름을 삼았습니다.[23]

---

20) 『三國史記』 卷10, 新羅本紀10, 元聖王 元年.
21) 『三國遺事』 卷1, 王曆1, 元聖王.
22) 한국고대사회연구소편, 「葛項寺石塔記」 『譯註 韓國古代金石文』 III, 가락국사적개발연구소, 1992.
23) 崔英成, 「大崇福寺碑銘幷序」 『註解崔致遠全集』 1, 亞細亞文化社, 1998.

원성왕의 어머니에 대해서 B-1의 『신라본기』에서는 박씨인 계오부인인데, 소문태후로 추봉하였다고 하고, B-2의 『삼국유사』에서는 지오부인인데, 시호가 소문왕후이고, 창근이기의 딸이라고 하였다. 또한 B-3은 「갈항사석탑기」인데, 경신태왕, 즉 원성왕의 어머니인 조문황태후가 나온다. B-4는 「대숭복사비명」인데, 그에 따르면 소문태후의 외숙이자 숙정왕후의 외조부인 김원량이 곡사를 세웠고, 이를 후에 원성왕을 추복하는 숭복사로 삼았다고 하였다. 이처럼 B-1과 2는 '소문昭文'이라 하였고, B-3은 조문황태후照文皇太后, B-4의 소문왕후炤文王后라고 하였는데, 이는 '소문'의 동음이사同音異寫로, 모두 동일인물을 지칭한 것이다. 즉 원성왕의 모는 이간 박창근의 딸인 계오부인(또는 지오부인)으로, 소문왕후(태후)임을 알 수 있다.

원성왕의 모는 소문태후는 하대 초기의 왕실여성 중 유일한 박씨이다. 김경신의 '모母의 부父는 창근昌近 이기伊己'라고 하였다.[24] 이기伊己는 이간伊干의 잘못된 표기로,[25] 이찬伊湌이었음을 알 수 있다. 즉 김경신의 외조부는 이찬의 관등을 가지고 있었는데, 이로 보아 김경신의 모계인 박씨세력의 정치적 위상이 낮았다고 보기는 어렵다. 이에 김경신의 지지세력의 하나로서 모계인 박씨세력을 주목하기도 하였다.[26] 반면 김경신이 미약한 진골귀족이었던 부계와 권력의 핵심에서 소외되어 있던 박씨세력이었던 모계母系로 인해 중대 말 혜공왕대 초의 정국에서 소외되어 있었다고 보기도 한다.[27]

그런데 B-4에서 소문태후의 외숙이자 숙정왕후의 외조부인 김원량이 주목된다. B-4의 숙정왕후는 B-2의 김신술의 딸이자 원성왕의 왕비인 숙정부

---

24) 『三國遺事』 卷1, 王曆1.
25) 장일규, 「『삼국유사』 왕력편·기이편의 신라 하대 기사와 하대상」 『新羅史學報』 30, 2014, 174쪽.
26) 김수태, 앞의 책, 1996, 145쪽 : 김경애, 앞의 논문, 2006, 286-287쪽.
27) 박해현, 앞의 책, 2003, 167쪽.

인이다. 김원량의 조카는 원성왕의 모였고, 손녀는 원성왕의 처였던 것이다. 그리고 김원량과 원성왕 간의 2대에 걸친 혼인은 원성왕 즉위 전에 이루어졌을 것이다. 원성왕의 왕모인 소문태후의 부는 박창근이고, 모는 김씨로, 김원량의 누이였다. B-4에서 소문태후가 그의 아들인 김경신의 처로 조카인 숙정왕후를 맞아들인 것으로 보아 이들의 관계가 매우 밀접했음을 알 수 있다. 즉 원성왕의 외가와 처가이기 이전에 소문태후, 숙정왕후, 김원량은 가까운 친인척 관계였던 것이다.[28] 김원량과 누이, 누이의 딸인 소문태후, 그리고 김원량의 딸과 김신술, 외손녀인 숙정왕후는 혼인과 혈연을 매개로 정치사회적으로 매우 밀접한 관계를 맺고 있었다. 또한 이들은 소문태후의 아들이자 숙정왕후의 배우자인 김경신과 친인척 관계였다. 이들이 김경신이 김주원과 왕위를 둘러싼 갈등이 있었을 때 그의 지지세력이 되었을 것이라는 점을 알 수 있다.

또한 B-3의 「갈항사석탑기」를 통해 소문태후와 그의 남녀형제의 존재를 알 수 있는데, 특히 남자형제는 영묘사의 언적법사로 적시하였다. 영묘사는 중대 이래로 성전成典을 설치하여 관리하던 사찰이다. 또한 B-4는 김원량이 세운 곡사의 유래를 설명하는데, 이 곡사가 후에 원성대왕의 추복사찰인 숭복사가 된 것임을 알려주고 있다. 이로 보아 소문태후가 박씨이기는 하지만 정치경제적 위상이 낮지는 않았을 것으로 보인다.

이와 관련하여 『삼국사기』의 애장왕 9년(808)의 기사가 주목된다. 당으로부터 소성왕의 모인 신씨申氏의 책봉을 받았다. 이 기사의 세주에 신씨申氏는 김신술金神述의 딸이라고 부연되어 있다.[29] 소성왕의 모는 김씨인 성목태후이다. 김씨가 아닌 신씨라고 한 것은 당에서 책봉을 받는 과정에서

---

28) 김창겸은 원성왕과 김원량이 母와 妃를 통하여 이중으로 맺어진 인척관계였음을 주목하였다. 파진찬 김원량의 존재로 보아 원성왕의 母系와 妃系는 중대 무열왕계의 왕가와 가까운 관계로 정치사회적으로 높은 위치였을 것으로 상정하였다(2003, 앞의 책, 29-34쪽).
29) 『三國史記』 卷10, 新羅本紀10, 哀莊王 9年.

신라측에서 동성혼인의 사실을 감추기 위해 신씨로 알렸기 때문이다.30) 신라는 당에게 왕비의 성이 왕과 동일한 김씨의 성이라는 것을 숨기기 위해 왕비의 아버지의 이름의 첫 글자를 성씨로 알려 주었다. 그래서 소성왕의 모는 신씨로, 소성왕의 처는 숙씨로 알렸고, 그에 따른 당의 책봉을 받은 것이다. 따라서 소성왕의 모가 김신술의 딸이라는 세주의 기록은 신빙성이 높다. B-2에서 원성왕의 처妻의 부父 역시 각간角干 김신술金神述이었다. 인겸의 처, 즉 준옹의 모 역시 김신술의 딸이었던 것이다.

원성왕이 그의 지지세력을 확보하기 위하여 각간 김신술의 딸과 혼인하였을 것임을 유추할 수 있다. 김신술은 진골귀족으로서 각간의 지위에 이를 만큼의 정치적 영향력을 가지고 있었으리라 여겨진다. 원성왕이 김신술과의 정치적 유대를 공고히 하기 위하여 김신술의 딸을 태자인 인겸仁謙의 처妻로 맞이하였던 것이다. 김원량·김신술은 원성왕의 모인 소문태후, 처인 숙정왕후, 그리고 태자였던 인겸의 처인 성목태후에 이르기까지 밀접한 친인척 관계를 맺고 있었음을 알 수 있다. 이들은 원성왕의 즉위과정에 일조한 지지세력이었던 것이다. 그럼에도 불구하고 원성왕의 모와 처에 대한 기록이 파편화되거나 멸실된 이유는 원성왕계의 부계적 정통성 강조에 따른 결과로 여겨진다.

2. 태자와 왕후 책봉의 연동성

원성왕이 원년에 직계 4조를 중심으로 오묘제五廟制를 개편하고, 이어 아들 인겸仁謙을 왕태자로 삼았던 것은 부계를 중심으로 수직적 계통성을 세우고자 하는 노력이었다. 그리고 원성왕 7년(791)에 왕태자인 인겸이 죽자,31) 원성왕 8년(792)에 의영義英을 태자로 봉하였고,32) 원성왕 10년(794)

---

30) 李丙燾, 『國譯三國史記』, 乙酉文化社, 1977, 171쪽 주3.

에 의영이 죽자,33) 원성왕 11년(795)에 인겸의 아들인 준옹俊邕을 태자로 책봉하였다.34) 또한 891년에 왕태자 인겸이 죽자 그의 아들인 준옹을 원성왕이 궁중에서 키웠다.35) 이는 원성왕이 왕권을 강화하고, 왕위계승을 안정적으로 이루기 위한 노력의 일환이었다. 원성왕은 부계적 정통성을 강조함으로써 왕위의 정당성과 왕권의 안정성을 얻고자 하였던 것이다.

원성왕이 죽자 준옹이 소성왕으로 즉위하였다. 다음은 소성왕과 헌덕왕과 흥덕왕의 왕모와 왕비에 관한 사료이다.

> C-1. 어머니는 김씨이며, 비는 김씨 桂花夫人으로 대아찬 叔明의 딸이다.36)
> C-2. 어머니는 聖穆太后이고, 비는 桂花王后로 夙明公의 딸이다.37)
> C-3. 소성왕의 同母弟이다. (중략) 비는 貴勝夫人이니 禮英 각간의 딸이다.
> C-4. 소성의 같은 어머니의 동생이다. 왕비는 貴勝娘으로, 시호는 皇娥王后이며, 忠恭 角干의 딸이다.38)
> C-5. 헌덕왕의 同母弟이다. 겨울 12월에 왕비 章和夫人이 죽으니, 追封하여 定穆王后라 하였다.39)
> C-6. 헌덕의 같은 어머니의 동생이다. 왕비는 昌花夫人이며, 시호는 定穆王后이고, 昭聖의 딸이다.40)
> C-7. 여름 5월에 아버지 惠忠太子를 惠忠大王으로 추봉하였다. (중략) 8월에 어머니 김씨를 聖穆太后로 추봉하였다.41)

---

31) 『三國史記』 卷10, 新羅本紀10, 元聖王 7年.
32) 『三國史記』 卷10, 新羅本紀10, 元聖王 8年.
33) 『三國史記』 卷10, 新羅本紀10, 元聖王 10年.
34) 『三國史記』 卷10, 新羅本紀10, 元聖王 11年.
35) 『三國史記』 卷10, 新羅本紀10, 昭聖王 元年.
36) 『三國史記』 卷10, 新羅本紀10, 昭聖王 元年.
37) 『三國遺事』 卷1, 王曆1, 昭聖王.
38) 『三國遺事』 卷1, 王曆1, 憲德王.
39) 『三國史記』 卷10, 新羅本紀10, 興德王 元年.
40) 『三國遺事』 卷1, 王曆1, 興德王.

C-8. 貞元 18년(802) 10월 16일에 동지를 데리고 여기에 건물을 세웠다. 산신령도 妙德의 이름을 돕고 땅은 청량한 형세를 자리잡아 주었다. 五髻를 나누어 꾸며서 다투어 一毛를 뽑았다. 이 때에 聖穆王太后께서 우리나라에 어머니로 군림하시어 불교도들을 아들처럼 육성하셨다. 소문을 듣고 공경하며 기뻐하시어 날짜를 정하여 부처님께 귀의하시고, 좋은 음식을 내리시고 예물까지 곁들여 주셨다.42)

C-1과 2는 소성왕의 왕모와 왕비에 관한 내용이다. C-3와 4에서 헌덕왕은 소성왕의 동모제라고 하였고, C-5와 6에서 흥덕왕은 헌덕왕의 동모제라고 하였다. C-1과 2에 따르면, 소성왕의 어머니는 김씨 성목태후이다. 따라서 소성왕과 헌덕왕, 흥덕왕은 인겸과 성목태후 소생의 형제들인 것이다.

그리고 C-7과 8은 성목태후에 관한 사료이다. C-7은 소성왕 원년(799) 5월에 죽은 아버지 혜충태자惠忠太子를 혜충대왕惠忠大王으로 추봉하였고, 8월에 어머니 김씨를 성목태후聖穆太后로 추봉하였다는 기록이다. C-8은 802년 해인사를 창건할 때에 성목왕태후가 해인사가 창건되는 것을 기뻐하며 불도에 귀의할 것을 서원하고, 폐백예불을 후원하였다는 기록이다. 위의 사료에서 성목태후는 C-7에서는 추봉이라고 하여 709년 당시 이미 죽은 것으로 이해되고, C-8에서는 해인사를 창건하던 802년 당시 생존하여 활동한 것으로 이해될 여지가 있다.

이에 대해 순응이 생전의 성목태후와 인연을 맺었고, 이를 계기로 성목태후의 사후에 해인사를 창건한 것으로 보기도 하였다.43) 반면 성목태후

---

41) 『三國史記』 卷10, 新羅本紀10, 昭聖王 元年.
42) 『東文選』 卷64, 記, 「新羅迦耶山海印寺善安住院壁記」. "越貞元十八年良月旣望. 率率同志. 卜築於斯. 山靈鈞妙德之名. 地體印淸涼之勢. 分裝五髻. 競拔一毛. 于時聖穆王太后. 母儀四夷. 子育三學. 聞風敬悅. 誓日歸依. 捨以嘉蔬. 副之束帛. 是乃自天獲祐. 實惟得地成因. 然屬生徒方霧 擁品扉. 耆德遽露晞林宇. 利貞禪伯. 踵武興功. 依 乎中庸"
43) 최원식, 「신라 하대의 해인사와 화엄종」 『한국사연구』 49, 1985, 6-7쪽 ; 김복순, 『신라화엄종연구』, 민족사, 1990, 105-106쪽 ; 최홍조, 「신라 애장왕대 정치개혁과 그

가 해인사 창건 당시에 생존해 있었을 것으로 보기도 하였다.44) 여기서 C-7의 소성왕이 부모를 각각 5월과 8월에 추봉하였다는 기록이 주목된다. 즉위 직후에 부모를 추봉하는 것은 왕위의 정통성을 천명하기 위한 것이다. 그런데 소성왕이 부모를 시기를 달리하여 각각 추봉하였는데, 이로 보아 소성왕의 부인 혜충태자와는 달리 모는 생존해 있었을 가능성이 있다. 이와 관련하여 다음의 애장왕대 왕실여성에 관한 사료를 살펴볼 필요가 있다.

> D-1. 소성왕의 태자로 어머니는 김씨 桂花夫人이다.45)
> D-2. 어머니는 桂花王后이다.46)
> D-3. 소성왕 2년(800), 봄 정월에 왕비 김씨를 봉하여 왕후로 삼고, 忠芬을 시중으로 삼았다.47)
> D-4. 애장왕 3년(802), 여름 4월에 아찬 金宙碧의 딸을 후궁으로 삼았다.48)
> D-5. 애장왕 6년(805), ①봄 정월에 어머니 김씨를 봉하여 大王后로 삼고, 왕비 박씨를 봉하여 王后로 삼았다. ②이 해에 德宗이 돌아가니, 順宗이 兵部郞中 兼 御史大夫 元季方을 보내 喪을 알렸다. 또 왕을 책봉하여 開府儀同三司 檢校太尉 使持節 大都督雞林州諸軍事雞林州刺史 兼 持節充寧海軍使 上柱國 新羅王으로 삼고, 그 어머니 叔氏를 책봉하여 大妃로 삼았으며, 「王母의 아버지인 叔明은 나물왕의 13세손이다. 그러므로 어머니의 성은 김씨인데, 그 아버지의 이름을 따서 叔氏라 한 것은 잘

성격」『한국고대사연구』 54, 2009, 339-341쪽.
44) 김진국, 「신라하대 해인사와 왕실」 동국대학교 석사학위논문, 2004, 3쪽 ; 김상현, 「9세기 후반 해인사와 신라왕실의 후원」『신라문화』 28, 2006, 240쪽 ; 정선용, 「신라 애장왕대 해인사 창건과 왕실세력의 동향」『한국고대사탐구』 32, 1996.
45) 『三國史記』 卷10, 新羅本紀10, 哀莊王 元年.
46) 『三國遺事』 卷1, 王曆1, 哀莊王.
47) 『三國史記』 卷10, 新羅本紀10, 昭聖王 2年.
48) 『三國史記』 卷10, 新羅本紀10, 哀莊王 3年.

못된 것이다.」부인 박씨를 책봉하여 妃로 삼았다.[49]

　　D-1~3은 소성왕의 처이자, 애장왕의 모인 계화부인에 대한 기록이다. 소성왕은 원성왕의 손자이고, 애장왕은 소성왕의 아들이다. D-5의 ①은 애장왕이 계화부인을 대왕후로, 왕비 박씨를 왕후로 책봉하였다는 기록이다. D-5의 ②는 같은 해에 당으로부터 애장왕의 모와 처를 각각 대비大妃와 비妃로 책봉받았다는 것이다. 대왕후大王后와 왕후王后는 각각 대비와 비, 즉 왕후가 妃로 등치된 칭호임을 알 수 있다. '대왕후'는 대왕의 배우자로서 '왕후'의 위상이 높았던 신라적 특성이 반영된 칭호임과 동시에 성목태후의 '태후' 칭호와 구분하여 지칭하기 위한 책봉호였을 것이다. 그렇다고 한다면 애장왕 6년(805)에는 신라왕실에 애장왕의 조모인 성목태후, 애장왕의 모인 대왕후, 애장왕의 비인 왕후와 후궁이 있었음을 알 수 있다.

　　소성왕의 경우, 원성왕 11년(795)에 태자太子가 되었는데,[50] 즉위 후에 별다른 혼인 기사가 없는 것으로 보아, 태자였을 당시 혼인하였을 것이다. 애장왕의 경우, D-4에서 후궁을 들였다는 기사가 있으나, 왕후로 책봉된 박씨와의 혼인기사는 보이지 않는다. 이로 보아 애장왕이 13세에 즉위하였을 당시, 태자였을 때 이미 혼인하였을 것이다.

　　소성왕과 애장왕은 왕손으로서 즉위하였고, D-3과 5에서 알 수 있듯이 소성왕 2년에, 애장왕 6년에 왕후王后 책봉을 하였다. 소성왕과 애장왕이 즉위하였음에도 불구하고, 소성왕과 애장왕의 처妻는 왕후王后가 아니었다. D-1에서 소성왕의 처는 계화부인桂花夫人이라고 하였는데, 소성왕 2년에 왕후 책봉을 받기 이전에는 부인夫人의 칭호를 사용하였음을 알 수 있다. 애장왕의 처妻는 김씨로만 나오고 있는데, 그 역시 왕후 책봉을 받기 이전에는 부인夫人이라 일컬어졌을 것이다. 이처럼 하대에는 왕이 즉위하였더라

---

49) 『三國史記』卷10, 新羅本紀10, 哀莊王 6年.
50) 『三國史記』卷10, 新羅本紀10, 元聖王 11年.

도, 왕의 배우자는 별도로 책봉冊封의 절차를 거쳐야 왕후王后로 칭해질 수 있었다는 점이 주목된다.

D-3과 5을 보면, 왕후의 책봉의례가 정월에 행해지고 있다. 신라에서 정월正月, 즉 춘계의 1·2월은 상고기 이래로 중요한 시기로 여겨졌기 때문으로, 관등을 임명하는 정치적 행위가 이루어져 왔다.[51] 정월에 왕후王后 책봉이 이루어지고 있는데, 이는 왕후 책봉이 관직 임명과 같은 정기적 관행이 되었으리라는 점을 유추할 수 있다. 즉 하대에는 진골귀족여성과 왕의 배우자가 부인夫人을 칭하였고, 왕의 배우자 중 왕후王后 책봉을 받은 경우에만 정비正妃의 지위를 가질 수 있었던 것이다. 다음으로 왕후 책봉이 이루어진 전후의 사정을 살펴봄으로써 왕후 책봉의 조건을 알아보고자 한다.

> E-1. 소성왕 2년(800), 봄 정월에 왕비 김씨를 왕후로 봉하였다. (중략) 6월에 왕자를 봉하여 태자로 삼았다.[52]
> E-2. 애장왕 5년(804), 臨海殿을 重修하고 東宮 萬壽房을 새로 지었다.[53]

E-1은 소성왕 2년 6월에 태자를 책봉한 기사로, D-3에서 같은 해 정월에 왕후 책봉 기사가 나온다. 즉 소성왕 2년 정월에 왕후를 책봉하고, 같은 해 6월에 태자를 책봉한 것이다. 또한 E-2는 애장왕 5년에 동궁 만수방을 새로 지었다는 기사이다. 애장왕대에 태자에 대한 기록이 없다. 기록의 누락일 가능성도 있으나 그보다는 동궁 만수방의 주인인 태자에 대한 기대가 신축으로 이어진 것으로 보는 편이 옳을 듯하다. D-4에서 애장왕 3년에 김주벽의 딸을 후궁으로 들였고, 5년에 동궁 만수방을 지었다. 그리고 D-5에 의하면, 이듬해인 애장왕 6년에 대왕후와 왕후 책봉을 하였다. E의 사료는

---

51) 金瑛河, 『韓國古代社會의 軍事와 政治』, 高麗大學校 民族文化研究院, 2002, 214-217쪽.
52) 『三國史記』 卷10, 新羅本紀10, 昭聖王 2年.
53) 『三國史記』 卷10, 新羅本紀10, 哀莊王 5年.

태자와 왕후와의 연관성을 보여준다. 태자 책봉 이전에 왕후 책봉이 이루어졌는데, 이는 정비正妃인 왕후 소생의 태자에게 왕위계승의 정당성을 부여하고자 의도하였음을 유추할 수 있다. 이처럼 신라 하대에는 왕후의 책봉이 차기왕위계승권자인 태자와 연동된 사안이었던 것이다.

3. 당의 신라왕대비 책봉과 의미

신라 하대에는 당의 책봉이 빈번하게 이루어졌다. 당의 책봉은 기본적으로 정치적 행위였다. 당의 입장에서는 주변국 군주에게 작호爵號를 내림으로써 중국과 주변국과의 군신君臣관계를 설정하는 것이었다. 신라의 입장에서는 당의 책봉을 통해 왕권의 정통성 내지는 왕권을 유지하고자 의도하였다.[54] 당의 대비·왕비 책봉은 신라 내부에서 왕권의 정통성이 미약할 때 필요성이 증대하였다. 당의 책봉을 통해 왕권의 정당성을 인정받고 싶어 했던 것이다. 당이 신라의 왕뿐만 아니라 왕모 및 왕비에게 빈번하게 책봉하였던 것은 이와 같은 상황에서 기인한 것이었다.[55]

신라의 왕실여성이 당으로부터 책봉을 받는 경우는 이미 중대의 효성왕대의 왕비책봉과 혜공왕대의 대비책봉이 있었다. 전자는 정비正妃로서의 위상을 정립하는 데 있어서 명분을 제공하였고,[56] 후자는 태후로서 섭정을 하는 데 있어 정치적 정당성을 부여해 주었다.[57] 즉 당의 신라 왕실여

---

54) 채미하, 「신라의 賓禮－당 使臣을 중심으로－」 『韓國史學報』 43, 2011, 62-66쪽.
55) 井上秀雄 역시 신라 下代 前半期에 唐에 조공하고, 왕이 당으로부터 冊命을 받았을 뿐만 아니라 王母·王妃의 冊命도 국내의 정치적 사정에 의하여 요구하여 수여받았던 것이라 하였다(앞의 책, 1974, 360쪽).
56) 이현주, 「신라 중대 효성왕대 혜명왕후와 '正妃'의 위상」 『韓國古代史探究』 21, 2015, 256-261쪽.
57) 이현주, 「신라 중대 王母의 칭호와 위상－혜공왕대 만월태후를 중심으로」 『韓國古代史研究』 85, 2017, 431-434쪽.

성 책봉은 그 자체로 정당성 확보를 위한 정치적 행위로 활용되었던 것이다. 신라는 중대의 경험으로 보아 당의 책봉冊封이 정당성을 보장해주는 기제로서 활용될 수 있음을 알고 있었다.

그럼에도 불구하고 왕부가 아닌 왕모와 왕비의 당 책봉이 빈번하게 이루어졌다는 사실은 특징적이다. 당에서 인식한 일반적인 왕위계승이 부자상속이 원칙이라는 점을 감안하면, 왕부의 책봉이 불필요했으리라는 점을 유추할 수 있다. 왕위계승이라는 측면에서 본다면, 왕모와 왕비의 책봉은 현왕은 물론 차기 왕위계승권자의 지위 확보와도 연관된 사안이었을 것이다. 신라는 당의 왕모 및 왕비 책봉을 통해 왕위계승의 정당성과 안정성을 확보하고자 하였던 것이다. 이 시기 당의 신라왕新羅王 및 대비大妃·왕비王妃 책봉 기사를 살펴보고자 한다. 다음은 하대에 당이 신라의 왕王과 왕모王母를 책봉한 기록이다.

> F-1. 元聖王 2년(786), "지금 卿에게 羅錦綾綵 등 30匹·衣 1副·銀榼 1口를 주노니, 이르거든 받으시오. 妃에게는 錦綵綾羅 등 20匹과 押金線繡羅裙衣 1副 및 銀椀 1개를 주고, 大宰相 1인에게는 衣 1副·銀榼 1개, 次宰相 2인에게는 각각 衣 1副, 銀椀 1개를 주노니, 경이 받아서 나누어 주시오."58)
>
> F-2. 애장왕 원년(800), 처음에 원성왕이 죽자 당나라 德宗이 司封郞中 겸 御史中丞 韋丹을 보내 부절을 가지고서 조문하고, 왕 俊邕을 開府儀同三司 檢校太尉 新羅王으로 책봉케 하였으나, 위단이 鄆州에 이르렀다가 왕이 죽었다는 말을 듣고 그만 되돌아갔다.59)
>
> F-3. 哀莊王 6년(805), 順宗이 兵部郞中 兼御史大夫 元季方을 보내어 告哀를 하였다. 또한 왕을 책봉하여 開府儀同三司 檢校太尉 使持節 大都督 雞林州諸軍事 雞林州刺史 兼持節充寧海軍使

---

58) 『三國史記』 卷10, 新羅本紀10, 元聖王 2年.
59) 『三國史記』 卷10, 新羅本紀10, 哀莊王 元年.

上桂國 新羅王으로 삼고, 그 母인 叔氏를 大妃로 삼고「王母의 아버지인 叔明은 나물왕의 13세손이다. 그러므로 어머니의 성은 김씨인데, 그 아버지의 이름을 따서 叔氏라 한 것은 잘못된 것이다.」妻인 朴氏를 妃로삼았다.[60]

F-4. 哀莊王 9년(808), 金力奇를 보내어 당에 들어가 조공하게 하였다. 力奇가 上言하기를 "貞元 16年(800)에 詔로써 책봉하여 저희 나라의 죽은 임금인 金俊邕을 新羅王으로 삼고, 母인 申氏를 大妃로 삼고, 妻인 叔氏를 王妃로 삼았습니다. 册使인 韋丹이 오는 도중에 왕이 죽었다는 소식을 듣고 돌아갔습니다. 그 책봉문서가 中書省에 있습니다. 지금 臣이 還國하려하니, 엎드려 청하건대 신에게 주어 가지고 가게 하옵소서."라고 하였다. (중략)「申氏는 金神述의 딸인데, 神자와 음운이 같다 하여 申을 성씨로 삼은 것으로 잘못된 것이다.」[61]

F-5. 興德王 2년(827), 唐의 文宗이 왕이 죽었다는 소식을 듣고, 廢朝하였다. 太子左諭德 兼御史中丞인 源寂에게 명하여, 부절을 가지고 弔祭하게 하였다. 이어 册立하여 왕을 잇게 하여 開府儀同三司 檢校太尉 使持節大都督 雞林州諸軍事 兼持節充寧海軍使 新羅王으로 삼고, 母인 朴氏를 大妃로 삼고, 妻인 朴氏를 妃로 삼았다.[62]

사료 F는 신라 하대에 왕모가 책봉을 받았던 사례이다. 이는 신라가 당으로부터 책봉을 받았던 것과 하사품을 받았던 것으로 나누어 볼 수 있다. F-1에서 원성왕과 그의 왕비, 대재상과 차재상은 당으로부터 하사품을 받았다. 이후 경문왕도 그의 왕비와 왕태자, 대재상과 차재상이 당의 하사품을 받았다는 기록이 나온다.[63] F-3와 4은 애장왕대에 당으로부터 책봉을 받은 기록이다. F-3는 애장왕의 왕모와 왕비가 당의 책봉을 받은 것이고,

---

60) 『三國史記』卷10, 新羅本紀10, 哀莊王 6年.
61) 『三國史記』卷10, 新羅本紀10, 哀莊王 9年.
62) 『三國史記』卷10, 新羅本紀10, 興德王 2年.
63) 『三國史記』卷11, 新羅本紀11, 景文王 5年.

F-4는 F-2의 책봉문서, 즉 애장왕의 아버지인 소성왕의 왕모와 왕비가 받았던 책봉문서를 요청하여 받은 기록이다. 애장왕 이후 헌덕왕과 흥덕왕이 연이어 즉위하는데, 헌덕왕은 왕과 왕비만 당의 책봉을 받은 반면,[64] F-5에서 흥덕왕은 당으로부터 왕모와 왕비의 책봉도 받았음을 알 수 있다. 따라서 신라 하대에 왕모王母가 당의 책봉을 받았던 시기는 소성왕 2년(800), 애장왕 6년(805), 흥덕왕 2년(827)이다.

우선 당으로부터 책봉을 받은 시기부터 살펴보고자 한다. 신라왕이 죽으면 당은 사신을 보내서 전왕의 죽음에 대해 '고애告哀', 또는 '조제弔祭'를 하고, 신왕新王을 책봉하였다. 즉 당의 신라왕新羅王 책봉은 전왕前王의 고애告哀와 아울러 이루어지고 있으므로, 즉위 초에 이루어지는 것이 상례常例였던 것이다. 이처럼 당의 책봉은 대부분 왕의 즉위 초에 해당하는 원년에서 3년 사이에 행해졌다. 이 시기에 당으로부터 신라왕이 책봉을 받는 것이 관례화되었음을 알 수 있다. 다만 신라 내부의 정치적인 필요에 따라 신라왕과 처妻, 또는 모母의 책봉도 이루어졌던 것이다. 신라 중대의 마지막 왕인 혜공왕은 당으로부터 신라왕과 대비의 책봉을 받았는데, 당시의 책봉호가 신라왕新羅王과 신라왕태비新羅王太妃였다.[65] 이로 보아 신라의 왕실여성이 당으로부터 받은 책봉호는 신라왕대비新羅王大妃와 신라왕비新羅王妃였음을 알 수 있다. 이는 신라왕의 모인 대비大妃, 신라왕의 처인 비妃의 의미로, 현왕과의 관계가 중심인 칭호이다.

다음으로 당으로부터 신라의 왕모까지 책봉을 받았던 소성왕, 애장왕, 흥덕왕의 경우를 살펴보고자 한다. 소성왕과 헌덕왕, 흥덕왕은 원성왕의 태자였던 인겸의 아들로, 동모형제同母兄弟였다. 소성왕이 죽은 이후에 그의 아들인 애장왕이 즉위하였다. 애장왕이 어린 나이에 즉위하였기 때문에 숙부인 언승이 섭정을 하였는데, 후에 애장왕을 죽이고, 헌덕왕이 즉위를

---

[64] 『三國史記』 卷10, 新羅本紀10, 憲德王 元年.
[65] 『唐大詔令集』 145, "册新羅王金建運文", "册新羅王太妃文"

하였다.66)

하대에 당으로부터 신라왕의 왕모가 책봉을 받은 사례는 소성왕이 처음이기는 하지만, F-2에서 소성왕의 죽음을 알게 된 책사冊使가 돌아갔다. 따라서 실질적으로는 당으로부터 신라의 왕모가 책봉을 받은 사례는 F-3의 애장왕대와 F-5의 흥덕왕대이다.

그렇다면 헌덕왕대에 당의 신라왕모新羅王母 책봉이 이루어지지 않은 이유는 무엇일까. 이에 대해 다음의 두 가지 가능성을 생각해 볼 수 있다. 하나는 헌덕왕이 소성왕과 동모제라는 사실을 당에서 인식하고 있었을 가능성이다. 헌덕왕은 이름은 언승으로 소성왕의 동모제이다.67) F-4에서 애장왕 9년에 소성왕과 아울러 소성왕의 모母 및 처妻를 책봉한 책봉문서를 당으로부터 가져왔다. 이어 당에서 예에 맞추어 애장왕의 숙부인 언승과 그 아우 중공仲恭 등에게 문극門戟을 주었다고 하였다.68) 이로 보아 당이 소성왕과 헌덕왕이 동모제이므로, 거듭 왕모를 책봉할 필요가 없으리라는 판단을 했을 가능성이 있다. 다른 하나는 헌덕왕이 즉위 후에 당에 왕모의 책봉을 요구할 필요가 없었을 가능성이다. F-4에서 당으로부터 받은 왕모의 책봉문서가 곧 소성왕과 헌덕왕의 모에 대한 책봉문서이기 때문이다.

이와 관련하여 애장왕대에 당으로부터 왕실여성이 책봉을 받은 정황을 살펴볼 필요가 있다. F-3은 애장왕 6년(805)에 당의 순종이 애장왕의 어머니 숙씨叔氏를 대비大妃로, 처 박씨朴氏를 왕비로 책봉하였다는 기사이다. 애장왕의 모인 숙씨叔氏는 다른 기록에서는 화씨和氏라고도 하였는데,69) 대아찬 숙명叔明의 딸인 김씨 계화부인을 일컫는다. 동성혼을 기피하는 중국측을 고려하여 숙씨叔氏 내지 화씨和氏라고 하였음을 알 수 있다. 그리고

---

66) 『三國史記』 卷10, 新羅本紀10, 哀莊王 元年, 10年.
67) 『三國史記』 卷10, 新羅本紀10, 憲德王 元年.
68) 『三國史記』 卷10, 新羅本紀10, 哀莊王 9年.
69) 『册府元龜』 卷976, 外臣部21 襃異3. "(唐)順宗 以貞元二十二[一]年 正月丙申卽位 二月戊辰 以新羅王金重熙母和氏爲太妃 妻朴氏爲妃"

F-4에서 소성왕의 어머니를 신씨申氏라 하였는데, 소성왕 즉위조에 모母는 김씨라 하였을 뿐만 아니라70) 소성왕 원년(799) 8월에 어머니 김씨를 성목태후로 추봉하였다는 기록으로 보아71) 김씨임을 알 수 있다. 또한 F-4)의 세주細注에서 신씨는 김신술의 딸로, 신神자와 음운이 같다하여 신申을 성씨로 삼았다고 하였다.

신라 사신 김력기가 당에게 상언한 바에 따르면, 당에서는 소성왕의 모는 신申씨, 처는 숙叔씨로 알고 있다. 이들 모두 성씨가 김씨임에도 불구하고, 각각 여성의 부父의 이름 첫 글자를 따서 신申씨와 숙叔씨를 성씨로 했던 것은 신라 사신 김력기의 상언에 의한 것이었다. 신라측에서 당이 기피하는 동성논란을 피하고자 의도하였음을 알 수 있다.72) 따라서 소성왕의 어머니은 김신술의 딸인 성목태후이고, 애장왕의 어머니는 김숙명의 딸인 계화왕후였다. 신라는 당에 왕모와 왕비의 성씨를 그 아버지의 가운데 이름자로 삼아 알렸는데, 이는 신라의 왕실혼인이 김씨 간의 동성혼이었음을 알리고 싶지 않았기 때문이었다.

이처럼 애장왕대에 2차례에 걸쳐 당에 신라 왕실여성의 책봉과 책봉문서를 요청한 이유는 무엇일까. 애장왕은 6년(805)에 대내적으로 애장왕의 왕모王母와 왕비王妃를 각각 대왕후大王后와 왕후王后로 책봉하였다. 아울러 같은 해에 대외적으로 당으로부터 신라왕新羅王, 대비大妃, 왕비王妃 책봉을 받았다. 이처럼 애장왕 6년에는 대내외적으로 책봉을 하였는데, 이로 보아 애장왕이 숙부인 언승의 섭정에서 벗어나 친정을 하게 되었음을 알 수 있다.73) 애장왕 6년에 공식公式 20여 조를 반시頒示하였는데, 이는 애장왕이 친정을 개시한 후 새로운 법질서를 수립함으로써 지배체계의 정비를 시도

---

70) 『三國史記』 卷10, 新羅本紀10, 昭聖王 元年.
71) 『三國史記』 卷10, 新羅本紀10, 昭聖王 元年.
72) 井上秀雄, 앞의 책, 1974, 360쪽.
73) 李文基, 「新羅 惠恭王代 五廟制 改革의 政治的 意味」『白山學報』52, 1999, 815-816쪽 ; 최홍조, 「新羅 哀莊王代의 政治變動과 金彦昇」『韓國古代史研究』34, 2004, 343-344쪽.

한 것이었다.74)

그런데 F-3에서 대내외적으로 애장왕의 모와 처에 대한 책봉이 이루어졌음에도 불구하고, F-4에서 당에 신라 왕실여성의 책봉문서를 요청하여 받았다. 애장왕 9년(808)에 김력기를 통해 당이 예전에 어머니 신씨申氏와 아내 숙씨叔氏를 대비와 왕비로 책봉하였던 사실을 상기시키며 그 책봉 문서를 달라고 요청하고 있는 것이다. 당의 책봉사신이 신라에 오는 도중에 소성왕이 죽었음을 알고는 신라왕은 물론 대비와 왕비의 책봉문서도 전달하지 못하고 돌아갔기 때문이었다. F-4에서 요청하고 있는 책봉문서의 대상은 소성왕의 모와 처, 애장왕의 조모와 왕모인 김신술의 딸인 성목태후와 김숙명의 딸인 계화왕후이다. F-3에서 이미 현왕인 애장왕과 현왕의 모, 처에 대한 당의 책봉이 이루어졌다. 계화왕후 역시 대내적으로 대왕후, 대외적으로 당으로부터 대비의 책봉을 받았다. 따라서 계화왕후는 당의 책봉을 받을 이유가 없었던 것이다.

애장왕 9년(808)에 당에 요청한 책봉문서는 애장왕의 모인 계화왕후가 아닌 소성왕의 모인 성목태후를 '대비大妃'로 책봉했다는 것을 증명하기 위한 것이었음을 알 수 있다. 같은 해에 소성왕의 형제이자 애장왕의 숙부인 언승은75) 중공과 함께 당으로부터 문극門戟을 받았다.76) 소성왕의 모母는 곧 언승의 모母였다. 애장왕대에 당으로부터 선왕인 소성왕대 왕실여성들의 책봉문서를 새삼 요청한 것은 애장왕이 아닌 애장왕의 섭정이었던 숙부 언승의 의도였을 것이라 여겨진다.77) 언승은 당의 권위를 빌어 신라 내부에서의 지위를 확고히 하고자 하였던 것이다.

---

74) 李文基, 앞의 논문, 1999, 816쪽.
75) 『三國遺事』 卷1, 王曆1, 憲德王.
76) 『三國史記』 卷10, 新羅本紀10, 哀莊王 9年.
77) 채미하는 9년에 당에게 책봉문서를 요청한 주체를 언승이 아닌 애장왕으로 보았다. 이는 애장왕이 당 중심의 국제질서에서 벗어나려고 하였으나 결국 당과의 관계에서 책봉질서에 편입된 것이라 파악하였다(「신라의 冊封儀禮와 그 기능」 『사학연구』 127, 2017, 87-90쪽).

애장왕 10년(809)에 언승이 애장왕을 시해하고 헌덕왕으로 즉위하였다.[78] 헌덕왕이 즉위한 후, 헌덕왕과 그의 처는 각각 당으로부터 신라왕新羅王과 왕비王妃로 책봉받았다.[79] 헌덕왕이 당으로부터 책봉을 받은 시점에 대해서는 사료에 따라 이견이 보인다. 『삼국사기』에서 헌덕왕이 즉위 원년(809)에 당으로부터 책봉을 받았다고 기록한 것과는 달리 중국측의 기록에서는 헌덕왕 4년(812)으로 기록하고 있다. 『구당서』와 『신당서』에서는 원화(元和) 7년(812)에 고애告哀와 책봉册封이 이루어졌다고 하였다.[80] 또한 헌덕왕대에는 당으로부터 신라 왕모王母의 대비大妃 책봉이 이루어지지 않았다. 헌덕왕의 모母는 이미 소성왕 2년(800)에 대비 책봉을 받았고, 애장왕 9년에 책봉문서를 요청한 바 있었기 때문에 헌덕왕의 즉위와 관련된 대비 책봉을 받을 필요가 없었다. 이로 보아 애장왕 9년의 당이 소성왕의 모母와 처妻를 책봉하였던 책봉문서는 언승의 권력의 정당성을 지지하고, 나아가 왕위에 오르기 위한 정지작업이었음을 알 수 있다.

한편 F-5에서 당의 문종이 흥덕왕을 책봉하면서, 어머니 박씨를 대비大妃로, 아내 박씨를 왕비王妃로 책봉하였다. 흥덕왕은 헌덕왕의 동복동생母弟이다.[81] 즉 소성왕, 헌덕왕, 그리고 흥덕왕은 모두 동복형제로, 어머니는 김씨인 성목태후였다. 그리고 흥덕왕의 아내인 장화부인은 당에서 책봉 받기 전해인 즉위 원년에 이미 죽었다.[82] 그런데 F-5에서 당으로부터 책봉을 받은 흥덕왕의 왕모와 왕비는 모두 박씨라고 하였다. 이와 관련하여 흥덕

---

78) 『三國史記』 卷10, 新羅本紀10, 哀莊王 10年.
79) 井上秀雄은 헌덕왕의 王妃가 당으로부터 책봉을 받은 사실에 대하여 원성왕계와 周元계의 갈등, 즉 주원계의 憲昌 및 그 아들인 梵文과 원성왕계의 정점에 위치하는 언승, 즉 헌덕왕과의 갈등으로 파악하였다. 주원은 태종무열왕계의 주류이므로, 그에 대응하여 왕실 내부의 세력을 결집하기 위하여 王妃의 册命을 당에 요구하였다고 보았다(井上秀雄, 앞의 책, 1974, 359쪽). 그러나 신라왕과 아울러 王妃 책봉이 이루어졌던 것으로, 王妃 책봉만을 따로 의미 부여하기는 어려울 것으로 생각된다.
80) 『舊唐書』 卷199, 新羅傳 ; 『新唐書』 卷220, 東夷列傳149 新羅.
81) 『三國遺事』 卷1, 王曆1, 興德王.
82) 『三國史記』 卷10, 新羅本紀10, 興德王 元年.

왕 즉위와 책봉 연도가 당과 신라의 기록에서 차이를 보인다는 점이 주목된다. F-5에서는 당의 책봉을 흥덕왕 2년(827)에 받았다고 하였다. 반면 중국측 기록에 의하면, 흥덕왕 6년(831)에 당 문종이 원적源寂을 신라에 보내 헌덕왕의 죽음에 조문하고 흥덕왕과 왕모, 왕비를 책봉했다고 하였다.[83] 이에 대해『삼국사기』의 기록을 불신하여 헌덕왕과 흥덕왕의 죽음을 830년으로 보기도 하였다.[84] 그러나 흥덕왕의 즉위는 826년이었고, 당이 그 사실을 인식하고 조문과 책봉한 시점이 831년이었던 것으로 생각된다. 다만『삼국사기』에 당의 책봉 사실이 흥덕왕 6년(831년)이 아닌 흥덕왕 2년(827)에 실린 이유는『삼국사기』편찬시의 착오로 볼 수 있을 것이다.

이처럼 흥덕왕의 실제 즉위년도와 당이 왕의 즉위를 인식한 연도가 달랐다. 이는 헌덕왕과 흥덕왕이 형제관계였음을 굳이 알리고자 하지 않았던 신라의 의도가 반영되었을 것으로 생각된다. 당이 신라의 왕과 왕모, 왕비를 책봉할 때에는 일반적으로 전왕과 현왕과의 사이를 부자관계로 인식했고, 현왕을 기준으로 그의 왕모와 왕비를 책봉하였다. 당이 신라의 새 왕인 흥덕왕을 신라왕으로 책봉하면서 아울러 대비大妃와 왕비王妃 책봉을 했던 것은 앞서 살펴본 것처럼 관례적으로 이루어진 정치적 행위였던 것이다. 즉 신라는 관례상 즉위 직후, 당으로부터 흥덕왕과 그의 모와 비의 책봉을 받았고, 중국의 동성불혼의 관습에 따라 왕모와 왕비 모두 박씨朴氏로 알렸던 것이다. 흥덕왕의 모와 처가 김씨임에도 불구하고 모두 박씨라고 한 것은 신라측의 보고에 의한 것으로, 신라에서는 동성혼을 숨기기 위해서였다.[85] 또한 당이 헌덕왕과 흥덕왕을 형제관계가 아닌 부자관계로 인식했고, 이 역시 신라에서 의도한 결과였던 것이다.

신라의 하대초기는 왕위계승을 둘러싼 갈등이 치열하였고, 따라서 즉위한 신왕新王은 왕위의 정통성을 입증해야 할 당위성을 가질 수밖에 없었다.

---
83)『舊唐書』卷199, 東夷列傳149 新羅.
84) 末松保和,「新羅下古甍年存疑」, 앞의 책, 1954, 427-428쪽.
85) 李丙燾, 앞의 책, 1977, 204쪽.

하대에 왕이 즉위한 직후에 관례적으로 부모를 추봉하였던 것은 왕위의 정당성을 입증하기 위한 것이었다. 그런데 부계父系가 동일할 경우, 왕위계승의 정통성을 부각하기 어려웠다. 그렇기 때문에 정치적 명분과 실리를 위해서는 모계母系의 위상과 정치세력이 중요하였던 것이다.

그러나 부계와 모계가 동일할 경우, 왕위의 정통성을 차별화하기가 어려울 수 밖에 없었다. 또한 왕위쟁탈전이 극심해짐에 따라 왕위계승의 당위성을 부각해야만 했고, 이와 같은 상황 하에서 당의 책봉은 더욱 중요시되었을 것이다. 신라에서 왕은 물론 왕모王母와 왕비王妃까지 당의 책명冊命을 요구한 것은 왕권의 정당성을 증명하기 위해 당의 책명冊命이라는 권위가 필요하였기 때문이었다.86) 이것이 헌덕왕과 홍덕왕이 당으로부터 왕모王母의 책봉을 받아야만 하는 이유였다. 당이 신라왕의 모母를 책봉한 시기는 소성왕, 애장왕, 홍덕왕에 한정되었는데, 실질적으로 당의 왕모 책봉이 필요한 왕은 소성왕, 애장왕, 헌덕왕, 홍덕왕이었다. 헌덕왕은 애장왕 9년에 소성왕의 모인 성목태후의 대비 책봉문서를 요청하여 받음으로써 소기의 목적을 달성하였던 것이다.

요컨대 원성왕과 애장왕은 오묘제를 직계 4조로 개편함으로써 부계의 수직적 계통성을 정립하고자 하였다. 원성왕의 태자인 인겸의 아들인 소성왕, 헌덕왕, 홍덕왕, 그리고 소성왕의 아들인 애장왕은 동일한 부계적 지지기반을 갖고 있었다. 이처럼 부계적 지지기반이 동일할 때, 왕위의 정당성을 입증하기 위하여 모계 역시 필요하였던 것이다. 헌덕왕은 애장왕과 부계적 지지기반이 동일하였기 때문에 모계의 차별성을 부각할 수 밖에 없었고, 당의 대비 책봉문서를 요청하여 받음으로써 왕위의 명분을 얻고자 하였던 것이다. 이처럼 하대 초기에 왕위의 정당성이 부족하였기에 이를 입증하기 위하여 신라 내부적으로 부모를 추봉하여 왕실 직계의 위상을 높였고, 외부적으로 당의 왕모 책봉을 받음으로써 차별화하고자 하였다.

---

86) 井上秀雄, 앞의 책, 1974, 358쪽.

맺음말

신라 하대초기(선덕왕~헌안왕)에는 선덕왕에 이어 원성왕이 즉위한 후에 원성왕계의 독점적인 왕위계승이 이루어졌고, 반면에 원성왕계 사이의 왕위쟁탈전도 격심했던 시기이다. 그 중에서도 희강왕, 민애왕, 신무왕에 이르는 836년부터 839년까지는 왕위쟁탈전이 특히 격심하였다. 이들은 모두 원성왕계 후손으로, 이러한 왕위계승분쟁의 시발점은 원성왕대였다. 본 논문에서는 하대 초기의 왕위계승 양상과 왕실일원의 존재양상을 알기 위하여 하대 초기, 그 중에서도 원성왕대부터 홍덕왕에 이르는 시기를 왕실여성의 책봉을 중심으로 살펴보았다.

원성왕은 즉위 직후에 그의 직계 4조와 그의 모인 박씨를 추봉하고, 왕태자를 추봉하였다. 또한 오묘제를 개정하였다. 원성왕이 왕위의 정당성을 부계적 정통성을 천명함으로써 세우고자 하였던 것이다. 원성왕이 왕으로 즉위할 수 있었던 지지세력으로 그의 어머니와 왕비의 친척인 김원량·김신술의 가문이 있었다. 그렇기에 태자인 인겸의 태자비로 김신술의 딸을 맞아들였던 것이다. 그럼에도 불구하고 원성왕의 어머니와 부인에 대한 기록이 파편화되거나 멸실되었는데, 그 이유는 원성왕이 부계적 정통성을 강조함으로써 왕권의 정당성을 구축하고자 하였기 때문이었다. 이는 하대왕후의 위상과도 연관되었다. 하대 초기의 왕후 책봉은 태자 책봉 이전에 이루어졌는데, 이는 정비正妃가 낳은 태자에게 왕위계승의 정당성을 부여하기 위한 것이었다. 신라 하대의 왕후책봉과 위상은 차기왕위계승권자인 태자와 연동된 사안이었다.

또한 신라 하대초기에는 당이 신라의 왕실여성을 책봉하는 일이 빈번하게 이루어졌다는 점이 특징적이다. 당으로부터 신라왕의 어머니까지 책봉을 받았던 것은 소성왕, 애장왕, 헌덕왕, 홍덕왕에 한정된다. 신라 하대초기에 왕모가 당의 책봉을 받았던 시기는 소성왕 2년(800), 애장왕 6년(805),

홍덕왕 2년(827)이다. 또한 애장왕 9년(808)에 소성왕의 모와 처의 책봉문서를 당에 요청하여 받는다. 또한 헌덕왕은 당으로부터 신라왕과 신라왕비의 책봉만 받았고, 왕모의 대비 책봉을 받지 않았다. 이는 헌덕왕이 808년에 이미 소성왕의 모이자 헌덕왕, 홍덕왕의 모인 성목태후가 당으로부터 받은 '대비' 책봉문서를 받았기 때문으로 여겨진다.

요컨대 하대 초기의 원성왕계는 왕위의 정당성이 부족하였는데, 왕권의 정당성과 왕위의 정통성을 위하여 대내적으로는 오묘제를 직계 4조로 개편함으로써 부계의 수직적 계통성을 정립하고자 하였다. 또한 대외적으로는 당의 책봉을 받아서 왕위를 공고히 하고자 하였다. 그런데 소성왕, 애장왕, 헌덕왕, 홍덕왕은 원성왕 직계 중에서 인겸계이다. 이들은 원성왕의 직계로서 부계상의 차별성이 없었으므로, 이들은 모와 처의 지위를 통해 그들의 왕위를 정당화하고자 하였다. 즉 부계적 지지기반이 동일할 때, 왕위의 정당성을 입증하기 위하여 모계 역시 필요하였던 것이다. 이처럼 하대 초기에 왕위의 정당성이 부족하였기에 이를 입증하기 위하여 신라 내부적으로 부모를 추봉하여 왕실 직계의 위상을 높였고, 외부적으로 당의 왕모 책봉을 받음으로써 차별화하였다.

제5장 9세기 나당관계와 재당신라인 사회

머리말

'국경(Boundary)' 또는 '접경'은 근대 국민국가 이후의 국경, 즉 국가 간의 경계를 단절적인 선으로 이해한 개념이다. 이후, 변경지대의 다양한 현상에 주목하였고, 이에 '변경(Border)', '변경지대(Borderland)'의 개념이 도출되었다.[1] 한국고대사의 영역에서도 한국의 국경과 변경에 주목한 연구가 진행되었으나,[2] 변경지대의 중간자적 역할이나 문화의 융합 등에 대한 고찰은 이루어지지 않았다. '변경'은 중심부와 주변부를 상정한 용어로, 접경하는 두 세력의 관계가 불평등하다는 점을 전제한 개념이다. 본 연구에서는 '경계공간(middle ground)'의 개념을 통해 둘 이상의 국가나 문화, 또는 사회가 만나는 접경공간의 특성을 고찰하고자 한다.

'경계공간(middle ground)'은 둘 이상의 이질적인 정치체(국가), 인적구성(출신), 사회, 문화가 중층적으로 혼재한 공간이다. 경계공간의 형성과 운영은 접경한 정치체(국가)의 국제관계, 정치체(국가) 내부의 국내관계의 역학관계에 밀접하게 영향을 받는다. 동시에 경계공간의 특성, 즉 이질적인 인적 구성, 사회, 문화의 혼재와 융합이라는 특성을 가지고 있다. 경계공간

---

1) 임지현 편, 『근대의 국경 역사의 변경』, 휴머니스트, 2004.
2) 한국 고대에 국경과 변경에 관한 연구가 다수 이루어졌는데, 이 중 '변경' 개념에 주목한 연구로 다음의 연구가 있다. 박성현, 「5~6세기 고구려·신라의 경계와 그 양상」 『역사와 현실』 82, 2011 ; 이정빈, 「6세기 후반~7세기 초반 고구려의 서방 국경지대와 그 변화」 『역사와 현실』 82, 2011 ; 김종복, 「남북국의 경계와 상호 교섭에 대한 재검토」 『역사와 현실』 82, 2011.

은 이질적인 사회의 충격을 완화하는 완충지대이자, 이질적인 문화의 융합을 형성하고, 확산하는 매개공간이다. 재당신라인 사회는 재당신라인의 공간과 집단을 포괄한다. '경계공간'의 개념으로 재당신라인 사회의 특성, 재당신라인의 정체성, 나당관계의 상관성을 고찰하고자 한다.

재당신라인은 신라 국적인新羅 國籍人과 신라계 당인新羅系 唐人을 지칭하는데, 이 중 신라계 당인은 신라출신으로 당에 귀화한 재당신라인을 말한다.3) 엔닌의 『입당구법순례행기』에는 9세기의 재당신라인에 관한 기록이 다수 담겨있다.4) 엔닌이 도착하고, 출발한 당의 서남연안에는 재당신라인의 집거지가 있었고, 엔닌의 여정 가운데 도움을 준 재당신라인들이 있었다. 『입당구법순례행기』와 신라방新羅坊과 적산법화원, 장보고와 청해진 등에 대한 연구는 많이 축적되었다. 다만 당의 영역 하에 위치하고, 당의 행정제도에 편재되었으나, 인적 구성은 신라인이 다수인 재당신라인사회의 공간적 특성을 어떻게 이해할 수 있을지 의문이 남는다. 또한 나당관계와 재당신라인 사회의 상관성에 대한 고찰은 이루어지지 않았다.

본 장에서는 우선 당의 영역 하에서 재당신라인의 공간을 통제하고 운용하는 관직인 압신라발해양번사押新羅渤海兩蕃使와 구당신라압아勾當新羅押衙의 역할을 알아보고자 한다. 다음으로 재당신라인의 묘지명인 「대당고김씨부인묘명大唐故金氏夫人墓銘(이하「김씨부인묘명」)」을 통해 9세기의 재당신라인의 정체성, 재당 신라왕족의 출자인식의 의미에 대해서 알아보

---

3) 권덕영, 「在唐 新羅人의 綜合的 考察-9세기를 중심으로-」 『역사와 경계』 48, 2003, 6-9쪽 ; 『재당 신라인사회연구』, 일조각, 2005, 77-88쪽.
4) 엔닌(圓仁)은 일본의 求法僧으로, 838년 7월부터 847년 9월까지 당에 머물렀다. 엔닌은 揚州, 楚州, 海州, 登州 文登縣의 赤山村(赤山法華院)을 거쳐 오대산 순례를 마치고 장안에서 2년여 간 머물렀다. 이후 당 무종의 會昌廢佛을 계기로, 845년 귀국길에 오르게 된다. 洛陽, 揚州, 楚州, 登州 文登縣의 적산법화원을 거쳐 楚州로 갔다가 결국 乳山에서 일본행 배를 탈 수 있었다. 엔닌은 유산에서 배를 탔고, 적산포에서 일본으로 출발하였는데, 청해진을 거쳐 처음 출발했던 博多(하카타)만으로 귀국하였다.

고자 한다. 마지막으로 재당신라인 사회의 형성 배경을 알아보고, 9세기의 나당관계와 재당신라인 사회의 연관성에 대해서 고찰할 것이다. 이를 통해 나당관계와 재당신라인 사회의 연관성, 재당신라인의 정체성 및 재당신라인 사회의 경계공간적 특성을 이해하는 데 일조할 수 있기를 기대한다.

1. 재당신라인 사회의 특성과 재당신라인의 정체성

1) 압신라발해양번사押新羅渤海兩蕃使와 구당신라압아勾當新羅押衙의 성격

엔닌의 『입당구법순례행기』에는 신라방新羅坊과 신라촌新羅村, 신라원新羅院, 신라소新羅所, 신라관新羅館 등 재당신라인 거류지에 대한 기록이 다수 나온다. 신라방의 성격에 대해 일정 정도의 자치권이 보장되는 재당신라인의 집거지로 파악한 견해가 제기되었다.[5] 반면 당의 행정조직으로 보아

---

[5] Edwin O. Reischauer는 Extraterritorial privileges(치외법권적 특권)를 향유하던 colony(조계지)로 파악하였고(*Ennin's Travels in T'ang China* [New York: The Ronald Press Co, 1955], pp.281-287: E.O. 라이샤워, 조성을 역, 『중국 중세사회로의 여행』, 한울, 2012, 신라방을 신라인의 자치적 행정구역으로 보는 견해는 여러 학자들에 의해 수용되었다(金文經, 「在唐新羅人의 集落과 그 構造-入唐求法巡禮行記를 중심으로」 『李弘稙博士回甲記念 韓國史學論叢』, 신구문화사, 1969, 116-124쪽 ; 李永澤, 「9世紀 在唐 新羅人에 대한 考察-入唐求法巡禮行記를 중심으로」 『한국해양대학논문집』 17, 1982, 80쪽 ; 崔在錫, 「9세기 在唐新羅租界의 존재와 新羅租界의 日本·日本人 보호」 『統一新羅·渤海와 日本의 關係』, 일지사, 1993, 196-197쪽 ; 劉希爲, 「唐代新羅僑民在華社會活動的考述」 『中國史研究』, 1993-3, 149쪽 ; 李宗勳, 「新羅坊考」 『朝鮮-韓國文化與中國文化』, 中國社會科學出版社, 1995, 143-145쪽 ; 陳尙勝, 「唐代的新羅僑民社會」 『歷史研究』, 1996-1, 163-164쪽 ; 「論唐代山東地區的新羅僑民村落」 『東國史學』 37, 2002, 591-610쪽 ; 堀敏一, 「在新羅人の活動と日唐交通」 『東アジアのなかの古代日本』, 研文出版, 1998, 274-275쪽 ; 李基東, 「엔닌의 여행기에 나타난 韓·中·日 三國人의 만남」 『신라인의 실크로드』, 백산자료원, 2002, 147쪽 ; 김문경, 『입당구법순례행기를 통해 본 신라인군상』, 재단법인 해상왕 장보

재당신라인의 집거지인 신라방을 당의 번방蕃坊의 일종으로 파악하거나[6] 나아가 당의 행정조직 하의 신라방과 신라촌을 구분하여 이해한 연구가 이루어졌다.[7] 즉 당은 재당신라인을 방촌제坊村制에 의거하여 신라방과 신라촌으로 편재하고 관리하였다.[8] 『입당구법순례행기』에 당의 관직인 압신라발해양번사와 구당신라압아의 관직명이 보이는데, 각각 '발해와 신라', 또는 '신라'가 포함되어 있다. 이들 관직명의 의미와 성격을 고찰하여 당이 재당신라인 사회를 어떻게 인식하고 관리하였는지를 알아보고자 한다.

우선 『입당구법순례행기』의 압신라발해양번사이다. 압번사押蕃使의 일종으로, 신라와 발해, 두 번蕃을 통제하는 임무를 맡은 사직使職이고, 평로도절도사平盧道節度使가 겸임하였다. 당의 변경에는 수비를 목적으로 번진藩鎭과 절도사節度使를 설치하였다. 당은 예종 경운睿宗 景雲 2년(711)의 하서도절도사河西道節度使를 시작으로 현종 개원玄宗 開元 21년(733) 영남도절도사嶺南道節度使까지 총 10개의 절도사를 설치하였다.[9] 이 중 평로군절도사는 현종 개원 7년(719)에 요서 영주의 평로군사平盧軍使가 승격된 것이다.

안록산의 난(755)이 일어나자 현종은 756년에 번진에게 재정과 군사를 독립시켰고, 지방관의 임명권을 부여하였는데,[10] 이 조처는 일시적인 것이었으나 점차 고착화되었다.[11] 또한 숙종 지덕 이후에 자사들도 군대를 운용하면서 절도사를 칭하게 되어서[12] 절도사가 주州의 장관도 겸임하게 되

고 기념사업회, 2008).
6) 卞麟錫,「9세기 在唐 新羅坊의 性格에 관한 試論的 考察」『人文論叢』 3, 1992, 227-230쪽.
7) 權悳永,「在唐新羅人社會의 形成과 그 實態」『國史館論叢』 95, 2001, 80-85쪽 : 앞의 책, 2005, 68-77쪽 ; 崔宰榮,「8~9世紀 唐朝의 蕃坊 運營과 在唐 新羅人社會」『한국고대사연구』 35, 2004, 261-265쪽.
8) 『舊唐書』 卷48, 食貨上 ; 『通典』 卷3, 食貨3.
9) 程志·韓濱娜,『唐代的州和道』, 三秦出版社, 1987, 82-84쪽.
10) 『資治通鑑』 卷28, 肅宗至德元載條.
11) 李宗燮,「唐代 中央과 沿岸 蕃鎭의 關係-對外業務를 중심으로-」『中國史硏究』 50, 2007, 93-94쪽.

었다.13) 안사의 난 이후에 절도사는 변경뿐만 아니라 당의 내지內地에도 증치되었고, 권한이 강화되었다. 안사의 난 이후에 당에서는 강한 번진이 나타났는데, 평균 4~5개 주의 군사, 재정, 민정 등을 관할하였다.14) 이 중 안록산의 부하였던 평로절도사平盧節度使인 이정기와 회서절도사淮西節度使인 이희열은 당조에 투항하였다가 반란이 끝난 후에 당조의 지배에서 벗어났다.15)

안사의 난이 끝난 후, 이정기는 대종 영태代宗 永泰 원년(765) 5월에 평로절도사인 후희일侯希逸을 몰아내었다. 같은 해 7월에 이정기는 평로치청덜도 관찰 해운 압신라발해양번등사 검교공부상서 청주자사平盧淄靑節度 觀察 海運 押新羅渤海兩蕃等使 檢校工部尙書 靑州刺史로 임명되었다.16) 이정기 이전에는 평로절도사를 임명하면서 왕곡사王斛斯는 740년에 압양번·발해·흑수 등사부경략처치사押兩蕃·渤海·黑水等四府經略處置使로,17) 안록산은 741년에 압양번발해흑수등사부경략사押兩蕃渤海黑水等四府經略使로18) 각각 임명하였다. 여기서 '압양번발해흑수등사부경략사'의 양번兩蕃은 계단契丹과 해奚이다.19) 또한 『신당서』에 평로치청절도平盧淄靑節度가 압신라발해양번사를 증령增領하였다고 하는데,20) '증령'은 새로 설치하였다는 것을 의미한다.21)

---

12) 『舊唐書』 卷44 職官3.
13) 이종섭, 앞의 논문, 2007, 94쪽.
14) 정병준, 「李正己 一家의 藩鎭과 渤海國」 『중국사연구』 50, 2007, 134쪽.
15) 정병준, 「李正己 一家 이후의 山東 藩鎭-順地化 科程-」 『대외문물교류연구』 3, 2004, 122쪽.
16) 『舊唐書』 卷11 代宗本紀 大曆 10年 2月 ; 『舊唐書』 卷124 李正己傳 ; 『册府元龜』 卷176, 姑息1, 永泰 元年 7월조.
17) 『唐會要』 卷78, 諸使中 平盧節度使.
18) 『新唐書』 卷225上 安祿山傳 ; 『安祿山事迹』 卷上 天寶 元年 正月 ; 『資治通鑑』 卷215 天寶 元年 正月 ; 『舊唐書』 卷9 玄宗本紀 開元 29年 7月.
19) 정병준, 「押新羅渤海兩蕃使와 張保皐의 對唐交易」 『中國古中世史硏究』 21, 2009, 355-356쪽.
20) 『新唐書』 卷65, 方鎭表, 永泰 元年.
21) 정병준, 앞의 논문, 2009, 358쪽.

이로 보아 765년, 이정기가 평로절도사로 임명되면서 압신라발해양번사가 신설되었고,[22] 기존의 북방, 즉 말갈을 포함한 발해와 더불어 신라까지 관할하게 되었다는 것을 알 수 있다. 평로치청절도사의 관직은 이정기가 대종 영태원년(765)에 임명된 이후, 헌종 원화 14년(819)까지 55년간 이정기 일가가 세습하였다. 평로치청절도사가 산동반도 일대 전역을 점유하고, 문무장리文武將吏의 임명권, 공부貢賦 및 형벌의 전행專行의 권한을 행사하였다.[23]

안사의 난安史의 亂(755~763) 이후, 변경에 설치되었던 절도사가 중국 전역으로 확대되고, 권한도 강해졌다. 원래 절도사節度使는 '절도節度'에서 나온 사직使職으로, 도사度使는 기본으로 할 구역[道] 내 군진軍鎭의 지휘권을 가진 최고 군사령관을 말한다.[24] 안사의 난 이후, 절도사의 권한에 종래의 군사권 외에 행정권이 포함되었다.[25]

압신라발해양번사는 본래 직무상 사직使職으로, 중앙의 통제를 받는 관직이다. 실제로는 안사의 난 이후에 압신라발해양번사는 평로치청절도사의 겸직으로, 절도사의 '군사권+행정권'에 더하여 해당관할의 재당발해인과 재당신라인의 거류지역의 관할 및 통제를 담당하였다. 나아가 재당발해인 및 재당신라인을 매개로 발해 및 신라와 교섭 역시 일정정도 수행하였을 것이다. 안사의 난 이후, 강화된 절도사의 권한과 번진藩鎭의 독립성이 당 덕종 이후, 절도사의 임면, 번진의 행정을 담당했던 막직관幕職官 통제

---

22) 이종섭, 앞의 논문, 2007, 106쪽.
23) 김문경, 「唐代 蕃鎭의 한 연구-高句麗 遺民 李正己一家를 中心으로-」 『성곡논총』 6, 1975, 1476쪽.
24) 曺在佑, 「唐 前期 邊境 節度使 體制의 성립과정」 『동양사학연구』 132, 2015, 1쪽.
25) 唐 中期 府兵制의 군사제도의 붕괴에 대응해 藩鎭이 설치되었다. 번진은 원래 군사기구이지만, 安史의 亂 이후 節度使의 직무가 확대되면서 지방 행정 조직으로 변화하였다. 당의 지방행정은 중앙에서 파견한 律令官인 州縣官과 번진의 행정을 담당했던 슈外官인 幕職官에 의해 이루어졌다. 州縣과 藩鎭의 영역이 중첩되어 있었으므로, 지방행정은 형식적으로는 직무가 분담되었으나, 실질적으로는 중첩되어 있었다(李永哲, 「唐 德宗의 藩鎭政策」 『中國史硏究』 60, 2009, 55쪽).

등의 과정을 통해 약화되었다.26)

　평로치청절도사의 관할 내에 위치하고 있었던 재당신라인 사회는 당의 중앙-지방, 당-신라의 경계에 위치한 공간이었다. 따라서 재당신라인 사회는 형식적으로는 당 중앙의 관할 하에 있었으나, 실질적으로는 당의 율령관律令官인 주현관州縣官과 번진의 영외관令外官인 막직관幕職官의 이중체제의 관할 하에 있었다. 당-신라와의 교섭 역시 당과 번진의 이원적 구조로 이루어졌는데, 압신라발해양번사는 번진과 신라왕조와의 외교 교섭의 직무를 담당한 직책이었던 것이다.

　당조는 외국사신이 당에 도착한 직후의 모든 절차를 당률에 의거하여 보호하고 감독하였다. 즉 외국사신과 변주邊州와의 관계, 입경入京 절차, 체류 중의 대우, 당제唐帝 대면 및 국서國書와 공물의 헌상 방법, 연회와 회사回賜, 돌발상황에 대한 대처, 귀국 방법에 이르기까지 모든 절차를 법률에 의거하여 규정하였다.27) 당 중앙과 신라와의 공식적인 외교는 당률에 의거한 절차에 따라 이루어졌다.

　그리고 번진의 압신라발해양번사에서 '압押'은 특정 지역의 관할을 의미하는데, 유사시의 방어와 평상시의 통제를 담당한다. 압번사의 직무는 ① 조공 및 사신단에 관한 주변국 외교와 관련된 사무와 ② 입당한 사람들의 통행증, 즉 과소過所의 관리였다.28) 또한 이민족의 정세를 파악하여 보고하고,29) 당과 번국간의 무역을 관할하는 일을 담당하였다.30) 압신라발해양번사는 평로치청절도사의 행정구역으로 입국한 발해 및 신라 사신단의 관리, 즉 입국 및 귀국 절차, 당 내지內地 이동시 통행증 관할, 당 체류 중의 대우, 입경入京과 조공 의례, 돌발상황 시의 대처 등의 임무를 담당하였던 것

---

26) 李永哲, 앞의 논문, 2009, 47-63쪽.
27) 權悳永, 『古代韓中外交史』, 一潮閣, 1997, 170-187쪽.
28) 黎虎, 『漢唐外交制度史』, 蘭州大學出版社, 1998, 514-516쪽; 姜淸波, 「試論唐代的押新羅渤海兩蕃使」 『暨南學報』, 2005-1, 91-92쪽; 정병준, 앞의 논문, 2007, 146-147쪽.
29) 黎虎, 앞의 책, 1998, 514-516쪽.
30) 姜淸波, 앞의 논문, 2005-1, 91-92쪽.

이다.

다음으로 구당신라압아에 대해서 살펴보고자 한다. 『입당구법순례행기』 에서는 재당신라인 사회의 대표자 칭호로, 총관惣管, 압아押衙, 촌로村老, 촌장村長, 촌보村保, 촌정村正, 판두板頭, 전지관專知官 등이 나온다. 이들의 역할과 직임이 당의 행정질서 속에 편재된 양상은 재당신라인 사회의 성격과 결부되는 문제이다. 특히 구당신라소勾當新羅所의 기능과 압아의 역할에 대한 이해는 재당신라인 사회의 특성을 파악하는 데 중요하다. 이에 『입당구법순례행기』에 나오는 구당신라소와 압아의 용례를 분석해 보고자 한다. 다음은 『입당구법순례행기』의 구당신라소와 압아 장영에 관한 사료를 표로 정리한 것이다.

표1 장영 관련 구당신라소와 압아 칭호 일람표

연번	일시	張詠의 칭호	勾當新羅所의 칭호	출처
(1)	839/0607	新羅通事押衙		권2[31]
(2)	840/0120	登州軍事押衙(張押衙)		권2[32]
(3)	840/0201	張押衙		권2[33]
(4)	840/0210	勾當新羅張押衙/張押衙		
(5)	840/0215	張押衙		권2[34]
(6)	840/0219	張押衙	①勾當新羅使張押衙宅 ②文登縣牒勾當新羅押衙所 ③牒勾當新羅張押衙處	권2[35]
(7)	840/0224	張押衙	④ 張押衙所	권2[36]
(8)	844/0827	平盧軍節度同十將兼登州諸軍事押衙/大使		권4[37]
(9)	844/1115	勾當使		권4[38]
(10)	846/0721	勾當新羅使同十將		권4[39]

---

31) 圓仁, 『入唐求法巡禮行記』 卷2, 開成四年 6월 7일.
32) 圓仁, 『入唐求法巡禮行記』 卷2, 開成四年 6월 20일.
33) 圓仁, 『入唐求法巡禮行記』 卷2, 開成五年 2월 1일.

표1의 (1)~(7)은 엔닌이 당에 머물며 구법을 할 방도를 찾던 때의 일이다. (1)에서 엔닌의 배가 산동의 문등현 청녕향 적산촌에 닿았고, 이곳에서 압아 장영을 만나고, 장보고가 세운 적산법화원에 머무르면서 오대산 순례를 계획하였다. 엔닌은 오대산 순례를 하기 위해 당의 허가증이 필요했는데, (6)의 2월 19일, 장압아의 도움을 받아 마침내 여행에 필요한 통행증, 즉 과소過所를 받을 수 있게 된다. (6) 2월 24일 장압아와 작별하고, 마침내 오대산 순례를 나설 수 있었다. (7)과 (8) 사이에 엔닌은 오대산 대화엄사에서 천태종 승려들을 만나 교유하고, 오대산 순례를 마치고, 장안으로 향하였다. 840년 8월 22일, 장안에 도착한 엔닌은 공덕사功德使의 허락을 받아 자성사에 머물렀다.

당 무종은 회창 2년부터 5년간 불교탄압인 회창폐불(841~846)을 단행하였는데, 엔닌은 이를 왕난王難이라고 하였다. 회창 5년(845) 4월 1일부터 나이 40세 이하의 승니를 강제로 환속시켜 본관으로 돌려보내도록 하였다. 이 절차가 4월 15일에 마무리되자 4월 16일부터 50세 이하의 승니를 환속시켰고, 이 역시 5월 10일에 마무리되자, 5월 11일부터 50세 이상으로 사부의 첩이 없는 자를 환속시켰다. 마침내 사부첩이 없는 외국승 역시 강제로 환속시켜 본국으로 돌아가게 하라는 칙이 내려왔고, 만약 환속을 하지 않을 경우, 칙을 위반한 죄로 즉시 사형한다는 공문서가 각 절에 보내졌다.[40] 5월 13일, 엔닌도 공덕사의 지시로 강제 환속하게 되자, 귀국을 결심하였던 것이다. 5월 15일, 길을 나선 엔닌은 8월 16일, 등주에 이르렀고, 8월 21일은 모평현, 8월 24일은 문등현에 이르렀고, 마침내 (8) 8월 27일, 구당신

---

34) 圓仁, 『入唐求法巡禮行記』 卷2, 開成五年 2월 15일.
35) 圓仁, 『入唐求法巡禮行記』 卷2, 開成五年 2월 19일.
36) 圓仁, 『入唐求法巡禮行記』 卷2, 開成五年 2월 24일.
37) 圓仁, 『入唐求法巡禮行記』 卷4, 會昌五年 8월 27일.
38) 圓仁, 『入唐求法巡禮行記』 卷4, 會昌五年 11월 15일.
39) 圓仁, 『入唐求法巡禮行記』 卷4, 唐宣宗 大中元年 7월 21일.
40) 圓仁, 『入唐求法巡禮行記』 卷4, 會昌5年 5월 13일.

라소에 도착하여 장영을 만났다. 그리고 장영은 (9)과 (10)에서 엔닌의 편의를 제공하고, 귀국길을 돕기 위해 노력을 하였다.

표1에서 압아인 장영의 칭호는 (1)~(8)까지 압아押衙가 공통이고, 여기에 (1)은 신라통사新羅通事, (2)는 등주군사登州軍事, (8)은 평로군절도동십장겸등주제군사平盧軍節度同十將兼登州諸軍事를 더하여 기록하였다. 이들 칭호로 보아 장영은 평로절도사 소속의 등주 지역의 재당신라인 공간을 통제하는 역할을 담당하였음을 알 수 있다. (9)은 구당사勾當使, (10)는 작당신라사동십장勾當新羅使同十將라고 하였는데, (8)에서 장영을 大使로도 칭하는 것으로 보아, 구당사勾當使는 구당신라소대사勾當新羅所大使의 의미일 것으로 보기도 하였다.[41] (8)과 (9)에서 엔닌이 장영을 대사大使라고 칭한 것은 일반적인 존칭일 것이다.[42]

이와 관련하여 신라소新羅所, 구당신라소勾當新羅所, 또는 구당신라압아소勾當新羅押衙所의 장소가 주목된다. 권덕영은 성곽 내에 설치된 신라인 집단 거주지인 신라방新羅坊과 성곽 밖에 시골에 형성된 신라인의 집거촌락인 신라촌新羅村을 구분하였다. 또한 신라방과 신라촌에는 각각 유력 신라인이 방정坊正과 촌정村正(촌장村長)이 임명되었는데, 신라방은 해당 주 또는 현의 직접 통치를 받은 반면, 신라촌은 현 직할의 중간 기구인 구당신라소를 통해 당의 통제를 받았다고 하였다.[43] 또한 구당신라소는 재당신라인을 통괄하는 행정기구이고, 신라소의 책임자의 공식 명칭은 구당신라압아로 보았다.[44]

이와 관련하여 (5)의 ①구당신라사장압아댁勾當新羅使張押衙宅, ②문등현첩구당신라압아소文登縣牒勾當新羅押衙所, ③첩구당신라장압아牒勾當新羅張押衙處와 (6)의 ④장압아소張押衙所가 주목된다. ①~④는 장압아와 관련된

---

41) 小野勝年, 『入唐求法巡禮行記の研究』第4卷, 鈴木學術財團, 1969, 255쪽.
42) 小野勝年, 앞의 책, 1969, 200쪽.
43) 권덕영, 『古代韓中外交史』, 일조각, 1997, 31-34쪽, 68-77쪽.
44) 권덕영, 앞의 책, 1997, 75쪽.

장소를 지칭한다. (5)와 (6)은 공첩을 받고, 보고를 받는 장소가 ① 장압아택, ② 장압아소 ③ 장압아처이다. 즉 처處 = 댁宅 = 소所가 모두 장압아가 있는 곳, 즉 공관公館을 지칭하고 있는 것이다.

또한 장압아는 문등현의 신라인 거류지를 관할하는 공관公館이다. 압아는 500인 경우에 설치되는 관직이다.[45] 장압아는 문등현 내의 신라인 호구를 관할하였는데, 문등현 내의 신라인이 500여인이었음을 알 수 있다. 또한 장압아는 주와 현의 공문과 공험에 관한 일을 담당하였다.[46] 문등현 청녕향 관할의 구당신라소勾當新羅所의 책임자로, 현이 보내는 첩牒의 수신자이고, 상狀을 작성하여 주州에 보고하는 발신자의 소임을 담당하였다.[47] 이로 볼 때 장압아의 소임, 즉 (5)의 ① '구당신라사'인 장압아, ② '구당신라압아' ③ '구당신라'하는 장압아가 모두 ④ 장압아를 가리키는 칭호임을 알 수 있다. 즉 구당신라소, 또는 구당신라압아소는 특정 관청이 아닌, 구당신라사인 장압아의 공관을 지칭하는 것이라 생각된다. 따라서 장영의 직책인 '구당신라압아' 역시 '구당신라사'이고, '구당신라勾當新羅', 즉 문등현 관내의 신라인 사회에 대해 유사시에는 군사적으로 제압하고, 평상시에는 행정적으로 통제하는 역할을 담당하는 관직이다.[48]

기존의 연구에서는 신라방과 신라촌을 신라인의 자치구역 또는 당이 유력신라인을 통해 효율적으로 통제하는 행정구역으로 보았다.[49] 그러나 장

---

45) 『唐六典』 卷5, 兵部.
46) 圓仁, 『入唐求法巡禮行記』 卷4, 會昌五年 8월 27일.
47) 圓仁, 『入唐求法巡禮行記』 卷4, 會昌五年 8월 24일, 8월 27일.
48) '勾當+A'은 'A를 관할하는'의 직임을 의미하는 것으로 여겨진다. 『唐會要』에 '權勾當幽州兵馬使史'의 관직이 보이는데, 여기서도 '勾當幽州'는 '유주를 관할하는'의 의미이다. '勾當新羅'는 '재당신라인사회를 관할하는'을 의미하는 직임인 것이다.
 『唐會要』 卷78, 親王遙領節度使. "太和八年十二月. 以通王諶爲幽州經略盧龍軍節度副大使. 知節度事. 以權勾當幽州兵馬使史元忠爲留後."
49) 신라방과 신라촌 모두 신라인의 자치가 보장되는 자치구역이 아니라 유력 신라인을 내세워 신라인들을 효율적으로 다스리는 당의 전통적인 이민족 지배정책의 산물이었다고 하였다(권덕영, 앞의 책, 1997, 73-77쪽).

압아의 사례를 보면, '구당신라압아'의 경우, 공간적으로 재당신라인이 집단 거주하는 특정 지역을 관할하고, 주로 호구戶口 파악과 주와 현의 공문과 공험에 관한 일을 담당하고 있음을 알 수 있었다. 즉 구당신라압아의 통제는 재당신라인이 당의 법률에 근거하여 삶을 영위할 수 있도록 통제하는 동시에 방어막의 역할을 하였던 것이다. 재당신라인 사회는 신라와 당의 경계에 위치한 '한정된 자율'의 공간이다.

또한 재당신라인 사회는 경계공간으로서 당과 신라의 매개 및 완충지대의 역할도 하였다. 재당신라인사회는 압신라발해양번사와 구당신라압아를 매개로 당왕조의 관리와 보호를 받았고, 동시에 신라와도 활발하게 인적, 물적교류를 하였다. 이처럼 재당신라인 사회는 신라와 당의 경계에 위치한 경계의 공간이었고, 동시에 신라와 당의 이질적인 문화가 융합되는 통섭의 공간이었다.

2) 「대당고금씨부인묘명大唐故金氏夫人墓銘」으로 본 재당 신라왕족의 출자인식

「김씨부인묘명」은 재당신라인의 묘지명으로,[50] '소호금천씨', '김일제'의 출자의식이 기록되어 있다.[51] 「김씨부인묘명」의 내용을 살펴보고자 한다. 다음은 「김씨부인묘명」의 해석문이다.

---

50) 「大唐故金氏夫人墓銘」은 1954년 중국 산시성陝西省 시안시西安市 동쪽 교외 곽가탄 郭家灘에서 출토되었고, 현재 서안 碑林博物館에 소장되어 있다. 이 묘지명은 개석과 지석 모두 모두 발견되었고, 지석은 정방형으로, 크기는 가로 46.5cm, 세로 45.5cm이다. 개석은 밑면의 크기가 가로 43.5cm, 세로 44cm이다. 23행과 27열로 구성되어 있고, 예서체로 총 593자가 새겨져 있다(권덕영, 「「大唐故金氏夫人墓銘」과 관련한 몇 가지 문제」 『韓國古代史硏究』 54, 2009, 398-399쪽).

51) 권덕영, 「新羅 관련 唐 金石文의 기초적 검토」 『한국사연구』 142, 2008: 앞의 논문, 2009 ; 鄭淳一, 「唐代 金씨관련 墓誌의 초보적 檢討」 『新羅史學報』 16, 2009 ; 곽승훈 외, 『중국 소재 한국 고대 금석문』, 한국학중앙연구원출판부, 2015, 653쪽; 김수미, 「문무왕릉비」에 나타나는 北方과 출계 인식의 변화」 『歷史學硏究』 74, 2019.

A-1. 前 知桂陽監 仕郎 侍御史 內供奉 李璆의 夫人 京兆金氏墓誌銘과 序文이다. 鄕貢進士 崔希古가 찬술하고, 翰林待詔 承奉郞 守建州長史 董咸이 誌文과 篆額을 쓰다.

A-2. ① 太上天子께서 나라를 태평하게 하고 집안을 열어 드러내셨으니, 이름은 少昊氏金天이다. 즉 우리집안[吾宗]이 성씨를 받은 世祖이다. 그 후에 유파가 갈라지고 갈래가 나뉘어져 번창하고 빛나 온 천하에 만연하니 이미 그 수효가 많고도 많도. ② 먼 조상의 이름은 日磾인데 흉노의 조정[龍庭]에 몸담고 있다가 西漢에 귀순하여 무제 아래에서 벼슬하였다. 명예와 절개를 중히 여겼으므로 그를 발탁하여 侍中과 常侍에 임명하고 秺亭侯에 봉하였다. 투정후에 봉해진 이후 7대에 걸쳐 벼슬을 함에 눈부신 활약이 있었다. 이로 말미암아 京兆郡에 기대어 정착하게 되었는데, 그러한 것은 역사책에 기록되어 있다. 건주어 그보다 더 클 수 없는 일을 하면 몇 세대 후에 어진 이가 나타난다는 말을 여기서 징험할 수 있다. 漢나라가 德을 드러내 보이지 않고 난리가 나서 괴로움을 겪게 되자, 곡식을 싸들고 나라를 떠나 난을 피해 멀리까지 이르렀다. 그런 까닭에 우리집안[吾宗]은 멀리 떨어진 遼東에 숨어 살게 되었다. 文宣王께서 말하기를, 말에는 성실함과 신의가 있어야 하고 행동에는 독실하고 신중함이 있어야한다고 했다. 비록 오랑캐 모습을 하고 있으나 그 道를 역시 행하였는데, 지금 다시 우리 집안은 요동에서 불이 활활 타오르듯 번성하였다.

A-3. ① 부인의 曾祖의 이름은 原得으로 황실로부터 工部尙書에 추증되었고, ② 祖의 이름은 忠義로 翰林待詔 檢校左散騎常侍 少府監 內中尙使의 벼슬을 지냈으며, ③ 父의 이름은 公亮으로 翰林待詔 將作監丞(承) 充內作判官을 역임하였다. 祖·父께서는 문무의 예리함에 여유가 있어, 平子를 궁구하여 觀象의 규모를 관찰하였고, 公輸子를 궁리하여 神과 같은 기술을 갖추었다. 이에 기예로 천거를 받아 金門에 들어가 여섯 조정을 섬겨, 봉록과 작위를 가지고서 처음부터 끝까지 훌륭한 삶을 살다가 아름답게 마쳤다.

A-4. 전부인은 隴西李氏로 대대로 벼슬한 든든한 집안 출신이다. 그리고 ① 부인은 판관의 둘째 딸로, 유순하고 곧은 마음은 날 때부터 스스로 그러한 품성이었고, 여성으로서의 일솜씨와 부녀자의 도리는 옛날 일로부터 스스로 힘써 부지런히 배운 것이다. ② 이씨 집안에 시집을 감에 이르러 中外의 친척들이 모두 현명한 부인이라 일컬었다. 그러나 부인에게는 뒤를 이을 자식이 없어 전부인이 낳은 세 아들을 기르고 훈육했는데, 자기 자식보다도 더했다. 장차 선행을 쌓아 넉넉한 보답을 받으려고 기약했으나, 어찌 天命을 일일이 헤아려 그 길고 짧음의 운명을 정한다고 말할 수 있겠는가. ③ 연이어 병을 앓아 무당과 扁鵲 같은 의원도 병을 다스리지 못하고, 咸通 5년(864) 5월 29일에 嶺表에서 죽으니 향년 33세이다. 端公은 지난날의 평생을 추모하여 신체를 그대로 보전하여 산을 넘고 강 건너기를 마치 평평한 땅과 작은 개울 건너듯 하며 어렵고 험한 것을 피하지 않고 굳은 마음으로 靈柩를 마주 대하며 마침내 대대로 살던 고향으로 돌아왔다. 맏아들 敬玄과 次子 敬謨 그리고 다음 아들 敬元은 모두 슬퍼하여 몸과 얼굴이 바짝 여위었고, 멀리서 靈櫬을 모시고 따르며 한없이 슬퍼 울부짖었다. 경현 등은 남은 수명을 겨우 부지하며 삼가 예문을 갖추어, ④ 함통 5년(864) 12월 7일에 영구를 萬年縣 滻川鄕 上傅村으로 옮겨 대대의 先塋 묘역에 안장하였다.

A-5. ① 부인의 숙부는 한림대조로 앞서 昭王傅를 지냈고 ②친형은 守右淸道 率府兵曹參軍인데, 연이어 나란히 조정에 벼슬하여 가문의 업을 이었다.

A-6. 崔希古는 부인의 형과 오랜 친구 사이로, 죽은 이의 지난 일을 슬퍼하는 글을 짓고 銘文을 청하므로 이에 銘한다. 하늘과 땅이 인자하지 못하여 陶鈞에 앞서 죽으니, 누가 옳고 누가 그르며 疎遠함도 없고 친함도 없도다. 쌓은 선행을 누리지 못하고 大命을 길이 보전하지 못하였으나, 그 얼마나 아름답고 착했으며 또한 성스럽고 어질도다. 이 짧은 세월을 만나 태산에 노닐고 秦嶺을 건너 다녔네. 大道가 이미 끝났으니 우주만물의 변화를 쫓

아 티끌같이 되었도다.52)

「김씨부인묘명」은 내용상 크게 세 부분으로 나눌 수 있다. 첫 번째는 김씨부인 집안의 출자이다. 두 번째는 김씨부인의 선조 및 친족에 내력이다. 세 번째는 김씨부인의 생애이다. 우선 A-1은 묘지명의 작성자에 관한 기록이다. 이구의 부인인 경조김씨의 묘지명墓誌銘과 서문序文을 최희고가 찬술하고, 지문誌文과 전액篆額을 동함董咸이 썼다는 사실을 밝힌 부분이다. A-2의 김씨부인 집안의 출자에 대해서 설명한 부분이다. 우리집안[吾宗]은 ① 세조世祖가 '소호씨금천少昊氏金天'이고, ②김일제金日磾의 후손이라고 하였

---

52) 권덕영, 앞의 논문, 2009, 401-402쪽의 해석과 판독문을 참고하였다. 다음은 판독문이다.
1) 前知桂陽監將仕郞侍御史內供奉李璆, 夫人京兆金氏墓誌銘, 幷序.//□鄕貢進士崔希古撰, □翰林待詔承奉郞守建州長史董咸書篆□.//
2) 太上天子, 有國泰宗陽, 號少昊氏金天. 卽吾宗受氏世祖. 厥後派疏枝//分, 有昌有徽, 蔓衍四天下, 亦已多已衆. 遠祖諱日磾, 自龍庭歸命西漢//仕武帝, 愼名節陟, 拜侍中常侍封秺亭侯, 自秺亭已降七葉, 軒紱燉煌,//繇是望係京兆郡, 史籍敍載, 莫之與京, 必世後仁徽驗斯在. 及漢不見德亂離瘼矣, 握粟去國避時屆遠, 故吾宗違異於遼東. 文宣王立言, 言//忠信行篤敬, 雖之蠻貊, 其道亦行, 今復昌熾吾宗於遼東.
3) □夫人曾祖//諱原得, 皇贈工部尚書, 祖諱忠義, 皇翰林待詔 檢校左散騎常侍 少府//監 內中尚使, □父諱公亮, 皇翰林待詔 將作監承 充內作判官. 祖父//武餘刃, 究平子觀象規模, 運公輸如神機技. 乃貢藝//□金門, 共事六朝,//有祿有位, 善始令終.
4) 先夫人隴西李氏, 搢紳厚族. 夫人卽//判官次女,//柔順利貞, 稟受自然, 女工婦道, 服勤求舊. 及歸李氏, 中外戚眷, 咸號賢//婦, 夫人無嗣, 撫訓前夫人男三人, 過人己子. 將期積善豐報, 豈謂天命//有筭脩短定分. 綿遘疾瘵, 巫扁不攻, 咸通五年, 五月貳拾玖日, 終于嶺//表, 享年卅三. 端公追昔平生, 尙存同體經山河, 視若平川, 不避艱儉, 堅//心臨□柩, 遂歸世域. 嗣子敬玄, 次子敬謨, 次子敬元, 並哀毀形容, 遠侍//靈櫬, 追號网極. 敬玄等, 支殘扶喘, 謹備禮文, 以咸通五年十二月七日,//遷神于萬年縣 滻川鄕 上傅村, 歸世塋域.
5) 夫人□親叔, 翰林待詔, 前昭//王傅, □親兄, 守石清道率府兵曹參軍, 聯仕□金門, 丞家嗣業.
6) 希古, 與//夫人兄世舊, 追惻有作, 因以請銘. 銘曰, □天地不仁, □先死陶鈞, □//孰是孰非, □無踈無親, □不饗積行, □不永大命, □豈伊令淑, □亦羅//賢聖, □邁此短辰, □遊岱絶秦, □大道已矣, □萬化同塵.

다. 특히 A-2)의 ②는 흉노였던 김일제가 한에 귀순하고, 한무제 조정에서 활약하여 투정후秺亭侯에 봉해지고, 이로 말미암아 경조군京兆郡에 정착하는 내력에 대해서 밝혔다. A-3은 김씨부인의 부계 선조에 관한 기록이다. 김씨부인의 ①증조曾祖인 김원득金原得, ②조祖인 김충의金忠義, ③부父인 김공량金公亮과 그들의 관직에 대해서 서술하였다.

A-4에서는 김씨부인의 생애를 서술하였다. ① 김씨부인은 판관의 둘째 딸로, 좋은 품성을 가진 인물이었다. ②김씨부인은 이구의 재취再娶로, 본인의 자손은 없었으나, 전 부인의 아들 셋을 정성껏 키운 '현부賢婦'였다. 그러나 ③연이어 병을 앓게 되고, 결국 함통咸通 5년(864), 33세의 나이에 영표에서 죽었다.[53] 이구는 부인의 시신을 그대로 보전하여 세거지였던 경조부京兆府로 돌아왔고, 경조부의 속현屬縣인 만년현萬年縣에 있는 선영[새영역]先塋[世塋域]에 안장하였다.[54] A-5)는 부인의 숙부와 친형이 역임한 관직에 대해서 기술하고, A-6에서 최희고가 부인의 친형의 오랜 친구사이로, 명문을 작성하게 된 내력을 기술하고, 명문을 수록하였다.

A 사료에 의하면, 김씨부인은 증조-조-부曾祖-祖-父는 물론 친숙親叔과 친형親兄이 모두 당에서 관직을 역임하였으므로, 이들은 신라계 당인으로 분류할 수 있다. 우선 김씨부인집안의 출자의식에 대해서 알아보고자 한다. 「김씨부인묘명」은 A-2)의 ①소호씨금천 ②금일제와의 후손을 표방하고 있다는 점에서 주목된다. 「문무왕릉비」에서는 "화관지후火官之后"[55], 김유

---

53) 徐松, 『唐兩京城防考』 卷2 西京, "外郭城, 隋曰大興城, 唐曰長安城, 亦曰京師城. 直子午谷, 後枕龍首山, 左臨滻岸, 右抵灃水. 西一十八里一百一十五步, 南北一十五里一百七十五步, 周六十七里, 其崇一丈八尺. 南面三門：正中明德門, 東啓夏門, 西安化門. 三門：北通化門, 西面三門：北開遠門, 中金光門, 南廷平門. 北面卽禁苑之南面也, 三門皆當宮城西. 景曜門, 東芳林門, 西光化門. 郭中南北十四街, 東西十一街, 其間列置諸坊, 有京兆府萬年, 長安二縣, 所治寺觀, 邸第, 編戶錯居焉. 當皇城南面朱雀門, 有南北大街曰朱雀門街, 東西廣百步. 萬年, 長安二縣以此街爲界, 萬年領街東五十四坊及東市；長安領街西五十四坊及西市.(생략)"

54) 嶺表: 五嶺의 남쪽으로, 嶺南, 嶺外라고도 하는데, 지금의 광서 장족자치구와 광동성 일대를 가리킨다.

신비문 및 삼랑사비에서는 "軒轅之裔",56) 또는 "少昊金天氏之後"57)로 표현하였다. 특히 「문무왕릉비」에서는 '秺侯祭天之胤'의 표현이 나온다. 「문무왕릉비」에서 표방하는 시조의 계보는 '화관지후-투후제천지윤-십오대조 성한왕火官之后-秺侯祭天之胤-十五代祖星漢王'이다.

문무왕 김법민은 태종 무열왕과 김유신의 누이인 김문희의 첫 번째 아들이다. 태종 무열왕 원년(654)에 태자로 책봉되었고, 661년에 즉위하였다.58) 김유신은 673년 7월 1일에 79세의 나이로 죽었고,59) 문무왕은 681년 7월 1일에 56세의 나이로60) 죽었다.61) 김유신은 문무왕의 외조부이므로, 「김유신비」는 문무왕의 주도하에 만들어졌을 것이다. 「문무왕릉비」는 문무왕의 맏아들이자, 현왕인 신문왕이 만들었을 것이다. '소호금천씨'의 출자개념이 중대왕실의 시조개념으로 등장한 기점은 문무왕대임을 알 수 있다.

중대 왕실은 진골출신으로 왕위를 계승하였으므로, 대내적으로 진골귀족을 억제하여 무열왕계를 안정시키는 것이 급선무였다.62) 중대왕실은 왕권의 정당성을 확보하기 위해서 중고기의 성골왕권의 정통성을 극복하고, 진골귀족과의 차별성을 부각해야만 했다. 문무왕은 진골김씨인 김춘추와

---

55) 「慶州 文武王陵碑」, "我新 … 君靈源自敻, 繼昌基於火官之后, 峻構方隆, 由是克 … 枝載生英異, 秺侯祭天之胤, 傳七葉以 … 焉. 十五代祖星漢王降質圓穹, 誕靈仙岳, 肇臨 … 以對玉欄, 始蔭祥林如, 觀石紐, 坐金輿而 … 大王思術深長, 風姿英拔, 量同江海, 威若雷霆."

『全唐文』卷68「新羅文武王陵之碑」, " 我新羅 ○君, 靈源自敻, 繼昌基於火官之后, 峻構方隆. 由是克□□枝, 載生英異. 秺侯祭天之胤, 傳[傳]七葉以 ○ 焉. 十五代祖星漢王, 降質圓穹, 誕靈仙岳, 肇臨□□, 似對玉欄. 始蔭祥林, 如觀石紐, 坐金輿而 ○. 大王思術深長, 風姿英拔, 量同江海, 威若雷霆."

56) 『三國史記』 卷41, 列傳1, 金庾信 上.
57) 『三國史記』 卷28 百濟本紀6, 義慈王.
58) 『三國史記』 卷6, 新羅本紀6, 文武王 元年.
59) 『三國史記』 卷43, 列傳, 金庾信 下.
60) 「慶州 文武王陵碑」
61) 『三國史記』 卷7, 新羅本紀7, 文武王 21년.
62) 김영하, 『新羅中代社會硏究』, 일지사, 2007, 171쪽.

가야계김씨인 김문희(김유신의 누이)의 적자이다. 김춘추는 진골로서 왕위를 계승한 첫 번째 왕이고, 무열왕을 이어 왕위를 계승한 문무왕과 신문왕은 중대왕실의 정당성을 창출할 필요가 있었다. 문무왕대에 중대왕실의 정통성을 천명하고, 무열왕계의 지지세력을 결집시키기 위하여 부계시조인 태조대왕과 모계시조인 수로대왕, 친묘親廟인 문흥대왕과 태종대왕으로 구성된 종묘를 설치하였다.63) 그리고 진골김씨와 가야계김씨의 결합으로 이루어진 중대왕실의 정통성을 '소호금천씨'에서 찾았던 것이다.

이처럼 중대왕실은 혈연적 정통성을 '소호금천씨'의 출자인식을 통해 표방하였고, 이를 통해 왕권의 정당성을 확보하였다. (화관)염제신농씨(조)-황제헌원씨(부)-소호금천씨(자)(火官)炎帝神農氏(祖)-皇帝軒轅氏(父)-少昊金天氏(子)의 출자인식은64) 태종 무열왕 이후, 중대왕실의 시조개념이었음을 알 수 있다. 이와 같은 시조개념은 하대왕실에도 이어졌다. 다음은 관련 사료이다.

> 故 全州大都督 金公「蘇判公 順憲은 大城의 아들이다」은 少昊氏의 玄裔이며 太常의 令孫이다. (중략) ① 부인은 덕이 난초와 혜초처럼 향기롭고, 예는 마름이나 흰쑥처럼 깨끗했는데, 갑자기 남편[所天]을 잃었기에 죽은 목숨과 같았다. 풀죽은 마음을 쓸어안고 절개를 맹세하여 구름같은 머리털을 깎아 모습을 바꾸고 淨財를 희사하여 명복을 빌었다. ② 中和 6년 병오년(886) 5월 10일에 삼가 석가여래불상번 1탱[幀]에 수를 놓고, 받들어 소판공을 위해 장엄구로 고하는 것을 마쳤다(「王妃金氏「註: 金大城三世孫女也」爲考繡釋迦如來像幡讚幷書」).65)

---

63) 이현주, 「신라 종묘제의 변천과 태후」 『사림』 66, 2018, 173쪽.
64) 李泳鎬, 「新羅 文武王陵碑의 再檢討」 『歷史敎育論集』 8, 1986, 63-64쪽 ; 이문기, 「新羅 金氏 王室의 少昊金天氏 出自 觀念의 標榜과 그 變化」 『歷史敎育論集』 23·24 (1999), 651쪽, 각주6.
65) 崔致遠 撰·崔英成 編, 「王妃金氏「金大城三世孫女也」爲考繡釋迦如來像幡讚幷書」 『崔文昌侯全集』 2, 아세아문화사, 1999, 213-214쪽.

위의 사료는 최치원이 찬술한 것으로, 불국사에서 전승되어 오던 자료이다. 중화 6년, 즉 헌강왕 12년(886)에 소판공 김순헌이 죽었고, 이에 그의 부인이 남편[所天] 죽음을 슬퍼하여 비구니가 되고, 재물을 희사하여 명복을 빌었다는 내용이다. 1740년에 활암동은이 편찬한 『불국사고금창기』에서는 "王妃金氏爲考"라는 구절이 덧붙여져 전해진다.[66] 위의 자료 ①에서는 김순헌의 부인이 남편[所天]을 위해 명복을 빌었다고 하였고, ②에서는 왕비김씨가 죽은 아버지[考]를 위해 석가여래상번을 바쳤다고 하였다. 즉 소판공 김순헌의 부인과 딸은 각각 그의 남편과 아버지를 위해 명복을 빌었음을 알 수 있다. 김순헌의 딸은 왕비 김씨, 즉 헌강왕의 비인 의명부인이었을 것이다.

위의 사료에서 김순헌을 소호씨少昊氏의 현예玄裔이며 태상太常의 영손令孫이라고 하였다. 김순헌이 소호씨의 후예라고 한 것으로 보아, 왕비의 아버지이기 이전에 김씨왕실, 중대왕실의 후손으로 인식되었을 것이라 여겨진다. 또한 태상은 종묘례의宗廟禮儀를 담당하는 관직으로,[67] 9세기 신라에서 실제로 존재한 관직이 아니므로, 중책을 담당하는 고위관직을 의미하는 수사적 표현일 것이다.

「김씨부인묘명」과 「문무왕릉비」의 "秺侯祭天之胤"이 주목된다. 「문무왕릉비」의 "繼昌基於火官之后", "秺侯祭天之胤, 傳[傳]七葉以 焉."은 A-2)의 ① "號少昊氏金天. 卽吾宗受氏世祖."와 ② "遠祖諱日磾, (중략) 拜侍中常侍 封秺亭侯, 自秺亭已降七葉, 軒紋燉煌."은 동일한 내용을 유사한 표현으로 기록하였다는 점이 주목된다. 투정후는 일제의 책봉호이다. 일제는 흉노출신이었으나, 한무제때 투항하여 큰 공을 세웠고, 그로 인하여 '金'의 성姓을

---

66) 이문기는 "王妃金氏爲考"의 구절이 후대에 가필된 것으로, 역사적 사실과 부합하지 않으므로, 오류 또는 조작으로 보았다(李文基, 「崔致遠 撰 9세기 후반 佛國寺 關聯資料의 檢討」, 『新羅文化』 26, 2005; 『신라 하대 정치와 사회 연구』, 학연문화사, 2015, 148-154쪽, 170-176쪽.

67) 『漢書』 卷19, 百官, 奉常.

하사받고, 투정후로 책봉받았다. 소호금천씨와 투정후 모두 김성의 유래를 밝히는 선조이다. 중하대 '김씨왕실'의 정체성과 관련된 수사적 표현이었을 것이다.

당대唐代에 만들어진 이민족의 묘지에 '일제日磾'와 '유여由余'가 자주 등장한다.68) 당대에 '일제'와 '유여'는 이민족 출신으로, 투항하여 큰 공을 세운 인물의 전형으로 인식되었음을 알 수 있다. 한무제-김일제의 군신관계가 중국왕조와 주변국의 관계로 확장되었던 것이다. 신라왕실이 투정후 김일제를 선조로 인식하였던 것은 중의적인 의미를 내포하였다. 하나는 중대 이후, 김씨왕실의 정체성을 확보하는 것이었고, 다른 하나는 신라가 당과의 관계를 책봉-조공의 군신관계로 설정하고, 이를 기반으로 안정적인 국제관계를 도모하고자 한 것이었다.

이는 재당신라인 사회의 형성과 재당신라인의 정체성에 영향을 미쳤다. 「김씨부인묘명」에서 김씨부인과 그의 집안이 표방한 소호금천씨와 투정후의 후손이라는 인식은 중대 이후, 신라왕실의 정체성과 대당관계의 연장선상에서 갖게 된 정체성이었다.

김씨부인의 일족은 증조대에 당으로 이주하였고, 세거하였으나 여전히 '소호금천씨'의 후예라는 신라왕족으로서의 정체성을 가지고 있었다. 동시에 재당신라인으로서 '김일제의 후손'이라는 자의식도 가졌다. 즉 김씨부인의 일족은 왕족출신의 재당신라인이라는 경계인의 정체성을 가지고 있었다. 이처럼 왕족출신 재당신라인의 정체성은 중대이후, 신라왕실의 정체성이 이어진 것으로, 신라-당의 국제관계 연동되어 형성되었고, 지속되었다.

---

68) 石見淸裕, 「唐代墓誌の資料的可能性」 『史滴』 30, 2008, 117-119쪽.

2. 나당관계와 재당신라인 사회의 상관성

재당신라인 사회의 형성 시기와 배경을 알아보고자 한다. 재당신라인 사회가 형성된 시기와 과정에 대해서 크게 두 가지의 논의가 있다. 하나는 당이 백제를 멸망시킨 660년 이후에 유민에 의해 형성되었다고 본 견해이고,[69] 다른 하나는 8~9세기에 당의 연해 지역에서 신라 상인을 위주로 한 다수의 신라 교민 취락 지구가 형성되었다고 본 견해이다.[70] 전자의 경우, 7세기 중엽부터 고구려인과 백제인의 강제적인 사천徙遷이 이루어졌는데, 그 중 강회지방에 사천된 고구려 유민과 산동지방에 사천된 백제 유민의 촌락을 기반으로 이후 7세기 중엽 이후, 신라인들의 외래와 이주가 이어져 재당신라인 사회가 만들어졌다고 보았다. 후자의 경우, 당 중기 이전부터 등주는 신라의 상인·유학생·유학승·외교사절 등 각양각색의 사람들이 거쳐 가야 하는 중요 거점으로 이미 신라인들이 그 일대에 거주하고 있었겠지만 그 수는 많지 않았으며, 대규모 거주 구역은 당과 신라가 합동으로 신라인 노비매매를 단속하여 몇몇 신라인들이 연해 일대에 남게 된 후인 820년경에 형성되었다고 보았다.

재당신라인 사회는 재당신라인들의 집단 거류지인 동시에 당의 행정질서 속에 편재된 사회였다. 따라서 신라와 당 사이의 우호를 기반으로 한 공식적인 외교관계가 지속되고, 신라와 당 내부의 비공식적인 교류가 활성화된 후에 신라와 당의 변경, 즉 경계공간으로서의 재당신라인 사회가 성립될 수 있었다. 신라-당의 공적인 관계는 당에 거주하는 신라인, 즉 재당신라인의 입지와 연동되는 사안이었던 것이다. 신라 하대의 나당관계를 신라왕의 책봉호를 통해 살펴보고, 나당관계가 재당신라인에게 미치는 영향에 대해 알아보고자 한다.

---

[69] 劉希爲, 「唐代新羅僑民在華社會活動考述」 『中國史研究』, 1993-3 ; 朴文一, 「試談在唐新羅坊的特點及其性質」 『延邊大學學報』, 2000-3; 권덕영, 앞의 책, 2005, 52-56쪽.
[70] 蔣非非·王小甫 等 編, 『中韓關係史(古代)』, 社科文獻出版社, 1997, 142쪽.

신라 하대의 첫 왕인 선덕왕은 785년에 검교태위 계림주자사 영해군사 신라왕檢校太尉 鷄林州刺史 寧海軍使 新羅王으로 책봉받았다. 선왕인 혜공왕이 768년에 개부의동삼사 신라왕開府儀同三司 新羅王으로 책봉받았다.[71] 개부 의동삼사는 문산관 정1품文散官 正一品이고, 태위는 정1품직이다. 선덕왕이 관직인 검교태위로 책봉된 것으로 보아 선왕인 혜공왕의 개부의동삼사의 관품을 승습承襲하였음을 알 수 있다. '검교태위檢校太尉'는 선덕왕이 처음 으로 책봉받은 이래 후대왕들이 승습한 책봉호이다. '검교'는 관직에 정식 으로 임명하기 이전에 임시로 대리하는 경우에 붙이는 일반명사이다. 당 현종대 이후 임시직을 의미하는 각종 사직使職, 즉 검교직檢校職 또는 검교 관檢校官이 발달하였는데, 이는 실제 관직이 아닌 명예직이다. 선덕왕의 '검교태위'는 이와 같은 당 후기의 관행이 반영된 책봉호였다.[72]

선덕왕의 책봉호에서 '검교태위'를 제외한 칭호는 중대 신라왕의 책봉 호를 승습한 것이다. 신라가 처음으로 당으로부터 개부의동삼사의 책봉호 를 받은 시기는 654년이다. 654년에 진덕왕이 죽고, 무열왕이 즉위하였다. 당 고종은 '개부의동삼사'의 관품으로 진덕왕을 추증하고, 무열왕을 책봉하 였다.[73] 이후, 신라왕은 선왕의 '개부의동삼사 신라왕'의 책봉호를 승습하 였다. 또한 신라왕의 책봉호로 '계림주자사 영해군사鷄林州刺史 寧海軍使'를 처음 받은 시기는 733년이다. 다음은 관련 사료이다.

> B-1. 성덕왕 12년(713), (당 현종이) 조서를 내려 왕을 驃騎將軍 特進 行左威衛大將軍 使持節 大都督林州諸軍事 鷄林州刺史 上柱 國 樂浪郡公 新羅王에 책봉하였다.[74]

---

71) 『三國史記』 卷9, 新羅本紀9, 惠恭王 4年 ; 『舊唐書』 東夷列傳 新羅 ; 『新唐書』 東夷列 傳 新羅.
72) 김종복, 「남북국(南北國)의 책봉호(册封號)에 대한 기초적 검토」『역사와 현실』61, 2006, 71쪽.
73) 『三國史記』 卷5, 新羅本紀5, 眞德王 8年; 『三國史記』 卷5, 新羅本紀5, 太宗武烈王 元年.
74) 『三國史記』 卷8, 新羅本紀8, 聖德王 12年.

B-2. 성덕왕 32년(733년) 가을 7월에 唐 玄宗은 渤海靺鞨이 바다를 건너 등주로 쳐들어오자, 太僕員外卿 金思蘭을 [신라로] 귀국하게 하여, 왕에게 開府儀同三司 寧海軍使를 더 제수하고 군사를 일으켜 말갈의 남쪽 도읍을 치도록 하게 하였다. [군사를 출병시켰는데] 마침 큰 눈이 한 자 넘게 쌓이고 산길이 험하여 절반이 넘는 병사들이 죽고 아무 공 없이 돌아왔다.[75]

성덕왕은 702년에 즉위하였고, 선왕인 효소왕의 '신라왕 보국대장군 행좌표도위대장군 계림주도독新羅王 輔國大將軍 行左豹韜尉大將軍 鷄林州都督'의 책봉호를 승습하였다.[76] 이후, 707년에 종2품의 보국대장군에서 종1품의 驃騎大將軍으로 승진하였다.[77] 또한 713년에 표기장군 특진 행좌위위대장군 사지절대도독계림주제군사 계림주자사 상주국 낙랑군공 신라왕驃騎將軍 特進 行左威衛大將軍 使持節 大都督林州諸軍事 鷄林州刺史 上柱國 樂浪郡公 新羅王으로 책봉받았고, 733년에 개부의동삼사 영해군사開府儀同三司 寧海軍使으로 제수받았다.

B-1에서 성덕왕은 '계림주자사'로 책봉되었다. 663년에 당이 계림주대도독부를 설치하고, 문무왕을 계림주대도독으로 임명하였는데, 이는 신라를 기미주로 편제하려는 의도에 의한 것이었다.[78] 계림주대도독의 관호는 신문왕, 효소왕에 이어 성덕왕 원년에도 승습되었다. 현종은 즉위 직후, 성덕왕을 계림주자사로 책봉하였고, 이는 후대왕에게 승습되었다. B-1)의 사지절使持節은 독자적 군사권을 의미하며, 대도독계림주제군사大都督雞林州諸軍事는 독자적 권한으로 통제할 수 있는 군사지역, 계림주자사雞林州刺史는 행정권을 각각 의미한다.[79]

---

75) 『三國史記』 卷8, 新羅本紀8, 聖德王 32年.
76) 『三國史記』 卷8, 新羅本紀8, 聖德王 元年.
77) 『三國史記』 卷8, 新羅本紀8, 聖德王 6年.
78) 김종복, 앞의 논문, 2006, 65쪽.
79) 김종복, 「8세기 초 나당관계의 재개와 사신 파견-삼국사기 신라본기 기사의 오류 수정을 중심으로-」 『진단학보』 126, 2016, 15-16쪽.

B-1과 2의 책봉 시기를 보면, B-1은 당 현종이 712년에 즉위한 직후이고, B-2는 732년에 발해말갈이 당의 등주를 공격한 직후이다.80) 732년 9월 발해가 등주를 공격하자, 현종은 신라에게 파병을 요청하며 '영해군사 영해군사'로 책봉하였다.81) 성덕왕의 책봉호인 '개부의동삼사 계림주자사 영해군사'가 후대왕에게 승습되었고, 이는 하대 왕에게도 이어졌다.82)

이처럼 나당관계는 698년의 발해 건국, 732년의 발해의 등주 공격 등의 사건과 당 현종의 즉위 및 신라 성덕왕의 한화정책 등을 계기로 우호적인 관계를 지속하였다. 이는 재당신라인 사회가 형성되는 계기가 되었다. 또한 신라와 당 내부의 사정 역시 재당신라인 사회 형성의 배경이 되었다. 우선 당은 755~763년의 안사의 난 이후, 중앙 권력이 이완되고, 절도사의 권한이 강화되었다. 765년에 이정기가 평로절도사로 임명되면서 압신라발해양번사를 겸임한 이후, 평로절도사는 발해 및 신라가 당조로 입경하는 통행로인 산동을 중심으로 한 당의 서남연안 지역을 관할하게 되었던 것이다. 이와 같은 당 내부의 상황은 재당신라인 사회가 성립하는 정치적 조건이 되었다.

또한 당의 개방적인 이민족 정책은 외래인이 교역로를 중심으로 집단거주지를 형성할 수 있는 조건이 되었다. 당 영토 내에 집단거주지를 형성한 외래인으로는 粟特(소그드)人, 波斯(아랍)人과 大食(페르시아)人 등이 있다. 소그드인의 경우, 국경지대에서 교역을 행하기 때문에 그들의 거주지도 주로 서쪽 변주汴州에 형성되었고, 아랍과 페르시아인의 경우에는 광주廣州·양주揚州·천주泉州 등의 항구를 중심으로 형성되었다.83) 이처럼 교역로를 중심으로 외래인의 집단거주지가 형성되었고, 당은 번방蕃坊을 통해 당 영

---

80) 『三國史記』 卷8, 新羅本紀8, 聖德王 32年; 『三國史記』 卷43, 列傳, 金庾信 下; 『全唐文』 卷284, 張九齡篇, 「勅新羅王金興光書」.
81) 발해의 698년의 건국, 732년의 등주 공격은 나당관계의 전환점이었다(김종복, 앞의 논문, 2006, 63-71쪽).
82) 이현주, 「신라 중대 冊封號 授受의 배경과 의미」 『신라문화』 55, 2020, 165-166쪽.
83) 全永燮, 「唐 前期 外來人의 生活과 律令(上)」 『中國史硏究』 31, 2004, 195쪽.

토내에 외래인의 거주와 활동을 보장하는 동시에 관리하였다.

재당신라인의 거주지 역시 교역로를 중심으로 형성되었다.[84] 그리고 재당신라인이 거주하던 신라방도 당왕조의 이민족 정책의 일환으로 형성된 번방이었다. 신라는 성덕왕대인 705~706년의 기근,[85] 경덕왕대인 747~755년의 기근,[86] 원성왕대인 786~790년의 기근,[87] 헌덕왕대인 816~821년[88]의 기근은 많은 유민을 발생시켰다. 헌덕왕대는 재위 18년간 일식日食·류성流星을 비롯한 13회의 괴변이 일어났는데, 이는 흉년과 기근으로 이어졌다. 특히 헌덕왕 7년(816)에는 170명이 절동浙東에 왔다는 기록도 보인다.[89] 또한 신라인의 나포, 신라인의 노비 매매가 성행했다.[90] 이와 같은 신라 내부의 상황은 신라인의 당 이주를 촉진하는 조건이 되었다. 8~9세기에 걸쳐 신라인이 자발적·비자발적인 요인에 의해 당으로 이주하였고, 이로 인해 당 영토 내에 신라인의 집단거주지가 형성되었던 것이다. 이로 보아 재당신라인 사회는 8세기 중반에 형성되었음을 알 수 있다.

당은포唐恩浦에서 등주登州로 가는 바닷길은[91] 신라-당의 주요 해상교통로였다.[92] 등주를 중심으로 중국의 서남연안에 신라인의 집단거주지가 형성되었던 것은 이 지역이 당-신라의 교통로이자, 접경지대였기 때문이다. 즉 산둥을 중심으로 한 서남연안은 당과 발해, 당과 신라, 발해 및 신라, 각국의 정치, 외교, 경제, 문화적 이해관계가 충돌하고 융합되는 경계공간

---

84) 박근칠, 「唐 後期 江淮運河와 新羅人의 活動-『入唐求法巡禮行記』의 분석을 중심으로-」 『漢城史學』 19, 2004, 57-67쪽 ; 이유진, 「9세기 재당신라인의 활동에 대하여 -『입당구법순례행기入唐求法巡禮行記』를 중심으로 -」 『中國史研究』 13, 2001, 109-116쪽.
85) 『三國史記』 卷8, 新羅本紀8, 聖德王 4年, 5年.
86) 『三國史記』 卷9, 新羅本紀9, 景德王 6年, 14年.
87) 『三國史記』 卷10, 新羅本紀10, 元聖王 2年, 4年, 5年, 6年.
88) 『三國史記』 卷11, 新羅本紀11, 憲德王 6年, 7年.
89) 『三國史記』 卷11, 新羅本紀11, 憲德王 7年;『舊唐書』 東夷列傳 新羅 [元和] 11年.
90) 『唐會要』 卷86, 奴婢.
91) 『新唐書』 卷43, 下 地理志.
92) 권덕영, 앞의 책, 1997, 190-191쪽.

이었다.

신라 중대에 우호적인 나당관계를 기반으로 재당신라인 사회는 형성되고 발전하였고, 이는 하대에도 지속되었다. 신라 하대는 왕위쟁탈전이 격화된 시기로, 왕위의 정당성을 확보하기 위하여 당의 책봉冊封이라는 권위를 필요로 하였다.[93] 다음은 하대 왕의 책봉호를 일람한 표이다.

표2 신라 하대 신라 책봉호 일람표

冊封 王名	시 기	책 봉 호	하 사 품
선덕왕	6년(785)	檢校太尉·鷄林州刺史·寧海軍使·新羅王	
원성왕	원년(785)	檢校太尉·鷄林州刺史·寧海軍使·新羅王[94]	2년(786)
소성왕	애장왕 9년(808)	開府儀同三司·檢校太尉·新羅王	
애장왕	6년(805)	開府儀同三司·檢校太尉·使持節·大都督鷄林州諸軍事·鷄林州刺史·兼持節充寧海軍使·上柱國·新羅王	
헌덕왕	원년(809)[95]	開府儀同三司·檢校太尉·持節·大都督鷄林州諸軍事·兼持節充寧海軍使·上柱國·新羅國王	
흥덕왕	2년(827)	開府儀同三司·檢校太尉·使持節·大都督鷄林州諸軍事·兼持節充寧海軍使·上柱國·新羅王	
문성왕	3년(841)	開府儀同三司·檢校太尉·使持節·大都督鷄林州諸軍事·兼持節充寧海軍使·上柱國·新羅王	
경문왕	5년(865)	開府儀同三司·檢校太尉·持節·大都督鷄林州諸軍事·兼持節充寧海軍使·上柱國·新羅王	5년(865)
헌강왕	4년(878)	使持節·開府儀同三司·檢校大尉·大都督雞林州諸軍事·新羅王	

전거: 『三國史記』 新羅本紀; 『舊唐書』 東夷列傳 新羅; 『新唐書』 東夷列傳 新羅; 『册府元龜』 권965 外臣部 册封; 『唐會要』 卷95 新羅

---

93) 井上秀雄, 『新羅史基礎硏究』, 東出版株式會社, 1974, 358쪽.
94) 『册府元龜』 卷965, 外臣部, 册封3.
95) 『三國史記』 新羅本紀에는 책봉시기가 809년으로 기록된 반면, 『舊唐書』 東夷列傳 新羅조에는 812년(元和 7년; 憲德王 4년)에 헌덕왕이 죽고, 당의 책봉을 받은 것으로 기록되어 있다.

표2에서 알 수 있듯이 헌강왕 이후의 하대 왕들은 책봉을 받은 기록이 없다. 878년에 헌강왕은 당에 사신을 파견하려다가 황소黃巢의 난이 일어났다는 소식을 듣고 그만두었다.96) 이후, 885년에 헌강왕이 당에 사신을 보내 황소의 난을 깨뜨린 것을 축하하였다.97)

헌강왕 이후, 정강왕~경순왕에 이르기까지 당의 책봉을 받은 기록이 없다. 뿐만 아니라 조공朝貢의 기록 역시 드물다. 『신당서新唐書』에서는 회창會昌 연간(A.D.841~846; 신라 문성왕 3~8)이후로 다시는 조공이 들어오지 않았다고 기록하였는데,98) 사실상 조공과 외교사절의 파견은 진성왕대까지 지속적으로 이어졌다. 효공왕 즉위 이후, 당과의 교류는 사실상 단절되었는데, 이는 신라 내부의 혼란에 의한 것이었다. 진성왕 6년(892)에 견훤이 후백제를 건국하고, 효공왕 5년(901)에 궁예가 후고구려를 건국하였다. 신라는 기근과 유민의 발생, 각 지역의 봉기로 인한 왕권의 약화 등의 내부정황으로 인해 당과의 교류를 지속하기 어려운 상황이었다.

경명왕 7년(923), 11월에 창부시랑倉部侍郎 김락金樂과 녹사참군 김유경錄事參軍金幼卿을 보내어 조공하면서 신라와 당의 교류가 재개되었다.99) 이후, 경명왕 8년(924)의 1월과 6월, 경애왕 4년(927)의 2월과 4월에 조공을 하였다.100) 923년 11월, 924년 1월, 927년의 2월의 조공은 하정사賀正使 파견의 일환으로 이루어졌을 것이다. 그럼에도 불구하고 공식적인 책봉은 이루어지지 않았다. 재당신라인 사회는 당 무종의 회창폐불을 계기로 축소되고 약화되었다. 결정적인 계기는 적산법화원이 회창5년(845), 당 무종의 회창폐불 조치로 인해 폐사된 것이다.101) 적산법화원赤山法華院은 장보고가 처음 세운 사찰로, 신라통사압아 장영張詠과 임대사林大使, 왕훈王訓 등이 전

---

96) 『三國史記』 卷11, 新羅本紀11, 憲康王 4年.
97) 『三國史記』 卷11, 新羅本紀11, 憲康王 11年.
98) 『新唐書』 東夷列傳, 新羅.
99) 『册府元龜』 卷972, 外臣部17, 朝貢5.
100) 『册府元龜』 卷972, 外臣部17, 朝貢5.
101) 圓仁, 『入唐求法巡禮行記』 卷4, 會昌五年 9월 22일.

적으로 맡아 관리하는 사찰이었다. 적산포는 장보고의 '대당매물사大唐賣物使' 선박이 오고가던 곳이며 일본으로 교관선交關船이 출발하던 곳으로, 당과 신라·일본을 연결하는 해양 교통에 있어 중요한 항포였다.[102] 적산법화원은 불교사찰인 동시에 무역종사자의 숙박업소로 사용된 곳으로,[103] 종교적인 기능과 현실적인 유용성을 겸비한 장소였다.[104] 이처럼 적산법화원은 재당신라인 사회의 구심점 역할을 하였을 것으로 여겨진다.[105]

요컨대 나당관계의 공적인 영역과 사적인 영역의 접합공간이 재당신라인 사회이다. 신라 성덕왕대 이후의 우호적인 나당관계는 재당신라인 사회가 성립할 수 있는 전제조건이 되었다. 우호적인 나당관계가 유지되고 있었기 때문에 신라인이 당에 이주하고, 거류할 수 있었던 것이다. 신라인은 빈번한 재이와 기근의 경제적인 이유, 왕위쟁탈전 등의 정치적인 이유, 폐쇄적인 신분제도의 한계 등의 이유로 신라를 떠나 당에 이주하였다. 재당신라인사회는 당 왕조와 신라 왕조 사이의 양국의 이해관계를 조율하는 경계공간이었다. 신라와 당의 공적인 관계가 불안정해지자, 재당신라인 사회 역시 와해될 수밖에 없었다. 당-신라의 관계, 당과 신라 내부의 변화는 경계공간에 위치한 재당신라인 사회에 영향을 미쳤던 것이다. 재당신라인 사회의 구심점이었던 적산법화원의 폐사와 장보고 세력의 붕괴는 재당신라인 사회의 경계공간적 성격을 약화시켰다.

맺음말

본 장에서는 재당신라인의 정체성과 재당신라인사회의 매개적 역할을

---

102) 李侑珍, 앞의 논문, 2001, 115쪽.
103) 이기동, 「張保皐와 그의 해상왕국」『張保皐의 신연구』, 완도문화원, 1985, 108쪽.
104) 신선혜, 「唐代 韓-中 佛敎文化交流의 硏究動向」『역사와 교육』17, 2013, 125-126쪽.
105) 권덕영, 앞의 책, 1997, 88-111쪽.

'경계공간'의 개념으로 살펴보았다. 재당신라인은 당 내지에 거주하고 있는 신라인을 일컫는다. 재당신라인의 집단거류지인 신라방 등은 재당신라인의 거류지인 동시에 당의 행정질서 속에 편재된 공간이었다. 압신라발해양번사와 구당신라압아는 당이 재당신라인의 공간과 사회를 통제하고 관리하는 관직이었다. 동시에 이들 관직은 재당신라인이 당의 법률에 근거하여 삶을 영위할 수 있도록 방어막의 역할을 하였다. 즉 재당신라인 사회는 신라와 당의 경계에 위치한 '한정된 자율'의 공간이었다.

「대당고금씨부인묘명」은 왕족출신 재당신라인의 정체성을 알 수 있는 자료이다. 「김씨부인묘명」의 김씨부인일족은 증조대에 당으로 이주하였고, 세거하였으나 여전히 '소호금천씨'의 후예라는 신라왕족의 정체성을 가지고 있었다. 동시에 재당신라인으로서 '김일제의 후손'이라는 자의식도 가졌다. 김씨부인과 그의 집안이 표방한 소호금천씨와 투정후의 후손이라는 인식은 중대 이후, 신라왕실의 정체성과 나당관계의 연장선상에서 갖게 된 정체성이었다. 즉 왕족출신 재당신라인의 정체성은 중대이후, 신라왕실의 정체성이 이어진 것으로, 신라-당의 국제관계가 연동되어 형성되었고, 지속되었다.

중대 이후 신라왕실은 소호금천씨와 김일제를 선조로 인식하였다. 이는 중의적인 의미를 내포하였는데, 하나는 중대왕실의 정체성을 확보하였고, 다른 하나는 신라가 당과의 관계를 책봉-조공의 군신관계로 설정하여 이를 기반으로 안정적인 국제관계를 도모하였다.

재당신라인 사회는 나당관계의 공적인 영역과 사적인 영역의 경계공간이다. 신라 성덕왕대 이후의 우호적인 나당관계는 재당신라인 사회가 성립할 수 있는 전제조건이 되었다. 우호적인 나당관계가 유지되고 있었기 때문에 신라인이 당에 이주하고, 거류할 수 있었던 것이다. 이후 신라와 당의 공적인 관계가 불안정해지자, 재당신라인 사회 역시 와해될 수 밖에 없었다.

이처럼 재당신라인 사회는 당-신라의 관계, 당과 신라 내부의 변화에 밀접하게 영향을 받았다. 재당신라인 사회는 경계공간으로서 당과 신라의 두 사회를 연결하는 매개 역할을 하였고, 두 문화의 충돌을 완화시키는 완충지대의 역할을 하였다. 재당신라인 사회는 당과 신라의 연결고리였다. 이처럼 재당신라인 사회는 신라와 당의 경계에 위치한 경계의 공간이었고, 동시에 신라와 당의 이질적인 문화가 융합되는 통섭의 공간이었다.

제6장 신라『효경』의 수용과 활용

머리말

『효경』은 전국戰國 말-전한前漢 초에 효孝를 근본적인 도덕규범으로 제시하고, 그 효의 규범을 군주에 대한 충의 규범으로 수렴하는 정치이념을 제공하였다.[1] 신라에서도 중대이후, 『효경』이 수용되었고, 유학교육기관인 국학과 관인선발제도인 독서삼품과에서 필수과목으로 활용되었다. 신라에서도 『효경』의 윤리규범인 '효'는 '충'과 더불어 왕권강화와 국정운영의 기반이 되었다.

신라의 『효경』과 관련한 연구로는 후대왕조인 고려 및 조선의 전사로서의 고대를 고찰하거나,[2] 나아가 국학과 독서삼품과의 필수과목인 『효경』과 『논어』의 윤리적 측면에 주목하고, 중대왕권과 충忠, 귀족가문의 가계의식과 효孝를 고찰한 연구가 있다.[3] 후자의 연구는 충과 효의 유교윤리가 신라사회에서 지배윤리로 활용된 양상을 밝혀냈다. 또한 신라사회의 '효'에 관한 연구는 『삼국유사』 효선편의 고찰,[4] 그 중에서 『삼국유사』의 '빈

---

1) 金勳埴, 「高麗後期의 『孝行錄』 보급」 『韓國史研究』 73, 1991, 21-23쪽.
2) 李熙德, 『高麗儒教政治思想의 研究』, 일조각, 1984 ; 강문식, 「조선전기의 『효경』이해」 『정신문화연구』 35, 2012.
3) 金瑛河, 「新羅 中代의 儒學受容과 支配倫理」 『한국고대사연구』 40, 2005 ; 『新羅中代社會研究』, 일지사, 2007 재수록.
4) 閔丙河, 「三國遺事에 나타난 孝善思想」 『人文科學』 3·4, 1975 ; 李基白, 「新羅佛教에서의 孝관념」 『東亞研究』 2, 1983 ; 『新羅思想史研究』, 일조각, 1986 재수록 ; 강진옥, 「삼국유사 「효선편」 설화연구」 『국어국문학』 93, 1985 ; 김영하, 「『三國遺事』 孝善編의 이해」 『新羅文化祭學術論文集』 30, 2009 ; 2007, 앞의 책 재수록.

녀양모' 또는 『삼국사기』 열전의 '효녀지은'의 분석과 의미에 대한 연구가 이루어졌다.5) 이들 연구는 『삼국유사』 효선편과 『삼국사기』 열전의 자료적 특성을 파악하였고, 나아가 한국 고대사회에서 '효'가 가지는 의미에 대해 밝혔다. 그러나 개인의 선善인 효가 공동체의 선善인 충으로 이어지는 구체적인 양상을 밝히기에는 다소 미흡하다. 신라의 중대 이후, 통치의 대상이 관官에서 민民으로 확장되고, 그에 따라 유교윤리인 '효'가 통치의 수단으로서 강조되는 경향에 대해서 크게 주목하지 않았다. 본 연구에서는 『효경』의 수용과 활용을 중심으로, 신라사회에서 '효'가 가진 의미를 고찰하고자 한다.

이를 위해 우선 『효경』의 수용배경으로써 유학이 도입된 시기와 배경을 살펴보고, 다음으로 신라 중대에 『효경』이 수용되고, '효'가 정치사상에서 사회윤리로 전환됨으로써 통치 수단으로 사용되는 양상을 알아보고자 한다. 마지막으로 진성왕대에 '효녀'가 창출된 배경과 과정, 그 의미에 대해서 살펴볼 것이다. 이처럼 『효경』 수용 과정과 활용 양상을 살펴봄으로써 신라에서 '효'가 가진 중층적 의미를 고찰하고자 한다. 이를 통해 신라에서 '효'가 가지는 의미를 이해하는데 일조할 수 있기를 기대한다.

---

5) 李鍾旭, 「新羅下代의 骨品制와 王京人의 住居」, 『新羅文化』 7, 1990 ; 전기웅, 「眞聖女王代의 花郞 孝宗과 孝女知恩 說話」, 『韓國民族文化』 25, 2005 ; 권영오, 「眞聖女王代의 花郞 孝宗과 孝女知恩 說話」, 『한국민족문화』 25, 2005 ; 조범환, 「『三國遺事』 '貧女養母'條에 나타난 知恩의 효성」, 『新羅文化祭學術論文集』 30, 2009 ; 고소진, 「손순 매아조와 빈녀양모조를 통해 본 신라 하대 孝」, 『대구사학』 115, 2014 ; 박남수, 「신라 진성왕대 효종랑과 화랑도」, 『사학연구』 132, 2018.

1. 『효경』의 수용 배경

1) 유학의 수용과 의미

한국의 유학은 중국의 한문자가 도입된 이후, 문자에 담긴 사상이 수용되고, 정착되는 과정을 거쳤다. 중국의 한문자漢文字가 정연하게 나타나기 시작한 것은 은허殷墟(B.C. 1401-1122)에서 출토된 갑골문에서 확인할 수 있다. 한반도의 정치세력들이 중국과 전쟁과 외교를 통해 교류하면서 한문자를 접하고, 수용했는데, 명도전明刀錢 등의 한문자를 새긴 유물, 필기 용구 등이 발견되는 것으로 보아 그 시기는 대략 기원전 4세기 말경으로 추정할 수 있다.[6] 또한 평양의 정백동 364호분에서 『논어』 죽간이 출토되었는데, 이는 한문자뿐만 아니라 유학사상도 도입되었음을 알 수 있다. 동일한 고분에서 『논어』 죽간과 함께 서도書刀와 「낙랑군초원사년현별호구부樂浪郡初元四年縣別戶口簿」 목독木牘도 출토되었다. 묘주의 호구부 목독에서 초원4년(B.C. 45)의 기년이 나오는데, 이로 보아 유사한 시기에 『논어』 죽간이 제작되고, 사용되었을 것으로 추정된다.[7]

신라에서 유학이 수용된 시기는 언제였을까. 신라의 경우, 기원전 1세기 후반으로 편년되는 경남 창원 다호리의 토광목곽묘 유구에서 5자루의 붓과 철도자鐵刀子가 출토되었다. 붓은 글씨를 쓰는 용도의 유물이고, 철도자는 나무를 깎는 삭도削刀로, 목간을 제작하기 위한 도구이다.[8] 낙랑 등의 교역에서 필답용으로 사용되었을 것으로 보인다.[9] 이로 보아 신라 역시 적어도 기원전 1세기 후반에는 한문자가 도입되었음을 알 수 있다.

---

6) 황위주, 「漢文字의 受容時期와 初期 定着過程」(1) 『漢文敎育硏究』 10, 1996, 127쪽. 143-144쪽.
7) 李成市·尹龍九·金慶浩, 「平壤 貞柏洞364號墳出土 竹簡 『論語』에 대하여」 『木簡과 文字』 4, 2009, 132쪽.
8) 李健茂, 「茶戶里 遺蹟 出土 붓(筆)에 대하여」 『考古學誌』 4, 1992.
9) 주보돈, 「新羅에서의 漢文字 定着過程과 佛敎受容」 『嶺南學』 1, 2001, 195-196쪽.

신라가 중국과 교류한 시기를 살펴보면, 미추왕대에 서진西晉에 사신을 보내어 방물을 바친 기록이 나온다. 『진서』에 미추왕 19년(280), 20년(281), 유례왕 3년(286)에 서진 무제에게 사신을 보내어 방물을 바쳤다.[10] 또한 『진서』에는 태강원년(280), 6월에 동이 10국이 귀화하고, 7월에 동이 20국이 조헌朝獻을 하였다는 기록이 있다.[11] 또한 태강2년(281)에도 3월에 동이 5국이 조헌을 하고, 6월에 동이 5국이 내부하였다고 하였다.[12] 태강7년(286)에는 8월에 동이 11국이 내부하였는데, 이 해에 마한 등 11국이 사신을 보내어 방물을 바쳤다고 하였다.[13] 이 시기에 고구려가 서진에 사신을 보내어 방물을 바친 기록이 없다. 첨해왕 15년(261)에 백제가 사신을 보내어 화친을 청하였으나, 허락하지 않았는데,[14] 유례왕 2年(286)에 백제가 신라에 사신을 보내어 청하였을 때는 화친이 이루어졌다.[15] 이로 볼 때 신라는 280년, 281년, 286년에 백제를 따라 서진에 가서 방물을 바쳤음을 알 수 있다. 3세기 무렵에 신라가 독자적으로 중국 왕조와 교류하기는 어려웠을 것이다.

그런데 신라에서 유학을 통치이념으로 활용한 사례가 있어 주목된다. 다음은 관련 사료이다.

    A-1. 나물니사금 2년(357), 봄에 사자를 보내 홀아비·홀어미·고아·자식없는 늙은이를 위로하여 각각 곡식 3斛을 내려주고, 孝悌에 특별한 행실이 있는 사람에게 직급 한 등급을 내려 주었다.[16]

    A-2. 법흥왕 7년(520), 봄 정월에 율령을 반포하고, 처음으로 모든 관리의 공복에 대한 朱紫의 위계를 정하였다.[17]

---

10) 『晉書』, 東夷列傳, 辰韓.
11) 『晉書』, 東夷列傳, 馬韓.
12) 『晉書』, 東夷列傳, 馬韓.
13) 『晉書』, 東夷列傳, 馬韓.
14) 『三國史記』 卷2, 新羅本紀2, 沾解尼師今 15年.
15) 『三國史記』 卷2, 新羅本紀2, 儒禮 尼師今 3年.
16) 『三國史記』 卷3, 新羅本紀3, 奈勿尼師今 2年.

A-1은 나물왕 2년(357)에 왕이 통치의 일환으로 환과고독鰥寡孤獨을 구휼하고, 효와 공경[孝悌]에 뛰어난 자를 발탁하여 관인으로 삼았다는 내용이다. 환과고독은 홀아비·홀어미·고아·자식없는 늙은이를 말하는데,18) 『시경』에 "矜(鰥)寡孤獨廢疾者皆有所養"라고 하여 환과고독, 폐질자는 모두 보살펴야 한다고 하였다. 이에 따라 환과고독으로 혼자 생계를 유지할 수 없는 자에게 5곡의 곡식을 주어 구휼을 하였던 것이다.19) 또한 『논어』에서 효도와 공경[孝弟]가 인仁을 실천하는 근본이라고 하였다.20) 또한 A-2는 법흥왕이 521년에 백제를 따라 양에 사신을 보내기 1년 전에 율령을 반포하고, 공복제를 제정한 내용이다. 이로 볼 때 신라가 중국왕조와 직접 교통하기 이전에 이미 유학을 수용하고, 활용한 정황을 알 수 있다.

그렇다면 신라가 중국왕조와 독자적인 교류를 하지 않았음에도 불구하고, 유학이 수용된 배경을 알아 볼 필요가 있다. 신라와 고구려의 관계가 주목된다. 신라가 고구려와 처음으로 외교관계를 맺은 것은 첨해왕 2년(248)이다.21) 그러나 신라가 고구려와 밀접한 관계였던 시기는 나물왕대부터 눌지왕대까지였다. 나물왕은 22년(377)에 처음으로 전진에 사신을 파견하였고,22) 26년(381)에 사신 위두를 전진에 보내어 방물을 바쳤다.23) 전자의 경우, 고구려와 함께 갔는데, '신라'의 국호를 내세운 첫 외교 교섭이었다. 이로 보아 고구려의 주도 하에 신라도 전진에 사신을 파견할 수 있었

---

17) 『三國史記』 卷4, 新羅本紀4, 法興王 7年.
18) 『孟子』 梁惠王下, "老而無妻曰鰥, 老而無夫曰寡, 老而無子曰獨, 幼而無父曰孤:此四者, 天下之窮民而無告者"
19) 『南齊書』, 高帝(蕭道成)紀上, "鰥寡孤獨不能自存者 賜谷五斛 府州所領 亦同蕩然"
20) 『論語』, 學而, "有子曰 其爲人也孝弟 而好犯上者 鮮矣 不好犯上 而好作亂者 未之有也 君子務本 本立而道生 孝弟也者 其爲仁之本與"
21) 『三國史記』 卷2, 新羅本紀2, 沾解尼師今 2年.
22) 『三國史記』 卷104, 晉紀 26.
23) 『三國史記』 卷3, 新羅本紀3, 奈勿尼師今 22年. 『三國史記』는 381년이라고 하였는데, 『太平御覽』 卷82, 四夷部, 新羅에는 동일한 내용이 符堅建元 18年(382)으로 기록되어 있다.

음을 알 수 있다.24) 후자의 경우 역시 신라는 고구려와 함께 전진에 갔다. 이에 대해 신라가 고구려에 요구해서 적극적으로 외교교섭에 나선 것으로 보기도 한다.25) 이처럼 나물왕대의 전진과의 교섭은 고구려와 함께 이루어진 것이었다.

또한 나물왕 37년(392)에 나물왕은 이찬 대서지의 아들인 실성을 볼모[質]로 고구려에 보냈었다.26) 이후 나물왕 46년(401), 고구려에 갔었던 실성이 돌아오는데,27) 이듬해 나물왕이 죽자 실성왕으로 즉위하였다.28) 실성왕은 즉위한 해에 나물왕의 아들 미사흔을 왜에 볼모로 보내고,29) 실성왕 11년(412)에 나물왕의 아들 복호를 고구려에 볼모로 보냈다.30) 눌지왕 즉위조에 따르면, 실성왕이 나물왕의 아들인 미사흔과 복호를 각각 왜와 고구려에 인질로 보낸 것은 나물왕이 자신을 고구려에 보낸 것에 대한 원한 때문이었다. 나물왕의 아들인 눌지 역시 고구려를 이용해 죽이고자 하였으나, 결국 고구려는 눌지를 택하였고, 즉위를 지지하였다.31) 이는 1946년 호우총에서 발굴된 청동합의 명문, 즉 호우명壺杅銘의 명문을 통해서 확인할 수 있다. 청동합에는 "乙卯年國罡上廣開土地好太王壺杅十"라는 명문이 있는데, 여기서 을묘년은 장수왕 3년(415)이 유력하다.32) 고구려에서 제작된 물품이 신라로 반입된 정황을 알 수 있다. 또한 고구려비인 「중원고구려비」의 "新羅土內幢主"로 보아 신라 영토 내에 고구려군사가 주둔하고 있

---

24) 주보돈, 「5-6세기 중엽 高句麗와 新羅의 관계-신라의 漢江流域 진출과 관련하여-」 『북방사논총』 11, 2006, 70-71쪽 ; 장창은, 『신라 상고기 정치변동과 고구려 관계』, 신시원, 2008, 86쪽.
25) 주보돈, 앞의 논문, 2006, 71-72쪽.
26) 『三國史記』 卷3, 新羅本紀3, 奈勿尼師今 37年.
27) 『三國史記』 卷3, 新羅本紀3, 奈勿尼師今 46年.
28) 『三國史記』 卷3, 新羅本紀3, 奈勿尼師今 47年, 實聖 尼師今 元年.
29) 『三國史記』 卷3, 新羅本紀3, 實聖尼師今 元年.
30) 『三國史記』 卷3, 新羅本紀3, 實聖尼師今 11年.
31) 『三國史記』 卷3, 新羅本紀3, 訥祇麻立干 元年.
32) 朴光烈, 「新羅 瑞鳳冢과 壺杅塚의 絶對年代考」 『韓國考古學報』 41, 1999, 87-96쪽.

었음을 알 수 있다. 눌지왕은 34-38년에 신라 중앙정계에서 고구려 군사를 축출하였고, 이로 인해 눌지왕 38년(454)에 고구려의 신라 침입으로 이어졌다.33) 이를 계기로 신라는 고구려의 영향에서 벗어나 대내적으로 체제를 정비할 수 있었다.

법흥왕 8년(521년)에 양에 사신을 보내 방물을 바쳤는데,34) 이는 백제 사신을 따라 간 것이었다.35) 법흥왕대에 고구려의 영향에서 벗어나, 백제를 통해 남조와 교류하였다. 법흥왕대 이후, 중국왕조와의 직접 교통, 대내적인 체제 정비, 왕권의 강화는 유학을 수용하는 조건이 되었다.

신라의 6세기 금석문인「울진봉평신라비」와「마운령신라진흥왕순수비」는 각각 『논어』의 문구를 인용하고 있다. 법흥왕대의「울진봉평신라비」(524년)의 "若此者獲罪於天"은 『논어』의 팔일편이고,36) 진흥왕대의「마운령진흥왕순수비」(568년)의 "莫不修己以安百姓"은 『논어』의 헌문편이다.37) 즉 신라는 왕실을 중심으로 『논어』와 그에 담긴 유교적 통치이념을 도입하였던 것이다.

「임신서기석」은 두 명의 친우가 임신년과 그 전해인 신미년에 서약한 내용을 새긴 것이다. 여기서 임신년을 진평왕 34년(612)으로 보기도 하고,38) 진흥왕 13년(552)으로 보기도 한다.39) 또는 원성왕이나 문성왕대로 추정하는 견해도 제시되었다.40)「임신서기석」은 두 명의 친우가『모시』,

---

33) 장창은, 앞의 책, 2008, 130-144쪽.
34) 『三國史記』卷4, 新羅本紀4, 法興王 8年.
35) 『梁書』卷3, 武帝 普通 2년 11월조 : 『梁書』卷54, 東夷列傳, 新羅傳.
36) 『論語』八佾3, "獲罪於天 無所禱也"
37) 『論語』憲問14, "修己以安百姓 堯舜其猶病諸"
38) 이병도,「壬申誓記石에 대하여」『서울대학교논문집(인문사회과학)』 5, 1957 : 『韓國古代史研究』, 博英社, 1976, 692쪽.
39) 김창호,『삼국시대 금석문 연구』, 서경문화사, 2009, 153쪽.
40) 윤경진은 원성왕대의 독서삼품과와 경전의 관련성을 주목하여 원성왕 7년(792), 또는 문성왕 14년(852)으로 보는 견해를 제시하였다(「壬申誓記石」의 제작 시기와 신라 중고기의 儒學 이해에 대한 재검토」『목간과 문자』 22, 2019, 233쪽).

『상서』, 『예기』, 『춘추전』의 유학 경전을 차례로 학습하고[倫得], 이듬해에 충도忠道를 다할 것을 서약한 것을 새긴 것이다. 그런데 "天前誓", "誓若此事失天大罪得"이라고 하여 서약의 대상이 '天'이다. 이는 『논어』의 팔일편인 "若此者獲罪於天"을 인용한 문구임을 알 수 있다. 이로 볼 때, 「임신서기석」의 친우들은 『논어』를 학습하였고, 이후 『모시』, 『상서』, 『예기』, 『춘추전』 등의 유학 경전 역시 학습하기로 서약한 것임을 알 수 있다.[41]

이와 관련하여 진흥왕대 국사편찬과 진평왕대 김후직의 충간과 원광의 세속오계世俗五戒가 주목된다. 우선 진흥왕 6년(545)에 이찬 이사부가 포폄褒貶을 위해 국사를 편찬할 것을 권유하였고, 이에 거칠부를 시켜 국사를 편찬하게 하였다.[42] 포폄은 노의 국사인 『춘추』를 편찬한 목적이다. 진흥왕대의 국사 편찬은 이사부가 건의하고, 거칠부가 널리 문사文士를 모아 편찬한 것이다. '포폄'을 기준으로 국사를 편찬하였고, 이는 왕과 군신 사이에 '충'을 효과적으로 각인시켰을 것이다. 진흥왕대 이후, 유학은 통치이념으로 활용되었던 것이다. 이로 볼 때 「임신서기석」은 국사 편찬이후, 진평왕 34년의 금석문일 가능성이 크다.

또한 진평왕대에 병부령 김후직이 『상서』와 『도덕경』를 인용하여 전렵을 절제할 것을 충간하였다.[43] 김후직이 노자는 "말달리며 사냥하는 것은 사람의 마음을 미치게 한다."라고 하였고,[44] 『서경』에서는 "안으로 여색을 일삼든지 밖으로 사냥을 일삼든지, 이 중에 하나가 있어도 혹 망하지 아니함이 없다."라고 하였다.[45] 또한 진평왕 22년(600)에 원광이 신라로 돌아왔을 때, 그를 찾아온 귀산과 추항에게 세속오계를 주었는데, 그 첫 번째가 '충'이고, 두 번째가 '효'이다.[46] 이처럼 진평왕대에 유학사상이 왕자王者의

---

41) 김영하, 앞의 책, 2007. 200-201쪽.
42) 『三國史記』 卷4, 新羅本紀4, 眞興王 6년.
43) 『三國史記』 卷45, 列傳5, 金后稷.
44) 『道德經』 12. "五色令人目盲 五音令人耳聾 五味令人口爽 馳騁田獵 令人心發狂"
45) 『書經』, 五子之歌篇, "其二曰 訓有之 內作色荒 外作禽荒 甘酒嗜音 峻宇雕牆 有一於此 未或不亡"

통치이념으로 활용되었음을 알 수 있다. 즉 왕은 '덕치德治'를 하고, 신은 '충효忠孝'를 해야 하는데, 그 매개는 '천天'이었다. 중고기에 유학사상을 전제로 한 새로운 군신관계가 형성되었는데, 충의 대상은 왕이 아닌 국가이고, 신하 일방이 아닌 쌍방의 관계로 전환되었던 것이다.

2) 『효경』과 관리 선발

선덕왕 9년(640), 신라의 귀족 자제들은 처음으로 당의 국학에 입학하였다.47) 이는 당태종의 유학 진흥책에 고무된 것으로, 신라왕의 추천과 당의 허락 하에 견당사의 인솔로 이루어진 것이었다.48) 당태종은 남북조의 경학을 집대성하고자 하였다. 그 결과 633년에 『신정오경新定五經』을 '반포하였고, 정관貞觀 연간에 편찬이 시작된 『오경정의五經正義』는 당고종 영휘永徽 연간에 완성되었다. 당에서 『오경정의』를 통해 집대성한 유학은 신라의 견당유학생을 통해 수입되었다.49)

> B-1. "불도는 세상 밖의 교[世外之敎]라고 합니다. 저는 '저는 인간세상의 사람[人間人]이니 어찌 불도를 배우겠습니까? 儒者의 도를 배우기를 원합니다." 스승에게 나아가 『효경』, 『곡례』, 『문선』을 읽었다.50)
>
> B-2. 방언으로 九經을 풀이하여 후학들을 가르쳤으므로 지금[고려]까지 학자들이 그를 종주로 받든다. 또 글을 잘 지었으나 세상에 전해오는 것이 없다.51)

---

46) 『三國史記』 卷45, 列傳5, 貴山.
47) 『三國史記』 卷5, 新羅本紀5, 善德王 9年.
48) 권덕영, 『古代韓中外交史-遣唐使研究-』, 一潮閣, 1997, 22-23쪽.
49) 李相玉, 「經學의 變遷과 東漸考」 『中國學報』 4, 1965, 13-15쪽.
50) 『三國史記』 卷46, 列傳6, 强首.
51) 『三國史記』 卷46, 列傳6, 薛聰.

B-1과 2는 중대 초기의 유학자인 강수와 설총에 관한 사료이다. B-1은 강수가 인간세상의 사람[人間人]이라는 이유로[52] 유학을 선택하였고, 이에 『효경』, 『곡례』, 『문선』을 배웠다는 내용이다. 이후 강수는 태종무열왕대에 당의 사신이 가져온 조서를 왕 앞에서 설명하고 읽어내고, 조서에 감사하는 표表를 지어 유학자로서의 면모를 드러내었다. 문무왕대에 사찬의 관등을 받고, 매년 녹봉을 받았으며, 신문왕대에 죽었다.[53] 강수는 태종 무열왕대부터 신문왕에 이르기까지 유학자로서 외교문서를 작성하는 관인의 역할을 담당하였음을 알 수 있다.

B-2)는 설총의 일화이다. 설총은 원효의 아들로, 신문왕에게 화왕계花王戒를 지어준 일화가 있다.[54] 설총이 뛰어난 유학자로서 후학을 가르치는 일을 했었음을 알 수 있다. 설총이 방언으로 풀었다는 구경九經은 『오경정의』가 완성한 이후, 당의 관인선발시험에서 定本이 되는 9개의 경전을 말하는 것으로 여겨진다. 당의 구경은 역易, 서書, 시詩, 3례三禮, 3전三傳으로[55] 삼례는 예기, 주례, 의례를 말하고, 삼전은 춘추좌씨전, 공양전, 곡량전을 말한다. 이 중 분량의 다소에 따라, 대경大經, 중경中經, 소경小經으로 분류하는데, 대경은 『예기』, 『춘추좌씨전』, 중경은 『모시』, 『주례』, 『의례』, 소경은 『주역』, 『상서』, 『공양전』, 『곡량전』이다.[56] 이로 볼 때, 7세기를 전후하여 유학이 관제형성과 통치제도의 운영에 중요한 요소로 등장하였음을 알 수 있다.[57]

중대 이후, 유학은 관제의 정비, 관인의 확충과 함께 더욱 중시되었다. 태종 무열왕이 즉위하면서 시작된 중대왕실이 대내적 체제정비와 대민편

---

52) 조경철, 「단군신화 속 홍익인간의 유래와 그 의미」, 『정신문화연구』 40, 2017, 100-101쪽.
53) 『三國史記』 卷46, 列傳6, 强首.
54) 『三國史記』 卷46, 列傳6, 薛聰.
55) 李相玉, 앞의 논문, 1965, 15쪽.
56) 張懷承, 『中國學術通史』 隋唐卷, 人民出版社, 2004, 186쪽.
57) 김호동, 「신라말 고려초 유교정치이념의 확대」, 『한국중세사연구』 18, 2005, 91쪽.

제를 통한 중앙집권화를 목표로 함에 따라, 이를 담당할 유교적 소양을 가진 인적 자원의 필요성이 확대되었다.58) 신문왕 2년(682)에 국학을 설치하여59) 중앙집권적 체제를 운영할 인적 자원을 확보하고자 하였다. 다음은 신문왕대 설치된 국학과 원성왕대의 독서삼품과에 관한 사료이다.

> C-1. 교수하는 방법은 『주역』, 『상서』, 『모시』, 『예기』, 『춘추좌씨전』, 『문선』으로 구분하여 학업으로 삼았다. 박사와 조교 1명이 ① 때로는 『예기』, 『주역』, 『논어』, 『효경』을, ② 때로는 『춘추좌전』, 『모시』, 『논어』, 『효경』을, ③ 때로는 『상서』, 『논어』, 『효경』, 『문선』을 교수하였다.60)
> C-2. 모든 학생이 책 읽고 이로써 3품으로 관직에 나아가니(出身) 『춘추좌씨전』과 『예기』와 『문선』을 읽고 능히 그 뜻에 통달하고 겸하여 『논어』와 『효경』에 밝은 자는 상으로 삼고, 『곡례』, 『논어』, 『효경』을 읽은 자는 중으로 삼고, 『곡례』, 『효경』을 읽은 자는 하로 삼았다. 만약 5경 3사와 제자백가서를 능히 아울러 통하는 자는 등급에 관여치 않고(超) 발탁하여 임용하였다. 혹 달리는 산학박사와 조교 1명이 『철경』, 『삼개』, 『구장』, 『육장』을 가르쳤다.61)

C-1과 2는 각각 중대와 하대의 유학교육과 관인선발에 관한 사료이다. C-1은 신문왕 2년의 국학의 교육내용과 관련된 사료이고, C-2)는 원성왕대 독서삼품과의 선발과 관련된 내용이다. C-1에서는 박사博士와 조교助教 1명이 가르치는 내용을 3가지로 분류하고 있다. 『논어』와 『효경』은 공통이고, C-1 ①은 『예기』, 『주역』, C-1 ②는 『춘추좌전』, 『모시』, C-1③은 『상서』, 『문선』을 추가하여 교수한다고 하였다.

---

58) 고경석, 「신라 관인선발제도의 변화」 『역사와 현실』 23, 1997, 97-98쪽.
59) 『三國史記』 卷8, 新羅本紀8, 神文王 2年 ; 『三國史記』 卷37, 雜志7, 職官 上, 國學.
60) 『三國史記』 卷37, 雜志7, 職官 上, 國學.
61) 『三國史記』 卷37, 雜志7, 職官 上, 國學.

C-2는 원성왕 4년(788)에 관인선발[出仕]의 방법으로 독서삼품讀書三品를 신설하였는데,[62] 선발기준인 유학학습에 대한 내용이다. 독서삼품과에서는 유학 학습과 관인선발이 상·중·하의 3품品으로 규정하였는데, 그 외에 5경 3사五經三史와 제자백가서諸子百家書에 통달한 경우는 초탁超擢이 가능하다는 예외 규정을 두었다. 시험은 『효경』이 공통 과목이고, 여기에 하품은 『곡례』, 중품은 『곡례』·『논어』, 상품은 『춘추좌씨전』·『예기』·『문선』·『논어』를 더하였다. 『곡례』는 『예기』의 첫 편이기 때문에 실제로 『효경』과 예가 공통 과목이었음을 알 수 있다.[63] B-1의 강수, C-1과 2의 국학과 독서삼품과의 과목에서 『효경』이 공통과목이었다는 점이 주목된다.[64] B-2에서 설총이 가르쳤던 9경중에도 『효경』이 포함되어 있었을 것이다. 강수는 중대의 첫 왕인 태종 무열왕부터 신문왕에 이르기까지 유학자이자 외교문서 담당 관인으로 활동하였다. 설총 자신이 관인으로서 활동했는지는 알 수 없으나, 유학을 가르치던 유학자였다. 설총의 교육이 관인의 유학적 지식과 소양을 기르는 데 활용되었을 것이라는 점을 짐작할 수 있다. 그리고 신문왕이 설치한 국학은 관인의 유교적 소양을 기르기 위한 유학 교육 기관이었다. 또한 원성왕이 시행한 독서삼품과는 유교적 소양을 갖춘 관인을 선발하기 위한 시험이었다.[65] 이로 볼 때 신라 중대 이후 관인이 필수적으로 습득해야 할 과목은 『효경』이었고, 필수적으로 갖추어야 할 품성이 '효'였음을 알 수 있다.

『효경』은 중국 전국시대에 지어진 유가적 효윤리를 기록한 책이다.[66]

---

62) 『三國史記』 卷10, 新羅本紀10, 元聖王 4年.
63) 김영하, 앞의 책, 2007, 216쪽.
64) 노용필은 신라가 국가적으로 유교적 효행을 장려했던 것은 효를 실천하여 궁극적으로는 국가와 군주를 위해 충성을 다하도록 이끌기 위한 것이었다고 보았다. 이와 같은 목적 하에 국학이나 독서삼품과에서 『효경』을 가장 필수적인 과목으로 설정한 것이라고 보았다(『한국고대사회사상사탐구』, 한국사학, 2007, 240쪽).
65) 한영화, 「신라의 國學 교육과 관인 선발」 『신라사연구』 45, 2019, 359-361쪽.
66) 『효경』의 저작 연도와 저자, 판본에 대해서 이설이 많다. 저작연도의 경우, 전국시대 전기 또는 후기에 지어졌다고 보는 견해가 있고, 저자의 경우, 공자 또는 공자의

즉 『효경』은 천자-제후-경대부-사서인에 이르기까지 신분의 존비에 따른 효의 내용과 방법, 목적 등을 서술한 책이다. 『효경』에서는 효란 사친事親으로 시작하여 사군事君을 거쳐 입신立身으로 끝을 맺는 것이라고 하였는데,67) 효가 사친의 사적 영역에 한정되는 것이 아니라 사군와 입신의 공적 영역으로 나아가야 된다는 것을 말하고 있다. 또한 효로써 사군하는 것이 곧 충이라고 하였는데,68) 효의 대상은 부모이고, 충의 대상은 임금인데, 섬김의 본질은 같은 것으로 파악하였다. 이는 충신의 사군과 효자의 사친은 근본이 하나라는69) 공자의 충효관의 핵심인 충효일체론忠孝一本論에 기인한 것이다.70)

당에서도 『효경』은 관리 선발의 필수 과목이었고, '효'는 통치의 수단이었다. 당의 명경과와 진사과에서 『효경』과 『논어』는 필수적으로 모두 학습해야 하는 과목이었다.71) 당과 신라의 관인층은 필수과목인 『효경』을 학습하고, 유교의 정치사상인 '충효일체론'을 습득해야했던 것이다. 당과 신라의 관인층은 국학에서 『논어』와 『효경』을 학습하며 유교적 충효관을 체계적으로 습득하였다.

중고기에 성립된 유교사상을 기반으로 한 군신관계는 신라 중대에 국학의 성립을 통해 제도화되었다. 7세기 동아시아 국제전쟁 이후, 성립된 중대왕실은 지배공간이 확대되고, 관인층의 필요가 증대됨에 따라 당의 국학제도를 수용하여 『논어』와 『효경』을 비롯한 유교경전을 체계적으로 학습시켰다. 즉 중대왕실은 유교적 충효관을 학습한 문해력을 갖춘 행정인력이

제자, 증자 또는 증자의 제자가 지었다고 보는 견해들이 있다. 또한 여러 판본이 있는데, 그 중 古文은 前漢 孔安國의 22장으로 구성된 『古文孝經』, 今文은 後漢 鄭玄의 18장으로 구성된 『孝經』이 많이 알려졌다(金國泰, 『唐代 孝倫理와 孝實踐 硏究』, 연세대학교 박사학위논문, 2013, 21쪽).

67) 『孝經』, 開宗明義章 1. "夫孝 始于事親 中于事君 終于立身."
68) 『孝經』, 士章 5. "故以孝事君則忠 以敬事長則順."
69) 『禮記』, 祭統. "忠臣以事其君 孝子以事其親 其本一也."
70) 김영하, 앞의 책, 2007, 215-216쪽.
71) 『唐六典』 卷2, 尙書吏部.

필요했고, 이를 위해 국학을 설치하였고, 『효경』은 관인에게 요구하는 필수적인 유교적 소양, 즉 유학의 충효관을 명확하게 알려줄 수 있는 과목이었다. 7세기 전후한 시기의 신라에서 유학은 중국의 관제운영의 원리와 결부된 지식으로 중요시되었던 것이다.

2. 경덕왕의 『어주효경御注孝經』의 수용과 '효치孝治'

『삼국유사』 효선편에는 '효'에 대한 일화가 총 5편이 실려 있는데,[72] 중대와 하대를 배경으로 하고 있다. 『삼국유사』 효선편에 수록된 일화의 배경 시기를 보면, 진정, 대성, 향득은 중대이고, 손순, 빈녀는 하대이다. 그리고 이들 일화는 시기순으로 수록되어 있다. 효선편의 일화를 통해 효인식이 변화하는 양상을 살펴보고, 그 의미를 알아보고자 한다.

『삼국유사』 효선편의 첫 번째 일화는 진정사에 관한 것이다. 진정사는 의상에게 의탁하여 제자가 되었고, 뿐만 아니라 의상이 태백산에서 불법을 설하였다는 기사로 보아 부석사가 창건된 이후임을 알 수 있다. 부석사는 문무왕 16년(676년) 2월에 창건하였으므로,[73] 문무왕대였음을 알 수 있다. 다음으로 대성의 경우, 제목에 신문왕대라고 적시하였다. 대성은 이승의 양친을 위해 불국사를 세우고, 전생의 부모를 위해 석불사를 세웠다. 대성이 불국사를 천보10년(751, 경덕왕 10년)에 세우기 시작하였는데, 완공을 못보고 대력9년(774, 혜공왕 10년)에 죽자 국가가 완성하였다. 이로 볼 때 대성의 전생과 현생은 신문왕-혜공왕에 이르는 시기였을 것임을 알 수 있다.

또한 향득과 손순, 빈녀의 경우, 그들의 효에 대해서 왕에게 포상을 받

---

72) 『三國遺事』 卷5, 孝善篇.
73) 『三國史記』 卷7, 新羅本紀7, 文武王 16年.

는데, 그 시기를 각각 경덕왕, 흥덕왕, 진성왕대라고 하여 명확히 기록하였다. 이처럼 효선편에 수록된 일화들은 신라 중대와 하대에 걸쳐 시기순으로 배열되어 있다. 또한 내용상으로도 다소간의 차이가 있어 주목된다. 다음은 효선편의 효에 대한 내용을 정리한 표이다.

표1 『삼국유사』 효선편의 '효'의 내용

시기	중대			하대	
	문무왕	신문왕(-혜공왕)	경덕왕	흥덕왕	진성왕
인명	진정	대성	향득	손순	빈녀
효의 대상	홀어머니	2世의 부모	아버지	홀어머니	홀어머니
효의 내용	출가	사찰 건축	봉양(割股)	봉양(埋兒)	봉양(賣身)
포상	모친의 生天	적선(積善)	租 500석	집+매년粳50	집+穀 500석

표1을 보면, 효선편의 효의 내용과 보응이 다소 다르다는 것을 알 수 있다. 진정과 대성이 행한 효의 내용은 각각 출가와 사찰 건축이었고, 그에 대한 보응 역시 진정의 어머니의 '하늘에서의 환생'과 자신과 부모의 선업 善業이었다. 반면 향득과 손순, 빈녀의 경우, 효의 내용이 모두 부모에 대한 직접적인 봉양이었는데, 다만 넓적다리를 베거나, 아이를 묻으려 한다거나, 자신을 파는 등의 방법상의 차이가 있었다. 향득과 손순, 빈녀의 경우, 이처럼 극단적인 효를 행해야 했던 배경은 '빈곤'이었고, 그에 대한 보응은 왕에 의한 포상이었다.

표1을 통해 '효행'에 대한 인식이 시기별로 변화하는 양상을 알 수 있다. 진정과 대성의 단계에서는 효는 개인의 선행이고, 이를 통해 선업을 쌓음으로써 내세의 복을 기약하는 행위, 즉 적선積善이 주목적이었다. 그런데 향득, 손순, 빈녀의 단계에서는 개인의 효행이 왕에 의해 포상을 받는 행위로 전화하는데, 이를 통해 '효행'이 통치의 수단으로 인식되기 시작하였다는 점을 알 수 있다. 즉 '효행'에 대한 인식이 사적인 영역에서 공적인 영

역으로, 개인의 선행에서 정치적 행위로 전환되었던 것이다. 그리고 그 기점은 경덕왕대이다.

『삼국유사』 효선편의 일화 중 경덕왕대의 향득과 진성왕대의 빈녀 일화는 『삼국사기』 열전에도 실려 있다. 향득向得은 「신라본기」 경덕왕 14년조(755)와[74] 「열전」에 향덕向德의 일화로 실려 있는데,[75] 내용이 다소 다르다. 효선편에서는 향득의 효의 대상이 아버지이고, 넓적다리를 베어 봉양하였으며, 이에 대해 경덕왕에게 조 500섬의 포상을 받았다. 그런데 열전에서는 향덕의 효의 대상은 어머니이고, 어머니에게 넓적다리 살을 떼어 먹게 하고, 어머니의 종기를 입으로 빨아 완쾌시켰다. 그에 대해 경덕왕은 조 300섬과 집 한 채, 구분전 약간을 내려주고, 담당 관청에 명하여 비석을 세워 기록하게 하였다고 한다.[76] 또한 열전에는 향덕 외에 성각聖覺의 일화도 수록하였는데, 성각 역시 넓적다리를 떼어 어머니를 봉양하였고, 이에 대해 웅천주의 향덕의 옛일에 따라 조 300섬을 주었다고 한다.[77] 각간 경신과 이찬 주원이 왕에게 아뢴 것으로 보아 혜공왕 또는 선덕왕대의 일임을 알 수 있다. 이로 보아 경덕왕대 향덕의 일이 전범典範으로 기능하고 있음을 알 수 있다. 경덕왕대에 효행에 대한 포상이 왕의 통치행위의 일환으로 이루어지고 있었던 것이다.

당에서 '효' 윤리를 확대하고 보급하는 방법 역시 표창과 포상이었다. 즉 '효의孝義' 즉 효자孝子와 의부義夫는 문려門閭에 정표旌表를 세워서 표창하였다.[78] 뿐만 아니라 효자와 의부는 관리가 아닐 경우, 종9품상의 관직을 주었고,[79] 관리일 경우, 관직을 2단계 승진을 시켜주었고, 고위관리로

---

74) 『三國史記』 卷9, 新羅本紀9, 景德王 14年.
75) 『三國史記』 卷48, 列傳8, 向德.
76) 이에 대해 신라본기에서는 旌表를 세웠다고 기록하고 있다.
77) 『三國史記』 卷48, 列傳8, 聖覺.
78) 『唐六典』 卷2 尙書吏部, "凡孝義旌表門閭者 出身從九品上敍"; 『唐會要』 卷81, "有以秀孝 (중략) 凡孝義旌表門閭者, 出身從九品上 敍".
79) 『唐令拾遺』 選擧令, 第22條.

3품 이상일 경우, 작爵 1급을 수여하였다.80) 이처럼 당은 표창과 포상을 통해 위로는 천자로부터 아래로는 일반 백성에 이르기까지 효윤리와 효를 중심으로 한 '효치천하孝治天下'의 이념으로 통치하고자 하였다.81)

당에서는 복수復讐, 할고割股, 여묘廬墓 등을 통해 '지극한 효'를 실천하는 사례가 다수 보이는데,82) 이 중 할고는 부모의 병을 치료하기 위해 자신의 넓적다리 살을 베어 약으로 먹게하는 것을 말한다.83) 경덕왕대의 향득 역시 부모의 병을 치료하기 위해 할고를 하였다. 경덕왕대의 '할고'와 '포상'이 당으로부터 수용한 통치이념, '효치'의 일환으로 이루어졌음을 알 수 있다. 신라 중대에는 당의 '효치천하'의 이념이 『효경』을 통해 수용되었고, 정치사상으로 활용되었다. 관리선발의 필수과목인 『효경』을 통해 관인층은 유학의 충효관, 즉 필연적으로 충으로 귀결되는 효를 학습하였다. 경덕왕대에 효의 포상이 일반 민에게 확대되었고, 이는 유교적 정치사상인 '효충일체론'이 사회윤리로 전환하는 계기가 되었다.

경덕왕 2년(743), 당의 현종이 주석한 『어주효경』을 수입하였다.84) 『어주효경』은 당대의 금문今文·고문古文의 논쟁과정에서 『금문효경』을 기반으로 하면서 『고문효경』의 장점을 부분적으로 수용, 보완한 텍스트였다. 한당대에 유행한 『금문효경』은 '가천하家天下의 정치론'과 '효치론孝治論'을 통해 황제 중심의 일원적 집권체제 구축과 황제권 강화에 크게 기여하였다.85) 한제국에서 『효경』의 교육을 통해 효제孝悌를 강조하였던 것은 통치의 안정을 보증하는 공순한 인간을 창출하기 위한 것이었고, 이는 사실상 충을 요구하기 위한 전제였을 뿐이다.86)

---

80) 『册府元龜』 卷87, 帝王部, 赦宥6.
81) 김국진, 앞의 논문, 2013, 7-20쪽.
82) 김국진, 앞의 논문, 2013, 31-55쪽.
83) 『新唐書』 卷195, 列傳120, 孝友 序.
84) 『唐會要』 卷36, 修撰, 開元 10年; 『新唐書』 卷57, 志47, 藝文1·3.
85) 강문식, 앞의 논문, 2012, 12쪽, 17쪽.
86) 李成珪, 「漢代 『孝經』의 普及과 그 理念」 『韓國思想史學』 10, 1998, 191-196쪽.

당현종은 개원10년(722)에 『어주효경』을 완성하고, 국자학 및 온 천하에 보급하였다. 이후 천보2년(743)에 『어주효경』을 증수하여 『중주본重註本』을 천하에 반포하였고, 천보3년(744)에 칙령을 내려 『어주효경』을 각 집마다 갖추어 놓고 교습하게 하였다.[87]

> 공자가 말하길, "효라는 것은 덕의 근본이며 가르침이 생겨나는 바 탕이다." 「사람의 행실에는 孝보다 큰 것이 없다. 그러므로 (효는) 덕의 근본이다」 (중략) "효는 어버이 섬기는 것에서 시작하여, 임금을 섬김이 가운데이고, (벼슬길에 나아가 도를 행하는) 입신에서 끝나는 것이다." 「효를 행한다는 것은 부모를 섬기는 것으로 시작하여 임금을 섬기는 것이 가운데인데, 이는 충효의 도를 드러내어 이름을 떨치고, 부모를 영화롭게 하는 것이니, 그러므로 입신으로 끝난다고 하는 것이다."[88]

위의 『어주효경』에 따르면, 당 현종은 『효경』에 주석을 덧붙여서 '효가 덕의 근본'이라는 점과 '효와 충의 관련성'을 강조하였음을 알 수 있다. 이는 왕에게도 해당하는 것으로 『어주효경』의 효치장에 따르면, "명왕은 효로 다스리니 제후이하가 교화되어 이를 행한다. 그러므로 이와 같다면 복이 응하는 것이다."라고 하였다.[89] 왕은 덕으로 다스리는데, 그 실천윤리가 효인 것이다. 즉 '덕치'로 교화하면, 이는 제후와 천하가 다스려질 것이라는 천하관의 발현이다.

당현종이 『어주효경』을 신라의 경덕왕에게 수여하였는데, 이는 당이 타

---

[87] 『唐會要』卷35, 經籍條, "其載十二月 勅自今已後 宜令天下家 藏孝經一本 精勤教習 學校之中 倍加傳授州縣官長 明申勤課焉".
[88] 『御註孝經』1章, 開宗明義章, "子曰, 夫孝德之本也. 教之所由生也. 復坐吾語汝. 身體髮膚受之父母不敢毀傷孝之始也. 立身行道揚名於後世以顯父母孝之終也. 夫孝始於事親中於事君終於立身".
[89] 『御註孝經』8章, 孝治, "明王以孝爲理 則諸侯以下化而行之 故致如此福應."

자화한 신라와 신라왕이 차별할 신민에 대한 이중의 함의가 내포되어 있었다.90) 즉 당과 신라를 천자-제후의 관계로 위치짓는 것인 동시에 신라 내부의 위계를 확정짓는 것이었다. 경덕왕은 『어주효경』의 통치이념인 '효치'를 받아들여 대외적으로 당-신라의 국제관계를 인식하고, 대내적으로 왕 이하의 위계를 정립하고, 통치의 범주를 민으로 확대하였다.

『효경』을 매개로 한 유학의 충효관은 중대초기인 태종 무열왕-신문왕대에 관인의 유교적 소양에 대한 학습차원에서 활용되었고, 경덕왕대 이후에는 '표창'이라는 통치 행위를 통해 사회윤리로 확산되었다.『삼국유사』효선편의 경덕왕대의 향득, 흥덕왕대의 손순, 진성왕대의 빈녀(지은)의 효행은 왕으로부터 포상을 받았다. 효에 대한 포상은 『효경』의 충효관을 사회 전반으로 확산시키려는 통치행위였던 것이다. 『효경』의 충효관이 관인이 갖추어야 할 유교적 덕목에서 사회 전반의 윤리적 규범으로 인식되는 계기가 되었다.91) 이처럼 신라의 중대이후 유교의 충과 효는 국가운영의 지배이념으로서 작동하였다.

요컨대 신라 중대에 『효경』을 통해 당의 '효치천하'의 이념을 수용하였고, 정치사상으로 활용하였다. 신문왕대 국학을 설치하여 '효'를 제도화하였는데, '효치천하'의 대상이 관인층이었다. 이후, 경덕왕대를 기점으로 '효치천하'의 대상이 관官에서 민民으로 확대되었다. 유학사상의 '효'는 '효충일체론'의 정치사상으로 활용되었는데, 그 대상이 점차 확대되었다. '효충일체론'의 대상은 진흥왕대에 왕(국)-신[王(國)-臣]으로 전환되었고, 신문왕대에 왕(국)-관[王(國)-官]으로, 경덕왕대에 왕(국)-민[王(國)-民]으로 점차 확대되었다. 이는 왕의 통치가 제도화되고, 통치력의 범주가 확대된 결과이다.

---

90) 김영하, 앞의 책, 2007, 207-208쪽.
91) 고소진은 중대의 효가 효경을 통해 충과 연결되는 요소가 부각된 반면, 하대에 들어서 그 범주가 축소되고, 방법이 극단적으로 변화되었지만, 국가는 여전히 효를 민심을 안정시키는 수단으로 활용하였다고 보았다(앞의 논문, 2014, 31쪽). 그러나 경덕왕대 이후 '효'는 '표창'이라는 통치행위를 통해 사회윤리로서 확산되었을 것이다.

3. 진성왕의 통치와 '효녀' 창출

중대 이후 왕권의 강화와 관료체제 구축에 있어서 유학, 그 중에서 그 중에서『효경』의 정치사상이 매우 중요한 요소로 작용하였다.『효경』의 교육을 통해 윤리적 규범으로서 효제孝悌를 장려하였고, 이는 왕권의 강화와 체제의 안정의 전제가 되었던 것이다. 즉 유교적 덕목이었던 '효'와 '충'은 포상이라는 왕의 통치행위에 통해 윤리적 규범으로서 인식되고, 확산되었다.

'효녀' 일화 역시 효가 충으로 연결되는 접점에 위치하고 있다. 다만 '효녀'의 일화에서는 '효'가 개인의 사적인 선행에서 공동체의 공적인 포상으로 전화되고 있다는 점이 주목된다. '빈녀양모'는 효선편의 가장 마지막 시기인 진성왕대의 일화로,[92]『삼국사기』의 열전에 '효녀지은'조로도 실려 있다. 효선편과 열전의 내용이 다소 차이가 있는데, 다음은 관련 사료이다.

> E ① 孝宗郞이 南山 鮑石亭[혹은 三花述이라고 이른다]에서 놀 때, 문객이 매우 빨리 뛰어왔는데, 두 사람의 객이 홀로 늦었다. 효종랑이 그 까닭을 묻자, 말하였다.
> ② "芬皇寺의 동쪽 마을에 나이가 스무 살 가량의 여자가 눈 먼 어머니를 안고 서로를 부르며 울고 있었다. 같은 마을사람에게 물으니, 말하길, "이 여자의 집이 가난하여, 끼니를 구걸하여 부모의 은혜를 갚은 지 몇 년입니다. 때마침 흉년이라, 문에 기대어 빌릴 수단이 어려워져, 남의 집에 품팔이를 하여 곡식 30석을 얻어, 부잣집에 맡기어 두고 일을 하였습니다. 해질 무렵 쌀을 싸서

---

[92]『삼국사기』의 열전에 大王이라고만 되어 있고, 그의 '그의 형 헌강왕[其兄憲康王]'이라는 표현으로 미루어 定康王으로 보기도 하였다(정구복 외,『역주 삼국사기』4 주석편(하), 한국정신문화연구원, 1997, 804쪽). 그러나 진성여왕에게도 헌강왕은 '兄'이고,『삼국유사』효선편에서 진성왕이라고 적기하고 있으므로, 진성여왕대였음을 알 수 있다.

집에 와서 밥을 지어드리고 함께 자고, 새벽이 되면 부잣집에 일을 하러 돌아가니, 이와 같은 것이 며칠이 되었습니다. 어머니가 말하길, "옛날에 거친 식사에도 마음은 편안했으나, 근래에 향기로운 멥쌀에도 가슴을 찌르는 것 같아 마음이 편안하지 않으니 어찌된 일인가?" 하였다. 여자는 그 사실을 말하니, 어머니는 통곡하고, 여자는 자신이 단지 입과 배를 봉양하기만 하면서, 부모 앞에서 얼굴 빛 관리를 잘 하지 못한 것을 한탄하며, 까닭에 서로를 안고 우는 것입니다." 하였습니다. 이것을 보느라 늦었습니다.'라고 하였다.

③ 효종랑은 그것을 듣고 눈물을 흘리며, 곡식 1백곡을 보냈고, 효종랑의 부모도 또한 의복 1습을 보냈으며, 효종랑의 천 명의 무리는 조 1천 석을 거두어 그것을 보냈다.

④ 이 일이 임금님의 귀에까지 닿았는데, 이때 진성왕은 곡식 500석과 집 1채를 하사하였으며, 병사를 보내어 그 집을 지키게 하여 도적을 경계하였다. 또 그 坊에 旌을 세워 효녀가 봉양한 마을이라 하였다.[93]

⑤ 후에 그 집을 기부하여 절이 되었는데, 이름을 兩尊寺라 하였다.

E ① 효녀 知恩은 韓歧部 백성 連權의 딸이다. 성품이 지극히 효성스러웠다. 어려서 아버지를 잃고 홀로 그 어머니를 봉양하였다. 나이 32세가 되도록 오히려 시집가지 않고 아침과 저녁으로 문안드리며 곁을 떠나지 않았다. 봉양할 것이 없으면 때로는 품을 팔고 때로는 돌아다니며 구걸하여 먹을 것을 얻어 드시도록 하였다.

② [그러한] 날이 오래 되자 가난함을 이기지 못하여 부잣집에 가서 몸을 팔아 종이 되기로 하고 쌀 10여 섬을 얻었다. 온종일 그 집에서 일을 하고 저녁이면 밥을 지어 돌아와서 봉양하였다. 이와 같이 3-4일이 지나자 그 어머니가 딸에게 말하였다. "지난 번에는 음식이 거칠었으나 달았는데 지금은 음식은 비록 좋지만 맛이 전

---

[93] 『三國遺事』 卷5, 孝善9, 貧女養母.

과 같지 않고, 간장과 심장을 칼날로 찌르는 것 같으니 이 어찌된 연유이냐?" 딸이 사실을 아뢰니 어머니가 "나 때문에 너를 종으로 만들었구나. 빨리 죽는 것보다 못하구나."라고 말하고 소리를 내어 크게 우니 딸도 울었다. 슬픔이 길가는 사람들을 감동시켰다.
③ 그때 효종랑이 나가서 돌아다니다가 이를 보고, 집으로 돌아가 부모에게 청하여 집의 곡식 1백 섬과 옷가지를 실어다 그녀에게 주었다. 또 [종으로] 사들인 주인에게 [몸값을] 갚아주고 양인으로 만들어 주었다. 낭도 수천 명이 각각 곡식 한 섬씩을 내어서 주었다.
④ 대왕이 이 소식을 듣고 또한 租 5백 섬과 집 한 채를 내려주고 요역을 면제시켜 주었다. 곡식이 많으므로 훔쳐 가는 자가 있을 것을 염려하여 담당 관청에 명하여 군사를 보내 교대로 지키게 하였다. 그 마을을 칭찬하고 드러내어 '孝養坊'이라고 하였다.[94]
⑤ 이어서 표를 올려 그 아름다움을 당나라 황실에 아뢰었다.
⑥ 효종은 당시 제3재상 舒發翰 仁慶의 아들로 어릴 때 이름은 化達이었다. 왕이 생각하기를 비록 어린 나이이지만 문득 어른스러움을 볼 수 있다고 여겨 곧 자기의 형 헌강왕의 딸을 시집보냈다.[95]

D는 『삼국유사』 효선편의 '빈녀양모'조이고, E는 『삼국사기』 열전의 '효녀지은'조이다. D-①과 ③은 이야기의 주체가 효종랑이다. D-①은 효종랑이 포석정에서 놀 때, 두 명의 문객이 늦었고, 늦은 이유에 대해서 말하는 내용이고, D-③에서 효종랑이 문객이 늦은 이유를 듣고, 효종랑, 효종랑의 부모, 효종랑의 문객이 그에 대해 반응한 것에 대한 내용이다. 문객이 늦은 이유인 D-②가 '빈녀양모'에 대한 내용인 것이다. D-④는 효종랑과 빈녀양모에 대한 이야기를 들은 진성왕이 포상한 내용이다.

반면 E-①은 효녀지은의 출신과 빈곤, E-②에서 지은의 효행, E-③은 효종랑의 선행, E-④왕의 표창에 대한 내용이다. D-②와 E-①과 ②는 '효녀의 효행'에 대한 동일한 내용을 전한다. D-③과 E-③의 효종랑의 선행, D-

---

94) 후에 그 집터에 절을 짓고 兩尊寺라고 하였다 한다(정구복 외, 1997, 앞의 책, 804쪽).
95) 『三國史記』 卷48, 列傳8, 孝女知恩.

④와 E-④의 왕의 포상에 대한 부분도 유사하다. 다만 E-③에서 효종랑이 지은을 양인으로 속해주는 내용과 E-④에서 진성왕이 요역을 면해주는 내용이 추가되어 있다. 다음 표2는 D와 E 사료의 내용을 비교 정리한 것이다.

표2 『삼국유사』 '빈녀양모'와 『삼국사기』의 '효녀지은'의 비교표

출전		삼국사기	삼국유사
시기(왕)		대왕	진성왕
출신		한기부의 연권의 딸	분황사 동쪽마을
가난대처	임금노동(傭)	○	○ 贖貰
	구걸(乞)	○	○
	종(賣身爲婢)	○	
사적포상	효종랑	곡식 1백섬과 옷가지	곡식 1백 곡(斛), 贖良
	효종랑부모		의복 1습(襲)
	효종랑낭도	수천명이 1섬씩	천명이 조(租)1천석(石)
공적포상	왕의 포상	조(租) 5백 섬과 집1채, 요역 면제	곡식 500석과 집1채
		군사	병사
		효양방(孝養坊) + 당	기(旌), 孝養坊(효양방)
기타		효종랑의 결혼	양존사(兩尊寺) 희사

표2를 보면, D와 E의 내용을 비교할 수 있다. 특히 D와 E 사료에서 추가되거나 생략된 부분이 주목된다. D-⑤에서 빈녀의 집을 후에 기부하여 양존사라는 절을 지었다는 내용은 E사료에 보이지 않는다. 또한 E-⑤에서 진성왕이 효녀의 일화를 당에 표表를 올려 알렸다는 점과 E-⑥에서 효종랑을 헌강왕의 딸과 혼인시켰다는 내용은 D사료에는 없다. 또한 D-⑤의 경우, 빈녀는 불사를 희사하고, 선업善業을 쌓음으로써 생전의 봉양과 사후의 추선의 효를 행하고 있는데, 이는 일연이 효선편의 편찬한 의도에 부합하는 내용이다.[96] 이로 보아 D와 E 사이의 내용상의 차이는 『삼국유사』와 『삼국사기』의 편찬 의도에 따른 첨삭의 결과였음을 알 수 있다.

이처럼 '효녀 지은' 일화에서는 왕의 포상과 역할이 보다 구체적으로 드러나고 있다. E-④-⑥의 주체는 진성왕이다. D-④에서 효행을 포상하고, E-⑥에서 효종랑 역시 왕실과의 혼인이라는 포상을 하였다. 이는 진성왕의 대내적 통치행위이다. 또한 E-⑤에서 당에 효행과 포상과 관련된 일을 알렸는데, 이는 대내적 통치행위를 대외적 외교에 활용한 것으로 볼 수 있다. 이를 통해 대내적으로 왕권을 강화하고, 대외적으로 신라의 위상을 높이고자 의도하였음을 알 수 있다. 빈녀양모(효녀지은)의 일화는 진성왕의 통치를 대내외적으로 알림으로써 왕권을 강화하는 수단으로 활용되었던 것이다.

진성왕이 '효치'에 의한 통치를 한 배경에 대해 알아보고자 한다. 『삼국사기』에서는 진성왕대의 왕권이 약하고, 국가의 기강이 문란하고, 사회적으로 궁핍과 혼란이 야기된 근본적인 원인이 진성왕에게 있었던 것으로 파악하고 있다. 진성왕 2년(888)에 각간 위홍이 죽었는데, 이에 진성왕과 위홍의 관계, 위홍이 죽은 이후의 음란, 그에 따른 정치의 문란에 대해 언급하고 있다.[97] 진성왕이 왕노릇을 제대로 하지 못했기에 아첨하는 무리가 방자하게 뜻을 펴고 뇌물이 공공연하게 행해졌으며 상과 벌이 공평하지 않아, 기강이 무너지고 해이해졌다는 것이다.[98] 다음은 진성왕대 정치사회적 정황을 알 수 있는 사료이다.

> F-1. 원년(887), 진성왕이 왕위에 올랐다. 이름은 曼이고 헌강왕의 누이동생이다.[99]
> F-2. 3년(889), 나라 안의 모든 주군에서 공물과 부세를 보내지 않아, 창고가 텅텅 비어 나라 재정이 궁핍하였다. 왕이 사신을 보내 독촉하니 곳곳에서 도적이 벌떼처럼 일어났다. 이때 元宗·哀奴 등

---

96) 김영하, 앞의 논문, 2009, 26-27쪽.
97) 『三國史記』 卷10, 新羅本紀10, 眞聖王 2年.
98) 『三國史記』 卷10, 新羅本紀10, 眞聖王 2年.
99) 『三國史記』 卷10, 新羅本紀10, 眞聖王 元年.

이 사벌주를 근거지로 반란을 일으켰다.100)

F-3. 5년(891), 겨울 10월에 북원 도적의 장수 梁吉이 자기 막료 弓裔를 보내 기병 1백여 명을 거느리고 북원 동쪽 부락과 명주 관내의 酒泉 등 10여 군현을 습격하였다.101)

F-4. 6년(892), 완산의 도적 견훤이 완산주를 근거로 스스로 후백제라 일컬으니, 무주 동남쪽의 군현들이 항복해 붙었다.102)

F-5. 8년(894), 겨울 10월에 궁예가 북원에서 하슬라로 들어오니 무리가 6백 명에 이르렀고, 스스로 장군이라 일컬었다.103)

F-6. 10년(896), 도적이 나라의 서남쪽에서 일어났다. 바지를 붉은 색으로 하여서 스스로를 [다른 사람과] 다르게 하였으므로 사람들이 赤袴賊이라 했다. 주현을 도륙하여 해를 입히고 수도의 서부인 모량리까지 와서 민가를 노략질하고 갔다.104)

F-1의 887년에 진성왕이 즉위하였다. 진성왕은 즉위 직후에 죄수를 크게 사면을 하고 모든 주군의 1년간 조세를 면제해 주었다. 또한 황룡사에 백고좌를 설치하고 친히 행차해 설법을 들었다.105) 이처럼 죄수를 사면하고, 조세를 면제하고, 백고좌를 설치하고, 친히 행차하는 등은 새로운 왕이 즉위 직후에 처음으로 실시하는 통치행위로서 즉위의례의 성격을 가진다. 진성왕 역시 기왕의 관례에 따라 신왕으로서의 예제적 의례를 행하고 있음을 알 수 있다.

진성왕은 대내적으로는 4년(890), 1월 15일 황룡사의 연등행사에 행차하거나106) 8년(894), 최치원의 시무 10여 조를 받아들였다.107) 또한 대외적으

---

100) 『三國史記』 卷10, 新羅本紀10, 眞聖王 3年.
101) 『三國史記』 卷10, 新羅本紀10, 眞聖王 5年.
102) 『三國史記』 卷10, 新羅本紀10, 眞聖王 6年.
103) 『三國史記』 卷10, 新羅本紀10, 眞聖王 8年.
104) 『三國史記』 卷10, 新羅本紀10, 眞聖王 10年.
105) 『三國史記』 卷10, 新羅本紀10, 眞聖王 元年.
106) 『三國史記』 卷10, 新羅本紀10, 眞聖王 4年.
107) 『三國史記』 卷10, 新羅本紀10, 眞聖王 8年.

로는 7년(893), 병부시랑 김처회金處誨를 당나라에 보내 정절旌節을 바치게 하였다.108) 또한 최치원이 890년 이후에 지은 것으로 알려진 「낭혜화상백월보광탑비명」에서는 진성왕에 대해 다음과 같이 평하고 있다.

> "(생략) 太尉大王(眞聖王)께서는 백성에게 은혜를 베풀어서 온 나라를 덮었고 덕있는 사람을 존경하기를 높은 산을 바라보듯 하였다. 즉위하신 지 9개월만에 안부를 묻는 사자가 10번이나 다녀갔다. 그리고 조금 있다가는 허리가 아프다는 이야기를 듣고 國醫를 보내어 치료하게 하였다.(생략)"109)

위의 글에 따르면, 진성왕이 노년의 낭혜화상을 위해 자주 안부를 묻고, 국의를 보내 치료를 하게 하였음을 알 수 있다. 낭혜화상에 대한 존중은 경문왕-헌강왕-정강왕대에 지속적으로 이루었는데, 진성왕은 전왕들의 전례에 존중의 예를 다했을 것으로 여겨진다. 진성왕은 전왕인 부왕과 형왕들의 전범에 따라 왕으로서 통치행위를 했음을 알 수 있다.

진성왕은 경문왕의 직계이자, 선왕인 헌강왕과 정강왕의 누이동생[女弟]로서 왕위에 올랐다. 그럼에도 불구하고 즉위 직후, '음란'의 추문으로 왕의 자격 논란이 야기되었고, 이로 인해 왕권의 정당성을 확보하기가 어려웠다. 진성왕의 왕권과 통치를 위해서는 두 가지가 필요했다. 하나는 경문왕과의 부녀관계라는 혈연적 정통성의 강조이다. 다른 하나는 왕으로서 통치능력을 보여줌으로써 '여왕'에 대한 우려를 불식시키는 것이다. 진성왕에게는 여성이지만, 효를 행함에 있어서 효자와 다를 바 없는 '효녀'의 일화가 필요했던 것이다.

D-②와 E-①과 ②에서 효녀의 효는 『예기』에 "효자가 어버이를 봉양하

---

108) 『三國史記』 卷10, 新羅本紀10, 眞聖王 7年.
109) 韓國古代社會研究所 編, 「聖住寺郞慧和尙白月葆光塔碑」 『譯註 韓國古代金石文』 III, 駕洛國史蹟開發研究院, 1992.

는데, 그 마음을 즐겁게 하고, 그 뜻을 어기지 않으며 음식으로 정성껏 봉양해야 한다"에 근거한 것이다.110) '효녀 지은'조는 진성왕의 '효치'에 기반한 통치행위를 강조하였고, '여왕'과 '효녀'의 접점이라는 장치를 통해 부각하였다. 이처럼 '효의 행위'를 표창함으로써 국왕에 대한 충으로 연계하는 것은 중대 이래 신라왕들의 통치행위였다. 진성왕 역시 선왕들의 통치행위의 일환으로서 '충'의 전제인 '효의 행위'를 표창하였다.

F-2) 진성왕 3년(889)에 공물과 조세가 걷히지 않아서, 재정이 궁핍하였다는 기사가 나온다. 진성왕이 즉위한 지 얼마 안 된 시점에 이미 왕권이 약하고, 국가의 운영이 원활하지 않은 정황을 알 수 있다. F-2)에서 왕이 공물과 조세를 재촉하자 도적이 일어나고, 원종과 애노의 반란이 일어났다고 하였다. 여기서 왕의 재촉이라고 표현하였으나, 사실상 국가의 재정을 확충하기 위해 공물과 조세를 거둬들이기 위한 통치의 일환이었다. 그런데 F-2)에서 도적과 반란의 원인을 '왕의 재촉'이라고 표현하고 있다. 이후 F-3) 양길의 반란, F-4) 견훤의 후백제 건국, F-5) 궁예의 후고구려가 건국됨에 따라 후삼국 시대가 시작되었다. 이와 같은 상황 하에 F-6)에서 적고적의 반란이 일어나고, 이들이 수도의 서울인 모량리까지 진입하자 위기감은 더욱 극대화되었다.

신라 하대의 왕권의 약화, 국가 기강의 문란은 백성들의 빈곤과 연이은 반란의 악순환을 야기했다. 앞서 효녀지은의 효에 대한 포상은 개인과 공동체 모두에게 주어졌다. 효녀지은의 마을은 '효양방孝養坊'으로 명명되었는데, 효녀를 기른 곳이라는 의미와 아울러 효를 장려하기 위한 포상의 본보기로서의 역할이 부여되었다. D-⑤의 양존사兩尊寺의 '양존'을 『법화경法華經』 「방편품方便品」의 "無上兩足尊 願設第一法"에서 "兩足尊"의 줄임말로 보아111) 효녀 지은이 지혜와 복 두 가지를 겸비한 것을 일컫는 것으로

---

110) 『禮記』, 內則, "孝子之養老也 樂其心 不違其志 樂其耳目 安其寢處 以其飮食 忠養之".
111) 단국대학교 동양학연구소편, 『漢韓大辭典』 2, 단국대학교출판부, 1999, 140쪽.

이해하기도 하였다.112) 그보다는 효녀의 효행으로 왕에게 받은 집을 희사하여 사찰로 삼은 것이기에 부모와 왕의 '양존兩尊', 효와 충을 기억하고, 장려하기 위한 사찰이었을 것으로 생각된다. 진성왕이 효녀인 지은을 포상한 것은 빈민구휼의 일환으로, 왕경인의 극심한 빈곤과 그에 따른 불만을 해소하기 위한 방책이었던 것이다.113) 그러나 '포상'에 의한 위무책은 국정의 근본적인 대책이 될 수 없었고, 진성왕은 결국 왕위를 양위할 수 밖에 없었다.114)

이처럼 신라의 중대이후 유교의 충과 효는 국가운영의 지배이념으로서 작동하였다. 다만 신라의 귀족들은 부계 친족을 중심으로 효보다 충을 실천하였고, 평민들은 모친 위주로 효와 선을 실천하였다. '효녀 지은'의 일화에서는 사적인 선행이 공적인 포상으로 전화되었다. 즉 '효녀 지은'일화는 효가 충으로 연결되는 접점에 위치하고 있는 것이다. '효'에 대한 국가적 포상은 곧 윤리적 규범으로서의 '효'의 창출로 이어지는 계기가 되었다.

맺음말

본 장에서는 신라에서 효경을 수용하고 활용한 정황과 의미를 고찰하였다. 신라에서 본격적인 유학의 수용은 마립간기에 고구려를 통해서 이루어졌다. 진흥왕대에 '포폄襃貶'을 기준으로 국사를 편찬하였고, 이는 왕과 신 사이에 '충忠'을 효과적으로 각인시켰다. 이후, 진평왕대에 유학사상이 왕자王者의 통치이념으로 활용되었다. 왕은 '덕치德治'를 하고, 신은 '충효忠孝'를 해야 하는데, 그 매개는 '천天'이었다. 중고기에 유학사상을 전제로 한

---

112) 趙美延, 「三國遺事 孝善篇 研究」『國文學論集』 11, 2000, 214쪽 ; 조범환, 앞의 논문, 2009, 174-175쪽.
113) 전기웅, 앞의 논문, 2005, 18쪽.
114) 『三國史記』 卷10, 新羅本紀10, 眞聖王 11年.

새로운 군신관계가 형성되었는데, 충의 대상은 왕이 아닌 국가이고, 신하 일방이 아닌 쌍방의 관계로 전환되었다.

신라 중대에는 당의 '효치천하孝治天下'의 이념이 『효경』을 통해 수용되었고, 정치사상으로 활용되었다. 관리 선발의 필수과목인 『효경』을 통해 관인층은 유학의 충효관, 즉 필연적으로 충으로 귀결되는 효를 학습하였다. 경덕왕대에 효의 포상이 일반 민에게 확대되었고, 이는 유교적 정치사상인 '효충일체론'이 사회윤리로 전환되는 계기가 되었다. 유학사상의 '효'는 '효충일체론'의 정치사상으로 활용되었는데, 그 대상이 점차 확대되었다. '효충일체론'의 대상은 진흥왕대에 왕(국)-신[王(國)-臣]으로 전환되었고, 신문왕대에 왕(국)-관[王(國)-官]으로, 경덕왕대에 왕(국)-민[王(國)-民]으로 점차 확대되었다. 이는 왕의 통치가 제도화되고, 통치력의 범주가 확대된 결과이다.

신라의 중대이후 유교의 충과 효는 국가운영의 지배이념으로서 작동하였다. 다만 신라의 귀족들은 부계 친족을 중심으로 효보다 충을 실천하였고, 평민들은 모친 위주로 효와 선을 실천하였다. 그러나 '효녀 지은'의 일화에서는 사적인 선행이 공적인 포상으로 전화되었다. 즉 '효녀 지은'일화는 효가 충으로 연결되는 접점에 위치하고 있는 것이다. 그리고 '효'에 대한 국가적 포상은 곧 윤리적 규범으로서의 '효'의 창출로 이어지는 계기가 되었다. '효녀 지은' 일화 역시 효가 충으로 연결되는 접점에 위치하고 있다.

진성왕은 경문왕의 딸이고, 헌강왕과 정강왕의 누이동생[女弟]으로서 왕위에 올랐다. 진성왕은 경문왕의 직계혈연으로서 왕권의 정통성을 확보하였다. 그러나 즉위 직후에 '음란'의 추문으로 왕의 자격 논란이 야기되었고, 이로 인해 왕권의 정당성을 확보하기가 어려웠다. 진성왕의 왕권과 통치를 위해서는 두 가지가 필요했다. 하나는 경문왕과의 부녀관계라는 혈연적 정통성의 강조이다. 다른 하나는 왕으로서 통치능력을 보여줌으로써 '여왕'에 대한 우려를 불식시키는 것이다. 진성왕은 여성이지만, 효를 행함에 있어서 효자와 다를 바 없는 '효녀'의 일화를 통해 왕위의 정당성을 확보하고자 하였다. 이는 '효'의 표창이라는 통치행위의 일환이었고, 아울러 '효녀'와 그가 속한 공동체를 포상함으로써 빈민구휼의 대책이기도 하였다.

제2부
신라 왕실여성과 가족

제1장 한국 고대의 '가家'의 기원

머리말 : 한국 고대 '가족사' 연구의 시작

　가족사 연구에서 '고대'는 특별한 의미를 지닌다. 모든 "특별"이 꼭 좋은 것만은 아니다. 여기서의 '특별'은 초기 한국의 가족 및 친족 연구에 관심을 가진 연구자들이 한국의 고대적 특징이 한국 전근대 전반을 규정한다고 보았던 것에서 기인한다.[1]

　한국의 가족에 관한 초기 연구는 1930년대에 이루어졌다. 대표적인 학자로 후쿠다 도쿠조(福田德三)와 시카다 히로시(四方 博)가 있다. 이들은 한국 고대의 "족제族制"을 주목하였고, 고대의 족제가 조선 후기까지 어떤 형태로 남아 있는지를 찾고자 하였다.

　우선 후쿠다 도쿠조(福田德三)의 연구는 조선 후기가 봉건사회로 이행하지 못했다는 정체성론을 기반으로 진행하였다.[2] 시카다 히로시(四方 博)의 가족 연구 역시 조선 호적에서 보이는 '동족부락'을 이해하기 위한 연구로 진행되었다.[3] 시카다 히로시(四方 博)의 가족 연구의 한계로 국가적 파악대

---

1) 井上和枝,「朝鮮家族史研究の現狀と課題」『歷史評論』424, 1985 ; 盧明鎬,「高麗時代 親族組織의 연구상황」『中央史論』5, 1987 ; 崔在錫,「韓國古代의 家族制度硏究」『國史館論叢』24, 1991 ; 이종서,「고려시대 가족·친족 연구의 역사와 반성」『역사와 현실』66, 2007 한국 고대 가족사 관련 연구사는 앞의 논문 참조.
2) 福田德三,「朝鮮の經濟組織と經濟單位」, 內外論叢, 1903 ;『改訂增補 經濟學硏究』, 同文館, 1909 재수록.
3) 四方博,「李朝人口に關する一硏究」『朝鮮社會法制史硏究』, 京城帝國大學法學會論集9, 1937 ;「朝鮮に於ける大家族制と同族部落―その歷史的觀察の一試論」『朝鮮』270, 1937 ;「李朝人口に關する身分階級別的觀察」『朝鮮經濟の硏究』第三, 京城帝國大學法學會論集10, 1938 ;「李朝時代の都市と農村とに關する一試論―大丘戶籍の觀察を基礎と

상으로의 '호戶'와 민간에서 인식하는 '가족家族'을 구분하지 않았다는 점이 지적된 바 있다.4) 후쿠다 도쿠조와 시카다 히로시의 연구 이후로 대체로 한국에서는 동족촌락이나 부계 종족집단이 이른 시기부터 발생하였고, 17세기 이후 일반화되었다고 이해하였다.5) 즉 고대부터 유지된 부계의 혈족단체가 조선까지 이어진 것을 전제로 한 가족사 연구가 이어졌다.6)

이와 같은 관점은 고려사 연구에도 이어졌다. 하타다 다카시(旗田 巍)는 '호족'을 신라 말의 혈연적 동성촌락同姓村落의 수장首長인 촌주村主 출신으로 파악하였다.7) 하타다 다카시(旗田 巍)를 비롯하여 다케다 유키오(武田幸

して」, 京城帝國大學法學會論集 12, 1941 ;「大丘戶口帳籍に就いて」『大丘府史』特別篇, 大丘府刊, 1939 ;『朝鮮社會經濟史硏究』(中), 國書刊行會, 1976 재수록.

4) 시카다의 호적을 통한 인구구성과 혼인관계 분석 연구는 호적자료의 현실성을 과신하였을 뿐 만 아니라 식민지시대 인구에 대한 인식이 조선왕조 인구분석에 강하게 투영되어 있다는 점에서 한계를 가진다(손병규,「시카타 히로시(四方 博)의 조선시대 '인구·가족' 연구에 대한 재검토」,『韓國史學報』52, 2013, 319-321쪽).

5) 이들 연구에서는 가족의 축소경향과 부계친족집단으로의 확대경향을 동시에 설명할 수 있는 논리가 전제되어 있지 않다는 점이 지적된 바 있다(김경란,「조선후기 가족제도 연구의 현황과 과제」『조선후기사 연구의 현황과 과제』, 창작과 비평사, 2000, 376-406쪽 ; 손병규, 앞의 논문, 2013, 323쪽).

6) 이나바 이와키치(稻葉岩吉), 와다 이치로(和田一郞), 젠쇼 에이스케(善生永助) 등의 일본인 연구자들의 연구가 이에 해당한다. 특히 와다는 조선후기 문중재산이 삼한시대의 족제에서 기원하였다고 하였고(和田一郞, 土地制度地稅制度調査報告書, 朝鮮總督府, 1920), 젠쇼와 시카다는 조선의 취락은 '동족부락'인데, 이는 고대 이래 지속되어 온 현상이라고 하였다(善生永助,「朝鮮の聚落」後編, 朝鮮總督府調査資料, 1935 ; 四方 博,「李朝人口に關する一硏究」『朝鮮社會法制史硏究』, 京城帝大法學會論集 9, 1937). 이들 일본인 연구자들의 연구는 사회진화론에 기반하고 있으며, 후쿠다의 봉건제결여론을 전제로 한 연구이다(이종서, 앞의 논문, 2007, 225-226쪽).

7) 旗田 巍의 연구 이후, 호족은 신라의 골품제사회를 붕괴시키고, 후삼국시대를 거쳐 고려가 건국하는 데 주도적인 역할을 했던 것으로 인식되었다(한국역사연구회,「나말여초 호족의 연구동향 —1960년대를 중심으로-」『역사와 현실』3, 1990). 이후 김철준과 이기백의 일련의 연구를 통해 골품제의 폐쇄성을 극복하는 지역호족과 육두품의 대두, 이들이 고려의 집권화 과정을 거치면서 문벌귀족 내지 향리로 되어가는 과정에 대한 이해가 심화되었고, 이는 고려 중세사회론으로 정리되었다(李基白, 『新羅政治社會史硏究』, 一潮閣, 1974 ; 金哲埈,『韓國古代社會硏究』, 知識産業社, 1975). 호족 관련 연구사는 蔡雄錫,『高麗時代의 國家와 地方社會 -'本貫制'의 施行과 地方

男, 강진철 등은[8] 고려 전기에 고대적 성격의 혈연공동체가 존재했던 것으로 이해하였다.[9] 이후 고려시대의 정치, 사회, 경제에 대한 기존 연구들에서 촌락의 구성이 성씨집단으로 이루어졌을 것으로 가정한 연구들이 이어졌다. 후대의 연구에서 고대의 족적 기반이 고려에 잔존하였다는 설은 극복의 대상이었다.

한국 고대의 가족은 친족에서 분화하였다. 따라서 한국 고대의 가족사 연구는 친족연구에서 시작한다. 한국 고대사 연구에서는 친족, 그 중에도 '출계율'에 대한 연구가 다수였다. 초기 연구로는 김두헌,[10] 김철준,[11] 변태섭,[12] 피영희,[13] 김의규,[14] 이기동,[15] 이광규[16] 등의 연구가 있다. 이와 같은 '출계율'과 관련 연구는 상속,[17] 성씨[18], 혼인[19] 관한 연구로 이어졌다.

支配秩序-』, 서울대학교출판부, 2000, 1-14쪽 참조).
 8) 旗田巍, 「高麗王朝成立期の土豪と族團」, 1957 ; 「高麗王朝成立期の「府」と豪族」『法制史研究』 10, 法制史學會, 1960 ; 『朝鮮中世社會史の研究』, 法政大學出版部, 1972 ; 武田幸男, 「淨兜寺五層石塔造成形止記 (Ⅰ) - 高麗顯宗朝における若木郡の構造-」『朝鮮學報』 25, 1962 ; 姜晋哲, 『高麗土地制度史研究』, 高麗大學校 出版部, 1980, 304, 433쪽.
 9) 盧明鎬, 「高麗時代 親族組織의 연구상황」『中央史論』 5, 1987, 182쪽.
10) 金斗憲, 『韓國家族制度 硏究』, 서울大學校 出版部, 1980.
11) 金哲埈, 「新羅時代의 親族集團」『韓國史硏究』 1, 1968 ; 金哲埈, 『韓國古代社會硏究』, 知識産業社, 1975 재수록.
12) 邊太燮, 「韓國 古代의 繼世思想과 祖上崇拜信仰」『歷史敎育』 3·4, 1958 ; 「廟制의 變遷을 통하여 본 新羅社會의 發展過程」『歷史敎育』 8, 1964.
13) 皮瑛姬, 「Double Descent 理論 適用을 통해서 본 新羅王의 身分觀念」『韓國史論』 5, 1979.
14) 金毅圭, 「新羅 母系制 社會說에 대한 檢討- 新羅親族研究(其一) -」『韓國史研究』 23, 1979.
15) 李基東, 「新羅 奈勿王系의 血緣意識」『歷史學報』 53·54, 1972 ; 「新羅 中古時代 血族集團의 特質에 관한 諸問題」『震檀學報』 40, 1975 ; 『新羅骨品制社會와 花郞徒』, 一潮閣, 1984 재수록.
16) 李光奎, 『韓國家族의 史的研究』, 一志社, 1977.
17) 李鍾旭, 「新羅時代의 血族集團과 相續」『韓國親族制度研究』, 一潮閣, 1992.
18) 金哲埈, 「한국 고대사회의 성격과 羅末·麗初의 전환기에 대하여」『韓國史時代區分論』, 韓國經濟史學會, 1970 ; 崔在錫, 「新羅의 姓과 親族」『韓國古代社會史研究』, 一志社,

우선 김두헌은 사회학의 관점에서 한국 고대의 가족 및 친족에 관한 본격적인 연구를 시작하였다. 김두헌은 가족의 구조와 기능에 대해 제도사적인 고찰을 시도하였는데,[20] 조선의 가족제도가 주로 중국의 가족제도에서 비롯하였다고 파악하였다. 즉 한국의 동족집단의 특징은 동족지연공동체同族地緣共同體로, 지연地緣 또는 생활공동체生活共同體의 특징이 있다는 것이다.[21] 또한 삼국시대에는 부권가족제父權家族制가 성립하였고, 이에 상속제도 원칙적으로 장자상속제長子相續制였다고 보았다.[22]

역사학의 초기 친족 연구로는 김철준의 칠세친족집단론七世親族集團論과 변태섭의 오세동족론五世同族論이 대표적이다. 김철준은 고려 성종4년(985)에 제정된 오복제도五服制度가 동고조同高祖 8촌5대까지 범위의 동일 친족집단이었고, 그 이전인 신라는 칠세동일七世同一 친족집단이 존재하였다고 보았다. 금석문에 기록된 "칠세부모七世父母",[23] 문헌사료에서 내물왕 이전의 박·석·김 삼성세계三姓世系가 모두 칠세七世라는 점과 박씨 왕비가 처음 등장하는 지증왕대부터 7대째가 진골의 첫 왕인 무열왕인 점 등을 근거로 제시하였다. 나아가 성골에서 진골로 왕계가 전환한 것도 무열왕이 친족집단의 말단에 속했기 때문이라고 보았다.[24] 이에 대해서는 많은 비판이 있었지만,[25] 신라의 친족에 대한 본격적인 연구의 시작이라는 점에서는 여

1987 ; 李純根, 「新羅時代 姓氏取得과 그 意味」『韓國史論』 6, 1980 ; 李鍾書, 「羅末麗初 姓氏 사용의 擴大와 그 背景」『韓國史論』 37, 1997.
19) 李光奎, 「新羅王室의 婚姻體系」『社會科學論文集』 1, 1976 ; 崔在錫, 「新羅王室의 婚姻制」『韓國史研究』 40, 1983 ; 沈喁俊, 「新羅王室의 婚姻 法則」『曉城趙明基博士華甲記念 佛敎史學論叢』, 曉城趙明基博士華甲記念 佛敎史學論叢 刊行委員會, 1965.
20) 金斗憲, 『朝鮮家族制度研究』, 乙酉文化社, 1949 ; 『韓國家族制度研究』, 서울大學校 出版部, 1969.
21) 金斗憲, 「同族集團의 組織과 機能」『民族文化研究』 2, 1966 ; 『韓國家族制度研究』, 서울大學校 出版部, 1969.
22) 金斗憲, 앞의 책, 1969.
23) 癸酉銘三尊千佛碑像, "…記▨▨是者爲國王大臣及七世父母法界衆生故敬造之…" ; 癸酉銘全氏阿彌陀佛碑像, "…共爲國王大臣及七世父母含靈等, 願敬造寺…"
24) 金哲埈, 「新羅時代의 親族集團」『韓國史研究』 1, 1968 ; 金哲埈, 앞의 책, 1975 재수록.

제1장 한국 고대의 '가家'의 기원   173

전히 유의미하다. 또한 변태섭은 한국 고대사회에 일찍부터 부가장父家長의 권한이 컸고, 가장의 권리는 제사의 주관자인 동시에 계승자이기 때문에 주어졌던 것이라고 보았다.[26] 특히 변태섭은 신문왕대 성립한 오묘제를 근거로 진지대왕을 고조로 하는 오세동족五世同族의 존재를 상정하였다.[27]

이처럼 초기의 친족연구에서 변태섭은 '골骨 - 족족 - 가家'의 변화,[28] 김철준은 '7세대 공동체-5세대 공동체'의 변화,[29] 이순근은 '3~4세대 공동체'의 출현을[30] 상정하였다. 이들 친족 연구는 신라 하대에 4촌간에도 동일한 족단族團으로 묶여지지 않는 친족집단의 해체·소멸의 논의로 이어졌다.[31] 즉 이들 신라 친족연구에서는 신라 하대, 적어도 신라 말에는 족단 규모가 소규모화 되었다고 이해하였다.[32]

---

25) 邊太燮은 신라의 七世同一 친족집단설이 圖式的이라고 비판하였고(1957년 韓國史學界의 回顧와 展望—國史 古代—『歷史學報』 44 1969), 李佑成은 고려의 五代同一 친족집단설이 하나의 픽션에 불과하다고 비판하였다(「국정교과서—인문계고교용—비판」 創作과 批評, 1974년 여름호 및 檀國大學 東洋學研究所 주최강연 「高麗時代의 家族」, 1974. 李基東 역시 신라의 칠세동일 친족집단설에 대해 가설의 타당성을 발견하기 어렵다며 비판하였다(國史編纂委員會, 『韓國史論 1 - 古代篇』, 1978)

26) 변태섭은 재산의 계승자로서의 상속자는 재산도 상속받았는데, 재산의 상속은 제사 상속에 부수되는 것인데 불과하다는 점을 강조하였다(앞의 논문, 1958, 84쪽).

27) 邊太燮, 앞의 논문, 1964, 67쪽.

28) 邊太燮, 앞의 논문, 1964.

29) 金哲埈, 「新羅時代의 親族集團」 『韓國史研究』 1, 1968 ; 「한국 고대사회의 성격과 羅末·麗初의 전환기에 대하여」 『韓國史時代區分論』, 韓國經濟史學會, 1970 ; 앞의 책, 1975 재수록.

30) 李純根, 「新羅時代 姓氏取得과 그 意味」 『韓國史論』 6, 1980.

31) 盧泰敦, 「羅代의 門客」 『韓國史研究』 21·22, 1978 ; 盧明鎬, 「山陰帳籍을 통해 본 17世紀初 村落의 血緣樣相」 『韓國史論』 5, 1979 ; 「高麗의 五服親과 親族關係 法制」 『韓國史研究』 33, 1981 ; 「羅末麗初 親族組織의 변동」 『又仁金龍德博士停年紀念 史學論叢』, 1988 ; 「羅末麗初의 社會變動과 親族制度」 『韓國古代史研究』 8, 1995. 노태돈은 신라사회에는 부계출계집단이 있었으나 신라 말기에 접어들면서 소규모화 되거나 해체되었고, 그 이후로는 비부계적 속성이 자리잡게 되었고, 이를 '양측적 친속제'라고 한다고 하였다. 이후 출계집단 대신 개인의 친속(kindred)으로 친속관계의 확대 및 발달이 친족제도 원리의 주된 흐름이 되었다고 하였다(앞의 논문, 1995, 69-71쪽).

친족집단은 일정한 인원을 포함하는 사회적 집단이자 조상숭배의 의식을 행하는 종교적 집단이며, 경제적 행위를 공동으로 하는 경제적 집단이다.33) 친족집단의 일반적인 정의와 '고대적 성격의 족제族制' 사이의 괴리를 이해하는 것이 고대의 친족 연구, 나아가 가족 연구의 과제일 것이다.

1. 한국 고대의 '족族'을 찾아서

1) 골骨 - 족족族 - 가家

한국 고대의 가家는 언제부터 등장했는가.

하타다 다카시(旗田 巍)에 의해 골骨에서 족족族, 족족族에서 가家가 점차 중요해졌을 것이라는 점이 지적된 이래 '골骨 - 족족族 - 가家'의 도식이 일반화되었다. 우선 하타다 다카시(旗田 巍)는 혜공왕 이후 귀족 반란의 원인에 대해서 이전부터 나타나고 있던 골족骨族 내의 분립적分立的 경향이 강해졌고, 골骨 속의 족족族, 같은 족족族 속의 가家가 독자적인 행동을 취한 것이라고 이해하였다.34) 이기백 역시 신라통일 이후 내부적인 사회 분화가 시작되어 그 결과 골骨의 내부에는 종족宗族이라고 부를 수 있는 사회적인 세력

---

32) 李佑成은 고려에서는 戶籍에 대한 법규, 田丁相續, 국가에 대한 책임과 의무의 단위 등의 근거로 보아 친족공동체와 같은 친족집단이 없었고, 형제가 分家하는 소가족이 기본적 형태였다고 하였다(李佑成,「高麗時代의 家族 : 親族集團 社會編制 문제와의 關聯에서」,『東洋學學術會議講演』, 1974). 이들 연구에서는 나말려초 이후 고려대에 이르면, 부계집단은 물론 어떠한 형태와 규모로도 출계집단의 기능을 뚜렷하게 반영하는 현상이 나타나지 않는다고 하였다. 최재석의 연구에서도 고려대의 부계집단의 존재가 부정되었다(崔在錫,「高麗時代의 親族組織」『歷史學報』94・95, 1982). 노명호는 고려는 양측적 친족조직이었다는 일련의 연구들을 제출하였다(盧明鎬,「高麗時代의 親族組織」『國史館論叢』3, 1989).
33) 李光奎,『韓國家族의 史的研究』, 一志社, 1977, 111쪽.
34) 旗田 巍,『朝鮮史』, 岩波全書, 1951, 59쪽.

단위가 대두하였고, 나아가 종족을 형성하는 분자로서 대가족大家族이 나타났으며 이는 하대에 노골화되었던 것으로 보았다.35) 변태섭은 이와 같은 논의의 연장선상에서 신문왕 7년에 오묘제五廟制가 성립하였는데, 오묘제가 가묘제家廟制로 가조家祖적 성격이 농후하다는 점을 주목하였다. 즉 오묘제가 실시된 것은 신라가 골품, 왕족 중심 사회에서 가조家祖 중심 사회로의 전환을 전제한 것이라고 이해하였다.36) 또한 변태섭은 시조묘에서 신궁으로의 전환이 골骨에서 족族(=姓)으로의 분화에 의해서 나타난 것이고, 신궁에서 오묘제로의 발전은 족族에서 가家로의 분화에 의한 것이라고 보았다.

즉 시조묘는 골骨의 의식 위에 성립되어 국조國祖를 받든 것이고, 신궁은 족族(=姓)의 의식 위에 성립되어 가조家祖를 모신 것이며 오묘五廟는 가家의 관념 위에서 친조親朝(=直祖)를 봉사한 것으로 보았다.37) 이종항 역시 오묘제를 주목했는데, 신문왕대 오묘제가 성립된 것으로 보아 이 시기에 골품제 중심의 사회가 가家 중심의 사회로 변화하였다고 보았다.38) 이들 연구에서 신라는 골품骨品, 왕종王種, 왕족王族 중심에서 점차 가家를 중시하는 사회로 전환하였다고 이해하였다.

이후 '골骨 - 족族 - 가家'의 도식에서 '골骨 = 족族'으로 이해한 연구가 이

---

35) 李基白, 「新羅私兵考」, 『歷史學報』 9, 1957 : 『新羅政治社會史研究』, 一潮閣, 1974 재수록, 267-269쪽.
36) 邊太燮, 앞의 논문, 1964, 66-74쪽.
37) 邊太燮, 앞의 논문, 1964, 75쪽.
38) 李鍾恒은 신문왕대 家祖 五廟制를 주목하였고, 신문왕이 태조대왕과 선왕인 4명의 왕이 아닌 자신을 중심으로 직계 4조, 즉 父, 祖父, 曾祖父, 高祖父의 4조를 모신 것으로 보아 당의 가족제도를 완전히 수용할 수 있을 만큼의 사회의 세분화가 이룩되어 있었던 것이라고 보았다. 이종항은 骨品과 家의 관계에 대해서 별개의 것이 아니라고 보았다. 즉 골품은 그가 속한 家系에 대하여 부여한 것으로, 골품 속에는 그의 血統이 가장 중시되고, 또 가문, 가족이 중시된다. 그러나 사회가 발달함에 따라 사회조직의 본질이 점차 세분화되어 가는 것이고, 이에 部-骨品-位階로 변화하는 동시에 氏族-家를 단위로 하는 작은 것으로 분화하였다고 보았다(「新羅의 身分制度에 관한 硏究-部와 骨品과 位階를 中心으로-」, 『法史學硏究』 創刊號, 1974, 51-53쪽).

루어졌다. 다케다 유키오(武田幸男),[39] 이노우에 히데오(井上秀雄),[40] 이기백,[41] 신동하는[42] 골품제를 골제와 두품제의 두 계통으로 보았는데, 여기서 골제骨制는 왕족의 족제族制로, 두품제頭品制는 왕족 외의 일반인의 족제族制로 이해하였다.[43] 다케다 유키오(武田幸男)와 이노우에 히데오(井上秀雄)는 족족을 동족同族, 즉 Kin으로 보았고, 이를 정치사회적 단위인 기초집단으로 이해하였다.[44] 다음은 골骨과 족족에 관한 사료이다.

> A-1. (삼국사기) 국인은 시조 혁거세부터 진덕왕까지의 28명의 왕을 일컬어 성골이라 하고, 무열왕부터 마지막 왕까지를 진골이라고 하였다. 당나라 영호징의 『신라기新羅記』에는 "**그 나라의 왕족은 제1골第一骨이라 하고, 나머지 귀족은 제2골第二骨이라고 한다.**"라고 하였다.[45]
>
> A-2. (신당서) 그 나라의 관제官制는 [왕의] 친속親屬을 상위직에 임명한다. 그 족족을 제1골과 제2골이라고 이름 붙여 스스로 구별한다. 형제의 딸, 고모, 이모, 그리고 종자매從姉妹를 다 아내로 맞아들일 수 있다. **왕족이 제1골이며, 아내 역시 그 족속으로서 자식을 낳으면 모두 제1골이 된다. [제1골은 제2골의 여성과 혼인**

---

39) 武田幸男, 「新羅の骨品体制社會」 『歷史學研究』 299, 1965.
40) 井上秀雄, 「新羅の骨品制度」 『歷史學研究』 304, 1965 ; 『新羅史基礎研究』, 東出版, 1974 재수록.
41) 李基白, 「新羅 六頭品 硏究」 『省谷論叢』 2 ; 『新羅政治社會史硏究』, 一潮閣, 1974 재수록.
42) 申東河, 「新羅 骨品制의 形成過程」 『韓國史論』 5, 1979.
43) 반면 주보돈은 品은 等級, 品級을 나타내는 어미로, '骨의 品'을 의미한다는 견해가 제기되었다. 즉 골품이란 용어는 원래는 骨이었으나 성골과 진골로 분화되면서 만들어진 용어가 骨品이었다는 것이다(朱甫暾, 「新羅骨品制社會とその變化」 『朝鮮學報』 196, 2005 ; 「신라 骨品制 연구의 새로운 傾向과 課題」 『韓國古代史硏究』 54, 2009, 10-12면). 이처럼 신라의 특징적인 신분제인 골품제 연구는 친족제도에 대한 이해 위에 이루어져야 한다.
44) 井上秀雄, 「新羅朴氏王系의 成立-骨品制의 再檢討-」 『朝鮮學報』 47, 1968 ; 『新羅史基礎硏究』, 東出版, 1974 재수록 369쪽 ; 武田幸男, 「新羅骨品制의 再檢討」 『東洋文化硏究所紀要』 67, 1975, 182-187쪽.
45) 『三國史記』 卷5, 新羅本紀5, 眞德王 8年.

하지 않으며, 결혼하더라도 항상 첩으로 삼는다.]46)

사료 A-1은 『신라기新羅記』이고, A-2는 『신당서新唐書』로 모두 중국인의 관점에서 신라를 기록한 글이다. A의 사료에 따르면, 신라에서는 제1골과 제2골이라고 해서 '골骨', 중국에서는 왕족과 귀족이라고 해서 '족족'이라고 표기한 것을 알 수 있다. A의 사료에 의하면, 신라인은 '골骨'로 인식한 친족집단을 중국인은 '족族'으로 인식하였음을 알 수 있는데, 당대의 표현으로 '骨 = 族族'임을 알 수 있다.

2) 骨 = 族族 - 가家

친족親族(kin)보다 더 좁은 단위의 기초집단인 가계家系(lineage)를 상정하는 연구들이 제기되었다. 가장 먼저 미시나 쇼에이(三品彰英)는 한국 고대사회에는 씨족氏族이 없었고, 그보다 좁은 범주의 혈연관계인 리니이지(家系, lineage)로 구성된 친족집단이 있었을 것이라고 하였다.47)

이후 김철준과 이기동은 씨족의 하부단위로서 4가지 범주의 리니이지를 설정하여 신라사에 적용하였다. 김철준은 Maximal Lineage-Major Lineage-Minor Lineage-Minimal Lineage로 구분할 수 있을 것이라고 보았다.48) 이기동 역시 최소 리니이지-소 리니이지-대 리니이지-최대 리니이지로 구성된 리니이지 분지조직分枝組織(Lineage Segmentary System) 이론을 수용해서49)

---

46) 『新唐書』 卷220, 東夷列傳, 新羅.
47) 三品彰英, 「骨品制社會」 『古代史講座』 7, 1963, 192쪽.
48) 金哲埈은 무열왕계, 나물계, 김주원계 등의 구분은 Maximal Lineage, 七代同一親族集團이 Major Lineage, 五代同一親族集團이 Minor Lineage, 祖父까지의 혈연은 Minor Lineage와 Major Lineage 솔하에 있는 Minimal Lineage로 간주하고 있었을 것이라고 하였다(「新羅時代의 親族集團」 『韓國史研究』 1, 1968 ; 『韓國古代社會研究』, 知識産業社, 1975 재수록, 263, 275쪽).
49) 李基東, 「新羅 奈勿王系의 血緣意識」 『歷史學報』 53·54, 1972 ; 『新羅骨品制社會와 花郎徒』, 一潮閣, 1984 재수록 54-63쪽.

나물왕 이후 나물왕의 장자인 눌지왕의 직계비속은 소지왕대까지 3대에 걸쳐 소 리니이지 집단을 형성하였다고 이해하였다.[50] 즉 눌지왕 이후 직계가 고정적으로 왕위계승을 하였고, 이에 나머지 왕실의 친족집단은 3세대를 지나면서 점차 분지화分枝化하였다고 보았다.[51]

이종욱은 씨족氏族(Clan)-가계家系(Lineage) 이론을 받아들여 신라 상대의 왕위계승을 부계혈족의 원리로 이해하였다. 즉 박·석·김은 각각 하나의 씨족氏族이었고, 이들 씨족은 다시 가계家系로 분지分枝되었다고 보았고,[52] 나아가 종가宗家도 상정하였다.[53]

이순근은 기존에 분지화로만 설명하던 것을 분지화分枝化(Segmentation)와 분열화分裂化(fission)을 구분하였다. 전자는 협동적인 동일체에서 새로운 지파가 형성되는 것인 반면 후자는 대립하는 별개의 개체가 되는 것으로 보았다. 신라 하대 왕위계승쟁탈전의 적대적인 상황을 분지화가 아닌 분열화로 이해한 것이다. 분열화의 과정을 거쳐 나말려초에 새로운 성씨가 출현하였다는 것이다.[54] 이기백의 연구에서도 Lineage를 직접 거론하지는 않았지만, 신라의 갈문왕과 신라 하대의 왕위계승쟁탈전과 관련하여 독립적인 성격의 진골 '가계家系'를 상정하였다.[55]

또한 주목할 만한 연구로 이광규의 인류학 관점에서 한국 가족 및 친족을 고찰한 연구가 있다. 이광규는 한국 친족집단의 특성으로서 ① 오세동족집단五世同族集團 내부에 존재하는 소집단小集團의 독립성과 ② 부계·모

---

50) 이기동, 앞의 책, 1984, 71-72쪽.
51) 이기동은 기존의 骨-族-家의 도식에서 骨=族의 도식으로 이해하고, 나아가 族을 Kin(同族)이 아닌 Lineage(系譜親族 또는 家系)로 이해하였다(「新羅 中古時代 血族集團의 特質에 관한 諸問題」『震檀學報』40, 1975 ; 『新羅骨品制社會와 花郎徒』, 一潮閣, 1984 재수록 86-89쪽, 97쪽).
52) 李鍾旭, 『新羅上代王位繼承硏究』, 嶺南大學校 民族文化硏究所, 1980, 40쪽.
53) 李鍾旭, 「新羅時代의 眞骨」『東亞硏究』6, 1985 ; 『新羅骨品制硏究』, 一潮閣, 1999 재수록, 243-247쪽. 여기서의 宗家는 중심가계를 의미하는 것으로 이해된다.
54) 李純根, 「新羅時代 姓氏取得과 그 意味」『韓國史論』6, 1980, 58-64쪽.
55) 李基白, 『新羅政治社會史硏究』, 一潮閣, 1974, 16-18쪽, 185-186쪽.

계의 비중이 거의 대등한 양계적 성격兩系的 性格을 주목하였다. 또한 한국 가족의 특성은 ① 형제가 분가分家하여 별거別居하면 독립적 존재가 되고 여자가 여식女息으로서 가계계승과 상속인이 된다는 것은 부모의 입장에서는 자식과 여식을 차별하지 않는 혈연주의와 ② 혈연은 부에 의하여, 그리고 동시에 모에 의하여 이룩된다는 부모동혈주의父母同血主義라고 하였다.56) 이광규는 '양계적 성격'을 주목하였으나 다만 한국은 기본적으로 부계사회였고, 모계가 중시되었음을 의미하는 것이라고 밝혔다.

이처럼 한국 고대의 가족 및 친족에 관한 연구는 문헌 사료 및 문자 자료를 실증적으로 분석하고, 사회인류학 이론을 도입하여 보편성과 특수성을 규명하고자 하였다. 이들 연구에서는 족族에서 가家로 분화하였고, '가家'의 의식은 하대에 심화하였다고 이해하였다.57) 이들 연구로 인해 한국 고대 가족 및 친족에 대하여 많은 부분이 밝혀졌다. 그럼에도 불구하고 이들이 상정하는 '가家'와 '가계家系'는 부계혈연 중심의 중국의 '가家' 개념이 전제되어 있다는 한계가 있다.

2. 한국 고대의 '가家'를 찾아서 - 왕위계승을 중심으로 -

다음으로 '가家'의 계승에 관하여 '왕위계승의 원리'를 중심으로 알아보고자 한다. 기존의 연구에서는 한국 고대사회에서 부계적 '가家'를 상정하였고, '가계계승'을 '부자계승'에 한정한 연구가 이루어졌다. 이 중 상대적으로 자료가 많이 남아 있는 신라의 왕위계승에 관한 연구가 다수이다.

우선 이종욱은 신라 상대의 왕위계승을 부계혈족 원리로 이해하였는데, 박·석·김씨가 씨족氏族(Clan)이고, 이들은 각각 작은 가계家系(lineage)로 분

---

56) 李光奎, 『韓國家族의 構造分析』, 一志社, 1975.
57) 신라사회의 경우 처음부터 父系制를 상정할 근거가 유력하다고 보았다(李基東, 「新羅 中古時代 血族集團의 特質에 관한 諸問題」, 『震檀學報』 40, 1975).

지화된 것으로 보았다.58) 또한 이기동은 중고기에 나물왕계를 중심으로 lineage가 형성되고, lineage의 분지화됨에 따라 진평왕대에 성골이 성립된 것을 밝힌 연구를 시작으로, 이후 신라 하대의 왕위계승을 둘러싼 쟁탈전 역시 lineage와 lineage의 분지화로 인한 결과로 파악하였다. 특히 신라 하대는 왕실친족집단원에 의한 권력 장악, 권력 집중의 한 전형이 확립되어 가던 시기로 이해하였다.59) 즉 원성왕이 하대의 실질적인 시조였고,60) 원성왕계가 왕위를 독점함에 따라 왕실 가계가 분지화分枝化되어서 인겸계와 예영계 및 균정계로 나뉘었다는 것이다.61) 이와 같은 견해는 다수의 연구자들에 의해 계승되었는데, 신라의 왕위계승의 원리는 혈연적 친소親疏에 따라 부계친의 남자를 중심으로 계승되었고, 그 순서는 자子, 적손嫡孫 순이었고, 정당한 왕위계승자가 없을 경우, 동생(弟), 숙부叔父, 조카(姪), 사위(女壻)의 순이었다고 이해하였다.62)

이처럼 친족원리에 기반한 계승원리에 대한 연구는 '부계가족 내 계승', '부자계승'의 원리를 상정해놓고 이에 부합하지 않은 계승사례는 비상시의 일로 간주하여 이해하고자 하였다. 이에 대해 왕위계승은 아버지(父)에서 아들(子)로 계승되는 것이 원칙이지만, 아들이 있다고 하더라도 반드시 아

---

58) 李鍾旭, 『신라상대왕위계승연구』, 민족문화연구소, 1980 ; 「新羅時代의 血族集團과 相續」『韓國親族制度研究』, 一潮閣, 1992.
59) 이기동, 앞의 책, 1984.
60) 末松保和, 앞의 책, 1954 ; 申瀅植, 『韓國古代史의 新研究』, 一潮閣, 1984 ; 金壽泰, 『新羅中代政治史研究』, 일조각, 1996.
61) 吳星, 「新羅 元聖王系의 王位交替」『全海宗博士華甲紀念史學論叢』, 一潮閣, 1979 ; 井炳喜, 「新羅 下代 均貞系의 王位繼承과 金陽」『歷史學報』 96, 1982 ; 金東洙, 「新羅 憲德·興德王代의 改革政治 - 특히 興德王 九年에 頒布된 諸規定의 政治的 背景에 대하여 -」『韓國史研究』 39, 1982 ; 姜聲媛, 「新羅時代 叛逆의 歷史的 性格 ;《三國史記》를 中心으로」『韓國史研究』 43, 1983 ; 李明植, 『新羅政治史研究』, 형설출판사, 1992 ; 金昌謙, 『신라 하대 왕위계승 연구』, 경인문화사, 2003.
62) 李基白, 앞의 책, 1974 ; 김창겸, 앞의 책, 2003 ; 최의광, 「新羅 下代 王位繼承 樣相과 性格」, 高麗大學校 大學院 史學科 박사학위논문, 2013 ; 선석열, 『신라 왕위계승 원리 연구』, 혜안, 2015.

들이 왕위를 계승하지는 않는다는 사실에 주목하여 계승원리를 이해하고자 한 연구도 이루어졌다. 즉 원칙적으로 아들(子) 외에도 딸(女), 사위(女壻, 친손親孫, 외손外孫의 5종의 친족원이 왕위계승권을 가지고 있었고, 이 중 우선순위에 따라 계승이 정해졌다는 것이다.63) 또한 '사위(女壻)'의 왕위계승권에 주목하여 부계혈연의식에 기반한 '가계의 분지화' 개념에 의문을 제기한 연구도 이루어졌다.64)

계승원리, 특히 신라의 왕위계승원리에 관해서 대체로 하대로 올수록 아들을 우선하는 부계적 요소가 강화되었고,65) 이는 족族에서 가家로 분지화하는 경향과 맞물려 이루어진 것으로 이해하였다.

사실상 신라 하대 왕위계승분쟁에서 '왕의 자격'과 관련하여 왕실여성의 지위 역시 결정적인 영향력을 가진 요인이었다. 상시적 상황의 왕위계승은 '왕의 자격' 조건으로 혈연적 정통성이면 충분하다. 그러나 비상시적 상황의 왕위계승은 '왕의 자격'에 대해 차별적 조건을 덧붙여야만 했다. 신라 하대의 왕위계승쟁탈전은 부계가 동일한 근친 간의 경쟁이었다. 부계가 동일하므로 상대적으로 모계 및 처계의 위상이 중요해졌고, 이는 왕실여성, 특히 태후의 지위와 역할을 강화하는 요인이 되었다.66) 이처럼 신라 하대는 왕위계승쟁탈전이 치열했던 만큼 부계 못지않게 모계 및 처계도 '왕의 자격'을 입증하는 중요한 요소로 작용하였다.

---

63) 최재석, 『韓國家族制度史硏究』, 一志社, 1983 ; 「한국 고대의 가족제도」 『國史館論叢』 24, 1991 ; 『한국의 가족과 사회』, 景仁文化社 재수록, 2009, 28-34쪽 ; 하정룡, 「新羅上代 王位繼承 硏究 - 王室內 近親婚을 中心으로」 『新羅文化』 12, 1995.
64) 이재환, 앞의 논문, 2017.
65) 최재석 역시 기본적인 친족원리에는 변화가 없지만, 그럼에도 불구하고 신라 왕위계승의 전반적인 추이를 보면 하대로 올수록 부계적 요소가 강화되고 비단계적 요소가 소멸된 것은 아니지만 축소된 것으로 볼 수 있으며 왕권이 강화된 것으로 볼 수 있다고 하였다(앞의 책, 2009, 40쪽).
66) 이현주, 「신라 하대초기의 왕위계승과 태후의 역할」 『여성과 역사』 29, 2018 ; 「신라 하대 왕위계승권과 왕실여성 - 경문왕가를 중심으로 -」 『新羅文化』 56, 2020.

3. 한국 고대의 '부父'를 찾아서

결국 신라의 친족제도의 연구는 출계율에서 시작하여 출계율로 귀결된다. 신라는 언제부터 '부계父系' 사회였을까. 과연 '부계' 사회였을까.

한국 고대사 연구에서 '부계제'를 상정하는 것은 '한국고대사회의 모계母系적 요소'에 관한 초기의 연구를 극복하는 것의 일환으로 이루어졌다. 스에마쓰 야스카즈(末松保和)는 한국 고대 사회를 여계에서 남계로 이행한 것으로 이해하였다. 즉 신라 상고기는 여계적·모권적 경향의 사회였고, 중고기를 남계적·부권적 경향을 보이는 것으로 보아 한층 성장한 사회가 된 것으로 보았다.[67] 이마니시 류(今西龍) 역시 신라사회의 모계제적 속성에 주목하였고,[68] 손진태도 10세기 초까지 모계적 경향이 농후하였다고 이해하였다.[69]

이에 대해 이기백은 갈문왕 연구를 통해 가부장적 가족제도가 상고기에 이미 성립되었다고 상정하였다.[70] 이기동은 신라에 있어 여계·모계의 중요성은 전시대를 통해 일관된 것이므로, 여계에서 부계로의 변화, 특히 모권에서 부권으로의 성장을 상정하는 것은 무리라고 보았다.[71] 이처럼 초기의 연구는 한국 고대에 부계혈연의식이나 부계친족집단이 이미 성립되었다는 것을 전제로 이루어졌다.

그러나 고려의 친족연구에서 고려가 부계를 기반으로 한 친족사회가 아니었다는 점을 규명한 연구가 이루어지면서 신라의 친족구조에 대해서도 새로운 이해가 시도되었다. 노명호는 고려의 친족구조가 양측적 친족구조였음을 밝혔는데,[72] 즉 신라의 집단적이고 부계중심의 혈연관계는 고려에

---

67) 末松保和, 『新羅史の諸問題』, 東洋文庫, 1954, 98-103쪽, 196-204쪽.
68) 今西龍, 『新羅史研究』, 近江書店, 1933, 266쪽.
69) 孫晋泰, 『朝鮮民族史槪論』(上), 乙酉文化社, 1948, 270-271쪽.
70) 李基白, 「新羅時代의 葛文王」『歷史學報』58, 1973 ; 『新羅政治社會史研究』, 一潮閣, 1974 재수록 16쪽.
71) 이기동, 앞의 책, 1984, 107쪽, 주38.

와서 개인이 기준인 '양측적 친속조직'으로 확대·발달하였다고 이해하였다.[73] 나아가 이종서는 고려사회의 양측적 친속관계의 기원을 신라 하대 진골귀족으로 소급하기도 하였다.[74] 또한 최재석은 고려의 친족제도가 부계를 기반으로 한 사회가 아니었다는 점을 밝히고, 그 기원을 신라의 친족구조로 보았다.[75] 최근 '골골骨'에서 가계家系(lineage)가 분지해갔다는 상정이 가능하려면 '골骨'이 원래부터 단일한 부계 혈연집단이어야 하는데, '골骨'은 하나의 커다란 부계 친족집단이 아니라는 문제제기도 이루어졌다.[76]

이처럼 한국 고대의 가족 및 친족 연구는 한국 고대에 부계혈연의식이나 부계친족집단이 이미 성립되었다는 것을 전제한 것에 반해[77] 고려의 친족 연구는 '양측적 친속조직'을 전제로 한다.[78] 신라의 부계혈족집단과 고려의 양측적 친족조직 사이의 연계성을 이해하는 것은 여전히 미해결 과제이다. 기존 연구의 한계는 한국 고·중세의 친족구조를 분절적이고 단절적인 관점으로 이해한 것에서 기인한다. 한국 고·중세의 가족 및 친족구조에 대한 시계열적이고 장기적인 관점의 연구가 필요하다.

---

72) 盧明鎬, 「山陰帳籍을 통해 본 17世紀初 村落의 血緣樣相」 『韓國史論』 5, 1979 ; 「高麗의 五服親과 親族關係 法制」 『韓國史研究』 33, 1981 ; 「羅末麗初의 社會變動과 親族制度」 『韓國古代史研究』 8, 1995.
73) 盧明鎬, 「羅末麗初 親族組織의 변동」, 又仁金龍德博士停年紀念 史學論叢, 1988.
74) 이종서, 「신라 진골(眞骨) 성씨의 성립과 기능 변화」 『역사와 현실』 105, 2017.
75) 崔在錫, 「新羅王室의 親族構造」 『東方學志』 35, 1983 ; 「新羅王室의 婚姻制」 『韓國史研究』 40, 1983 ; 「新羅王室의 王位繼承」 『歷史學報』 98, 1983 ; 『韓國古代社會史研究』, 一志社, 1987 ; 「韓國古代의 家族制度研究」 『國史館論叢』 24, 1991 ; 『한국의 가족과 사회』, 경인문화사, 2009 재수록.
76) 이재환, 「新羅 眞骨의 '家系 分枝化'에 대한 재검토 - 사위의 왕위계승권을 중심으로 -」 『大丘史學』 127, 2017, 5-6면.
77) 김철준, 앞의 논문, 1968 ; 邊太燮, 앞의 논문, 1964 ; 이기백 앞의 책, 1974 ; 이종욱, 앞의 책, 1980 ; 이기동, 앞의 책, 1984.
78) 盧明鎬, 앞의 논문, 1979 ; 앞의 논문, 1981 ; 앞의 논문, 1988 ; 이종서, 앞의 논문, 2017.

맺음말 : 고대 가족의 이원적 운영 원리

　신라에는 '부계적 가家'와 '비부계적 가家'의 두 가지 원리가 있었다. 기존의 연구에서 이미 지적된 바와 같이 '부계적 가家'를 전제로 한 친족원리는 중국제도의 도입과 관련이 있다.[79] 한국의 고대국가는 중국의 제반 제도를 수용하여 왕권을 강화하고, 지배체제를 정비하였다. 또한 왕권의 강화와 통치 질서의 수립을 위해 중국의 예제를 기반으로 한 제도를 수용하였다. 상복법과 종묘제, 후비제, 태자제 등은 중국의 예제적 질서를 기반으로 한 제도로 중국 고유의 친족제도인 종법제를 기반으로 한 제도이다.

　신라가 종묘제와 후비제를 수용한 것 역시 중국의 율령과 예제를 통한 개혁의 일환이었고, 그 목적은 왕권 강화였다.[80] 신라는 당의 후비제를 수용하였지만, 신라의 가족 및 친족제도의 기반 하에 신라의 실정에 맞게 운용하였다. 왕실의 가묘적 성격을 지닌 국가제의인 종묘제는 왕의 부계적 계통성을 기반으로 한 제도인 반면 왕의 즉위와 더불어 이루어진 왕의 부모 추봉은 왕 개인을 중심으로 한 부계와 모계의 위상을 높인 것이었다. 신라의 부모 추봉 사례를 보면, '가家'의 개념이 강화된 신라 하대에 오히려 왕위의 정통성을 증명하기 위한 수단으로 부모를 추봉하는 사례가 다수 보인다. 즉 부계父系 못지않게 모계母系가 중시되었는데, 태후의 출신은 왕권의 정통성을 입증하는 주요 요소였던 것이다.[81] 이처럼 모계의 중요성은 왕위계승권에서도 알 수 있다. 신라 하대 태후의 혈연적 정통성은 왕

---

[79] 최재석은 비단계적 제도와 부계적 제도로 구분하였는데, 전자에는 왕위계승, 시조묘제사, 신궁제사, 계보기록, 양성, 갈문왕 추봉 원리이 해당하고, 후자에는 오묘제사, 대왕 및 태자 칭호부여 등이 해당한다고 보았다(「韓國家族史에서의 서로 다른 두 原理에 대하여」『歷史學報』 106, 1985 ;『韓國古代社會史方法論』, 一志社, 1987 재수록, 404-417쪽).

[80] 이현주,「신라 중대 왕후의 책봉과 위상 정립」『역사와 현실』 95, 2015 ;「신라 후비제의 비교사적 고찰 - 正妃의 지위를 중심으로 -」『사림』 73, 2020.

[81] 이현주,「신라 종묘제의 변천과 태후」『사림』 66 2018.

위계승에 영향을 미쳤다. 특히 왕녀 출신의 왕후와 태후는 왕통의 계승을 매개하고, 왕위계승의 정당성을 지지하는 역할을 하였다.[82]

또한 상복법의 도입은 삼국이 부모와 처자로 구성된 '가家'를 통치의 대상으로 새롭게 인식하는 계기가 되었다.[83] 고구려·백제, 신라는 상복법의 제정 및 시행을 통해 부모-자녀와 부부로 구성된 유교의 예제적 '가家' 개념을 인식하였다. 신라의 태자제 역시 중국의 종법제를 기반으로 하는 적장자 계승을 원칙으로 하는데, 태자제의 수용과 운용은 신라 왕실의 '가족' 인식의 형성에 영향을 미쳤다.[84]

이처럼 중국 종법제에 기반한 제도의 수용이 기존에 있었던 신라의 친족질서를 전면적으로 변화시켰다고 보기는 어렵다. 한국 고대의 '가家'의 운영원리가 이원적인 것은 한국 고대의 혼인·가족제가 중국과 다른 것에서 기인한다.[85] 신라에는 중국의 종법제에 근거한 제도가 수용되면서 부계적 가의 개념이 수용되었다. 그러나 여전히 모계 및 처계는 '가家'를 구성하는 중요한 요인이었다. 즉 한국 고대의 가족 및 친족의 이원적 운영원리는 한국의 가족 및 친족제도를 유지하면서 중국의 제도를 수용하고, 운영하는 데서 오는 괴리를 극복하는 방안이었다.

한국 고대의 가족 및 친족제도를 유지하면서 중국의 제도를 수용하였고, 제도를 운용하는 과정에서 양자 간의 괴리, 즉 기존의 사회적 기반과 새로운 제도 사이의 괴리가 발생하였다. 한국 고대의 가족 및 친족 제도의 이원적 운영 원리는 한국과 중국의 가족 및 친족 구조 및 제도 사이의 괴리로부터 비롯한 것이다.

---

82) 이현주, 앞의 논문 2018 ; 앞의 논문, 2020.
83) 이현주, 「신라 유교 가족윤리의 도입과 변용 - 상복법을 중심으로」 『新羅文化』 59, 2021.
84) 이현주, 「신라 태자제의 수용과 왕실의 '家族' 인식」 『新羅史學報』 55, 2022.
85) 이현주, 「한국 고·중세의 혼인제와 "유녀(遊女)"의 인식 - 서옥제와 서류부가제를 중심으로 -」 『여성과 역사』 36, 2022.

제2장 한국 고·중세의 혼인제와 '유녀遊女'의 인식

머리말 - 정절과 음란 : 유녀의 기록과 실제 사이

유녀遊女는 한국 역사 속에 실재했다. 그럼에도 불구하고 유녀의 존재는 매우 낯설다. 유녀는 한국의 역사서에는 기록되지 않은 존재이다. 7세기에 편찬된 중국의 역사서인 『주서』, 『수서』, 『북사』와 12세기 초의 중국 사신인 서긍의 견문록인 『선화봉사고려도경宣和奉使高麗圖經』에서는 각각 고구려와 고려의 음란함의 증거로서 유녀를 주목하였다.

기존의 유녀에 관한 연구는 크게 두 가지 방향에서 이루어졌다. 하나는 『수서』의 유인의 성격과 관련하여 고찰한 연구이고,[1] 다른 하나는 유녀의 존재양상을 고찰한 연구이다.[2] 전자의 연구에서는 『수서』의 부세賦稅 관련 사료에서만 기록된 유인遊人[3]에 대해 주목하였고,[4] 이 기록을 근거로

---

1) 金樂起, 「高句麗의 遊人에 대하여」 『白山學報』 56, 2000 ; 권주현, 「高句麗 遊人考」 『慶北史學』 23, 2000 ; 權五榮, 「고대 한국의 喪葬儀禮」 『韓國古代史硏究』 20, 2000 ; 曺祥鉉, 「고구려 '遊人'의 성격 검토」 『韓國古代史硏究』 32, 2003.
2) 柳永博, 「高句麗의 稅制와 遊女問題」 『斗溪李丙燾博士九旬紀念韓國史學論叢』, 지식산업사, 1987 ; 김선주, 「고구려 '遊女'의 성격」 『역사민속학』 11, 2000 ; 金賢正, 「고구려 '遊女'에 대한 사료기록과 학설 검토」 『신라사학보』 8, 2006.
3) 『隋書』 卷81, 列傳46, 東夷, 高句麗.
4) 遊人의 성격에 관한 기존의 연구를 살펴보면, 빈궁민으로 보거나(白南雲, 『朝鮮社會經濟史』, 改造社, 1933 ; 강진철, 「韓國土地制度史」 上 『韓國文化史大系』 II, 1965 ; 이인재, 「신라통일 전후기 조세제도의 변동」 『역사와 현실』 4, 1990 ; 임기환, 「광개토왕비의 국연(國烟)과 간연(看烟) : 4·5세기 고구려 대민편제의 일례」 『역사와 현실』 13, 1994) 遊의 字意에 주목하여 하나의 특정 직종에 종사하는 대상으로 보았다(盧重國, 「高句麗律令에 關한 一試論」 『東方學志』 2, 1979 ; 권주현, 앞의 논문, 2000 ; 權五榮, 앞의 논문, 2000 ; 박남수, 「高句麗 租稅制와 民戶編制」 『동북아역사논총』

유인과 유녀의 관련성에 대해 언급하였다. 우선 유녀 관련 기록이 7세기 중반 기록에서만 보이고 있다는 점을 주목하여 고구려와 수·당과의 전쟁이 유녀의 수를 증가시켰다고 이해한 연구들이 있었다. 즉 계속된 전쟁으로 일정하게 의지할 곳 없는 여자들이 발생하였고, 고구려의 비교적 자유스러운 성풍속과 연결되어 중국인의 눈에 띄는 유녀가 출현하였다는 견해가 제기되었다.[5] 또한 전쟁과 각종 역역으로 장정들이 빠져나간 후 빈곤층으로 전락한 여자들이 생계를 위해 극단적으로 매음의 길을 선택하였을 가능성도 제시되었다.[6]

다음으로 '遊'의 자의字意에 주목하여 '遊人=遊女'로 보아, 유녀의 성격을 규정한 연구들이 이루어졌다. 유인을 악인樂人으로 규정하고, 유녀 역시 유인에 포함되는 존재였으며 가무·악기연주 등의 놀이문화를 주관하는 유흥담당 계층이었다고 보았는데, 고구려에서 악인이 '樂'을 수반하는 국가의례나 장송의례 등에서 역할을 하였다는 것이다.[7] 또한 고대 일본에서

1, 2006). 또한 고구려의 특수한 지배를 받는 이종족 집단으로 파악하거나(金基興, 「6·7세기 고구려의 조세제도」 『한국사론』 17, 1987 ; 김현숙, 「高句麗의 靺鞨支配에 관한 試論的 考察」 『韓國古代史硏究』 6, 1992 ; 金樂起, 「高句麗의 遊人에 대하여」 『白山學報』 56, 2000 ; 안정준, 「6세기 高句麗의 北魏末 流移民 수용과 遊人」 『동방학지』 17, 2015) 유랑하거나 유랑했던 유망민으로 보기도 하였다(鬼頭淸明, 「高句麗の國家形成と東アジア」 『朝鮮史硏究會論文集』 21, 1984 ; 曺祥鉉, 앞의 논문, 2003). 또한 농경민인 인(人)과 그렇지 않은 유인(遊人)을 구분하여 유인은 농업 외 별도의 생산계층으로 편제되었다고 보는 견해도 제기되었다(나유정, 「고구려 후기의 부세체계와 유인(遊人)의 성격」 『역사와 현실』 117, 2020). 遊人 역시 세금부과의 대상이 된 것으로 보아 人과 같은 정착민은 아니라고 하더라도 일정 기간 특정 지역에 정주한 집단이었을 것으로 생각된다. 즉 人은 기존의 정착민인 반면 遊人의 경우, 재해, 빈곤이나 전쟁 등의 이유로 이주민을 일컫는 호칭이었을 가능성이 크다. 『수서』의 기록으로 보아 당시 국가가 부세의 대상으로 유인을 파악하고 관리했음을 알 수 있다. 다만 광범위한 범주에서 유녀가 유인에 포함될 수는 있지만, "유인=유녀"로 동일시하여 파악하기는 어려울 듯 하다.
5) 金樂起, 앞의 논문, 2000, 176-179쪽.
6) 曺祥鉉, 앞의 논문, 2003, 286-288쪽.
7) 권주현, 앞의 논문, 2000, 8-19쪽.

상장喪葬을 전업으로 했던 부민部民들이 '遊部'로 칭해진 점에 주목하고, '飮酒·歌舞·節奏'가 결국 '遊'라고 하여 '樂部=遊部, 樂人=遊人'이란 등식이 성립된다고 본 견해도 제기되었다. 고구려에서도 '遊人=樂'이고, 유녀는 상장의례와 관련된 악인이었다고 본 것이다. 이 연구에서는 일본에서 유부遊部가 폐지되자 그 여인들이 유행여부遊行女婦가 되었고, 이들이 유녀가 된 과정을 참조하여 고찰하였다.8)

후자의 연구는 유녀를 전론으로 다루었다는 점에서 주목된다. 유영박은 고구려 원시신앙의 제전 장소인 음사淫祠의 존재가 '多淫'·'好淫'하다는 기록을 남겼고, 여기에 유녀의 존재가 더해져 고구려의 남녀 모두 음분淫奔하다는 인식을 갖게 하였는데, 실제로 남녀가 밤마다 모이는 유희 장소(매음장소)에서 유녀들이 매음행위를 하였다고 보았다.9) 매음녀로서 사회의 특수한 부류였던 유녀들은 한정된 구역에서 매음행위를 하였던 까닭에 감세혜택을 받은 것이고, 이는 고구려가 우리나라 최초로 매음을 집단화한 매음제를 실시한 것이라 하여10) 일종의 집단공창제集團公娼制로 파악하였다.

또한 김선주는 단혼제사회에서 남성을 위해 일부일처제를 보완하는 사회적 장치로 발생하는 것이 매음녀로서 유녀가 나타났고, 그 성격에 있어 전문적 예능인과는 분명 구별되는 다소의 예능적 성격을 지니며, 때에 따라서는 처가 없는 군사를 위무하기도 하는 존재라고 규정짓기도 하였다.11) 이처럼 고구려 사회에서 매음을 업으로 하는 유녀의 존재를 상정하기도 하였다. 그리고 김현정은 전업매음녀는 아니지만, 당시 고구려 사회에서 혼인제, 전쟁과 빈곤 등의 이유로 매음을 하던 여성계층이 발생하였고, 이들이 유녀였다고 본 견해도 제기되었다. 최소한 수도 지역에서는 일정한

---

8) 權五榮, 앞의 논문, 2000, 19-22쪽.
9) 柳永博, 앞의 책, 1987, 110-116쪽.
10) 柳永博, 앞의 책, 1987, 114-116쪽.
11) 김선주, 앞의 논문, 2000, 194-197쪽.

규모의 일종의 공창公娼 구역이 형성되었을 가능성이 있다고 보았고,12) 비록 고구려의 유녀가 매음의 성격을 지닌 존재이기는 하지만, 전업매음녀로 파악하기에는 무리가 있다고 하며 전쟁, 고구려의 혼습 등으로 인해 유녀가 발생되었을 것으로 보았다.13)

기존의 연구를 통해 유녀가 존재했던 시대적 배경과 사회적 상황에 대한 이해가 깊어졌다. 그럼에도 불구하고 여전히 "유녀"의 실체에 대해서는 의문이 남아 있다. 유녀의 성격과 관련하여 논쟁의 핵심은 매음賣淫이다. 실제로 유녀가 어떤 존재였는지를 규명하기 위해서는 두 가지의 선입견을 걷어내어야 한다.

첫 번째 선입견은 유녀가 기록된 사료이다. 유녀는 특정 시기의 중국 측의 사서에만 기록되어 있어 있다는 한계가 있다. 따라서 유녀의 실체에 접근하기 위해서는 타자의 시선에서 관찰된 기록의 편견을 걷어낼 필요가 있다. 두 번째 선입견은 일본사에서 보이는 유녀에 대한 이해이다. 중국의 유녀와 한국의 유녀는 자국의 사서에 기록되어 있지 않다. 다만 중국사서에 한국의 유녀에 대한 기록이 있을 뿐이다. 반면 일본의 사서에는 자국의 유녀에 대한 기록이 다수 보인다. 따라서 일본사의 유녀에 대한 인식을 전제로 '중국사서에 기록된 한국의 유녀'를 이해하였던 것이다. 한국의 유녀의 실체를 밝히기 위해서는 타자의 시선에 의한 선입견이 있다는 점을 명확히 인지할 필요가 있다.

한국 고·중세의 '유녀'를 이해하기 위해서는 그들이 존재하였던 시기의 사회경제적 배경, 즉 한국 역사에 대한 이해가 기반이 되어야 한다. 본 연구에서는 타자의 시선으로 서술된 유녀의 기록을 분석하여 기록과 사실의 간극을 밝혀보고자 한다. 우선 유녀가 기록된 중국사서의 서술구조를 분석하고, 다음으로 한국 고·중세의 혼인제, 즉 서옥제와 서류부가제의 관련성

---

12) 金賢正, 앞의 논문, 2006, 266쪽.
13) 金賢正, 앞의 논문, 2006, 274-276쪽.

에 대해서 알아볼 것이다. 이를 통해 음란 너머의 유녀, 시선 너머의 한국 고·중세를 이해하는 데 일조할 수 있기를 바란다.

1. 중국사서의 유녀관련 기록의 특징

유녀의 실체를 알기 위해서는 유녀에 관한 기록의 맥락을 파악하는 것이 선행되어야 한다. 유녀는 『주서』, 『수서』, 『북사』의 고구려 관련 기록에서 보인다. 이들 중국의 북조계 사서에서 고구려의 성풍속, 그리고 유녀가 어떻게 기록되어 있는지 살펴볼 필요가 있다. 다음은 관련 사료이다.

> A-1. ①속임수가 많은 편이고, 말은 촌스럽고 천하며 장황하다. ②친한 사람도 그렇지 않은 사람도, 같은 시내에서 목욕하고, 같은 방에 잔다. ③풍속이 음란한 것을 부끄럽게 생각하지 않는다. 유녀遊女가 있으니, [그녀에게는] 일정한 남편이 없다. ④혼인에는 대체로 재물財幣이 없어, 만일 재물을 받는 사람이 있으면 '계집종으로 팔아 먹었다'고 하여 매우 부끄럽게 여긴다.[14]
>
> A-2. ①[사람들의] 성격은 간사한 점이 많다. ②부자가 한 시냇물에서 목욕을 하고 한 방에서 잠을 잔다. ③부인은 음란하고, 遊女가 많다. ④시집 장가드는 데도 남녀가 서로 사랑하면 바로 혼례를 치른다. 남자의 집에서는 돼지와 술을 보낼 뿐 재물을 보내는 예는 없다. 만약 재물을 받는 자가 있으면 사람들이 모두 수치로 여긴다.[15]

---

14) 『周書』 卷49, 異域列傳, 高麗, "①多詐僞, 言辭鄙穢不簡 ②親疎乃至同川而浴, 共室而寢. ③風俗好淫, 不以爲愧. 有遊女者, 夫無常人. ④婚娶之禮, 畧無財幣, 若受財者, 謂之賣婢, 俗甚恥之."

15) 『隋書』 卷81, 列傳46, 東夷, 高麗, "①性多詭伏. ②父子同川而浴, 共室而寢. ③婦人淫奔, 俗多遊女. ④ 有婚嫁者, 取男女相悅, 然卽爲之, 男家送猪酒而已, 無財聘之禮. 或有受財者, 人共恥之."

A-3. ①성질은 간사한 점이 많고, 말은 촌스럽고 천하며 장황하다. ②친한 사람도 그렇지 않은 사람도, 아버지와 아들도, 같은 시내에서 목욕하고, 같은 방에 잔다. …… ③풍속은 음란하여 부끄럽게 여기지 않는다. 游女가 많으니, [그녀에게는] 일정한 남편이 없다. 밤이면 남녀가 떼를 지어 모여 노는데, 귀천의 구분이 없다. ④혼인에 있어서는 남녀가 서로 사랑하면 바로 결혼시킨다. 남자 집에서는 돼지와 술만 보낼 뿐이지 재물을 보내 주는 예는 없다. 만일 여자 집에서 재물을 받는 사람이 있으면, 사람들은 모두 수치스럽게 여기며 '[딸을] 계집종으로 팔아먹었다'고 한다.[16]

A-1은 『주서』이고, A-2는 『수서』이며, A-3은 『북사』이다. 『주서』와 『수서』는 정관 10년(636)에 편찬되었고, 『북사』는 당 고종 현경 4년(659)에 상주되었다. 『주서』와 『수서』는 같은 해에 편찬되었음에도 불구하고, 내용이 다소 차이가 있다. 이에 대해 『주서』의 기사는 북주대, 『수서』의 기사는 수대의 기록이라는 견해도 제시되었다.[17] 사실상 『주서』이역전의 서문에는 이역전 내용이 북주 당대의 기록이라는 점을 언급하고 있다.

다만 북주는 존속 기간이 25년으로 상당히 짧고, 당시 고구려나 백제와의 교섭이 활발했던 것도 아니었다는 점을 고려한다면 『주서』고구려전에서 서술된 내용 전체가 북주 당대에 해당한다기보다, 시기가 명확한 특정 기사만 북주의 기록이라고 보아야할 것이다.[18] 『주서』대외관계 기사에서는 대통大統 20년과 건덕健德 6년의 일이 서술되어 있다.

---

16) 『北史』 卷94, 列傳, 高句麗, "①性多詭伏, 言辭鄙穢不簡 ②親疏父子同川而浴, 共室而寢. …… ③風俗尙淫, 不以爲愧, 俗多游女, 夫無常人, 夜則男女群聚而戲, 無有貴賤之節. ④有婚嫁, 取男女相悅卽爲之. 男家送猪酒而已, 無財聘之禮, 或有受財者, 人共恥之, 以爲賣婢."
17) 박남수, 「高句麗 租稅制와 民戶編制」 『동북아역사논총』 14, 2006 ; 『한국 고대의 동아시아 교역사』, 주류성, 2011 재수록, 361쪽.
18) 林起煥, 「4~6세기 中國史書에 나타난 韓國古代史像」 『한국고대사연구』 14, 1998, 172-173쪽.

『수서』역시 수대의 기록으로 특정 지을 수 있는 기사, 즉 대외관계 기사에서는 당시 조서와 수-고구려의 전쟁 관련 내용 등을 제외하고, 대부분의 서술은 북주에서 수에 이르기까지의 내용을 종합한 것으로 생각된다.[19] 『수서』는 『주서』에 비해 동이전의 분량이 많고, 그 중에서 고구려 관련 내용이 많은 양을 차지하고 있다는 특징을 보이는데, 전쟁 및 교섭과정에서 확보한 풍속 정보가 바탕이 되었을 것으로 여겨진다.[20] 따라서 유녀가 특정 시기, 즉 6~7세기에만 있었던 존재라고 보기는 어렵다.

또한 『북사』는 주로 『위서』, 『주서』, 『수서』 등의 북조계 사서를 답습하거나 요약해서 편찬되었다.[21] 즉 『북사』는 『주서』와 『수서』의 기록을 가급적 모두 수록하려고 하였는데, 위의 기록에서도 A-3의 북사는 A-1의 주서와 A-2의 수서의 내용을 모두 기록하고 있음을 알 수 있다.

각각의 내용을 보면, A-1-①, A-2-①, A-3-①은 고구려인의 성향을 일반적으로 기술하고 있다. 고구려인의 성향에 대해서 A-1-①에서 '속임수가 많은 편이고, 말은 촌스럽고 천하며 장황하다'고 하였고, A-2-①에서 '성격은 간사한 점이 많다고 하였다. 이를 A-3-①에서는 '성질은 간사한 점이 많고, 말은 촌스럽고 천하며 장황하다고' 하여 A-1과 A-2의 기록을 종합하여 서술하고 있다. A-1-①, A-2-①, A-3-①의 기록으로 보아 이들 사서의 기록은 고구려인에 대한 부정적인 인식을 전제하고 있음을 알 수 있다.

이어지는 내용은 고구려인의 생활 풍속에 대한 것이다. A-1-②에서 친한 사람도 그렇지 않은 사람도[親疏]도 한 냇물에서 목욕하고, 같은 방에서 자기까지 한다고 하였고, A-2-②에서는 부자父子가 한 시냇물에서 목욕을 하고 한 방에서 잠을 잔다고 하였다. 이에 대해 A-3-②는 친한 사람도 그

---

19) 나유정, 앞의 논문, 2020, 153쪽.
20) 이강래, 「7세기 이후 중국 사서에 나타난 韓國古代史像 - 통일기 신라를 중심으로 -」『한국고대사연구』1, 1998, 212쪽 ; 나유정, 앞의 논문, 2020, 150-152쪽.
21) 김병곤, 「中國 正史 新羅傳에 記錄된 新羅 初期 王系 및 主要 集團의 出自」『史學研究』91, 2008, 30-31쪽.

렇지 않은 사람[親疏]도 아버지와 아들(父子)도 한 시냇물에서 목욕하며 한 방에서 잔다고 하였다.22) 고구려 풍습은 중국과 비교하여 친소와 부자 간의 위계질서가 엄격하지 않은 사회였고, 이는 중국과의 "다름"으로 기록되었다.

다음은 고구려의 음란한 풍속을 기술하며 고구려의 여성에 대해 언급하였다. A-1-③에서 풍속이 음란한 것을 부끄럽게 생각하지 않는다. 유녀가 있으니, [그녀에게는] 일정한 남편이 없다고 하였고, A-2-③에서는 부인은 음란하고, 유녀가 많다고 하였다. A-3-③에서 풍속은 음란하여 부끄럽게 여기지 않는다. 유녀가 많으니, [그녀에게는] 일정한 남편이 없다. 밤이면 남녀가 떼를 지어 모여 노는데, 귀천의 구분이 없다고 하였다. 이들 기록에서 유녀에 대한 기록이 나온다. A-1-③과 A-2-③에서는 유녀遊女라고 하였고, A-3-③에서는 유녀游女라고 하였는데, 내용과 한자어의 뜻이 대동소이한 것으로 보아 동일한 표현임을 알 수 있다. 또한 A-1-③에서 유녀란 "일정한 남편이 없다(夫無常人)"을 일컫는다고 하였고, 이는 A-3-③에서도 동일하게 수록되었다.

또한 A-1-④, A-2-④, A-3-④은 혼인에 관한 내용이다. A-1-④에서는 혼인에는 대체로 재물이나 폐백이 없어, 만일 재물을 받는 사람이 있으면 '계집종으로 팔아먹었다'고 하여 매우 부끄럽게 여긴다고 하였고, A-2-④에서는 시집 장가드는 데도 남녀가 서로 사랑하면 바로 혼례를 치른다. 남자의 집에서는 돼지고기와 술을 보낼 뿐 재물을 보내는 예는 없다. 만약 재물을 받는 자가 있으면 사람들이 모두 수치로 여긴다고 하였다. A-3-④에서는 혼인에 있어서는 남녀가 서로 사랑하면 바로 결혼시킨다. 남자 집에서는 돼지고기와 술만 보낼 뿐이지 재물을 보내 주는 예는 없다. 만일 여자 집에서 재물을 받는 사람이 있으면, 사람들은 모두 수치스럽게 여기

---

22) 『北史』, 『周書』, 『隋書』의 원문 해석에 관하여 敎示해주신 井上和枝 先生께 감사드린다.

며 '[딸을] 계집종으로 팔아먹었다'고 하였다. 동일한 내용이 『신당서』와23) 『책부원귀』에도24) 수록되어 있다.

유녀와 관련해서 『자치통감』에도 기록이 나온다. 정관15년(641)에 진대덕陳大德이 고구려에 사신으로 갔다가 와서 보고한 내용에서 "고려를 유람하다가 중국인을 보았는데, 그들이 말하기를 '(원래) 집은 모군某郡이고, 수 말에 군軍으로 왔다가 고려에 살게 되었는데, 유녀를 고려처高麗妻로 삼아 고려인과 섞여 살았다"고 했다는 얘기를 전하고 있다.25) 7세기에 고구려에 "유녀"가 있었고, 이들은 중국인과 혼인한 것으로 보아 남편이 없는 여성을 지칭한 것임을 알 수 있다. 당시 수와 고구려의 전쟁으로 인해 수나라 사람으로서 고구려에 와서 고행으로 못 돌아가고 고려에 정착하게 된 정황에 대해 알 수 있다. 수나라 사람은 유녀를 고려처로 삼아서 고려에서 살게 된 것이다. 이로 보아 유녀는 '남편이 없는 여성'이었고, 그가 속한 사회경제적 지위, 그리고 전쟁이라는 재난의 상황 속에서의 여성, 생계를 자구해야 하는 빈민층 여성의 존재를 상정할 수 있다. '유녀'는 남편을 매개로 하지 않고 직접 여러 경제활동을 하는 여성으로, 그들이 속한 시대적 상황, 사회경제적 여건 속에서 자구책의 하나로 수나라 사람의 처가 되었을 가능성이 크다.26)

---

23) 『新唐書』卷220, 列傳145, 東夷, 高麗, "婚娶不用幣, 有受者恥之."
24) 『册府元龜』卷959, 外臣部4, 土風1, "性多詭伏, 父子同川而浴共室而寢, 婦人婬奔,,俗多遊女, 有婚嫁者取男女相悅, 然卽爲之, 男家送猪酒而已, 無財聘之禮, 或有受財者, 人共恥之."
25) 『資治通鑑』卷196, 唐紀12, 太宗文武大聖大廣孝皇帝, "(貞觀十五年(641) 七月) 上遣職方郎中陳大德使高麗, 八月, 己亥, 自高麗還. 大德初入其境, 欲知山川風俗, 所至城邑, 以綾綺遺其守者, 曰吾雅好山水, 此有勝處, 吾欲觀之 守者喜, 導之遊歷, 無所不至, 往往見中國人, 自云 家在某郡, 隋末從軍, 沒於高麗, 高麗妻以遊女, 與高麗錯居, 殆將半矣. 因問親戚存沒, 大德紿之曰:「皆無恙. 咸涕泣相告. 數日後, 隋人望之而哭者, 偏於郊野. 大德言於上曰 其國聞高昌亡, 大懼, 館候之勤, 加於常數,」上曰 高麗本四郡地耳, 吾發卒數萬攻遼東, 彼必傾國救之, 別遣舟師出東萊, 自海道趨平壤, 水陸合勢, 取之不難. 但山東州縣彫瘵未復, 吾不欲勞之耳."
26) 유녀는 '남편이 없는 여성'으로 남성의 매개 없이 정치·사회·경제적 활동을 영위하

수나라 사람의 시각으로 유녀는 '남편이 없는 여성'이고, 고구려인의 자유로운 혼인 풍습은 문란한 것이고, 남편이 없는 여성으로 자유로운 연애를 하는 여성들이 유녀로 인식되었을 것이라는 점을 알 수 있다. 수나라 사람들 역시 고구려에 와서 고구려의 방식으로 혼인하고 살았을 것이다.

혼인의 절차와 관련하여 두 가지가 주목된다. 첫 번째는 남녀가 좋아하면 바로 혼인시킨다는 것이고, 두 번째는 폐백을 쓰지 않는다는 것이다. 혼인할 적에는 폐백을 쓰지 않으며, 받는 자가 있으면 딸을 매비賣婢, 즉 계집종으로 팔아먹었다고 하여 수치로 여긴다고 하였다. 이와 같은 혼인 절차는 중국의 혼인절차와 다르기 때문에 독특한 특성으로 분류되어 기록하였던 것이다.

이처럼 A사료의 서술구조는 ① 성품(性) + ② 일상생활 + ③ 부인과 유녀 + ④ 혼인으로 이루어졌다. 이로 볼 때 각각의 내용은 각각 따로 구분되어 있는 것이 아니라 고구려의 가족과 혼인에 대한 풍습에 관한 내용을 종합적으로 기술한 것으로 이해할 수 있다. 즉 A사료는 고구려인의 성품에 대한 총평 + 일상생활 + '夫가 있는 婦人'와 '夫가 없는 遊女' + 혼인 풍습에 관한 기록이다. 다만 객관적인 사실만 기록한 것이 아니라 그에 대한 평가로 적시해놓았다. A 사료에 의하면, 고구려인의 성품은 성질은 간사한 점이 많고, 말은 촌스럽고 천하며 장황하며, 그 풍습은 '음란(淫)'하다는 것이다.

이처럼 A사료는 고구려인의 풍습에 대해 부정적인 시각으로 기술하였고, 그 일환으로 혼인제와 유녀를 기록하였다. 유녀의 존재는 고구려인의 음란한 풍속을 알 수 있는 주요 근거로 기록된 것이다. 타자의 시선, 부정

였던 여성이다. 다만 유녀가 할 수 있는 활동은 그가 속한 정치적 지위, 사회경제적 계층과 여건에 따라 달라질 수 밖에 없다. 특히 전쟁과 빈곤 등은 매음賣淫을 통해 생계를 영위할 수 밖에 없는 대표적인 상황이다. 본 논문에서는 개별상황이 아닌 '매음의 직업화', '매음 여성의 제도'의 유무, '매음 여성의 계층'의 유무에 초점을 맞추어 논의를 진행하고자 한다.

적인 인식 하에 기술된 "유녀"에 대한 기록을 있는 그대로 믿기는 어렵다. "유녀"의 기록과 실제의 간극을 알아볼 필요가 있다.

2. 제한적 처변거주(서류부가형)의 혼인제와 유녀

고구려의 서옥제壻屋制와 고려의 서류부가제婿留婦家制는 한국 고·중세의 특징적인 혼인제이다. 기존의 연구에서 고려의 서류부가제를 주목하였고, 그 기원으로서 고구려의 서옥제를 고찰하였다.[27] 이들 연구에서는 서옥제는 솔서제率婿制, 예서제豫婿制라고도 하였고,[28] 고려의 서류부가제는 남귀여가혼男歸女家婚이라고도 하였다.[29] 서옥제는 경제력의 유무나 아들의 유무와 상관없이 혼인 초에 사위가 여가女家에 머무는 풍습이므로 솔서제와 예서제와는 다른 제도이다. 또한 '남귀여가'는 사위가 여가에서 영원히 거주하는 것을 의미하므로 혼인 후 일정기간만 여가에 머무는 '서류부가'와는 의미가 다르다.[30] 서옥제와 서류부가제는 남자가 여자집에서 혼례식을 하고, 혼인 후에 여자의 집에 거주하면서 아이를 낳아서 키우다가 아이가 성장하면 부부가 아이가 함께 남자의 집로 가는 형태의[31] 제한적 처변거

---

27) 孫晋泰, 「朝鮮の率婿婚俗に就いて」『史觀』 3冊, 1933 ; 「朝鮮婚姻의 主要形態인 率婿婚俗考」『朝鮮民族文化의 硏究』, 乙酉文化社, 1948 ; 朴秉濠, 「우리나라 率婿婚俗에 유래하는 親族과 禁婚範圍-母族·妻族을 중심으로-」『法學』 4-12, 1962 ; 金一美, 「朝鮮의 婚俗變遷과 그 社會的 性格」『梨花史學硏究』 4, 1969 ; 李光奎, 『韓國家族의 史的硏究』, 一志社, 1977 ; 최재석, 「韓國社會史硏究와 社會脈絡的 視覺」『精神文化硏究』 25, 1985 ; 朴惠仁, 『韓國의 傳統婚禮硏究-婿留婦家婚 을 中心으로-』, 高麗大學校 民族文化硏究所, 1988 ; 권순형, 『고려의 혼인제와 여성의 삶』, 혜안, 2006.
28) 손진태, 앞의 책, 1948 ; 박병호, 앞의 논문, 1962.
29) 金一美, 앞의 논문, 1969 ; 李光奎, 앞의 책, 1977 ; 권순형, 앞의 책, 2006.
30) 솔서제는 데릴사위제라고도 하는데, 아들이 없는 집에서 양자養子를 두지 않고 사위를 데리고 와서 아들 역할을 대신 하게 하는 제도이다. 예서제는 예부제豫婦制, 즉 민며느리제에 대응하는 것으로 빈곤층에서 남자의 노동력을 얻기 위해 미리 사위를 맞아들이는 제도이다(박혜인, 앞의 책, 1988, 148-149쪽).

주(서류부가형)의 혼인제이자 가족제이다.32)

서옥제는 고구려의 혼인 풍습으로 기록되었지만, 고대 사회에서 제한적 처변거주(서류부가형)의 혼인·가족제가 일반적인 형태였을 가능성이 높다.33) 이처럼 신랑이 신부 집에 결혼 후 상당 기간 머무는 제한적 처변거주(서류부가형)의 혼인·가족제는 고려와 조선초기까지도 이어졌다.34) 이와 같은 혼인·가족제에서 '유녀'는 어떤 존재였는지 살펴 볼 필요가 있다.

---

31) 박혜인, 앞의 책, 1988, 146쪽.
32) 혼인과 가족은 상호 밀접한 관련이 있다. 가족이 혼인에 기초를 두고 있는 것이 아니라 오히려 혼인이 가족에 그 기초를 두고 있다고 보아야 한다(Edward Westermarck 저, 鄭東鎬·申榮箕 역, 『인류혼인사』, 세창출판사, 2013, 50쪽). 이처럼 혼인제는 가족제와 밀접하게 연관되어 있으므로 서옥제와 서류부가제는 처변거주 형태의 혼인제이자 가족제(혼인·가족제)로 볼 수 있다. 다만 본 논문에서는 혼인제에 중점을 두어 논의를 진행하고자 한다.
33) 신라에서 왕위계승이나 시조묘제사, 巨川·月光의 계보 등을 살펴보면, 子와 女 또는 친손과 외손의 차별이 거의 없었던 것으로 보아 고구려와 같은 서옥제의 혼인 풍속을 가지고 있었을 것으로 보았다(최재석, 앞의 논문, 1985, 155-156쪽 ; 「韓國古代의 家族制度硏究」『國史館論叢』 25, 1991, 28-33쪽 ; 권순형, 앞의 책, 2006, 101-102쪽). 김선주는 서옥제에 대해 남녀가 '同宿'한 이후 남자는 자신의 집으로 돌아가고, 여자만 친정에 남아 생활하는 일종의 별거혼 형태였다고 보았다. 즉 서옥제는 의례적인 성격이 강한 婚姻이라기 보다는 남녀의 실질적인 결합인 '同宿'에 초점이 맞추어져 있다고 보아 신라에서 '同宿'의 사례를 추출하여 신라에도 서옥제가 있었다고 밝혔다(김선주, 「신라사회의 혼인 형태와 '婿屋制'」『역사민속학』 17, 2003, 13-20쪽). 백제의 경우, 7세기에 편찬된 역사서인 『周書』, 『隋書』, 『北史』에 "婚娶之禮, 略同華俗."라고 하여 혼인의례가 대략 중국과 같다고 하였는데, 중국식 혼인의례가 도입되기 이전은 고구려·신라와 마찬가지로 처변거주의 혼인제 및 가족제였을 것이다.
34) 신라 왕실은 신문왕 3년(683)에 신문왕이 유교식 절차로 혼인을 한 이후, 왕실혼인은 예제에 기반한 유교식 혼인의례로 시행하였다. 고려 왕실 역시 『고려사』 嘉禮의 '王太子納妃儀'로 보아 유교식 혼인의례를 행하였음을 알 수 있다. 이처럼 신라-고려 왕실은 예제에 기반한 유교식 혼인의례를 행하였고, 이는 왕실의 권위를 높이기 위한 수단이었다(이현주, 「新羅 王室女性의 稱號變遷 硏究」, 成均館大學校 博士學位論文, 2014 ; 「신라 중대 왕후의 책봉과 위상 정립」『역사와 현실』 95, 2015, 228-240쪽). 즉 왕실의 유교식 혼인의례의 도입이 기존의 제한적 처변거주형(서류부가형) 혼인·가족제의 전면적인 변화로 이어진 것은 아니었다.

1) 고구려의 서옥제와 '유녀'

유녀는 어떠한 사회적 맥락 하에 기록되었던 것일까. 고구려의 혼인제와 관련하여 유녀의 존재양태를 살펴볼 필요가 있다. 고구려의 혼인 풍습과 관련하여 보다 상세한 기록이 『삼국지』와 『후한서』에 실려 있다.

> B. 그 풍속은 혼인할 때 말로 미리 정하고, 여자의 집[女家]는 大屋 뒤에 小屋을 짓고, 그 집을 '壻屋' 이라 부른다. 해가 저물 무렵에 사위가 여자의 집 문 밖에 도착하여 자기의 이름을 밝히고 跪拜하면서, 아무쪼록 신부와 더불어 잘 수 있도록 해 달라고 청한다. 이렇게 두 세번 거듭하면 여자의 부모는 그때서야 小屋에 가서 자는 것을 허락하고, [신랑이 가져온] 錢帛을 [서옥] 곁에 쌓아둔다. 자식을 낳아서 장성하면 [남편은] 아내를 데리고 [남자] 집으로 돌아간다.[35]

B 사료는 『삼국지』의 기록이다. 『후한서』[36]의 편찬자는 뜻을 명료하게 하기 위해 일부 문구를 수정하기는 하였으나 대체로 『삼국지』의 기사를 전재轉載하였으므로 내용은 거의 동일하다. B사료에 의하면 고구려의 혼인 절차는 다음과 같다. 고구려의 풍속에서는 혼인할 때 구두로 미리 정하고, 여자의 집에서 대옥大屋 뒤에 소옥小屋을 짓는데, 그 집을 '서옥壻屋' 이라 부른다. 서옥은 '사위의 집'을 일컫는 말이다. 해가 저물 무렵에 신랑이 신부의 집 문 밖에 도착하여 자기의 이름을 말하며 무릎 꿇고 절하면서, 여자와 더불어 잘 수 있도록 해 달라고 청한다. 이렇게 두 세번 거듭하면 여자의 부모는 그때서야 서옥에 가서 자도록 허락하고, (사위가 가져온) 돈과

---

35) 『三國志』 卷30, 魏書30, 東夷傳, 高句麗, "其俗作婚姻, 言語已定, 女家作小屋於大屋後, 名壻屋, 壻暮至女家戶外, 自名跪拜, 乞得就女宿, 如是者再三, 女父母乃聽使就小屋中宿, 傍頓錢帛, 至生子已長大, 乃將婦歸家."
36) 『後漢書』 卷85, 東夷列傳, 高句驪.

폐백은 (서옥) 곁에 쌓아둔다. 자식을 낳아서 장성하면 [사위는] 아내를 데리고 [남자] 집으로 돌아간다.

서옥제에 관한 기존의 연구를 보면 크게 두 가지이다. 첫번째는 '서류부가婿留婦家'라는 특징적인 거주율居住律(Rule of Residence)에 주목하여 모계母系·모권母權 등 출계 문제에 집중하였다. 우선 서옥제의 혼인 형태를 모계제의 유습으로 보고, 모처제로 파악한 연구가 진행되었다.37) 반면 모계제의 유습으로 보는 것을 비판하고, 부처-모처제로 해석한 견해도 제기되었다.38) 서옥제는 혼인 후에 일정기간 처가에서 살다가 다시 남자의 집으로 돌아가는 혼인 형태이므로 모계제의 유풍으로만 보기는 어렵다.

두 번째는 '서류부가'의 혼인 형태에 기반한 가족제에 관한 연구이다. 기존의 연구에서 '서입제', 즉 사위가 밤에 드나드는 형태의 혼인형태로 파악하기도 하고,39) 사위가 처가에 거주한 형태로 이해하였다.40) 동거가 아닌 별거형태의 혼인제도로 파악하기도 하였다.41) 또는 일시적 처처제妻處制,42) 또는 방문혼訪問婚으로 보기도 하였다.43) 최근 연구에서는 혼인 습속의 계층성에 주목해 피지배층은 서옥제를 선택했다고 보는 견해도 제기되

---

37) 秋葉隆, 「朝鮮の婚姻形態」『京城帝大哲學論集』, 第二部論叢, 二輯, 1930 ; 白南雲, 앞의 책, 1933 ; 孫晋泰, 앞의 책, 1948.
38) 최재석, 「한국고대가족에 있어서의 모계·부계문제」『한국사회학』 4, 1969 ;『한국가족제도사연구』, 일지사, 1983 재수록.
39) 이광규는 서옥에서는 남자가 여자의 집에 방문해서 同宿하는 것이고, 신부집에서 노동을 한 것은 아니라고 보았다(앞의 책, 1977, 147-148쪽).
40) 이기동, 「한국중고시대의 혈족집단의 특질에 관한 제문제」『진단학보』40, 1975 ;『신라 골품제사회와 화랑도』, 일조각, 1984 재수록.
41) 김선주, 「고구려 서옥제의 혼인형태」『고구려발해연구』13, 2002.
42) 이기동은 서옥제는 중국 廣東·廣西지방의 不落家나 일본의 むこいりこん(婿入婚) 등과 같은 일시적 妻處制에 불과한 것으로 모계제를 의미하는 것은 아니라고 보았다(「신라중고시대 혈족집단의 특질에 관한 제문제」『진단학보』40, 1975, 56쪽).
43) 김선주, 앞의 논문, 2002; 박혜인, 「혼인풍속 '서옥' 기록과 삼국사기 초기 사례를 통해 본 고구려의 혼인 및 처가방문생활」『역사민속학』18, 2004. 특히 이광규는 신랑이 밤에만 와서 同宿하는 것이지 신부 집에서 노동을 한 것은 아니라고 보았다(앞의 책, 1977, 147-148쪽).

었다.44) 서옥제는 남자가 여자의 집에서 혼인하고, 아이를 낳고 키우다가 아이가 성장하면 남자의 집으로 돌아가는 형식의 제한적 처변거주(서류부가형)의 혼인·가족제이다.

A 사료에서 주목한 고구려의 혼인에서 보이는 2가지 특징은 남녀가 좋아하면 바로 혼인시킨다는 것과 폐백을 쓰지 않는다는 것이다. A 사료와 B 사료는 고구려의 혼인 풍속에 대한 기록에도 불구하고 혼인 절차에서 '폐백'과 관련하여 서로 다른 기술을 하고 있다는 점이 주목된다. A-1-④, A-2-④, A-3-④에서는 여가에서는 남가에서 '재폐財幣'를 받는 의례가 없다고 하였고, B 사료에서는 신랑이 '전백錢帛'을 가져와서 서옥 옆에 쌓아둔다고 하였다. 이처럼 혼례 절차에서 신랑의 집, 또는 신랑이 '재폐' 또는 '전백'을 가져오는 것으로 보아 이를 신랑측에서 신부측에 지불한 혼납금, 일종의 신부대新婦代(bride price)로 보기도 한다.45) 또한 A사료의 돼지와 술과 B사료의 '전백'은 모두 혼납금인데, 다만 고구려 사회에서 초기의 수렵적 경제 기반이 점차 토지 경작 중심으로 바뀌면서 혼납금에 대한 관념이 변해간 것으로 보기도 하였다. 즉 A사료에서 신부값을 수치스럽다고 여긴 것은 신부값의 본래적 속성, 즉 '신부를 데려감으로써 생기는 여성의 출산력과 노동력의 상실이라는 피해의 보상'이라는 의미를 상실한 데서 기인한 것으로 보았던 것이다.46) 서옥제의 전백을 신부대로 보지 않는 견

---

44) 노태돈은 고구려에 형사취수혼과 서옥제가 동시에 작동하였고, 당대의 선호혼(選好婚)이었다고 보았다(「고구려 초기의 취수혼에 관한 일고찰」『金哲埈博士華甲記念史學論叢』, 지식산업사, 1983 ;『고구려사 연구』, 사계절, 1999 재수록 32-40쪽) 김지희는 고구려 사회에 두 가지의 혼인 형태가 있었으나, 각기 작동한 별개의 혼인제도였다고 하면서 지배층은 형사취수혼을 피지배층은 서옥혼을 하였다고 보았다. 기층의 일반민이 고구려 사회 인구 구성의 주된 부분을 차지하고 있으므로 고구려의 선호혼은 서옥혼이었을 것이라고 하였다(「고구려 혼인 습속의 계층성(階層性)과 그 배경」『東北亞歷史論叢』60, 2018, 32-40쪽).
45) 노태돈, 앞의 책, 1999, 181-187쪽.
46) 이강래, 「한국 고대 혼인에 보이는 財貨의 성격」『韓國史研究』147, 2009 ;「한국 고대 혼인의 사회사적 함의」『호남문화연구』49, 2011, 10-11쪽.

해도 제기되었다.47)

여러 고대사회에서 혼납금, 즉 신부값은 여성의 출산력에 대한 보상이었다.48) 한국 고대사회에서도 여성의 재생산력, 즉 출산력은 중요시되었다. 다만 사료 A의 돼지와 술은 혼인의례 중에 사용되는 음식이었고, 사료 B의 전백은 서옥, 즉 새로운 부부가 살 집인 서옥의 옆에 쌓아둔다는 점이 주목된다. 즉 사료 A의 돼지와 술은 혼인의례에서 접대를 위한 목적으로 사용되었으므로 여성의 집에서 받는 폐백물품으로 보기는 어렵다. 사료 B의 전백 역시 처가가 아닌 부부의 몫으로 귀속됨을 알 수 있다. 여자의 집에서 서옥, 즉 살 집을 마련하고, 그 외에 쓸 물품을 남자가 마련한 것으로 이를 지참금이나 신부대로 보기는 어렵다. 사료 A와 사료 B 모두 혼인의 성사와 지속을 위한 최소한의 물품을 구비한 것으로 이해할 수 있다.

혼인은 신랑과 신부를 매개로 한 공동체의 결합이고, 이를 기반으로 사회적 재생산을 목적으로 한다. 한국 고대사회에서 '생산'의 두 축은 노동력과 생식력이다. 서옥제의 혼인 형태는 한국 고대사회에서 남성과 여성의 노동력과 재생산력을 극대화시킨 제도로 이해할 수 있다. 즉 서옥제는 남성의 노동력과 여성의 생식력의 결합과 교환을 통해 합리적으로 사회적 재생산을 한 혼인형태였다.

여성의 생식력, 즉 재생산의 능력이 교환의 가치를 가진 사회에서 "음란"은 다른 시각으로 이해된다. 여기서 A-2의 "婦人淫奔, 俗多遊女."의 기록과 A-1과 A-3의 "俗多游女, 夫無常人"의 기록을 살펴볼 필요가 있다. 유

---

47) 김지희는 서옥제에서 확인되는 혼인예물은 사위의 노동력의 댓가로 처가가 지불한 금액으로 보았다(앞의 논문, 2018, 29쪽); 김인희는 고구려 사회는 농업경제를 기반으로 하였기 때문에 수렵이나 유목경제보다 여성의 출산력과 노동력이 중요시 되었다고 하였다. 고구려는 신부값 대신 노동력을 제공하고 여성을 획득하는 것으로 보아 열악한 경제상황을 알 수 있다고 이해하였다(「고구려의 노동교환혼(勞動交換婚)적 특징 연구 - 동북지역 고대민족과 비교를 중심으로 -」 『東아시아 古代學』 53, 2019, 469쪽, 475-478쪽).

48) 이강래, 앞의 논문, 2009, 19-25쪽.

녀는 부인과 대비되는 존재로, '일정한 남편이 없는 여성'으로 기록되었다. '일정한 남편이 없는 여성'의 범주에는 '남편이 있는 여성'을 제외한 다양한 범주의 여성이 포함된다. 사별과 이혼 등으로 혼인관계가 해소된 여성을 비롯하여 혼인을 하지 않은 여성도 포함될 수 있다.

또한 유녀를 매음으로만 이해하기에는 부인의 특성이 '음란'이었음을 주목할 필요가 있다. A-3의 기록에 유녀와 혼인의 기록 사이에 "밤이면 남녀가 떼를 지어 모여 노는데, 귀천의 구분이 없다."는 기록이 삽입되어 있다. 중국인의 시선에서 남편과 남편의 집에 귀속되지 않은 부인은 음란했고, '일정한 남편이 없는' 유녀는 문란했던 것이다.

'음淫'에는 유교적 예법을 따르지 않은 것에 대한 중국의 편견적 시선이 반영되어 있었다.[49] 한국 고대의 서옥제는 제한적 처변거주의 혼인형태, 즉 '서류부가형'의 혼인제였고, 중국 고대의 혼인제는 종법제적 질서를 기반으로 한 '여귀남가'의 혼인제였다. 이와 같은 혼인제의 차이는 가족 및 친족구조의 차이에서 비롯된 것이었다. 중국인의 시선에서 차이는 차별의 근거가 되었고, 한국의 고대는 '미개한 동이'로 규정되어 기록되었다.

2) 고려의 서류부가제와 유녀

유녀의 기록이 고려에도 보인다. 고려의 사료에서 보이는 유녀 역시 고려에 방문한 송나라 사신 서긍의 시선으로 기록된 것이라는 점이 주목된다. 인종 원년(1123)에 송 휘종徽宗의 명을 받고 고려에 사신으로 온 서긍徐兢은 개성에 한 달 정도 머물렀고, 당시 보고 들은 것을 글과 그림으로 남겼다. 『선화봉사고려도경』(이하 『고려도경』)은 서긍의 견문록으로 28문門으로 구성하고, 이를 300여 항으로 나누어 상세히 기록하였다. 서긍이 작성한

---

[49] 한영화도 중국사서에서의 '음란'의 표현은 중국인의 시선에서 유교적 예에 벗어난 부분들을 지적한 것으로 보았다(「고대사회의 혼인과 간음에 대한 처벌」 『여성과역사』 27, 2017, 123-125쪽).

『고려도경』의 내용은 서긍이 학습을 통해 숙지한 것, 직접 본 것, 전해들은 것 등으로 구성되었는데, 작성 목적은 왕이 천하의 정세를 충분히 알 수 있도록 고려의 실정을 수집하여 보고하기 위한 것이었다. 『고려도경』의 작성 기준은 두 가지인데, 하나는 '중국과 다른 부분'이고, 다른 하나는 '고려에 대한 전제와 시선'이었다.[50] 서긍은 『고려도경』에서 중화사상中華思想을 기반으로[51] 고려와 고려인을 기록하고 평가하였다.

따라서 송 사신 서긍의 『고려도경』은 12세기의 고려 상황을 당대인의 시각으로 기록한 것이라는 점에서 중요한 사료이지만, 중국인의 시각으로 서술된 것이어서 고려의 실상에 얼마나 부합하는지는 면밀히 검토할 필요가 있다. 『고려도경』에 유녀에 대한 기록이 있어서 주목된다.

C-1. 공·경·대부의 처, 사민(의 여자)와 유녀는 그 의복에 구별이 없다.[52]

C-2. 옛 사서史書에 따르면 고려의 풍속은 〈사람들이〉 모두 깨끗하다고 기록되어 있는데, 지금도 여전히 그러하다. 그들은 항상 중국인이 때가 많은 것[垢膩]을 비웃는다. 그래서 아침에 일어나면 먼저 목욕을 한 후 집을 나서며, 여름에는 하루에 두 번씩 목욕을 한다. 시냇물이 흐르는 곳에 많이 모이는데, 남녀가 구별 없이 모두 의관을 언덕에 놓는데, 물이 흐르면서 속옷이 드러나도 이상하게 여기지 않는다.[53]

C 사료는 서긍이 주목한 고려의 풍습을 기록한 것이다. C-1은 공경대부

---

50) 김병인, 「『고려도경』에 비친 고려인들」 『한국중세사연구』 55, 2018, 79-80쪽.
51) 李鎭漢·趙旭鎭·金旻柱, 「『『高麗圖經』譯註」(17) - 권20 「婦人」편과 권21 「皂隸」편의 분석을 중심으로 -」 『韓國史學報』 86, 2022, 388쪽.
52) 『宣和奉使高麗圖經』 卷20, 婦人, 貴婦, "公卿大夫之妻士民游女, 其服無別. 或云, 王妃夫人, 以紅爲尙, 盆加繪繡, 國官庶民, 不敢用也."
53) 『宣和奉使高麗圖經』 卷23, 雜俗2, 澣濯, "舊史載, 高麗其俗皆潔淨, 至今猶然. 每笑中國人多垢膩. 故晨起, 必先沐浴而後出戶, 夏月日再浴. 多在溪流中, 男女無別, 悉委衣冠於岸, 而沿流褻露, 不以爲怪.

의 처와 사민의 처, 그리고 유녀 모두 복장의 구별이 없다는 점을 기록하고 있다. 고려 여성을 신분으로 구분하여 파악하고, 복장에 한정하여 설명하였다. 서긍은 고려사회의 계급질서를 사민四民 체제, 즉 유자儒者·농민農民·공기工技·상고商賈로 구분하였고, 고려를 구성하는 인적 계층을 대략적으로 왕족, 귀족, 관료, 백성[民庶], 부인婦人, 조예皂隷로 파악하였다.54) 또한 부인婦人조는 귀부貴婦·비첩婢妾·천사賤使·귀녀貴女 등으로 구분하였다.

여기서 부인의 복장에 한정된 것이기는 하지만, 유녀를 귀부에 포함하여 서술하였다는 점이 주목된다.55) 다만 공경대부의 처 및 사민의 처와 구분하여 유녀를 기록하였다. 이는 A 사료에서 부인과 유녀를 구분하였고, 유녀를 일정한 '남편이 없는 여자'로 규정한 것과 같은 맥락의 서술로 이해할 수 있다. 즉 C-1의 유녀 역시 '처妻'가 아닌 여성, 즉 '남편이 없는 여성'을 지칭한 것으로 보인다. 서긍의 눈에는 '남편이 없는 여성'임에도 불구하고 그들의 복장이 공경대부나 사민의 처와 동일하다는 점이 눈에 띄는 점이었으므로 이를 기록한 것이었다.

또한 C-2는 남녀의 구별이 없이 시냇물에서 목욕을 한다는 기록이다. 서긍이 생각한 고려의 특징적인 풍습이 6~7세기에 중국인이 인식한 고구려의 특징적인 풍습과 동일할 뿐만 아니라 같은 맥락으로 서술되었다는 점에서 주목된다. 즉 고구려와 고려의 풍습은 중국과는 달리 신분의 차별, 남녀의 구별이 뚜렷하지 않다는 것과 더불어 '유녀'가 존재한다는 것이 특이점으로 인식되었던 것이다. 이는 『고려도경』에서 보이는 서술상의 특징, 즉 중국과 비교하여 고려는 여전히 '동이東夷의 구습舊習'이 남아 있는 것으로 본 서긍의 시각이 반영된 서술이다.56)

---

54) 김병인, 앞의 논문, 2018, 108-109쪽.
55) 이경복은 유녀를 고려시대에 유희를 담당하였던 여성들로, 賤人의 후손이거나 一賤則賤法에 의해서 천인이 된 부류라고 하였다(『고려시대 기녀연구』, 민족문화문고간행회, 1986, 42쪽).
56) 서긍의 『고려도경』은 고려의 풍속을 '東夷의 舊習-」箕子의 조력 -」宋의 영향 -」華風의 확대 -」(그럼에도 여전히) 고려의 舊習'으로 서술하였다(김병인, 앞의 논문,

서긍의 『고려도경』에는 고려인의 혼인 풍습에 대한 기록도 있는데, 이역시 동일한 시각으로 서술한 것이다. 다음은 관련 사료이다.

> D-1. 그러나 고려 사람들은 은혜를 베푸는 일이 적고 여색[色]을 좋아하며, 쉽게 사랑하고[泛愛] 재물을 중히 여긴다. 남녀 간의 혼인에서도 가볍게 합치고 쉽게 헤어져 典禮를 본받지 않으니 참으로 웃을 만한 일이다.[57]
>
> D-2. 그러나 실제로는 더럽고 궁벽하여 난잡스러운[澆薄厖雜] 오랑캐의 풍속을 끝내 다 고치지 못했다. 冠婚喪祭는 『예기禮記』를 따르는 것이 매우 적다. 남자의 머리두건[巾幘]은 당 제도를 약간 본받고 있으나, 부인이 땋은 머리[鬢髻]를 아래로 내려뜨리는 것은 오히려 완연히 좌수[髽首]나 변발[辮髮] 같은 모양이다. 귀인이나 벼슬하는 집안[仕族]에서 혼인할 때는 대략 예물[聘幣]을 쓰지만, 백성들은 단지 술이나 쌀로 〈혼인하는〉 인연을 맺을 뿐이다. 또 부유한 집[富家]에서는 아내를 3~4인이나 맞이하는데, 조금만 맞지 않아도 헤어진다.[58]

D 사료는 고려의 혼인 풍습에 관한 기록이다. D-1)에서 고려의 자유로운 연애, 혼인과 이혼에 대해서 언급하였고, D-2)에서 상류층에서는 중국의 혼인예법, 즉 유교식 혼인절차에 따라 예물을 주고 받기도 하지만, 일반 백성들은 그와 같은 예나 격식을 갖추지 않는다는 것이다. D-1)에서 서긍의 기준이 중국식 혼인예법, 즉 유교식 관혼상제 의례의 준수 여부라는 점을 밝히고 있다. 여기서 고려는 중국과는 다른 혼인풍습을 갖고 있었다는

2018, 86-87쪽).
57) 『宣和奉使高麗圖經』 卷19, 民庶, "然其爲人寡恩好色, 泛愛重財, 男女婚娶, 輕合易離, 不法典禮, 良可哂也."
58) 『宣和奉使高麗圖經』 卷22, 雜俗, "冠婚喪祭, 鮮克由『禮』. 若男子巾幘, 雖稍放唐制, 而婦人鬢髻下垂, 尙宛然髽首辮髮之態. 貴人仕族, 昏嫁, 略用聘幣, 至民庶, 唯以酒米通好而已. 又富家, 娶妻至三四人, 小不相合, 輒離去."

점을 주목할 필요가 있다.

고려 역시 고구려의 서옥제와 같은 유형의 서류부가제의 혼인·가족 제도가 있었다. 다음은 관련 사료이다.

E-1. 중국은 예의가 나온 나라인데, 혼인의 예는 바로 음으로써 양을 따르므로 여자가 남자집에 시집가서 아들과 손자를 낳아 내가에서 자라니, 사람들이 본종의 중함을 알기 때문에 아비가 양인인 경우에는 모두 양인입니다. 우리 동방의 전장과 문물은 모두 중국을 본받으면서 오로지 혼인의 예는 아직도 옛 풍속을 따라서 양으로써 음을 따르므로 남자가 여자 집에 장가가서 아들과 손자를 낳아 외가에서 자라니, 사람들이 본종의 중함을 알지 못하기 때문에 어미가 천인인 경우에는 모두 천인입니다. 조부의 골육을 가지고 비첩의 소산이라 칭하여 모두 사역하기에 이르니, 그 경중을 알지 못함이 심합니다.59)

E-2. 예조에서 服制의 式을 올렸다. 啓聞은 이러하였다. "전조의 舊俗에는 혼인하던 예법이 남자가 여자의 집으로 장가들어 아들과 손자를 낳아서 외가에서 자라게 하기 때문에 외가 친척의 은혜가 중함으로 해서 외조부모와 처부모의 服을 당하면 모두 30일을 給暇하였습니다. 본조에 이르러서 아직도 그대로 옛 풍속을 따르므로 친소에 차등이 없음은 실로 未便하니, 빌건대, 이제부터는 외조부모의 大功에는 말미를 20일 주고, 처부모의 小功에는 15일 주도록 하소서." 임금이 그대로 따랐다. 이 앞서 예조에 명하여 친영하는 예법을 의논하게 하니, 예조에서 상정하여 아뢰었으나, 일은 결국 시행되지 않았다.60)

---

59) 『太宗實錄』卷27, 태종 14년 1월 4일 己卯, "定婢妾所産限品贖身之法. 司宰監報議政府曰 身良水軍女孫定役何如 政府議聞曰 中國, 禮義所自出, 婚姻之禮正, 以陰從陽, 女歸男家, 生子及孫, 長於內家, 人知本宗之重, 父良者皆良. 吾東方典章文物, 皆法中國, 唯婚姻之禮, 尙循舊俗, 以陽從陰, 男歸女家, 生子及孫, 長於外家, 人不知本宗之重, 母賤者皆賤. 至以祖父骨肉稱, 爲婢妾所産皆役使, 其不知輕重甚矣."

60) 『太宗實錄』卷29, 태종 15년 1월 15일 甲寅, "禮曹上服制式. 啓曰 前朝舊俗, 婚姻之禮, 男歸女家, 生子及孫, 長於外家, 故以外親爲恩重, 而外祖父母·妻父母之服, 俱給暇三

E-3. 신상이 또 아뢰기를, "우리나라에서는 관혼의 예[冠婚之禮]를 모두 행하지 아니하옵니다. 관례는 비록 다 행하지 않더라도 오히려 그 풍속이 남아 있습니다마는, 혼례는 남자가 여자의 집으로 장가를 들게 되어 매우 합당하지 못하오니, 고제를 따라 친영의 예[親迎之禮]를 행하게 하시기를 바랍니다."61)

E 사료는 조선왕조실록의 기록으로 전 왕조인 고려의 혼인 풍습에 대해서 언급한 것이다. E-1은 태종 14년(1414)에 조선 초의 혼인풍습이 "남자가 여자의 집에 장가를 가서 아이와 자손을 낳고, 외가에서 기른다"고 하면서, 이는 중국의 예와 다르다고 하였다. E-2는 태종 15년(1415)에 "전 왕조의 옛 풍습에는 혼인하던 예법이 남자가 여자의 집으로 장가들어 아들과 손자를 낳아서 외가에서 자라게 하기 때문에 외가 친척의 은혜가 중하였다"고 하면서 여전히 고려의 혼인 풍습이 남아 있음을 지적하였다. E-3은 세종 16년(1434)에 남귀여가의 풍습이 남아 있는데 이를 친영의 예로 고쳐야 한다고 건의한 것이다. E 사료에서는 고려의 혼인제를 남귀여가男歸女家라고 하였는데, 이는 E-1의 사료에서 알 수 있듯이 중국의 혼인의례를 '정正'으로 규정하고, 이는 '이음종양以陰從陽, 여귀남가女歸男家'이라고 설명한 것에서 기인한다. 따라서 '남귀여가'는 '여귀남가'의 혼인·가족제, 즉 여자가 남가에서 혼인하고, 남가에서 영구히 거주하는 혼인·가족제의 대응되는 개념이므로 한국의 서옥제 및 서류부가제의 혼인·가족제와는 다르다. 그럼에도 불구하고 조선 초에 중국의 유학이념을 기반으로 하는 혼인·가족제인 '여귀남가'를 강조하기 위해 그 대응하는 표현인 '남귀여가'를 의도적으로 사용하였던 것이다.

　十日 至本朝尙仍其舊, 親踈無等, 實爲未便. 乞自今, 外祖父母大功, 給暇二十日, 妻父母小功, 十五日 從之. 前此, 命禮曹議親迎之禮, 禮曹詳定以聞, 然事竟不行."
61) 『世宗實錄』 卷64, 세종 16년 4월 12일 己未, " 商又啓曰: "本國冠婚之禮, 皆不行之. 冠禮則雖未盡行, 猶有其風, 若婚禮則男歸女家, 甚爲未便. 願從古制, 爲親迎之禮."

지금 국가에서 왕자·왕녀의 혼인은 모두 친영례를 행하지만, 사대부가는 고루하여 壻留婦家한다. 그러므로 "처를 들였다(娶妻)"라고 말하지 않고, "장가들었다(入丈)"라고 말하는데, 이는 양이 음을 따르는 것으로 남녀의 의를 크게 잃은 것이다.[62]

유형원의 『반계수록』의 혼례에 조에서 친영례에 관해 쓴 글이다. 유학자의 입장에서 유교적 혼인의례인 친영례가 행해져야 한다고 논변한 글이다. 이 글에서도 알 수 있듯이 조선이 건국된 이후에도 고대와 고려에 이어 서류부가제 형식의 혼인·가족제가 지속되었음을 알 수 있다.

서옥제와 서류부가제의 제한적 처변거주(서류부가형)의 혼인·가족제는 여가와 남가의 제반 여건에 따라 다양한 양상으로 나타난다. 즉 서옥제와 서류부가제는 '남자가 여자 집에서 혼례를 치르고, 혼인 후에 여자 집에 거주하며 아이를 낳고 기르다가 아이가 장성하면 남자 집으로 돌아가는' 혼인·가족제이지만, 이는 정치·사회·경제적 요건에 의해 다양한 거주형태를 선택할 수 있는 유연한 혼인·가족제였다.[63] 고려의 경우, 사위가 처가에 머무는 기간은 양가의 경제력, 관직 생활, 처가의 가족 구성 등의 여러 요인으로 결정되었다.[64] 이처럼 한국 고중세의 제한적 처변거주(서류부가형)의 혼인·가족제는 여가-남가의 제반 여건에 따라 유연하게 운영되었다. 이와 같은 혼인·가족제는 모계와 부계는 물론 처계도 중시된 친족구조를

---

[62] 柳馨遠, 『磻溪隨錄』卷25, 續篇 上, 昏禮, "申明親迎之禮. 今國家王子王女, 昏姻, 皆行親迎之禮, 而士大夫家, 因陋苟簡, 壻留婦家, 故不曰娶妻, 而曰入丈, 是陽反從陰, 大失男女之義, 宜明飭禮法, 以正人倫之道."
[63] 이광규는 서옥제의 거주규정은 어머니 집에서 태어나서 성장하면 아버지 집으로 살러간다는 점에서 母處-父處制 유형, 즉 兩處制(bilocal residence)의 거주 유형으로 볼 수도 있으나 엄밀하게 말하면 生處-父處制로 보아야 한다고 하였다. 즉 서옥제의 경우, 女家와 男家의 사회경제적 요소 등 제반 여건에 따라 女家에 지속적으로 거주하거나 男家로 단기간에 복귀할 수 있다는 점에서 選定居住的 성격을 가지고 있다고 보았다(앞의 책, 1977, 148-149쪽).
[64] 권순형, 앞의 책, 2006, 108쪽.

기반으로 한 것이었다.

중국인의 시선에서 그들과 다른 혼인·가족제를 운영한 고구려와 고려는 미개하고, 음란하다고 판단하였다. 중국의 시선에서 유녀는 '일정한 남편이 없는 여성'이다. 중국의 종법제적 질서 하에 '부부로 구성된 가족'에 포함되지 않은 여성은 보호받지 못하고, 보호받지 않아도 되는 취약한 존재로 인식되었던 것이다. 이에 대한 편견은 생존의 수단으로서 성매매, 나아가 '음란'으로 인식되었던 것이다.

그러나 한국의 제한적 처변거주(서류부가형)의 혼인·가족제에서 '유녀'는 '일정한 남편이 없는 여성', 즉 미혼여성을 포함하여 이혼과 사별 등의 이유로 혼인관계에 있지 않은 여성이었다. 남성의 매개 없이 정치·사회·경제적 활동을 영위할 수 있는 여성으로, 다양한 의미를 내포하는 '유遊'를 하는 여성이었을 것으로 여겨진다. '음란'은 타자의 시선으로 차이를 인정하지 않은 오만함에서 온 편견이었다.

3. '유녀' 인식의 변천

유녀의 용례를 살펴보면, 중국문헌의 유녀가 등장하는 경우는 『시경』과 『후한서』 등이다. 다만 중국 시부詩賦 속에 등장하는 유녀는 '신녀神女'의 의미로 사용되어 고구려의 유녀와는 다른 용법으로 쓰였다. 따라서 유녀는 중국에서 유래한 용어로는 보이지 않는다.[65] 유인의 경우 역시 한반도 관련 사료에서는 『수서』의 고구려조에서만 보인다.[66] 이처럼 중국사서에서 유인과 유녀의 용례가 고구려 관련 기사에서만 보인다는 점이 주목된다. 유인과 유녀를 지칭하는 명칭은 물론 이들의 존재 양태는 중국과는 다른

---

65) 柳永博, 앞의 논문, 1987, 110쪽 ; 金賢正, 앞의 논문, 2006, 262-263쪽.
66) 『後漢書』, 『梁書』, 『舊唐書』 등의 용례는 고구려의 遊人과 직접적인 관련성은 없다고 여겨진다(김기홍, 앞의 논문, 1987, 12-16쪽 ; 曺祥鉉, 앞의 논문, 2003, 268-270쪽).

210 제2부 신라 왕실여성과 가족

고구려, 나아가 한국 고대사회의 특징적인 일면을 보여주는 것일 가능성이 크다. 『삼국사기』에서 보이는 '유遊'의 용례를 살펴보면 다음의 표와 같다.

표1 『삼국사기』에 보이는 '遊'의 용례

번호	시기	용례	원문	출처
1	B.C.37	出遊	名柳花, 與諸弟出遊	고구려본기, 동명성왕 원년
2	B.C.19	出遊	幼年出遊陌上	고구려본기, 유리왕 원년
3	32	出遊	王子好童遊於沃沮	고구려본기, 대무신왕15년
4	227	出遊	候王出遊	고구려본기, 동천왕 원년
5	413	降遊	是必仙靈降遊, 應是福地	신라본기, 실성니사금12년
6	489	游食	驅游食百姓歸農	신라본기, 소지마립간11년
7	6세기	出遊	堤上知之, 與未斯欣乘舟遊	열전, 박제상(눌지왕)
8	510	游食	驅內外游食者歸農	백제본기, 무령왕 10년
9	6세기	遊學	祝髮爲僧, 遊觀四方…昔遊學之日	열전, 거칠부(진흥왕)
10	576	遊娛	名花郞以奉之…或相悅以歌樂, 遊娛山水, 無遠不至	신라본기, 진흥왕 37년
11	587	交遊,遊學	交遊, 西遊之志	신라본기, 진평왕 9년
12	7세기	遊娛	恐大王遊娛不已, 以至於亡敗	열전, 김후직(진평왕)
13	6세기	遊學	我等期與士君子遊…入隋遊學	열전, 귀산(진평왕)
14	636	出遊	遊燕於泗沘河北浦	백제본기, 무왕 37년
15	641	遊歷	遊歷無所不至	고구려본기, 영류왕 24년
16	7세기	遊娛	歆運少遊花郞文努之門	열전, 김흠운
17	780	巡遊	巡遊不度	신라본기, 혜공왕 16년
18	9세기	遊娛	金昕…與浮圖遊	열전, 김양(헌덕왕)
19	927	出遊	(出)遊鮑石亭宴娛	신라본기, 경애왕 4년
20	9세기	遊學,遊娛	始西遊時…入唐遊學…我願西遊中華國…皆遊焉之所	열전, 최치원(진성여왕)
21	9세기	出遊	時孝宗郞出遊見之	열전, 지은(진성여왕)
22	9-10세기	遊戲	年十餘歲, 遊戲不止	열전, 궁예
23	9-10세기	出遊	出遊鮑石亭, 置酒娛樂	열전, 견훤

우선 표1의 『삼국사기』의 '遊'의 용례를 보면, 신성神聖과 관련된 용례가 (5)의 1건, '游食百姓(유식백성)', '遊食者(유식자)'의 농지農地를 벗어나 유리하는 백성에 관한 용례가 (6)과 (8)의 2건, 유학遊學과 관련된 용례가 (9), (11), (13), (20)의 4건이 보인다.

우선 (6)과 (8)의 '유식자'의 표현이 주목된다. 「신라본기」에 "유식백성 游食百姓을 몰아 농사로 돌아가게 하였다"라고 하였고,67) 「백제본기」에 "(왕이) 명령을 내려 제방을 튼튼하게 하고 내외의 유식자遊食者를 몰아 농사로 돌아가게 하였다"라고 하였다.68) 이에 대해 '유식백성'에 대하여 '유이遊移 또는 유행遊行하며 먹고사는 백성'이라고 해석하거나69) 『수서』의 '유수위사游手爲事'라는 표현을 상업과 관련된 용례로 보아 유인遊人을 상인으로 파악하기도 하였다.70) 『삼국사기』의 유식자(백성)은 농지에 정착하지 못한 유이민 또는 이주민을 일컫는 용어였을 것으로 생각된다.

다음으로 유희遊戲에 관한 용례가 (10), (12), (16), (18), (20), (22)의 6건, 출유出遊는 (1), (2), (3), (4), (7), (14), (19), (21), (23)의 9건이다. 맥락 상 (15) 유력遊歷, (17) 순유巡遊도 출유에 포함되는 행위로 여겨질 뿐만 아니라 6건의 '유오' 역시 '출유'와 구분하기 어렵다. 특히 (10)의 진흥왕 37년(576)의 '유오산수遊娛山水'는 화랑花郎이 산수를 유력遊歷하여 동년배의 화랑들과 교유交遊하며 심신을 수련하는 행위를 포괄적으로 일컫는 표현이다. 따라서 '유력遊歷', '순유巡遊', '유오遊娛'는 맥락 상 모두 '출유出遊'에 포함되는 표현임을 알 수 있다. 따라서 삼국사기에서 가장 많이 보이는 '遊'의 용례는 '출유'이다. 또한 신성神聖과 관련된 '유'의 표현은 (5)의 1건이지만, 신이 노닐던 숲의 의미인 신유림神遊林 등의 용례는71) '遊'의 표현

---

67) 『三國史記』 卷3, 新羅本紀3, 炤智麻立干 11年.
68) 『三國史記』 卷26, 百濟本紀4, 武寧王 10年.
69) 전덕재, 『한국고대사회경제사』, 태학사, 2006, 201쪽.
70) 박남수, 앞의 논문, 2006, 162-163쪽.
71) 『三國遺事』 卷2 紀異, 文虎王法敏.

이 신성, 제의와 연관되어 있을 가능성을 유추할 수 있다. '출유'는 심신心身의 유행流行을 포괄하는 의미의 행위였고, 신성성을 내포한 제의와 수련의 형태로 이루어졌을 것이다. 이와 관련하여 6세기의 금석문인 「울주천전리서석」의 명문이 주목된다.

6세기의 금석문인 「울주천전리서석」은 6세기의 왕실인물의 기록을 전하고 있다. 「울주천전리각석」은 2시기에 걸쳐 작성되었다. 하나는 을사명(원명)으로 작성연대는 525년이고, 다른 하나는 기미명(추명)으로 작성 연대는 539년이다. 그 내용은 울주천전리서석에 놀러온 신라 왕실 사람들이 남긴 기록이다. 즉 을사년(525)에는 사탁부沙喙部의 갈문왕葛文王과 어사추여랑왕於史鄒女郎王이 놀러왔었고, 기미년(539)에는 이미 죽은 사부지갈문왕과 어사추여랑왕을 그리워하는 지몰시혜비只沒尸兮妃와 모즉지태왕비인 부걸지비夫乞支妃, 사부지왕자랑徙夫知王子郞인 심맥부지深麥夫知가 찾아왔다고 한다.

「울주천전리서석」의 사부지갈문왕, 지몰시혜비, 모즉지태왕비인 부걸지비, 심맥부지는 각각 문헌사료에도 보이는 입종갈문왕, 지소부인, 법흥왕비인 보도부인, 진흥왕이다.[72] 6세기의 금석문에서 왕실사람들이 서석곡에 행차한 것을 '遊'라고 표현한 것이 주목된다. 6세기의 법흥왕의 남동생인 입종갈문왕과 여동생인 어사추여랑왕, 그리고 법흥왕비인 보도부인, 법흥왕의 딸인 지소부인, 법흥왕의 외손자는 서석곡에 '출유'했던 것이다.

유녀는 '遊'하면서 '일정한 남편이 없는' 여성이다. 한국 고대 사회에서 남편을 매개로 하지 않고, 독자적으로 여성이 '遊'하는 것은 특이할 것이 없는 행위였다. 6세기의 왕실여성, 왕비와 왕녀 역시 남편 없이 서석곡에 '遊'하였던 것이다. 유녀의 기록은 한국 사서에서 보이지 않는데, 제한적 처변거주(서류부가형)의 혼인·가족제에서 남가에 종속되지 않은 여성, 남

---

72) 이현주, 「신라 중고시기 왕실여성의 칭호-「蔚州川前里書石」 銘文을 중심으로-」 『신라사학보』 27, 2013, 88-94쪽 ; 「신라 여성관인 제도의 성립과 운영」 『史林』 27, 2022, 140-142쪽.

편의 매개 없이 사회·경제적 활동을 하는 여성의 존재가 일반적이었기 때문에 특별히 기록되지 않았을 가능성이 크다.

이처럼 한국 고대의 '유遊'는 남녀노소의 구분 없이 신성성을 담지한 심신의 수련을 일컫는 행위였다. 다만 (12) 김후직이 진평왕을 질타하는 사례에서 알 수 있듯이 점차 신성성이 탈각되고, 오락적인 요소, '유오遊娛'의 성격이 강화되었을 것이다.

일본의 경우, 중세의 혼인제 변화와 더불어 유녀가 발생하였다고 보았다. 즉 일본의 유녀는 9~16세기에 존재하였는데, 9세기 후반에 대우혼對偶婚에서 단혼單婚으로 혼인제가 변화하면서 남성이 여성의 성애를 관리하는 영속적·배타적인 혼인관계가 강해졌고, 아버지와 남편이 딸과 아내의 성애를 관리하게 되었다고 하였다. 이로 인해 사회적으로 성매매의 가치가 생겼고, 직업으로서의 유녀가 성립되었다는 것이다.73) 이처럼 한국 고대의 유녀와 일본 중세의 유녀는 시기와 존재 양상 등에서 다소 차이가 있다.

한편 한국 중세에는 '유녀'의 인식과 역할에 변화가 생기고 있어 주목된다. 다음은 고려의 사료이다.

> F-1. 예종 3년(1108), 판하기를, "유부녀가 음행하면 恣女案에 기록하고 針工에 定屬시킨다."라고 하였다.74)
>
> F-2. 의종 6년(1152), 2월에 判하기를, "『京市案』에 등록된 품행이 좋지 않는 여자[恣女]가 失行하기 전에 낳은 자식은 6품까지로 제한하고, 실행한 뒤에 낳은 자식은 禁錮한다."라고 하였다.75)
>
> F-3. 이수의 자는 낙운이고 초명은 종주인데 그의 향관은 상세하지

---

73) 關口裕子, 『日本古代婚姻史の硏究』 上·下, 塙書房, 1993 ; 『日本古代女性史の硏究』, 塙書房, 2018 ; 服藤早苗, 『古代·中世の藝能と買賣春』, 明石書店, 2012 ; 辻浩和, 『中世の「遊女」-生業と身分』, 京都大學學術出版會, 2017.
74) 『高麗史』 卷84, 志38, 刑法1, "睿宗三年, 判, '有夫女淫, 錄恣女案, 針工定屬.'"
75) 『高麗史』 卷75, 志29, 選擧3, "六年二月 判, '京市案付恣女, 失行前所産, 限六品職, 失行後所産, 禁錮'."

않다.····처가 죽자 복상 기간이 아직 끝나지 않았는데 처조카의 처와 간통하였으며, 그 여자는 그 남편을 모해하려다 일이 발각되어 아울러 해도로 유배되었고, 또한 그 여자는 遊女籍에 기록되었다.[76]

F-4. 충정왕 원년(1349), 기축 원년 원 지정 9년, 봄 정월. 감찰사에서 익흥군 왕거의 부인 박씨가 고신과 사통한 죄를 다시 다스려 국문하니, 모두 자복하였다. 박씨가 감옥에 있으면서 또다시 승려와 간통하자 신창관의 态女로 몰입하였는데, (신창관은) 여러 나라의 商客들이 오고 가는 곳이었다.[77]

F-1~4는 유부녀로서 음행한 여성에 대한 처벌에 관한 사료이다. F-1, 2, 4는 자녀안에 대한 내용이고, 처벌이 점차 강화되는 과정을 알 수 있다. F-1은 예종 3년(1108)에 음행한 유부녀는 자녀안에 기록하고, 침공에 배속한다는 내용이다. F-2는 의종 6년(1152)에 자녀가 음행을 한 시점을 기준으로 음행 이전에 낳은 자식은 관직을 6품까지로 제한하고, 음행 이후에 낳은 자식은 금고한다는 것이다. F-4는 충정왕 원년(1349)에 왕거의 부인 박씨가 고신과 사통하자 감옥에 가두었고, 감옥에서 승려와 간통하자 신창관의 자녀안에 입적하였다는 내용이다. 유부녀의 음행에 대한 처벌이 노동-자녀의 관직 등용 제한-신분 강등 및 구속으로 강화되었음을 알 수 있다. F-3은 이수가 처조카와 간통하였고, 또한 처조카는 남편을 해치려다가 발각되었기에 이수와 처조카 모두 해도로 유배되었고, 처조카는 더하여 유녀적에도 기록되었다는 것이다. 이수는 이순목(1212-1249)과 동시대에 활동하였던 13세기의 인물이다. F-3은 F-1, 2, 4와 달리 유녀적이라고 하였는데, 이 역시 유부녀로서 음행한 여성을 안安 또는 적籍에 기록한다는 점에서

---

76) 『高麗史』 卷102, 列傳15, 諸臣, 李淳牧, "需, 字樂雲, 初名宗冑, 未詳其鄉貫. ···妻亡, 服未闋, 通妻姪之婦, 婦謀害其夫, 事覺, 並流海島, 又錄其婦遊女籍. 需以文學知名, 穢行如此, 人皆醜之."

77) 『高麗史節要』 卷26, 忠定王 1年, "己丑元年元至正九年. 春正月. 監察司復治益興君琚妻朴氏私高信之罪, 收鞫俱服. 朴在獄又與僧通, 沒爲新倉館态女, 諸國商客來往之處也."

유사한 것으로 보인다.[78] 다만 "자녀"와 "유녀"는 유부有夫, 즉 남편의 유무에 따른 구분일 가능성이 크다. 즉 "유녀"는 남편이 없는 여성을 일컬었으므로, 유녀가 아닌 "자녀"의 표현을 사용하였을 것이다. F-3의 이수의 처조카는 같은 곳으로 유배를 갔는데, 처조카가 이수와는 부부가 아니고, 이전의 남편과는 이혼한 상태이므로, 이제 '남편이 없는 여자'라는 의미로 '유녀적'에 기록하였을 것으로 여겨진다.

조선시대의 유녀는 황음荒淫의 증거로 인식되었다. 태조 6년(1397)의 최선 등은 밤에 유녀를 불러 풍악을 울리고 만취하는 등 황음하여 처벌을 받았고,[79] 태종 18년(1418)의 부산포에 거주하는 왜인이 혹은 상고商賈라고 칭하고, 혹은 유녀遊女라고 하면서 일본객인과 흥리왜선이 오면 남녀가 섞여 즐기며 폐단을 일으킨다는 첩정牒呈이 있다.[80]

이로 볼 때 고려와 조선시대의 정치 및 사회경제 전반의 변화, 또한 국제적 교역을 통한 문화적 융합, 특히 일본과 교류하며 알게 된 '일본의 유녀'에 대한 인지 등은 자녀안恣女案과 유녀적遊女籍으로 관리하는 특수한 계층의 성립과 제도로 수렴되었을 것으로 여겨진다. 조선 후기에 편찬된 법전인 『속대전』과 『대전통편』 등에서 유녀는 화랑花郎, 무녀巫女와 더불어 도성 안에 머무르면 처벌을 받는 부류로 규정하였다.[81] 이처럼 타자의 시선으로 규정된 '유녀의 음란'은 법제화하고, 내재화하면서 점차 '사실'이 되어 갔다.

---

78) 김난옥, 「고려후기 여성의 법적 지위 -범죄와 형벌을 중심으로-」 『한국고전여성문학연구』 19, 2009, 46-47쪽.
79) 『太祖實錄』 卷11, 태조 6년 4월 12일, "諫官上言 前少監崔宣, 前正言崔宏, 前正郎李蟠 等, 夜聚遊女, 動樂縱飲, 以干禁令, 且因使酒, 攔入人家, 打破家產. 且宣, 宏當祖母在殯, 荒淫若此, 乞下攸司, 依律科罪. 上從之, 特宥蟠."
80) 『太宗實錄』 卷35, 태종 18년 3월 2일, "富山浦來居倭人, 或稱商賈, 或稱遊女, 日本客人及興利倭船到泊, 則相聚支待, 男女交懽, 他浦到泊客人, 亦來沽酒, 託以待風, 累日淹留, 窺覘虛實, 亂言作弊. 乞於左道鹽浦, 右道加背梁, 各置倭館, 刷出恒居倭人, 分置居生何如."
81) 『續大典』, 刑典, 禁制, 花郞游女及巫女, "花郞·游女及巫女留住城中者, 並摘發論罪."

맺음말 - 시선과 기록 : 차이가 차별이 되는 순간

　기록은 실제를 담아낼 수 있는가. 기록과 실제의 간극은 어떻게 메꿀 수 있을까.
　'유녀'의 실체를 알기 위해서는 두 가지의 측면을 고려할 필요가 있다. 하나는 한국의 고·중세의 혼인·가족제는 중국과 다르다는 점이다. 중국의 혼인제는 여자가 남자의 집에 가서 혼인식을 하고, 거주하는 형태이다. 혼인절차 중 '친영'은 남자가 여자의 집에 가서 여자를 데리고 남자의 집으로 오는 의례이다. 반면 한국 고·중세의 혼인제는 남자가 여자의 집에서 혼인하고, 여자의 집에서 거주하다가 자녀를 낳고, 자녀가 성장하면 다시 남자의 집으로 돌아가는 형식이었다. 이와 같은 한국과 중국의 혼인제의 차이는 곧 가족 및 친족구조의 차이에서 비롯된 것이었다. 한국의 혼인·가족제는 중국의 '여귀남가형'이 아닌 '서류부가형(제한적 처변거주형)'이었다.
　다른 하나는 중국정사에서 고구려 관련 기록이 유독 가혹하다는 점이다. 부여의 풍속에 대해서는 『후한서』에서 "풍속은 형벌이 엄한데, 남녀가 음란한 짓을 하면 모두 죽이고, 투기하는 여자를 더욱 미워하여 죽인 뒤 다시 산 위에다 시체를 버려둔다"[82]고 하였고, 고조선에 대해서는 "8조의 교를 제정하고, 그 나라 사람들이 마침내 서로 도둑질을 하지 않아 [밤에도] 문을 닫지 아니하고, 부인들은 정절을 지키며 음식은 변두를 사용하여 먹었다."고 하였다.[83] 예에서는 "동성간에는 혼인하지 않는다"고 하였다.[84] 또한 (진한은) 혼인을 예의에 맞게 하였다고 기록하였다.[85] 이상의 기록에 의하면, 부여에서는 음란과 투기에 관한 처벌이 있었고, 고조선의 부인은

---
82) 『後漢書』 卷85, 東夷列傳, 夫餘. "男女淫皆殺之, 尤治惡妒婦, 旣殺, 復尸於山上."
83) 『後漢書』 卷85, 東夷列傳, 濊. "本皆朝鮮之地也. 昔武王封箕子於朝鮮, 箕子教以禮義田蠶, 又制八條之教. 其人終不相盜, 無門戶之閉. 婦人貞信. 飲食以籩豆."
84) 『後漢書』 卷85, 東夷列傳, 濊. "其俗重山川, 山川各有部界, 不得妄相干涉. 同姓不昏."
85) 『後漢書』 卷85, 東夷列傳, 韓. "土地肥美, 宜五穀. 知蠶桑, 作縑布. 乘駕牛馬, 嫁娶以禮. 行者讓路."

정절을 지켰으며, 예는 '동성불혼'의 규정이 있었고, 진한에는 '가취이례嫁娶以禮'가 있었다고 하였다. 중국인의 시선에 의한 기록에서 부여, 고조선, 예, 진한은 바람직한 법과 예가 있었던 것으로 묘사한 것이다.[86]

예 및 옥저·고구려는 본디 모두가 [옛] 조선의 지역이었고,[87] 진한은 유이민이 세운 국가인데, 『삼국사기』 신라본기에서 '조선유민朝鮮遺民이 산곡山谷 사이에 흩어져 살았다'라는 기사와 『후한서』 동이열전에서 '과거에 조선왕 준準이 위만衛滿에게 패하여, 자신의 남은 무리 수천명을 거느리고 바다로 도망, 마한을 공격하여 처부수고 스스로 한왕韓王이 되었다. 준準의 후손이 끊어지자, 마한 사람이 다시 자립自立하여 진왕辰王이 되었다'는 기록을 근거로 대체로 고조선의 유민이라고 파악한다. 사실 여부와는 별개로 중국인의 시각에서 고조선의 영향 하에 있었던 예와 진한 등의 나라는 법과 예의 규제가 적용되었고, 이로 인해 부인의 정절, 동성불혼, 혼인의 예식 등이 지켜졌다고 보았던 인식이 있었음을 알 수 있다.

그런데 예의 경우, 자신들이 고구려와 같은 종족이라 말하고, 언어와 법령과 풍속이 대체로 비슷하였다. 다른 지역과는 달리 유독 고구려만 음란하였다고 보기는 어렵다. 또한 고조선, 부여, 예의 정절과 동성불혼의 풍습이 중국의 용법과 정확하게 동일하다고 보기도 어렵다. 예의 동성불혼의 '동성同姓'의 의미가 중국의 '동성同姓'의 의미와 동일할 것으로 생각되지 않는다. 예는 그 풍속은 산천을 중요시하여 산천마다 각 읍락의 경계가 있

---

86) 중국사서의 '동성불혼' 관련 기록은 중국인의 시선으로 이해한 기록으로 본 견해들이 주목된다. '중국인들이 와서 토착사회의 일정한 집단 내에서 결혼하지 않는 현상을 보고, 그 일정한 집단을 동성이라고 부른 것'이라고 보거나(김철준, 『韓國古代國家發達史』, 한국일보사, 47쪽; 이강래, 앞의 논문, 2009, 16쪽). 부여의 간음과 예의 동성불혼에 관한 기록이 중국인의 방식으로 이해한 표현이었다고 보았다(李基白, 「扶餘의 妬忌罪」 『韓國古代政治社會史硏究』, 一潮閣, 1996, 34쪽 ; 「한국 고대의 '동성불혼'」 『한국전통문화론』, 일조각, 2002, 120쪽 ; 김수태, 「2세기말 3세기대 고구려의 왕실혼인 -취수혼에 대한 재검토를 중심으로-」 『韓國古代史硏究』 38, 2005, 91-92쪽).
87) 『後漢書』 卷85, 東夷列傳, 濊.

어서 함부로 서로 침범하지 않는다고 하였고, 또한 부락을 함부로 침범하는 사람이 있으면, 벌로 생구生口와 소·말을 부과하는데 이를 '책화責禍'라고 한다고[88] 하였다. 예의 동성불혼을 족외혼으로 파악하기도 하지만,[89] 같은 부락 내의 혼인을 금지한 규정이었을 것으로 여겨진다.[90] 중국정사에서 부여와 고구려에 대한 시각이 대조적인데, 이는 중국과의 관계에 기인한 것이라는 점이 이미 지적되었다.[91] 즉 고구려는 중국과 적대관계에 있었기 때문에 그에 대한 기술이 호의적이지 않았던 것이다.

『고려도경』에 기술된 고려의 풍습 역시 당시 고려에 방문한 중국인, 서긍의 편견과 선입견을 완전히 피해갈 수는 없었다. 고려도경에는 고려의 풍습, 유녀 등의 기록이 있는데, 이는 고구려의 기술과 유사하다. 서긍은 중국의 관혼상제와 다른 고려의 풍습을 지적하였고, 옛 사서의 기록과 고려의 풍습을 비교하였다. 이를 통해 여전히 중국의 예법에 맞지 않는 고려의 미개함을 관찰하고 기술하였던 것이다.

이처럼 중국사서의 한반도 관련 기록은 호의와 적대에 의한 친소관계가 반영되어 있고, 정절과 음란의 기준으로 문명과 미개를 구분하였다. 중국사서의 필터(안경)를 거친 '유녀의 기록'에는 의도적인 편견과 오해가 반영되어 있다. 중국인의 시선에서는 남편이 없는, 남편을 매개로 하지 않고 주체가 되어 활동하는 여성의 존재가 이상했고, 음란했던 것이다. '유녀의 음란'은 한국 고·중세 사회의 미개함에 대한 가장 확실한 증거였다.

'기록된 유녀'의 정의는 '남편이 없는 여성'이다. 유녀의 정의에는 신분

---

[88] 『後漢書』 卷85, 東夷列傳, 濊.
[89] 중국사서에서 기록된 '간음'은 씨족 내의 근친성교를 말하는 것이고, 동성불혼은 족외혼의 원칙을 의미한 것으로 보거나(李基白, 앞의 책, 2002, 120쪽 ; 김수태, 앞의 논문, 2005, 91-92쪽) 예의 동성불혼이 족외혼의 전통이 유지된 것으로 이해하였다(한영화, 앞의 논문, 2017, 123-125쪽).
[90] '同姓'이란 부계의 원리에 충실한 씨족의 개념이 아니라 생활공간에 대한 배타적 점유권을 단위로 하는 각 지역 집단을 말하는 것으로 보인다(李光奎, 「同姓同本不婚의 史的 考察」 『韓國文化人類學』 8, 1976, 2쪽 ; 이강래, 앞의 논문, 2009, 16쪽).
[91] 全海宗, 「古代 中國人의 韓國觀」 『진단학보』 46·47, 1979, 73-75쪽.

적 조건, 사회경제적 여건, 정치적 지위 등의 요소는 삭제되었다. 한국 고·중세의 혼인·가족제에서는 '남편이 없는 여성'의 정의만으로는 포괄되지 않는 다양한 역할을 한 여성들이 존재했다. 유녀는 그들 중 하나이다.

제3장 신라 유교 가족윤리의 도입과 변용

머리말

　예와 법, 윤리는 사회를 통제하는 규범이다. 예는 친소를 확정하고 혐의를 결정하고, 동이를 구별하고, 시비를 명백히 하는 것을,[1] 인간 행위에 관한 일체의 규범과 그것을 뒷받침하는 가치체계를 포함한다.[2] 이처럼 예의 본질은 유교이념에 근거하여 차별을 규정하는 것이고, 그 기준은 친소親疏와 혐의嫌疑, 동이同異와 시비是非이다. 유교적 예를 관철하기 위해서 법은 '처벌'이라는 법적 강제력을 동원한다면, 윤리는 '당위'라는 사회적 규제력을 동원하는데, 율령은 예를 법제화한 것이고,[3] 윤리는 예를 사회화한 것이다.
　유교의 예는 고대 중국의 종법제도를 기반으로 형성된 차등의 질서이다. 즉 유교의 예적 질서는 종족 규범인 친친親親과 존존尊尊이고,[4] 이를 가장 잘 구현한 예제가 상장례이다.[5] 오례五禮 중 흉례凶禮에 해당하는 상장喪葬

---

1) 『禮記』, 曲禮 上, "夫禮者, 所以定親疏, 決嫌疑, 別同異, 明是非也."
2) 神矢法子, 『「母」のための喪服 : 中國古代社會に見る夫權=父權・妻=母の地位・子の義務』, 日本圖書刊行會, 1994, 7쪽.
3) 石見淸裕는 禮는 令의 대원칙으로 令은 대원칙인 禮를 효율적으로 수행하기 위한 시행세칙이라고 보았고(「唐代凶禮の構造-『大唐開元禮』官僚喪葬儀禮を中心に-」 『アジア文化の思想と儀禮』福井文雅博士古稀・退職記念論集刊行會 編, 春秋社, 2005 ; 吾妻重二等 編, 「唐代の官僚喪葬儀禮と開元25年喪葬令」『東アジアの儀禮と宗敎』, 雄松堂出版, 2008), 全永燮은 예와 법의 관계를 '禮主刑(法)補'의 구조로 파악하였다(「高麗의 律令制와 唐의 禮法- '禮主刑(法)補'의 繼受에 대한 一試論」 『역사와 경계』 70, 2009).
4) 『禮記』, 喪服小記, "親親尊尊 長長男女之有別 人道之大者也"
5) 중국 위진남북조 시대에 다량의 예약서가 등장하였는데, 그 1/3이 상복례였다. 위진

은 상喪과 장葬으로 나뉘고, 상喪은 죽은 자의 유체를 처리하는 절차인 상례喪禮와 죽은 자와 남은 자의 친속·계급관계를 복제服制로 규정한 상복喪服으로 구분된다.6) 상복법에서는 가족과 군신간의 혈연적 친소관계와 신분적 계급관계에 따라 복제와 상기喪期를 규정해놓았다. 상기喪期를 결정하는 주된 요소는 친친親親이고, 존존尊尊은 복제에 영향을 미친다.7) 이처럼 상복법은 가족과 친족 간의 친친과 존존을 고대 중국의 종법제도에 기반하여 차등적으로 구분한 유교의 예적 질서이고, 법이며 윤리이다. 유교의 가족윤리는 상복법의 규정에 의해 구체화되었다.

한국 고대의 삼국은 유교에 기반한 상복법을 도입하여 시행하였다. 특히 신라는 지증왕 5년(504)에 상복법을 제정하고, 반포하여 시행하였다는 기록이 있다. 504년에 시행된 신라의 상복법은 중국 및 고구려, 백제와 다른데, 이에 대해 대체로 신라의 사회기반, 그 친족집단의 특성이 반영되었기 때문이라고 이해하였다.8) 이후 지증왕대에 상복법이 반포된 배경에 대해서 유학사상이 수용되면서 유교식 상제喪制, 특히 상복제를 수용한 것으로 보거나9) 중국의 상장령을 참고했을 것으로 보기도 하고,10) 중국 흉례의 최소한의 원리를 원용했을 것으로 보았다.11)

최근 지증왕대의 제도 개편의 일환으로 상복법을 주목한 연구가 이루어졌다. 우선 눌지왕 즉위 이후 왕위의 독점적 세습이 이루어지는 상황에서 왕실 내에 족내혼이 행해지고, 일부일처제의 혼속婚俗이 확산되면서 정처

남북조의 귀족제 사회에서 상복례가 유교의 親親과 尊尊 실현하여 가족규범, 친족법적인 기능을 담당하였고, 이를 통해 종족의 결속력을 강화하였다(木島史雄, 「六朝前期の孝と喪服-禮學の目的·機能·手法」-」『中國古代禮制研究』, 京都大, 1995).

6) 김정식, 「唐朝 官人 喪葬 연구의 현황과 과제」『역사와 세계』 51, 2017, 98쪽.
7) 김용천·장동우 공저, 『중국고대 상복의 제도와 이념』, 동과서, 2007, 8-11쪽.
8) 金哲埈, 「新羅時代의 親族集團」『韓國史研究』 1, 1968 : 『韓國古代社會研究』, 서울대학교출판부, 1990, 265-266쪽.
9) 노중국, 「신라 중고기 유학 사상의 수용과 확산」『대구사학』 93, 2008, 6-13쪽.
10) 나희라, 『고대 한국인의 생사관』, 지식산업사, 2008, 126쪽.
11) 채미하, 『신라의 오례와 왕권』, 혜안, 2015, 178-179쪽.

正妻와 적자嫡子의 지위가 중시된 상제가 법제화된 것으로 본 연구가 있었다.12) 또한 지증·법흥왕대의 제도 개편의 일환으로 파악하여 왕실 상장례의 변화를 주목하고, 예제 정립과정의 일환이었다고 보거나13) 왕권의 강화와 통치제도의 정비과정에서 제정되고 시행된 법으로 법흥왕대에 반포된 신라 율령의 한 부분으로 이해하였다.14) 기왕의 연구에서는 대체로 504년의 상복법의 내용에 신라 고유의 친족제도 또는 사회구조가 반영된 것이라고 보았다.15)

이들 상복법 관련 연구를 통해 신라의 상복법에 대한 이해가 깊어졌다. 그러나 상복법이 유교의 가족윤리를 규정한 법이고, 이는 고대 중국의 종법제도를 기반으로 만들어진 것이라는 점은 간과되었다. 중국고대의 가족질서는 종법제이고, 종법제는 유교사상의 근간이었다. 유교사상을 기반으로 예제禮制가 정비되고, 율령律令이 제정·시행되었으며, 유교윤리가 확산되었다. 상복법은 그 일환으로 만들어진 법제이다. 한국 고대 삼국에서 상복법이 도입되었는데, 그 근간이 되는 중국 고대의 가족질서인 종법제까지 수용되었는지는 의문이다.

본 장에서는 한국 고대에 상복법이 도입되고 활용된 양상을 살펴보고자 한다. 이를 통해 유교의 예제적 '가家'개념이 도입되고, 활용된 양상을 알아보고자 한다. 나아가 유교의 예제적 '家'의 이상이 실제 신라의 '족族'적 공동체와 괴리가 있음을 밝히고자 한다. 이를 위해서 우선 상복법의 도입과 유교의 예제적 '가家'개념이 도입된 과정을 살펴볼 것이다. 다음으로 7

---

12) 서영교, 「신라 지증왕대 喪服法과 一夫一妻制」 『역사와 세계』 53, 2018, 97-99쪽, 105쪽.
13) 박초롱, 「지증왕·법흥왕대 왕실 상장례 변화와 그 의미」 『한국사상사학』 62, 2019, 23-25쪽.
14) 홍승우, 「지증왕대 喪服法과 律令」 『歷史敎育論集』 74, 2020, 383쪽.
15) 金哲埈, 「新羅時代의 親族集團」 『韓國史研究』 1, 1968 : 『韓國古代社會研究』, 서울대학교출판부, 1990, 265-266쪽 ; 서영교, 앞의 논문, 2018, 97-99쪽, 105쪽 ; 박초롱, 앞의 논문, 2019, 24-25쪽 ; 홍승우, 앞의 논문, 2020, 386-388쪽.

세기 동아시아 국제전을 계기로, 유교 가족윤리가 확립되는 과정을 알아볼 것이다. 부자의 윤리와 부부의 윤리를 각각 '충효양전忠孝兩全'과 '삼종지의 三從之義'의 윤리로 살펴보고자 한다. 마지막으로 유교의 예제적 '가家' 개념이 실제 신라의 '가家'를 반영한 것이 아닌 신라의 실정에 맞게 적용되고, 활용된 것이라는 점을 고찰하고자 한다.

1. 상복법과 유교의 예제적 '가家' 개념의 도입

상복제는 유교의 이상적인 가족관계가 반영된 제도로서 중국 고대의 종법제도를 기반으로 한 법제이다.16) 상복제는 복제服制와 상기喪期의 두 가지가 결합된 것이다. 상복법은 죽은 자와 산 자간의 관계, 즉 혈연적 친소관계와 신분적 상하관계를 유기적으로 결합하여 상복을 입는 방식과 기간을 규정한 것이다. 상복을 입는 방식에는 참최斬衰, 자최齊衰, 대공大功, 소공小功, 시마緦麻의 오복제五服制가 있고, 기간은 3년, 1년, 9개월, 7개월, 5개월, 3개월이 있다. 상복법은 상기喪期를 기준으로 구분되었고, 오복의 명칭은 한대에 유가儒家에 의해 확정되었다.17) 고구려, 백제, 신라에도 중국의 상복법이 도입되었다. 다음은 신라의 상복법 시행과 관련한 사료이다.

지증왕 5년(504), 여름 4월에 喪服法을 제정하고, 반포하여 시행하였다.18)

---

16) 상복제는 종법제의 토대 위에 생겨난 산물로서 천자로부터 서인에 이르기까지 가장 광범위하며 깊이 있게 종법관념을 표현한 제도이다(孔炳奭, 「先秦儒家의 喪服制度 - 『禮記』를 중심으로-」『東洋禮學』 30, 2013, 32-48쪽). 상복제는 산 자가 친연관계에 있는 죽은 자를 위해 각기 다른 형식의 상복을 착용함으로써 죽은 자와의 혈연관계를 나타내는 것으로 종법제의 중요한 내용 중의 하나이다(徐揚杰 저·윤재석 역, 『중국가족제도사』, 아카넷, 2000, 196-200쪽).
17) 김용천·장동우 공저, 앞의 책, 2007, 30-33쪽.
18) 『三國史記』 卷4, 新羅本紀4, 智證 麻立干 5年.

『삼국사기』 신라본기에 지증왕 5년(504)에 상복법을 제정하고, 반포하여 시행하였다고 하였다. 상복법을 시행하기 이전에 지증왕은 3년(502)에 순장을 금지하였고,[19] 4년(504)에 나라 이름을 신라라고 하고, 왕의 호칭을 신라국왕新羅國王이라고 칭하였다.[20] 이처럼 지증왕대에 일련의 개혁 조치가 이루어졌고, 그 일환으로 지증왕 5년(504)에 상복법을 제정하고 시행하였음을 알 수 있다. 다만 위의 기록은 상복법의 내용에 대해서는 구체적으로 전하지 않는다. 신라뿐 만 아니라 고구려, 백제의 상복법의 내용을 알 수 있는 기록이 있다. 다음은 관련 사료이다.

> A-1. 사람이 죽으면 집 안에 안치해 두었다가, 3년이 지난 뒤 吉日을 가려 장사지낸다. 父母와 남편의 喪에는 모두 3年服을 입고, 형제의 [喪에는] 3개월간 입는다. 초상에는 눈물을 흘리며 哭하지만, 장사지낼 때에는 북치고 춤추며 풍악을 울리면서 葬送한다. 埋葬이 끝나면 죽은 사람이 생존시에 썼던 의복·노리개·수레·말 등을 가져다가 무덤 옆에 놓아두는데, 장례에 참석한 사람들이 다투어 [그것을] 가져간다.[21]
> A-2. 父母喪이나 남편 喪에는 3년동안 복을 입고, 그 나머지 친척들에 대해서는 장례가 끝나면 복을 벗게 하였다.[22]
> A-3. 사람이 죽으면 斂襲하여 棺에 넣고, 시체를 땅에 묻고는 봉분을 세운다. 王과 부모 및 처자의 喪에는 1년간 服을 입는다.[23]

『북사』에 실린 고구려, 백제, 신라의 상복제도에 관한 기록이다. A-1은 고구려는 부모와 남편의 상喪에 3년복을 입고, 형제의 상에 3개월 복을 입

---

19) 『三國史記』 卷4, 新羅本紀4, 智證 麻立干 3年.
20) 『三國史記』 卷4, 新羅本紀4, 智證 麻立干 4年.
21) 『北史』 卷94, 列傳, 高句麗, "死者, 殯在屋內, 經三年, 擇吉日而葬. 居父母及夫喪, 服皆三年, 兄弟三月. 初終哭泣, 葬則鼓舞作樂以送之. 埋訖, 悉取死者生時服玩車馬置墓側, 會葬者爭取而去."
22) 『北史』 卷94, 列傳82, 四夷上, 百濟 "父母及夫死者, 三年居服, 餘親則葬訖除之."
23) 『北史』 卷94, 列傳82, 四夷上, 新羅 "死有棺斂, 葬送起墳陵. 王及父母妻子喪, 居服一年."

는다고 하였다. 『주서』와[24] 『수서』에[25] 동일한 기록이 실려 있다. A-2는 백제는 부모와 남편의 상(喪)에 3년복을 입고, 나머지 친족[餘親]의 경우 장례가 끝나면 즉시 상복을 벗는다고 하였다. 『주서』와[26] 『책부원귀』에[27] 동일한 기록이 실려 있고, 『수서』에는 고구려와 같다고만 기록되어 있다.[28] A-1과 2에서 고구려와 백제의 경우, 부모와 남편의 상인 경우, 3년복을 입는다는 점이 동일하다. 반면 A-1 고구려의 경우는 형제의 상은 3개월 복을 입고, A-2 백제의 경우는 부·모, 남편을 제외한 형제를 포함한 나머지 친족은 상이 끝나는 즉시 복을 벗는다고 하여 다르다는 사실을 알 수 있다.

A-3은 신라는 고구려, 백제와 다른 상복제도를 기록하고 있다. 왕과 부모 및 처자의 상에 모두 1년의 복을 입는다고 하였다. 『주서』에는 기록이 없고, 『수서』,[29] 『태평어람』,[30] 『책부원귀』,[31] 『통지』[32]에 동일한 기록이 실려 있다.

중국정사에서 신라전이 최초로 입전된 사서는 당 정관 연간(627~649)에 편찬된 『양서』인데, 『양서』에는 A-3의 기록이 실려 있지 않다. 동시기인 정관 10년(636)에 『주서』와 『수서』가 편찬되었고, 『북사』는 당 고종 현경 4년(659)에 상주되었다. 『북사』는 기본적으로 찬자인 이연수가 주로 『위서』, 『주서』, 『수서』 등의 북조계 사서를 답습 내지 요약해서 편찬하였는데,[33]

---

24) 『周書』 卷49, 異域上, 高句麗.
25) 『隋書』 卷81, 列傳46, 東夷, 高句麗.
26) 『周書』 卷49, 異域上, 百濟.
27) 『冊府元龜』 卷959, 外臣部4, 土風1, 百濟國.
28) 『隋書』 卷81, 列傳46, 東夷, 百濟.
29) 『隋書』 卷81, 列傳46, 東夷, 新羅.
30) 『太平御覽』 卷781, 四夷部2, 東夷2, 新羅.
31) 『冊府元龜』 卷959, 外臣部4, 土風1.
32) 『通志』 卷194, 四夷傳1, 東夷, 新羅.
33) 김병곤, 「中國 正史 新羅傳에 記錄된 新羅 初期 王系 및 主要 集團의 出自」, 『史學研究』 91, 2008, 30-31쪽.

신라 관련 기록은 대체로 수서의 기록을 전재한 것으로 보인다.[34] 고구려, 백제, 신라의 상복법 관련 기록은 『북사』에 가장 완비된 형태로 남아 있다.

고구려, 백제, 신라의 상복제는 상장을 하는 기간만 기록되어 있다. 고구려와 백제의 상복법은 동일한 데 반해 신라의 상복법은 대상과 기간이 다르다. 고구려와 백제는 부모와 남편이 사망했을 경우, 3년복三年服을 입고, 형제가 사망했을 경우, 3월복三月服을 입는다. 반면 신라는 왕과 부모, 처자가 사망했을 경우, 1년복一年服을 입는다. 『의례』 상복편에는 대상에 따른 상복법을 규정해놓았다. 다음은 『의례』 상복편과 고구려, 백제, 신라의 복상 대상과 기간을 표로 정리한 것이다.

표1 의례 상복편과 고구려·백제·신라의 삼년상·삼개월상 대조표

喪期	喪服	儀禮	고구려·백제	신라
三年服	斬衰	1. 父 2. 諸侯爲天子 3. 君 4. 父爲長子 5. 爲人後者爲所後之父 6. 妻爲夫 7. 妾爲君 8. 女子子在室爲父 9. 子嫁反在父之室爲父 10. 公士大夫之衆臣爲其君布帶繩屨	1. 父 2. 母 3. 夫	
	齊衰	1. 父卒爲母 2. 繼母如母 3. 慈母如母 4. 母爲長子		
期服	齊衰杖	1. 妻 2. 父在爲母 3. 出妻之子爲母 4. 父卒繼母嫁從爲之服 報		1. 王 2. 父 3. 母 4. 妻

---

34) 李鎔賢, 「『梁書』·『隋書』·『南史』·『北史』의 新羅傳 비교 검토: 통일이전 신라 서술 중 국 사료의 성격」 『新羅史學報』 8, 2006, 9쪽.

제3장 신라 유교 가족윤리의 도입과 변용　227

喪期	喪服	儀禮	고구려·백제	신라
	齊衰不杖	1. 祖父母 2. 世父母 3. 叔父母 4. 昆弟 5. 爲衆子 6. 昆弟之子 7. 嫡孫 8. 公妾大夫之妾爲其子 9. 大夫之嫡子爲妻 10. 大夫之庶子爲適昆弟 11. 女子子適人者爲其昆弟之爲父後者 12. 姑姉妹女子子適人無主者姑姉妹報 13. 女子子爲祖父母 14. 大夫之子爲世父母叔父母子昆弟之子姑姉妹女子子無主者爲大夫命婦者惟子不報 15. 大夫爲祖父母嫡孫爲士者 16. 爲人後者爲其父母報 17. 女子子適人者爲其父母 18. 公妾以及士妾爲其父母 19. 繼父同居者 20. 爲夫之君 21. 爲君之父母妻長子祖父母 22. 妾爲女君 23. 婦爲舅姑 24. 夫之昆弟之子		5. 子
三月服	齊衰	1. 曾祖父母 2. 曾祖父母爲士者如衆人 3. 女子子嫁者未嫁者爲曾祖父母 4. 寄公爲所寓 5. 庶人爲國君 6. 爲舊君君之母妻 7. 大夫在外其妻長子爲舊國君 8. 舊君 9. 丈夫夫人爲宗子宗子之母妻 10. 繼父不同居者不降義 11. 大夫爲宗子	1. 兄弟	
	緦麻	1. 族曾祖父母		

喪期	喪服	儀禮	고구려·백제	신라
		2. 族祖父母		
		3. 族父母		
		4. 族昆弟		
		5. 庶孫之婦		
		6. 外孫		
		7. 士爲庶母		
		8. 從祖昆弟之子		
		9. 曾孫		
		10. 父之姑		
		11. 從母昆弟		
		12. 甥		
		13. 壻		
		14. 妻之父母		
		15. 姑之子		
		16. 舅		
		17. 庶孫之中殤		
		18. 從祖父從祖昆弟之長殤		
		19. 從夫昆弟姪之下殤		
		20. 夫之叔父之中殤下殤		
		21. 從母之長殤報		
		22. 夫之姑 姉妹之長殤		
		23. 從父昆弟之子之長殤		
		24. 昆弟之孫之長殤		
		25. 從祖姑姉妹適人者報		
		26. 庶子爲父後者爲其母		
		27. 貴臣貴妾		
		28. 乳母		
		29. 夫之諸祖父母報		
		30. 爲夫之從父昆弟之妻		

『의례』에 의하면, 삼년복에는 상복 종류에 따라 참최3년복斬衰三年服과 자최3년복齊衰三年服으로 나뉜다. 참최복은 5복五服 중 가장 높은 단계의 상복으로써 복상기간이 3년으로 참최삼년만 있다. 자최복은 오복의 두 번째 단계로써 복상기간에 따라 자최3년齊衰三年, 자최장기齊衰杖期, 자최부장기齊衰不杖期, 자최3월齊衰三月이 있다. 참최와 자최의 차이는 옷을 꿰매는지의

여부이고, 부장기와 장기의 차이는 지팡이를 짚는지의 여부이다. 참최복은 옷단을 꿰맬 여유가 허용되지 않을 정도의 충격을 의미하고, 장杖은 지팡이 없이는 몸을 가눌 수 없을 정도의 슬픔을 의미한다.35) 이처럼 상복법은 상기와 상복의 차등으로 죽은 자와 남은 자의 친소관계, 친소관계에 따른 상실의 충격과 슬픔을 규정하고 있다.

『의례』의 상복법에서는 부父와 자子의 관계, 모母와 자子의 관계도 다른 등급으로 규정하였다. 아버지가 사망하였을 때는 참최삼년이고, 아버지가 사망한 이후, 어머니가 사망한 경우는 자최삼년이지만, 아버지가 생존해 있는데, 어머니가 사망한 경우에는 자최장기에 해당한다. 장자長子가 사망한 경우, 아버지는 참최삼년을 하지만, 어머니는 자최삼년을 한다. 부父와 장자長子 간의 친친親親과 존존尊尊의 관계가 가장 높은 단계임을 알 수 있다. 이와 같은 등급의 차이는 부처夫妻 간에도 마찬가지이다. 부夫가 사망한 경우에는 참최삼년이지만, 처妻가 사망한 경우에는 자최장기에 해당한다. 조부모祖父母, 중자衆子, 곤제昆弟, 적손嫡孫 등이 사망했을 경우는 자최부장기를 한다.

이처럼『의례』의 상복법에서 참최삼년의 가장 우선되는 대상은 부父이다. 부父가 사망했을 경우, 처첩妻妾과 자식은 물론이고, 혼인한 딸이든, 이혼을 한 딸이든, 입양을 갔던 자식도 모두 참최삼년을 한다. 부父가 참최삼년을 하는 경우는 단지 장자長子가 사망했을 경우이다. 이처럼『의례』의 상복법에서는 부父-장자長子의 관계를 최상위에 놓고 있다. 부父에 해당하는 대상으로 천자天子와 군君이 있다. 천자天子가 사망했을 경우, 제후는 참최삼년을 해야 하고, 군君이 사망했을 경우, 공公, 사士, 대부大夫 등의 중신衆臣은 참최삼년을 해야하는 것이다. 참최삼년은 효孝와 충忠의 최상위 등급을 의미하는 것이며, 그 대상은 부父와 천자天子 또는 군君임을 알 수 있다.

---

35) 김용천·장동우 공저, 앞의 책, 2007, 55쪽.

고구려·백제에서는 부父, 모母, 부夫가 사망했을 경우, 3년복을 한다고 하였다. 『의례』에서 참최삼년의 대상이 부父와 부夫이고, 모母의 경우 이미 아버지가 사망하고 없는 경우에만 참최삼년을 한다. 아버지가 생존해 있는데, 어머니가 사망한 경우 자최장기를 한다. 『수서』에서 백제는 혼취婚娶의 예는 대략 중국과 같고, 상제는 고구려와 같다고 기록하고 있어 주목된다.36) 중국과 고구려 특히 『수서』에서 고구려·백제의 상제가 같을 뿐만 아니라 중국과는 달랐다는 사실을 알 수 있다. 따라서 고구려·백제가 동일하고, 중국과 다른 상제는 모친에 대한 3년복제임을 알 수 있다. 또한 A-1의 고구려에서 형제가 사망한 경우, 3월복을 한다고 하였다. 『의례』에서는 형제를 곤제昆弟라고 하였는데, 형제가 사망한 경우 자최부장기, 즉 1년복을 한다. A-2의 백제의 경우, 부, 모, 남편을 제외한 다른 친족의 경우 장례가 끝나면 상복을 즉시 벗었으므로 상복법을 시행하지 않았음을 알 수 있다. 고구려·백제의 상복법은 『의례』의 상복법을 그대로 도입해서 시행했다고 보기는 어렵다.

한편 신라의 경우, 왕王, 부父, 모母, 처妻, 자子 모두 1년복을 한다고 하였다. 『의례』에 따르면, 왕王과 부父, 장자長子는 3년복의 대상이다. 1년복의 대상은 처妻, 모母(부父가 생존해 있는 경우), 중자衆子(장자長子를 제외한 다른 아들) 등이다. 신라 상복법 역시 『의례』의 상복법을 그대로 도입해서 시행했다고 볼 수는 없다. 다만 왕王과 부父를 동일한 복상의 대상으로 파악한 것, 처妻와 자子도 복상의 대상으로 포함시킨 것은 『의례』의 상복법의 규정이 적용된 것으로 이해할 수 있을 것이다.

즉 고구려·백제의 상복법과 신라의 상복법에서는 상기喪期와 더불어 상복법의 대상이 누구인지에 따라 차이를 보임을 알 수 있다. 고구려·백제의 경우, 상복법의 대상으로 형제를 포함하였다. 신라의 상복법에서는 고구려·백제와 달리 왕王과 처자妻子도 상복법의 대상으로 포함하였다. 부父와

---

36) 『隋書』 卷81, 列傳46, 東夷, 百濟.

천자天子(또는 군君)를 상복법의 대상으로 인식한 『의례』의 규정과 동일하다. 또한 처妻와 (부父가 생존해 있을 때의) 모母, (장자長子를 제외한) 자子의 경우, 1년상으로 『의례』의 규정과 동일하다고 이해할 수 있다.

고구려·백제, 신라는 『의례』의 유교식 상복법을 도입하였고, 상복법에 포함된 유교의 예제적 '가家' 개념을 인식하게 되었다. 다만 고구려에서는 형제兄弟, 백제에서는 여친餘親, 신라에서는 처자妻子의 상복법도 규정하였는데, 이는 각 국가의 친소관계가 반영된 것으로 여겨진다. 고구려의 경우, 상복을 입는 당사자인 처妻와 대상인 부父·모母·부夫와 형제兄弟가 포함된 '가家'였고, 백제의 경우, 상복을 입는 당사자인 처妻와 부父·모母·부夫의 '가家'였음을 알 수 있다. 고구려 역시 형제兄弟가 상복의 대상이기는 하지만, 부父·모母·부夫와 달리 3개월복을 입는 것으로 보아 유교 예제적 '가家'의 기본 단위는 부모父母와 부처夫妻였음을 알 수 있다. 즉 유교의 예제적 '가家'의 기본 구성은 부모父母-자녀子女와 부처夫妻이다.

신라의 상복법에서는 상복을 입는 당사자인 부夫와 부모父母와 처자妻子로 구성된 '가家'를 규정하고 있다. 신라도 상복법을 통해 유교 예제적 '가家', 즉 부모父母-자녀子女와 부처夫妻로 구성된 '가家'의 기본 개념을 인식하게 되었음을 알 수 있다. 다만 신라의 상복법에서 왕王과 가족구성원, 즉 부모父母와 처자妻子에 동일한 규정이 적용되었다. 신라의 상복법은 왕王과 부父, 국가와 가족을 동일한 대상으로 규정하면서 충忠과 효孝를 연결하는 매개체가 되었음을 알 수 있다. 상복법의 도입은 부모와 처자로 구성된 '가家'를 통치의 대상으로, 가족윤리를 통치의 수단으로 인식하는 계기가 되었다.

2. 유교 가족윤리의 수용

1) 부자 윤리와 '충효양전忠孝兩全'

고구려·백제, 신라의 경우, 부모의 상기가 동일하였다. A-1과 2에서 알 수 있듯이 고구려·백제는 부父, 모母, 부夫의 상기喪期가 동일하게 3년이었고, A-3의 신라의 경우 왕王, 부父, 모母, 처妻, 자子의 상기喪期가 모두 1년이었다. 이처럼 504년에 도입된 상복법은 상기喪期만을 규정하였는데, 7세기에는 보다 세분화되었다. 다음은 관련 사료이다.

> B-1. 大王이 報書하여 말하길[報書云], "……6월에 이르러서 선왕께서 돌아가셨습니다. 장례는 겨우 끝났으나 상복喪服을 벗지도 못하였으므로 [구원 요청에] 응하여 달려갈 수 없었지만, 칙명을 내려 군사를 일으켜 북쪽으로 보내라고 하였습니다.……[37]
>
> B-2. (문무왕이) 遺詔에서 말하길[遺詔曰] "……죽고 나서 10일 뒤에 곧 庫門 바깥의 뜰에서 西國의 의식에 따라 화장火葬을 하라. 상복의 가볍고 무거움은 정해진 규정이 있으니, 상례를 치르는 제도를 힘써 검소하고 간략하게 하라.[服輕重, 自有常科, 喪制度, 務從儉約] 변경의 城·鎭을 지키는 일과 州縣의 세금 징수는 긴요한 것이 아니면 마땅히 모두 헤아려 폐지하고, 律令格式에 불편한 것이 있으면 곧 다시 고치도록 하라. 멀고 가까운 곳에 널리 알려 이 뜻을 알게 할 것이며, 주관하는 자는 시행하도록 하라."[38]
>
> B-3. (신문왕이) 16일에 교서를 내려 말하길[下敎曰]
> "공이 있는 자에게 상을 주는 것은 옛 성인의 좋은 규범이고, 죄가 있는 자에게 벌을 주는 것은 선왕의 훌륭한 법이다. 과인이 왜소한 몸, 볼품없는 덕으로 숭고한 기틀을 받아 지키느라 먹을

---

37) 『三國史記』 卷7, 新羅本紀7, 文武王 11年.
38) 『三國史記』 卷7, 新羅本紀7, 文武王 21年.

것도 잊고 아침 일찍 일어나 밤늦게 잠들며 여러 중신들과 함께 나라를 편안케 하려 하였다. 그런데 어찌 喪服도 벗지 않은 때[縗絰之內]에 경성에서 난이 일어나리라 생각했겠는가?……"39)

B-1은 671년 7월에 문무왕이 설인귀에게 보낸 답서인데, 그 내용 중에 '장례는 겨우 끝났으나 상복을 아직 벗지 못하였다[送葬纔訖, 喪服未除]'고 하였다. 660년 7월 13일에 백제 의자왕은 웅진성으로 도망가고, 의자왕의 아들인 부여융이 항복하였다. 7월 18일에 의자왕도 태자와 함께 웅진성에서 돌아와 항복하였다.40) 그러나 현경 6년(661)에 복신이 거느리는 백제유민은 웅진에서 당군과 싸웠고, 신라에 군사를 계속 요청하였으나 신라는 군사를 보내지 않았다.41) 문무왕은 군사를 보내지 않았던 이유로 상중喪中이었다는 이유를 들고 있는 것이다. 무열왕은 661년 6월에 사망하였다.42) 전쟁 중이었지만, 장례를 치렀고, 상복喪服을 입었음을 알 수 있다.

B-2에서 문무왕이 남긴 유조에서는 "상복의 가볍고 무거움은 정해진 규정이 있으니, 상례를 치르는 제도를 힘써 검소하고 간략하게 하라.[服輕重, 自有常科, 喪制度, 務從儉約]"이라고 하였고, 신문왕이 김흠돌의 난을 진압하고 내린 교교에서는 "어찌 상복喪服도 벗지 않은 때[縗絰之內]에 경성에서 난이 일어나리라 생각했겠는가?"라고 하였다. 즉 681년 7월 문무왕의 죽음과 관련하여 상복법과 관련된 용어가 문무왕의 조詔와 신문왕의 교敎에서 보이고 있다. 문무왕의 유조에서는 상복의 등급을 의미하는 '경중輕重'의 표현이 나오고, 상제도喪制度라고 하고 있다.

또한 B-3에서 신문왕은 아버지인 문무왕이 죽은 이후 복상중이라는 의미의 '최질지내縗絰之內'라는 표현을 쓰고 있다. '최질지내'는 상중이라는

---

39) 『三國史記』卷8, 新羅本紀8, 神文王 元年.
40) 『三國史記』卷5, 新羅本紀5, 太宗 武烈王 7年.
41) 『三國史記』卷7, 新羅本紀7, 文武王 11年.
42) 『三國史記』卷5, 新羅本紀5, 太宗武烈王 8年.

것을 나타내는 상투적인 표현이라고 보기도 한다.43) 흉례를 포함한 오례는 진덕왕대를 전후한 시기에 신라에 소개되었고, 신문왕 6년(686)에 「길흉요례」가 수용되면서 체계화되었다.44) 따라서 B사료로 보아 504년의 상복법에서는 상기喪期만 도입되었으나, 7세기에는 상복의 등급을 포함한 복상服喪의 규정이 수용되었음을 알 수 있다. 중대 초에 중국의 오복제도가 완비되었다고 보기는 어렵다.45) 다만 왕王이자 부父인 문무왕의 죽음이 신라 상복법에서 최상위 등급의 상복服喪 대상으로 여겨졌다는 사실을 알 수 있다.

504년에 상복법이 제정되고, 반포되어 시행되었다. 상복법 규정의 대상은 누구일까. 최근 연구에서 지증왕대 시행된 상복법 규정의 대상을 고찰한 견해가 주목된다. 박초롱은 국왕國王喪을 주목하여 복상의 대상이 왕경의 거주민이었고, 부모와 같이 국왕의 사망에 대해 1년간 상복을 입도록 한 것은 기존에 차별해왔던 피복속지역을 포함한 '신라국'의 '국왕'으로서의 성격을 표면화한 것이라고 이해하였다.46) 또한 홍승우는 상복법이 위반시 처벌을 수반하는 강제성을 지닌 법제라는 점을 주목하여 백성을 포함한 모든 사람들이 사적인 상장喪葬에서 지켜야 할 규정으로 만들어진 것이 아니라, 주로 진골로 대변되는 귀족관인층을 대상으로 한 것이었을 것으로 보았다.47) A 사료에서 고구려, 백제, 신라의 상복법에서 가장 큰 차이는 상장을 하는 주체이다. 고구려·백제는 상장의 주체가 자子, 처妻, 형제兄弟이고, 신라는 민民, 자子, 부夫, 부모父母이다. 신라에서는 상복법의 주체가 민民이었던 것이다. 이념적으로는 왕의 자子인 민民 전체를 의미하였을 것이지만, 사실상 신臣, 귀족관인층이었을 것이다.

---

43) 홍승우, 앞의 논문, 2020, 360쪽.
44) 채미하, 「신라 중대 오례와 왕권 -오례 수용을 중심으로-」『한국사상사학』27, 2006 : 앞의 책, 2015, 30-37쪽.
45) 홍승우, 앞의 논문, 2020, 360쪽.
46) 박초롱, 앞의 논문, 2019, 15-17쪽.
47) 홍승우, 앞의 논문, 2020, 371-382쪽.

여기서 주목해야 하는 점은 상복법에서 추구되는 이상은 왕王과 민民이 부모父母와 자子의 관계와 등치된다는 점이다. 상복법에서 왕王=부모父母였고, 충忠은 곧 효孝와 동등한 최상위의 가치였다. 504년의 상복법에서 도입된 충=효의 개념은 7세기의 전쟁을 치르면서 '충효양전忠孝兩全'의 개념으로 확립되었고, 대상도 민民으로 확대되었다. 다음은 관련 사료이다.

C-1. 법사가, "佛戒에는 菩薩戒가 있는데, 그 종목이 열 가지이다. 너희들이 신하로서는 아마도 이를 감당하지 못할 것이다. 지금 世俗五戒가 있으니, 事君以忠, 事親以孝, 交友以信, 臨戰無退, 殺生有擇이다. 너희들은 이것을 실행함에 소홀히 하지 말라!"고 말하였다.48)

C-2. [김]유신은 그때 中幢幢主였는데, 아버지 앞에 나아가 투구를 벗고 고하였다. "우리 군사들이 패하였습니다. 제가 평생 충효를 [다하기를] 스스로 기약하였으니 전쟁에 임해서는 용맹스럽지 않을 수가 없습니다. 대개 들건대, '옷깃을 바루면 갓옷이 바르게 되고 벼리를 당기면 그물이 펴진다.'고 하니 제가 그 벼리와 옷깃이 되겠습니다." ……49)

C-3. 비령자의 鄕邑과 族姓은 알 수 없다. 진덕왕 원년 丁未(647)에 백제가 많은 군사로 무산성·감물성·동잠성 등을 공격해 왔다. 유신이 보병과 기병 1만 명을 거느리고 그것을 막았다. 백제 군사는 매우 날쌔어, 힘든 전투를 하였고 이기지 못해 사기가 떨어지고 힘이 다하였다. 유신은 비령자가 힘써 싸우고 깊숙이 들어갈 뜻이 있음을 알고, 불러서 이르기를
"날씨가 추워진 후에야 소나무와 잣나무가 늦게 낙엽이 진다는 것을 알 수 있는데, 오늘의 일이 급하다. 그대가 아니면 누가 용기를 내고 기이함을 보여 뭇 사람의 마음을 분발시키겠는가?"라고 하였다. 인하여 그와 함께 술을 마시면서 간절함을 보였다.

---

48) 『三國史記』 卷45, 列傳5, 貴山.
49) 『三國史記』 卷41, 列傳1, 金庾信 上.

① 비령자가 두 번 절하고, "지금 수많은 사람 중에서 오직 일을 저에게 맡기시니, 저를 알아준다고 할 수 있습니다. 진실로 마땅히 죽음으로써 보답하겠습니다."고 하였다. 나가면서 奴 합절에게,
"나는 오늘 위로는 국가를 위하여, 아래로는 나를 알아주는 분을 위하여 죽을 것이다. 나의 아들 거진은 비록 나이는 어리나 굳센 의지가 있어 반드시 함께 죽으려고 할 것이다. 만약 아버지와 아들이 함께 죽으면 집사람은 장차 누구를 의지하겠는가? 너는 거진과 함께 나의 해골을 잘 수습하여 돌아가 어미의 마음을 위로하라!"고 하였다. 말을 마치고 곧 말을 채찍질하여 창을 비껴들고 적진에 돌진하였다. 몇 사람을 쳐 죽이고 죽었다.
② 거진이 이것을 보고 가려고 하였다. 합절이 청하여,
"어르신께서 '합절로 하여금 낭군과 함께 집에 돌아가 부인을 편안하게 위로하라!'고 말씀하셨습니다. 지금 자식이 아버지 명을 거역하고 어머님을 버리는 것이 어찌 효라고 할 수 있겠습니까?"라고 말하고는, 말고삐를 잡고서 놓지 않았다.
거진이, "아버지가 죽는 것을 보고 구차히 사는 것이 어찌 효자라고 할 수 있겠는가?" 하였다. 곧 칼로 합절의 팔을 쳐서 끊고 적중으로 달려나가 싸우다 죽었다.
③ 합절이 "나의 하늘이 무너졌으니, 죽지 않고 무엇을 하겠는가?"라고 말하고는 또한 서로 싸우다가 죽었다. 군사들이 세 사람의 죽음을 보고는 깊이 느껴 다투어 나갔다. 가는 곳마다 적의 칼날을 꺾고 진을 함락하였으며 적병을 대패시켜 3천여 명을 목베었다.
유신이 세 사람의 시신을 거두어 옷을 벗어 덮어주고 매우 슬피 울었다. 대왕이 그것을 듣고 눈물을 흘리면서, 예로써 반지산에 합장하였다. 처자와 구족에게는 은혜로운 상을 더욱 풍부하게 내려 주었다.[50]

C-4. 태종 무열왕 7년(660) 가을 7월 9일에 김유신 등이 黃山의 벌판

---

50) 『三國史記』 卷47, 列傳7, 丕寧子.

으로 진군하자 백제의 장군 계백이 군사를 거느리고 와서 먼저 험한 곳에 의지하여 세 군데에 진영을 설치하고 기다리고 있었다. 유신 등은 군사를 세 길로 나누어 네 번을 싸웠으나 불리하여 병사들은 힘이 다 하였다. ①장군 흠순이 아들 반굴에게 말하기를, "신하된 자로서는 충성만한 것이 없고 자식으로서는 효도만한 것이 없다. 위태로움을 보고 목숨을 바친다면 충과 효 두 가지를 모두 갖추게 된다."라고 하였다. 반굴이 말하기를, "삼가 명을 따르겠습니다."라고 하고 곧 적진으로 뛰어들어 힘껏 싸우다가 죽었다. ② 좌장군 품일이 아들 관장「또는 관창」을 불러서 말 앞에 세우고 여러 장수들을 가리키며 말하기를, "내 아들은 나이가 겨우 열여섯이나 의지와 기백이 자못 용감하니, 오늘의 싸움에서 능히 三軍의 모범이 되리라!"라고 하였다. ……51)

C-5. 김영윤은 사량 사람으로, 급찬 반굴의 아들이다. …… 신문대왕 때에 고구려의 남은 적인 실복이 보덕성에서 반란을 일으켰다. 왕이 그것을 토벌할 것을 명하였다. 영윤을 황금서당의 보기감으로 삼았다. 장차 떠나려 할 때 사람들에게 이르기를,"나의 이번 걸음에 宗族과 朋友가 나쁜 소리를 듣지 않게 하겠다."고 말하였다. …… "전쟁에 임하여 용기가 없는 것은 예기에서 경계한 바이고, 전진이 있을 뿐 후퇴가 없는 것은 병졸의 떳떳한 분수이다. 장부는 일에 임하여 스스로 결정하는 것이지, 어찌 반드시 무리를 좇겠는가?"라고 하였다. 드디어 적진에 나가서 싸우다가 죽었다.52)

C-1은 원광법사는 600년에 수隋에서 돌아와 가실사에 머물렀을 때53) 귀산과 추항을 만나서 세속에서 지켜야 할 계율, 즉 세속오계를 내려준 일화이다. 귀산과 추항이 진평왕 19년인 602년 8월 백제와의 전투 중에 사망하

---

51) 『三國史記』 卷5, 新羅本紀5, 太宗武烈王 7年.
52) 『三國史記』 卷47, 列傳7, 金令胤.
53) 『三國史記』 卷4, 新羅本紀4, 眞平王 22년 ; 『三國遺事』 卷4, 義解5, 圓光西學 ; 『海東高僧傳』卷2, 圓光傳 ; 『續高僧傳』 卷13, 圓光傳.

였으므로 600년~602년에 받은 계율이다. 세속오계의 첫 번째 계율은 사군이충事君以忠이고, 두 번째 계율은 사친이효事親以孝이다. 다음으로 교우이신交友以信, 임전무퇴臨戰無退, 살생유택殺生有擇의 계율이 이어진다. 세속오계는 귀산과 추항에게 주어진 계율이지만, 전쟁기 신라에 필요한 윤리이기도 했다. 여기서 가족윤리에 해당하는 것은 사친이효이다. 7세기에 최상위의 윤리인 충忠과 더불어 효孝의 윤리가 중요해졌음을 알 수 있다.

C-2는 진평왕 51년(629)에 고구려 낭비성에서의 전투 중에 김유신이 했던 각오이다. C-1의 세속오계의 계율이 귀산과 추항이 죽고 난 이후에도 여전히 지켜지고 있음을 알 수 있다. 더 나아가 충과 효의 개념을 각각 분리하지 않고, 연관된 하나의 개념으로 인식하였음을 알 수 있다. 김유신이 인용한 "提綱而衆目張, 振領而羣毛理"는 송서 직관지에 나오는 내용이다.54)

C-3은 진덕왕 원년(647)에 백제가 무산성·감물성·동잠성을 공격해 오자 김유신이 보병과 기병 1만 명을 거느리고 막은 전투이다. 전투에서 고전을 면치 못하자 김유신은 신라군의 사기를 높이기 위해서 비령자를 불러 적진에 나가 싸우다 죽을 것을 명하였다. 비령자는 전투에 나가기 앞서 "上爲國家, 下爲知己 死之", 즉 위로는 국가를 위하여 아래로는 자기를 알아준 김유신을 위하여 죽을 것이라는 결의를 다졌다. 다만 아들인 거진이 아버지인 자신을 따라 죽을 것을 염려하여 종인 합절에게 아들을 말려달라는 당부하였다. 비령자가 죽은 후, 아들인 거진 역시 적진에 나아가 죽었고, 이에 종인 합절도 주인을 따라 싸우다가 죽었다. 이들 3인의 결의는 신라군의 사기를 높였고, 전투는 신라군의 승리로 끝났다. 진덕왕은 이들 3인을 반지산에 합장하고, 처자와 구족에게 상을 내렸다. C-3의 일화에서 충과 효는 직접적으로 연결되지 않음을 알 수 있다. 비령자는 오히려 아들인 거진이 자신을 따라 죽을 것을 염려하였던 것이다. 진덕왕은 이들 3인

---

54) 『宋史』卷168, 志121, 職官8, 合班之制, "自上而下, 由近及遠, 譬如身之使臂, 臂之使指, 提綱而衆目張, 振領而羣毛理. 由是言之, 支郡之不可廢也明矣."

의 충성을 기리고자 그들의 처자와 구족을 포상하였다. 국가에 대한 충성이 일족에 대한 포상으로 보답을 받는 것은 충과 효를 연결시키는 계기가 되었을 것이다.

이처럼 충과 효를 동일하게 인식한 개념은 C-4에서 보다 뚜렷하게 보인다. 태종무열왕 7년(660)에 7월 9일에 황산벌에서 김유신이 이끄는 신라군과 계백이 이끄는 백제군이 전투를 하였다. 이 전투에서 신라군의 전세가 불리해지자 C-3 ①에서 김흠순이 아들 반굴에게 적진에 나아가 싸우다 죽으라고 말하며, 이것이 '충효양전忠孝兩全', 신하로서의 충忠과 자식으로서의 효孝 모두를 온전하게 하는 일이라 하였다. 곧이어 C-4 ②에서 김품일 역시 아들 관장에게 동일한 명령을 내렸고, 관장은 이를 따랐다. 7세기의 전쟁을 치르면서 신라에서 '충효양전'의 윤리가 확립되어갔음을 알 수 있다.

C-5는 김흠순의 손자이자 반굴의 아들인 김영윤의 이야기이다. 신문왕 대에 고구려의 유민 실복이 보덕성에 반란을 일으켰고, 김영윤은 황금서당의 보기감으로서 전투에 나섰다. 이 전투에 나서면서 김영윤은 종족과 친구들이 나쁜 소리를 듣지 않도록 하겠다는 결의를 다졌다. 김영윤은 전투에서 주변 장수들의 만류에도 불구하고, 홀로 나가 전사하였다. 김영윤이 전사하기에 앞서 인용한 '臨難母苟免'은 『예기』에 나오는데,[55] 그 역시 유교의 '충효양전'의 윤리를 따른 것임을 알 수 있다. 신문왕은 김영윤의 죽음에 대한 이야기를 듣고, 그의 의열義烈에 대해 아버지인 반굴을 거론하며 후하게 포상하였다.[56] 신문왕이 언급한 의열은 충효양전의 윤리였고, 이는 포상으로 인해 더욱 확립되었음을 알 수 있다.

---

55) 『禮記』, 曲禮 上.
56) 『三國史記』 卷47, 列傳7, 金令胤.

2) 부부 윤리와 '삼종지의三從之義'

예는 고대 중국의 종법질서에 기반한 이상적인 '가家'의 모습을 제시하였다. 그러나 예의 원칙은 고정되어 있는 반면에 각 시대 흐름에 따라 당위의 내용이 달라지고, 그에 따라 시행세칙이 달라지게 되었다. 즉 예는 고정불변인 반면에 윤리와 법은 시대흐름에 따라 다르게 적용되었던 것이다. 상복법에서 父의 경우, 참최삼년으로 최고 등급의 복상을 한다는 규정은 달라지지 않았으나, 어머니의 경우 아버지가 생존해 있는 경우와 사망했을 경우 상기의 규정이 달라진다. 어머니가 사망했을 때, 아버지가 이미 사망한 경우는 자최삼년이지만, 아버지가 생존해 있는 경우는 자최장기이다. 상복은 자최齊衰로 동일하지만, 상기는 3년과 1년으로 큰 차이가 있는 것이다.

고대 중국에서도 아버지와 어머니의 상기喪期가 다른 것에 대한 논란이 있었고, 각 시대의 흐름에 따라 다르게 시행되었다. 상복제가 시기별로 다르게 시행되는 대표적인 사례가 심상心喪의 제도이다. 심상心喪의 제도는 오직 (존尊에 복服이) 눌려서[壓] (복服을) 낮출[降]때 시행하는 것을 의미하는데,57) 수 왕조부터 모친상母親喪의 상기喪期를 3년으로 늘릴 때 심상心喪으로 보충하여 3년상三年喪 기간을 채우는 것[齊衰心喪]이 시행되었다.58) 또한 수당시기 이전의 심상은 한대부터 스승에 대한 복服으로 혹은 개인적인 친분에 따라 행해졌으나 수당 초부터 심상은 관인 부모의 상복을 보충하는 역할을 하기 시작하였고 당 전기에는 부모삼년상이 예와 법으로 엄격하게 규정됨에 따라 심상이 일반적으로 행용되었다고 한다.59) 고대 중국

---

57) 『儀禮注疏』 卷30, 喪服, "賈公彦疏 心喪之制 唯施壓降"
58) 『隋書』 卷8, 禮儀3, p.157, "齊衰心喪已上 雖有奪情 終喪不弔不賀不預宴"
59) 관인의 부모상에 한정해서 본다면, 前·後漢시기는 부모를 위한 三年服喪이 보편적으로 행해지지 않았었고, 魏晉南北朝時期에 국가가 儒家의 禮治를 이상으로 삼으면서 三年喪을 점차 강화해가기 시작하였다. 唐 前期에는 父母三年喪을 예와 법으로 규정하여 엄격하게 관리하였다.(김정식, 「唐 前期 官人 父母喪의 확립과 그 성격」 『中

에서도 시대에 따라 예의 시행 규정이 달라지고 있음을 알 수 있다. 신라에서 『의례』를 비롯한 유학 경전에서 규정한 예와 법이 그대로 적용되었을 것이라고 보기는 어렵다.

이처럼 상喪은 상喪을 주관하는 자의 입장에서 판단한다. 『의례』에서 아버지가 생존해 있는데, 어머니가 사망한 경우, 상喪의 시행주체는 남편이다. 남편이 죽은 아내를 위해 자최장기의 복상을 하는 것이 우선이므로 아들 역시 아버지의 원칙에 따라 자최장기의 복상을 하는 것이다.60) 처妻의 경우, 가족 윤리에서 부부지의夫婦之義가 우선되고 있는 것이다. 신라에서도 유교의 부부 윤리에 관한 내용이 보인다. 다음은 관련 사료이다.

> D-1. 강수가 일찍이 釜谷의 대장장이 집 딸과 혼인 전에 정을 통하였는데, 좋아하는 마음이 자못 돈독하였다. 나이 20세가 되자 부모가 읍내의 처녀들 중에서 용모와 행실이 아름다운 자를 중매하여 장차 그의 아내로 삼으려고 하였다. 강수는 두 번 장가들 수 없다고 하여 사양하였다. 아버지가 성내며 "너는 이 시대에 이름이 나서 나라 사람들이 모름이 없다. 그런데 미천한 사람을 배우자로 삼는다면 또한 수치스럽지 않겠는가?"라고 말하였다. 강수가 두 번 절하고 말하였다. "가난하고 미천한 것은 부끄러운 것이 아닙니다. 도를 배우고도 그것을 실행하지 않는 것이 정말 부끄러운 것입니다. 일찍이 옛 사람의 말을 들었는데, '지게미와 쌀겨를 먹으며 빈곤한 생활을 함께 한 아내[糟糠之妻]는 마루에서 뜰에 내려오지 않게 하며, 가난하고 미천할 때에 사귄 친구[貧賤之交]는 잊을 수 없다'고 하였으니 미천한 아내라고 해서 차마 버릴 수 없는 것입니다."61)
>
> D-2. ……(원술은) 아버지가 돌아가신 뒤에 이르러 어머니를 뵙고자 청하였다. 어머니가 "부인에게는 세 가지 따라야 할 의리[三從

國古中世史硏究』 28, 2012, 227쪽, 244-246쪽)
60) 『儀禮注疏』 卷30, 喪服.
61) 『三國史記』 卷46, 列傳6, 强首.

之義]가 있는데, 지금 이미 과부가 되었으니 마땅히 아들을 따라야 하겠지만, 원술과 같은 자는 이미 先君에게 아들 노릇을 하지 못했으니 내가 어찌 그 어미가 될 수 있으랴?"라고 말하며 마침내 만나주지 않았다. 원술이 통곡하며 가슴을 치고 펄쩍 뛰면서 떠나지 않았으나 부인은 끝내 만나주지 않았다.[62]

D-1은 강수와 부인과의 일화이다. 강수는 가야출신으로, 일찍이 유학을 배웠는데 그 학문적 능력이 뛰어나 관직을 역임하고 중용이 되었다. 강수에게는 이미 처妻가 있었는데, 강수가 출세하자 아버지는 다른 이와 혼인할 것을 권하였다. 이에 강수는 그의 부인을 조강지처라 일컬으며 거절을 하였다. C-1의 가난했을 때의 처[조강지처糟糠之妻]와 빈천했을 때의 교우[빈천지교貧賤之交]는 후한의 광무제와 송홍의 일화에서 비롯된 것이다. 광무제가 사별한 누이인 호양공주의 재혼 상대로 송홍의 마음을 떠보았는데, 송홍은 빈천했을 때 사귀었던 친구와 아내를 잊거나 버리면 안된다는 말로 답하였다.[63] 강수는 송홍의 일화를 통해 조강지처인 처를 버리지 않겠다고 한 것이다. 강수가 『효경』, 『곡례』, 『이아』, 『문선』 등은 물론[64] 역사서까지 습득하였다는 사실을 알 수 있다. 강수가 유교의 혼례, 혼인절차에 대해서 인식하고 있었을 것으로 여겨진다. 뿐만 아니라 부의 뜻을 어기는 '불효'를 하면서까지 정식 혼인을 하지 않고, 야합으로 맺어진 처를 버리지 않겠다고 하여 '부부지의'를 지키고자 하였던 것이다. 강수의 사례에서는 중국 고대 종법질서에 기반한 유교 가족윤리와 달리 효孝가 최고의 윤리강령이 아니었다. 즉 7세기에 유교 가족윤리가 수용되었으나 우선순위가 고수된 것은 아니었음을 알 수 있다.

---

62) 『三國史記』 卷43, 列傳3, 元述.
63) 『後漢書』 卷26, 列傳16, 伏侯宋蔡馮趙牟韋, 宋弘, "……後弘被引見, 帝令主坐屛風後, 因謂弘曰, 諺言貴易交, 富易妻, 人情乎. 弘曰 臣聞貧賤之知不可忘, 貧賤之知不可忘, 糟糠之妻不下堂. 帝顧謂主曰 事不諧矣."
64) 『三國史記』 卷46, 列傳6, 强首.

D-2는 지소부인과 그의 아들 원술의 일화이다. 김유신은 무열왕의 셋째 딸이고, 김유신과 혼인을 하여 아들 5명과 딸 4명을 낳았다. 첫째아들은 삼광 이찬이고, 둘째는 원술소판, 셋째는 원정 해간, 넷째는 장이 대아찬, 다섯째는 원망 대아찬이다.[65] 이들 중 원술이 전쟁에서 패전하고, 후퇴하였다. 문무왕은 원술을 용서하였으나, 아버지인 김유신은 용서하지 않았다. 김유신이 죽은 후, 김원술은 집으로 돌아와 어머니를 만나고자 하였으나, 지소부인 역시 남편의 뜻을 따라 아들인 김원술을 만나주지 않았다. 이 때 지소부인이 거론한 『의례』의 상복喪服편에 나오는 '삼종지의三從之義'가 주목된다.

삼종지의는 흉례凶禮 중 상복법 관련 조항에 해당하는 내용이다. 흉례의 오복五服 제도에서 "부인에게는 삼종지의가 있어서 무조건 지켜야 하는 도가 없다는 것이다. 그러므로 시집가기 전에는 아버지를 따르고, 시집간 이후에는 지아비를 따르고, 지아비가 죽은 후에는 아들을 따라야 한다. 그러므로 아버지는 아들의 하늘이고, 지아비는 처의 하늘인데, 부인이 참최斬衰를 두 번 하지 않는 것은 하늘이 둘이 아닌 것과 같다."라고 하였다.[66] 여기서 규정한 내용은 기본적으로 복상, 그 중에서 참최삼년의 규정이다. 여성의 경우, 미혼과 기혼, 그리고 남편이 죽은 후의 상황에 따라 참최삼년의 대상이 달라진다는 것이다. 부녀父女, 부처夫妻, 모자母子의 관계를 상하上下-주종主從으로 인식하였고, 이는 고대 중국의 종법질서에 기반한 원칙이었다.

지소부인은 지아버인 김유신이 죽었으나 그의 뜻을 따르겠다고 하며 아들인 원술을 용서하지 않았다. 그러나 삼종지의에 따르면 남편인 김유신이 죽었으므로 아들, 그 중에서 장자 삼광의 뜻에 따라야 한다. 원술을 용서하

---

65) 『三國史記』卷43, 列傳3, 金庾信 下.
66) 『通典』卷90, 禮50, 沿革50, 凶禮12, 五服年月降殺3, 齊縗不杖周, "婦人有三從之義, 無專用之道, 故未嫁從父, 旣嫁從夫, 夫死從子. 故父者子之天也, 夫者妻之天也. 婦人不貳斬, 猶曰不貳天也, 婦人不能貳尊也."

지 않았던 것은 장자인 삼광의 뜻이 아닌 지소부인의 의지였다는 점을 알 수 있다. 김유신의 일가, 김흠순, 반굴, 영윤에 이르기까지 모두 '충효양전 忠孝兩全'을 최우선의 윤리강령으로 삼은 인물들이었다. 이들의 충忠은 효孝와 불가분의 관계에 있는 윤리였다. 지소부인은 지아비인 김유신 개인의 뜻이 아니라 김유신가의 '충효양전'의 윤리를 따른 것이었다.[67]

지소부인은 김유신의 처이고, 무열왕의 딸이었다. 지소부인이 '삼종지의'를 내세워 지키고자 했던 것은 '충효양전'이었다. '충효양전'은 신라왕실이 7세기 동아시아 국제전을 겪고, 중대왕실을 수립하면서 새롭게 설정한 '국國-관官'의 관계였다.[68] 지소부인은 중대왕실과 김유신 종족宗族이 지향한 '충효양전'의 윤리를 고수하고자 하였던 것이다.

이처럼 강수와 지소부인은 모두 유교 가족윤리 중 '부부지의'를 내세우고 있다. 이를 통해 유교 가족윤리가 수용되었고, 특히 '부부지의'에 대한 인식이 있었음을 알 수 있다. 유교 가족윤리는 왕실과 귀족, 유학적 소양을 갖춘 관인층을 중심으로 수용되었다. 또한 7세기의 신라에서 유교 가족윤리는 충-효가 밀접하게 연관되어 인식되었다.[69]

---

[67] 주보돈은 지소부인이 김유신의 신념과 이상을 철저히 신봉하고 따름으로써 가문의 원칙을 지켜내려 한 것으로 보았다. 그리고 김유신의 신념과 이상은 충과 효가 일체로서 兩全하되 일단 효보다는 충을 앞세우는 입장이었다고 하였다(주보돈, 「신라 金入宅과 財買井宅」 『新羅文化』 46, 2015 : 『신라 왕경의 이해』, 주류성, 2020 재수록, 181-182쪽).

[68] 유학사상의 '효'는 '忠孝一本'의 정치사상으로 활용되었는데, 그 대상이 점차 확대되었다. '충효일본'의 대상은 진흥왕대에 '國-臣'으로 전환되었고, 신문왕대에 '國-官'으로, 경덕왕대에 '國-民'으로 점차 확대되었다. 이는 왕의 통치가 제도화되고, 통치력의 범주가 확대된 결과였다(이현주, 「신라 효경의 수용과 활용」 『韓國思想史學』 64, 2020, 130쪽).

[69] 신문왕대 국학을 설치하여 '효'를 제도화하였는데, '효치천하'의 대상은 관인층이었다. 이후, 경덕왕대를 기점으로 '효치천하'의 대상이 관(官)에서 민(民)으로 확대되었다. (이현주, 앞의 논문, 2020, 125-130쪽). 그 일환으로 유교 가족윤리는 民에게 사회 규범으로 확산되었다.

3. 유교의 예제적 '가家'와 신라의 '족族'

고대 중국의 종법질서에 기반한 유교 가족윤리가 실제 신라의 가족 구성에 영향을 미쳤는지 살펴볼 필요가 있다. 신라에서 중국고대의 가족질서인 종법제에 기반한 유교의 예제적 '가家'가 실재했는지 알아보고자 한다.

고구려·백제, 신라는 상복법의 제정·시행을 통해 부모父母-자녀子女와 부처夫妻로 구성된 유교의 예제적 '가家' 개념을 인식하게 되었다. 상복법의 도입은 부모와 처자로 구성된 '가家'가 통치의 대상으로 새롭게 인식되는 계기가 되었다. 신라에서 상복법의 도입으로 인해 부모-자녀와 부처로 구성된 유교의 예제적 '가家' 개념이 도입되고, 7세기 동아시아 국제전을 통해 '충효양전'의 가족윤리가 확립되었다.

7세기 동아시아 국제전은 당의 선진제도를 경험할 수 있는 기회였고, 전쟁의 전후에도 외교를 통한 문물 수용은 지속되었다. 중대왕실은 율령과 예제를 수용하고, 유학을 지배이념의 근간으로 삼았다.[70] 중대왕실은 지배공간이 확대되고, 관인층의 필요가 증대됨에 따라 당의 국학제도를 수용하여 『논어』와 『효경』을 비롯한 유교경전을 체계적으로 학습시켰다. 7세기 전후한 시기의 유학은 관인층의 유교적 소양과 관제운영의 원리와 결부된 지식으로 활용되었다. 특히 『효경』은 관인에게 필수적인 유교적 소양, 즉 유학의 충효관을 명확하게 알려줄 수 있는 과목이었다.[71]

『효경』은 천자-제후-경대부-사-서인에 이르기까지 신분의 존비에 따른 효의 내용과 방법, 목적 등을 서술한 책이다. 『효경』에서는 효란 사친事親으로 시작해서 사군事君하여, 입신立身하는 것으로 끝을 맺는 것이라고 하였다.[72] 이는 충신의 사군事君과 효자의 사친事親의 근본이 하나라는 공자의 충효관의 핵심인 충효일본론忠孝一本論에 기인한 것이다.[73] 7세기 동아

---

70) 김영하, 「新羅 中代의 儒學受容과 支配倫理」 『한국고대사연구』 40, 2005, 175쪽.
71) 이현주, 앞의 논문, 2020, 123-125쪽.
72) 『孝經』, 開宗明義章 1. "夫孝 始于事親 中于事君 終于立身."

시아 국제전에서 확립된 충효양전의 윤리는 신라 중대왕실에 의해 충효일본론忠孝一本論으로 강화되었다.

이와 같은 유교의 예제적 '가家' 개념은 중국 고대의 종법제에 기반한 것이다. 중국 고대에서 가家의 기본 전제는 공동 거주이고,[74] 족족의 기본 전제는 집합체이다.[75] 가家는 하나의 경제적 공동 단위, 공동으로 생활하는 집단이고, 족족은 가家의 집합체로서 하나의 혈연단위이다. 즉 가족은 함께 거주하며 공동의 생활을 영위하는 친족집단을 가리키는 말로, 통상 2세대 혹은 3세대의 인원을 포함한다. 가家의 기본 구성은 대체로 조부모와 부모, 미혼의 자녀들로 구성되고, 조부모가 사망한 경우, 가족은 부모와 자녀만으로 구성된다.[76] 족족은 고조高祖부터 손孫에 이르는 9족九族,[77] 또는 부父-자子-손孫의 3족三族,[78] 또는 공동의 조상을 갖고 있는 공족公族을 의미한다.[79] 이처럼 유학의 경전과 역사서에서 '가家'는 '족族'을 구성하는 기본 단위로 부자의 종적 관계와 부부의 횡적 관계로 개념화하였다. 『의례儀禮』의 상복법에서도 '가家'의 기본 단위는 부父와 장자長子의 관계가 중심이고, 부모父母, 부처夫妻, 중자衆子로 이루어져 있었다.

신라에서 부모父母-자녀子女와 부처夫妻로 이루어진 '가家'가 실재했는지를 살펴보고자 한다. C-3에서 비령자의 경우, 비령자와 거진의 부자父子뿐만 아니라 그의 노奴 합절도 그의 일족이었을 것으로 여겨진다. 그들로 인해 포상을 받은 대상은 처자妻子와 9족이었다. 또한 C-4에서 김영윤은 전

---

73) 김영하, 『新羅中代社會研究』, 일지사, 2007, 215-216쪽 ; 이현주, 앞의 논문, 2020, 123-124쪽.
74) 『說文解字』, "家居也"
75) 『說文解字』, "矢鋒也。束之族族也"
76) 취통쭈 저·김여진·윤지원·황종원 역, 『법으로 읽는 중국 고대 사회』, 글항아리, 2003, 18-20쪽.
77) 『康熙字典』, "【書·堯典】以親九族"
78) 『康熙字典』, "【周禮·春官·小宗伯】掌三族之別, 以辨親疏 【註】三族, 謂父子孫, 人屬之正名."
79) 『康熙字典』, "【傳】公族, 公同祖也."

쟁에 나가기에 앞서 종족宗族과 붕우朋友가 그로 인해 나쁜 소리를 듣지 않겠다고 결의를 다진 바 있다. 김영윤은 그가 속한 혈연 공동체를 가족이 아닌 "종족宗族"으로 인식하였음을 알 수 있다. C-3과 4는 '가家'가 아닌 '족族'이 공동체의 단위로 인식되고 있음을 알려 준다. 9족九族은 포상의 대상뿐만 아니라 처벌의 대상이기도 하였다.

> E-1. 진평왕 53년(631), 여름 5월에 이찬 칠숙과 아찬 석품이 반란을 꾀하였다. 왕이 그것을 알아차리고 칠숙을 붙잡아 東市에서 목을 베고, 九族을 모두 죽였다.[80]
>
> E-2. (선덕여왕) 16년 정미(647년)는 선덕왕 말년이고 진덕왕 원년이다. 대신인 비담과 염종은 '女主는 잘 다스릴 수 없다[女主不能善理].'고 하면서 군사를 일으켜 그녀를 폐위시키고자 하니 왕은 스스로 안에서 그들을 방어하였다. …… 이에 여러 장졸들을 독려해 분발하여 공격케 하니, 비담 등은 패하여 달아났고 추격하여 그들을 베고 구족을 죽였다.[81]
>
> E-3. 문무왕 2년(662), 8월 대당총관 진주와 남천주총관 진흠이 거짓으로 병에 걸렸다는 핑계를 대고 한가롭고 방만하게 지내며 나라 일을 돌보지 않자, 마침내 죽이고 아울러 그 일족[其族]을 멸하였다.[82]
>
> E-4. 효성왕 4년(740), 8월에 파진찬 영종이 반역을 꾀하다가 죽임을 당했다. 이보다 앞서 영종의 딸이 후궁으로 들어왔는데, 왕이 그를 몹시 사랑하여 은총이 날로 더하자 왕비가 이를 질투하여 族人과 모의하여 그녀를 죽였다. 영종은 왕비의 종당[王妃宗黨]을 원망했는데 이로 인해 반역을 일으킨 것이다.[83]
>
> E-5. 혜공왕 4년(768), 가을 7월에 일길찬 대공이 아우 아찬 대렴과 함께 반란을 일으켰다. 무리를 모아 33일간 왕궁을 에워쌌으나 왕

---

80) 『三國史記』 卷4, 新羅本紀4, 眞平王 53년.
81) 『三國史記』 卷41, 列傳1, 金庾信 上.
82) 『三國史記』 卷6, 新羅本紀6, 文武王 2年.
83) 『三國史記』 卷9, 新羅本紀9, 孝成王 4年.

의 군사가 이를 쳐서 평정하고 구족을 목베어 죽였다.[84]
- E-6. 헌덕왕 14년(822), 헌창이 피할 수 없음을 알고 스스로 목숨을 끊자 종자가 목을 잘라 머리와 몸을 각각 묻었다. 성이 함락되자 옛 무덤에 있는 그의 몸을 찾아내 다시 베고 宗族과 黨與 모두 239명을 죽이고 백성들은 놓아주었다.[85]
- E-7. 경문왕 6년(866), 겨울 10월에 이찬 윤흥이 아우 숙흥, 계흥 등과 함께 반역을 꾀하다 일이 발각되자 대산군으로 달아났다. 왕이 명을 내려 추격해서 체포하여 목을 베고 一族을 멸하였다.[86]
- E-8. 논하여 말하길, "…… 경순왕이 태조께 귀순한 것은 비록 마지 못해 한 일이지만 칭찬할 만하다. 그때 만약 힘껏 싸우며 지키는 데 사력을 다하며 태조의 군사에게 항거했다가 힘이 꺾이고 세력이 다하였다면, 반드시 그 宗族은 망하고 무고한 백성들에게까지 해가 미쳤을 것이다. ……"[87]

E-1에서 6까지는 모두 반란과 그 처벌에 관한 기록이다. 특히 구족九族 내지 일족一族이 죽임을 당한 기록이어서 주목된다. E-1에서 진평왕 53년(631)에 이찬 칠숙과 아찬 석품이 반란을 일으키려다가 발각되어 처벌을 받았다. 칠숙은 동시東市에서 목이 베어졌고, 그의 구족도 모두 죽였다. E-2는 선덕여왕 16년(647)에 일어난 비담과 염종의 반란이다. 비담 등의 반란은 진압되었고, 이들의 구족이 죽임을 당하였다. 『삼국사기』 신라본기에는 비담의 반란에 연루된 이들이 30인이라고 하였는데,[88] 이로 보아 비담과 염종의 족인族人 30인이 처벌당했음을 알 수 있다.[89] E-3은 문무왕 2년(662)에 대당총관 진주와 남천주총관 진흠을 죽이고, 그들의 족族을 멸하였

- 84) 『三國史記』 卷9, 新羅本紀9, 惠恭王 4年.
- 85) 『三國史記』 卷10, 新羅本紀10, 憲德王 14年.
- 86) 『三國史記』 卷11, 新羅本紀11, 景文王 6年.
- 87) 『三國史記』 卷12, 新羅本紀12, 敬順王.
- 88) 『三國史記』 卷5, 新羅本紀5, 眞德王 元年.
- 89) 주보돈은 이 기록을 통해 구족의 범주가 대략 30인이었을 것으로 추정하였다(「新羅 時代의 連坐制」, 『大丘史學』 25, 1984, 27-29쪽).

다는 것이다. E-5는 혜공왕 4년(768)에 대공과 대렴이 반란을 일으켰는데, 이들을 평정하고 구족을 목베어 죽였다는 기사이다. E-6에서 헌덕왕 14년 (822)에 김헌창이 반란을 일으켰다가 진압되었다. 그에 대한 처벌로 이미 죽은 그의 몸을 찾아내 다시 베고, 그의 종족과 당여黨與 모두 239명을 죽였다는 기록이다. E-7은 경문왕 6년(866)에 윤흥, 숙흥, 계흥이 반역을 꾀하다가 발각되었고, 이들의 일족이 멸해졌다는 기록이다.

다음으로 E-4는 효성왕 4년(740)에 후궁과 왕비 사이에 갈등이 생겼고, 왕비는 그의 족인族人과 함께 후궁을 죽였다. 반란을 일으켰던 영종은 죽임을 당하였는데, 이후 그와 관련된 처벌에 대한 기록은 없다. E-8은 경순왕 8년(934)에 태조 왕건에게 귀순한 일을 논한 것이다.

E 사료에서 E-1, E-2, E-5는 구족을 멸하였다고 하였고, E-3은 (기)족(其) 族, E-7은 일족一族을 죽였다고 하였다. 또한 E-6과 E-7은 종족宗族이라고 하였고, E-4에서는 족인族人이라고 하였다. 구족九族은 일반적으로 고조부터 현손까지를 말하는데,[90] E사료에서 보이는 구족九族이 이에 해당한다고 보기는 어렵다. E사료로 보아 구족九族과 족族, 일족一族, 종족宗族, 족인族人이 동일한 의미로 사용되었을 것으로 여겨진다.

『이아爾雅』에 의하면 친친은 부父의 당黨과 모母 및 처妻의 당黨을 말하는데, 부당父黨은 종족宗族이라고 하고, 모당母黨과 처당妻黨은 형제兄弟로 삼는다고 하였다.[91] 모와 처의 경우, 혈연관계가 아니어도 친친이라는 의미이다. 『이아』에서는 종족宗族을 부계의 혈연공동체로 규정하였다. 신라에서 종족宗族은 어떤 의미인지 살펴볼 필요가 있다. E-4와 E-6의 기록이 주목된다.

E-4에서 왕비의 족인族人과 왕비종당王妃宗黨의 용어가 사용되었고,[92]

---

90) 『尙書注疏』 2, 堯典1, "……上至高祖下及玄孫是爲九族, 同出高曾皆當親之, 故言之親也……"
91) 『爾雅』 釋親, "父之黨爲宗族, 母與妻之黨爲兄弟."
92) 왕비의 족인, 그리고 왕비의 종당으로 기록된 것으로 보아 왕비의 지위가 왕비세력,

E-6에서 종족宗族과 도당徒黨이라고 하였다. 우선 E-4의 기록에서 족인族人과 종당宗黨이 같이 쓰였는데, 족인族人은 혈연공동체를 의미하고, 종당宗黨은 종족宗族과 향당鄕黨, 즉 혈연 및 지연을 기반으로 한 공동체를 의미한다. 족인族人은 C-3의 비령자의 사례에서도 알 수 있듯이 직접적인 혈연관계뿐만 아니라 노奴 등을 포함한 넓은 범주의 공동체였을 것이다. 신라에서 포상과 처벌의 대상은 구족九族과 족族, 일족一族, 종족宗族, 족인族人이었는데, 이는 혈연 및 지연을 기반으로 한 공동체를 의미하였다.

또한 E-6에서는 종족宗族과 당여黨與라고 하였는데, 이는 곧 종당宗黨 또는 족당族黨과 동일한 의미로 사용되었다. 신라의 족族은 혈연공동체를 기반으로 노奴와 병兵 등까지 포괄한 확대된 범주의 '종당宗黨' 또는 '족당族黨'이었다.[93] 즉 신라의 족族은 혈연공동체 기반의 정치·사회·경제적 공동체였다.

요컨대 신라의 중대왕권은 당령의 수용과 예제의 적용을 통해 사회를 새로운 통치규범을 확립하였고, 유교 가족윤리는 사회적 규범으로 활용되었다. 그 일환으로 유교의 예제적 '가家'의 개념은 실정에 맞게 적용되고, 활용되었다. 신라에서 유교의 예제적 '가家'의 개념은 통치대상으로서 '가家'를 의미하고, 충효일본론忠孝一本論의 기반이 되는 이상이었다. 다만 이상과 실제는 괴리가 있었다. 실제로 신라는 '가家'가 아닌 '족族'적 유대를 기반으로 정치·사회·경제적 공동체를 구성하고 있었다.

즉 왕비의 외척세력의 사회적 권한을 강화하는 배경으로 작용하였음을 알 수 있다 (이현주, 「신라 중대 효성왕대 혜명왕후와 '正妃'의 위상」, 『한국고대사탐구』 21, 2015, 256쪽).

93) 고려시기의 '族'이 특정 성씨나 혈연계통만으로 조직된 '집단'을 의미하지 않는다는 연구가 이루어졌다(최재석, 『韓國家族制度史硏究』, 一志社, 1983. 287-294쪽 ; 이종서, 『고려·조선의 친족용어와 혈연의식』, 신구문화사, 2009, 163쪽). 고려시기 '族'의 특성으로 보아 신라의 '族' 역시 특정 성씨나 혈연계통만으로 이루어졌다고 보기는 어렵다. 신라의 族黨 또는 宗黨은 '族(宗)+黨'으로 혈연공동체 기반의 확대된 정치·사회·경제적 공동체였을 것이다.

맺음말

상복법은 유교의 예제적 '가家'를 기반으로 한 법제이고, 이는 중국 고대의 가족제도, 즉 종법제를 기반으로 하고 있다. 상복법은 친족관계, 즉 혈연의 친소親疏와 원근遠近에 따라 상실의 충격과 슬픔을 규정하였다. 상복법은 친족 집단의 위계를 기반으로 한 것으로, 가家와 족族에 질서를 부여하고, 친족의 결속력을 강화하는 수단이 되었다. 가家와 족族의 질서 정연한 위계는 사회로 확장되어 사회의 기초와 구조를 공고히 하는 역할을 수행하였다. 즉 가족질서는 사회질서로, 사적 질서는 공적질서로 변이되었다.

고구려·백제, 신라는 상복법을 도입하였고, 이를 통해 부모父母-자녀子女와 부처夫妻로 구성된 유교의 예제적 '가家' 개념을 인식하게 되었다. 이처럼 상복법의 도입은 부모와 처자로 구성된 '가家'를 통치의 대상으로, 가족윤리를 통치의 수단으로 인식하는 계기가 되었다.

7세기의 동아시아 국제전은 신라 사회가 전면적으로 변화하는 계기가 되었다. 전쟁은 물적 교류는 물론 인적 교류의 창구가 되었고, 이로 인해 사회는 전방위적으로 변화하였다. 7세기 동아시아 국제전을 겪으면서 '충효양전'의 개념이 확립되었고, 이는 유교 가족윤리에서 최우선의 가치를 지니게 되었다. 충효양전의 윤리는 신라 중대왕실에 의해 충효일본론忠孝一本論으로 강화되었다. 신라에서 유교의 예제적 '가家'와 가족윤리는 충효일본론忠孝一本論의 기반이 되었다.

중국 고대의 가족질서인 종법제에 기반한 유교의 예제적 '가家'는 이상적인 통치대상이었으나 실제와는 괴리가 있었다. 신라는 '가家'가 아닌 '족族'적 유대를 기반으로 한 사회였고, 신라의 '족族'은 혈연공동체 기반의 정치·사회·경제적 공동체였다. 신라의 중대왕권은 당령의 수용과 예제의 적용을 통해 사회를 새로운 통치규범을 확립하였고, 유교 가족윤리는 사회적 규범으로 활용되었다. 그 일환으로 유교의 예제적 '가家'의 개념은 실정에 맞게 적용되고, 활용되었다.

제4장 신라 태자제의 수용과 왕실의 '가족家族' 인식

머리말

태자제는 왕위계승자를 미리 책봉하여 후계구도를 확립한다는 측면에서 왕권을 강화하는 중요한 수단이다. 왕위계승에서 부자세습을 기반으로 한 적장자계승제도, 즉 태자제의 성립 여부는 신라의 정치제도의 발전단계, 왕권의 강화과정을 이해할 수 있는 주요한 표징일 수 밖에 없다.

태자제는 적장자 위주의 직계를 왕위계승자로 공식화하는 제도이다. 태자太子는 곧 황태자皇太子로, 중국왕조의 황위皇位 계승 서열 1순위를 지칭한다. 또한 태자제는 태자를 임명하는 책봉례를 비롯하여 태자의 교육과 의식주 등을 관할하는 태자부太子府, 태자의 정치적 역할을 보좌하는 동궁아관東宮衙官, 또는 동궁관東宮官 제도를 일컫는다. 이처럼 태자는 중국왕조에서 왕위계승자를 일컫는 칭호이므로, 태자 칭호가 신라에 도입된 시기와 배경, 태자제가 제도로 성립된 시기와 배경에 대한 고찰이 필요하다.

기존의 연구에서 태자제의 도입시기와 배경에 대한 연구가 이루어졌고,[1] 삼국사기 직관지에 보이는 동궁관에 주목하여 신라 동궁제의 제도적 특성을 규명한 연구도 이루어졌다.[2] 이들 연구에서는 대체로 태자제가 수용되고, 운용되었다고 보았다.[3] 다만 태자제가 수용된 시기에 대해서는 다

---

[1] 金昌謙, 「新羅時代 太子制度의 性格」, 『한국상고사학보』 13, 1993 ; 김병곤, 「신라의 태자 책봉제 수용 과정 고찰」, 『한국고대사연구』 64, 2011.
[2] 이승현, 「新羅의 東宮制度」, 『한국고대사연구』 55, 2009.
[3] 최재석은 신라에 태자제가 도입되었으나 일시적이고 표면적인 모방에 지나지 않는 것으로 결국 신라사회에 뿌리내리지는 못했다고 보았다(『한국고대사회사연구』, 일

소 이견이 있다. 『삼국사기』에서 태자의 칭호는 이른 시기부터 보이지만, 태자를 책봉한 기록은 진흥왕 27년에 왕자 동륜을 왕태자로 책봉한 것이 최초이다. 진흥왕 27년의 태자 책봉 기사를 기점으로 신라 초기부터 이어져 온 태자제가 진흥왕대에 더욱 확고하게 정립되었다고 보거나,[4] 진흥왕 27년을 기점으로 태자제도가 수용되었으나 폐위, 무자, 여왕의 조건으로 인해 태자제도를 운용할 수 없었던 것으로 보기도 하였다.[5] 또한 중고기에 태자제가 수용되었으나 실제로 제도로서 정착된 것은 중대였다고 보는 견해도 제기되었다.[6] 이들 기존의 연구에서는 대체로 적어도 진흥왕대에는 태자제가 수용되었다고 보았던 것이다.

그러나 중고기에 태자가 사용된 예는 진흥왕 27년의 '동륜태자' 1건에 불과하다. 중고기의 '태자' 칭호의 도입과 태자제의 수용을 구분해서 이해할 필요가 있다. 또한 태자제는 왕실 '가족'의 계승 및 상속과 관련하여 살펴보아야 한다.

태자제와 관련하여 두 가지 사항을 유념할 필요가 있다. 하나는 태자제가 중국의 종법제를 기반으로 한 가족제도를 기반으로 한 제도라는 점이다. 다른 하나는 태자제는 신라 왕실의 '가족' 인식과 상관관계에 있다는 점이다. 태자제는 신라 왕실의 '가족' 인식의 형성과 밀접한 연관성이 있다. 왕실 '가家'의 범주와 관련해서 종묘제, 추봉 및 책봉제를 살펴보고자 한다.

따라서 본 연구는 태자제의 수용과 운용과 관련하여 신라 왕실의 '가족' 인식이 형성되는 과정을 고찰하고자 한다. 우선 신라에서 태자의 칭호가

지사, 2001, 180-181쪽).
4) 曺凡煥, 「新羅 上代 太子制의 運營과 東宮의 設置」『新羅文化』 35, 6-12쪽.
5) 李鍾旭, 『新羅上代王位繼承研究』, 嶺南大出版部, 1980, 21쪽 ; 金瑛河, 「新羅 中古期의 政治過程試論-中代王權成立의 理解를 위한 前提-」『泰東古典研究』 4, 1988, 9쪽 ; 『韓國古代社會의 軍事와 政治』, 高麗大學校 民族文化研究院, 2002, 247쪽 각주129 ; 이승현, 앞의 논문, 2009, 217쪽.
6) 金昌謙, 앞의 논문, 1993, 156쪽 ; 김병곤, 앞의 논문, 2011, 414쪽.

도입되고, 태자의 제도가 수용된 배경을 살펴보고, 다음으로 태자제가 변용된 배경을 '동모제'의 왕위계승 사례를 통해 알아보고자 한다. 이를 통해 신라에서 태자제를 수용하고, 신라의 실정에 맞게 변용하는 양상을 고찰할 것이다. 또한 중국의 종법제를 기반으로 하는 태자제를 수용하고 운영하는 과정에서 신라 왕실에서 '가족' 인식이 형성되는 과정을 알아보고자 한다. 신라 왕실의 권력 구조를 이해하는 데 일조할 수 있기를 바란다.

1. 태자제와 왕위계승 양상의 변화

『삼국사기』의 초기기록에서 '태자'의 칭호가 보이고 있다. 태자의 칭호가 도입된 시기와 태자제가 수용된 시기를 구분할 필요가 있다. 아울러 태자제의 운영이 달라지는 양상을 시기별로 고찰하고자 한다. 다음은 『삼국사기』 신라본기에 기록된 '태자'관련 기록의 일람표이다.

표1 신라 '태자'관련 기록 일람표

시기	代	姓	왕명	왕위계승 방식	왕위계승 명분(왕계)	太子册禮
I	1	박	혁거세거서간	추대	1대왕	
	2	박	남해차차웅	繼父位	혁거세의 嫡子	
	3	박	유리이사금	繼父位+顧命 +左右奉立 (추대)	남해의 太子	
	4	석	탈해이사금	전왕顧命	(남해의 女壻)	
	5	박	파사이사금	추대	유리왕의 제2자	
	6	박	지마이사금	繼父位	파사왕의 嫡子	
	7	박	일성이사금		유리왕의 長子	
	8	박	아달라이사금	繼父位	일성의 長子	
	9	석	벌휴이사금	추대 (아달라無子)	탈해왕의 아들인 구추의 아들	
	10	석	나해이사금	추대(伊買之子)	벌휴왕의 孫	

시기	代	姓	왕명	왕위계승 방식	왕위계승 명분(왕계)	太子冊禮
	11	석	조분이사금	전왕遺言	伐休尼師今의 孫 (나해의 女壻)	
	12	석	첨해이사금		조분왕의 同母弟	
	13	김	미추이사금	추대(沾解無子)	알지의 7세손 (조분왕의 女壻)	
	14	석	유례이사금		조분왕의 長子	
	15	석	기림이사금		조분니사금의 孫	
	16	석	흘해이사금	추대(基臨無子)	나해왕의 孫	
	17	김	나물이사금	추대(訖解無子)	구도갈문왕의 孫 (미추왕의 孫)	
	18	김	실성이사금	추대 (奈勿子幼少)	알지의 裔孫 大西知(遺: 미추왕의 弟)의 子	
	19	김	눌지마립간	弑王自立	내물왕의 子	
II	20	김	자비마립간	繼父位	눌지왕의 長子	
	21	김	소지마립간	繼父位	자비왕의 長子	
	22	김	지증마립간	추대(前王無子)	소지왕의 再從弟	
	23	김	법흥왕	繼父位	지증왕의 元子	
	24	김	진흥왕		법흥왕의 弟인 입종의 子 母는법흥왕의 女 (법흥왕의 外孫)	진흥왕27년(566), 銅輪冊立
	25	김	진지왕	太子早卒	眞興王의 次子	
	26	김	진평왕		진흥왕의 太子인 銅輪의 子	
	27	김	선덕왕	繼父位+추대 (無子)	眞平王의 長女	
	28	김	진덕왕	추대(無子)	眞平王母弟인 國飯葛文王의 女	
III	29	김	태종무열왕	추대	진지왕의 子인 龍春의 子	
	30	김	문무왕	遺詔 + 太子	태종왕의 元子	무열왕2년(665) 冊立
	31	김	신문왕	太子	문무대왕의 長子	문무왕 5년(665) 冊立
	32	김	효소왕	太子	신문왕의 元子	신문왕 11년(691) 冊封
	33	김	성덕왕	추대(前王無子)	효소의 同母弟	14년(715)重慶冊封

제4장 신라 태자제의 수용과 왕실의 '가족家族' 인식   257

시기	代	姓	왕명	왕위계승 방식	왕위계승 명분(왕계)	太子冊禮
						16년(717)太子 重慶 卒
	34	김	효성왕	太子	성덕왕의 第2子	성덕왕23년(724) 冊立
	35	김	경덕왕	太子	효성왕의 同母弟	성덕왕3년(739) 冊封
	36	김	혜공왕	太子	景德王의 嫡子	경덕왕19년(760) 冊封 (王太子)
IV	37	김	선덕왕	추대(찬탈)	奈勿王의 10세손 (聖德王의 外孫)	
	38	김	원성왕	추대	나물왕(奈勿王)의 12세손, 前王之弟7)	
	39	김	소성왕	太子	元聖王太子인 仁謙의 子	원성왕11년(795) 冊封
	40	김	애장왕	太子	昭聖王太子	소성왕2년(800) 冊封
	41	김	헌덕왕	찬탈	昭聖王의 同母弟	
	42	김	흥덕왕	상대등	憲德王의 同母弟	헌덕왕 14년(822)
	43	김	희강왕	찬탈	元聖大王의 孫인 憲貞의 子	
	44	김	민애왕	찬탈	元聖大王의 曾孫, 忠恭의 子	
	45	김	신무왕	찬탈	元聖大王의 孫인 均貞의 子, 僖康王의 從弟	
	46	김	문성왕	太子	神武王太子	신무왕원년(839) 冊立
	47	김	헌안왕	文聖顧命	神武王의 異母弟 母는 照明夫人으로 宣康王의 女	
	48	김	경문왕	유고	僖康王의 子인 啓明의 子(헌안왕의 女壻)	
	49	김	헌강왕	태자	景文王의 太子	
	50	김	정강왕		景文王의 第2子	
	51	김	진성왕	유고	憲康王의 女弟	
	52	김	효공왕	태자(양위)	憲康王의 庶子	진성왕9년(895) 冊立
	53	박	신덕왕	國人推戴	阿達羅王의 遠孫	
	54	박	경명왕	태자	神德王之太子	신덕왕원년(912) 冊立
	55	박	경애왕		景明王同母弟	

시기	代	姓	왕명	왕위계승 방식	왕위계승 명분(왕계)	太子册禮
	56	김	경순왕		文聖大王之裔孫, 孝宗伊湌之子	

출전: 『三國史記』 新羅本紀, 遺: 『三國遺事』

「표 1」은 『삼국사기』 신라본기 즉위조를 중심으로 왕위계승의 방식과 명분을 중심으로 만든 일람표이다. 즉위와 관련해서 왕위계승의 방식은 크게 상시와 비상시로 나뉜다.

우선 상시의 경우이다. 차기 왕위계승자가 구성원의 합의에 의해 안정적으로 왕위를 계승한 경우이다. 사료 상에서 확인 할 수 있는 경우는 3가지 사례가 있다. 첫 번째는 왕계의 계승에 기반한 정당성이 확보된 경우이다. 이전 왕의 혈족血族이라는 측면에서 왕위계승의 정당성을 확보하고 안정적으로 왕위를 계승한다. 표1을 보면, 즉위조에 모든 왕이 왕계를 드러내고, 왕권의 수직적 계승을 통해 왕위의 정당성을 확보하였음을 알 수 있다. 두 번째는 국인國人의 추대이다. 왕의 혈연적 계승보다 왕의 자질과 능력으로 왕위의 정당성을 입증해야 하는 경우가 이에 해당한다. 또는 적법한 왕위계승자가 없거나, 왕위계승자가 있다고 하더라도 즉위하지 못할 사정이 있는 경우에 왕의 역할을 수행할 인물을 국인이 추대한다. 세 번째는 전왕의 유고遺誥이다. 차기 왕위계승권자를 전왕의 유고遺誥로 결정하는 경우인데, 왕위의 안정적인 계승을 위해 적합한 계승자를 왕의 권한으로 지정하는 것이다.

다음으로 비상시의 경우이다. 첫 번째는 반란, 또는 전왕의 시해 등의 상황에서 왕위를 찬탈하는 경우가 이에 해당한다. 때로는 '추대'나 '양위'의 형식이기는 하지만, 실질적으로는 '찬탈'인 경우도 있다. 두 번째는 찬탈이 아니라고 할지라도 적법한 방식으로 왕위를 계승한 경우 모두가 이

---

7) 중국사서에서 원성왕과 선덕왕의 관계가 從兄弟(『舊唐書』 卷199上, 列傳149上, 東夷列傳 新羅), 또는 從父弟(『新唐書』 卷220, 列傳145, 東夷列傳 新羅)라고 하였고, 『三國史記』에서는 弟라고 하였는데, 이로 보아 원성왕과 선덕왕이 사촌지간임을 알 수 있다.

에 해당한다. 표1의 56대 경순왕의 경우, 견훤이 전왕인 경애왕이 자살하도록 압박하고, 즉위시킨 경우가 대표적이다.

표 1에서 상시와 비상시의 왕위계승의 방식을 살펴보고, 각 시기별 특징을 알아보고자 한다. Ⅰ기는 전왕과 현왕의 관계가 父子인 경우가 19명의 왕 중 2대의 남해차차웅, 6대의 지마이사금, 8대의 아달라이사금의 3건이다. 추대의 경우, 1대 혁거세거서간, 3대 유리니사금, 5대 파사니사금, 9대 벌휴니사금, 10대 나해니사금, 13대 미추니사금, 16대 흘해니사금, 17대 나물니사금, 18대 실성니사금 등 9건에 해당한다. 또한 전왕의 유고에 의한 즉위는 4대 탈해니사금, 11대 조분니사금의 2건이고, 전왕을 시해하고 스스로 즉위한 '찬탈'의 경우는 19대 눌지마립간의 1건이다. 즉위정황이 명확히 기록되지 않은 경우는 7대 일성니사금, 12대 첨해니사금, 14대 유례니사금, 15대 기림니사금인데, 일성은 유리왕의 장자, 첨해는 조분왕의 동모제, 유례는 조분왕의 장자, 기림은 조분왕의 손자이므로 즉위할 만한 명분이 있었을 것으로 생각된다. 이처럼 Ⅰ기는 '추대'를 통해 즉위의 명분을 확보하고, 왕위의 정당성을 입증한 시기였다.

Ⅱ기는 전왕과 현왕의 관계가 부자父子인 경우가 9명의 왕 중 20대 자비마립간, 21대 소지마립간, 23대 법흥왕, 25대 진지왕, 27대 선덕왕의 5건이 해당한다. 22대 지증마립간과 28대 진덕왕의 경우, 전왕이 무자無子이므로 추대를 받아 즉위한 경우이다. 24대 진흥왕은 법흥왕의 외손이고, 26대 진평왕은 진흥왕의 친손이므로, 이 경우를 포함한다면 9명의 왕 중 7건이 혈연에 기반한 수직적 계승을 하고 있음을 알 수 있다. Ⅱ기는 처음으로 '태자책립太子冊立'의 사례는 1건이지만, 이후 '동륜태자'의 기록이 거듭 나오는 것으로 보아 '태자' 칭호가 도입된 시기임을 알 수 있다.

Ⅲ기는 신라 중대에 해당하는 시기이다. 전왕과 현왕의 관계가 부자父子이고, 전왕에 의해 '태자책립太子冊立'을 받아서 태자의 자격으로 왕위를 계승한 경우가 다수 보인다. 8명의 왕 중 30대 문무왕, 31대 신문왕, 32대 효

소왕, 34대 효성왕, 35대 경덕왕, 36대 혜공왕 6명의 왕이 태자로서 왕위를 계승하였다. 첫 진골출신의 왕인 29대 태종무열왕과 전왕인 효소왕이 無子이므로, 동모제로서 왕위를 계승한 성덕왕이 '추대'의 방식으로 즉위하였다. 차기왕위계승권자를 '태자책립'을 통해 공식화하여 왕위계승의 안정성을 확보한 시기이다. 태자책립의 의례, 동궁아관 설치 등의 기록으로 보아 태자제가 수용되어 운용된 양상을 확인 할 수 있다.

Ⅳ기는 신라 하대에 해당하는 시기이다. 20명의 왕 중 '태자책립'을 통해 즉위한 경우는 39대 소성왕, 40대 애장왕, 46대 문성왕, 49대 헌강왕, 52대 효공왕, 54대 경명왕의 6건이다. 또한 47대 헌안왕, 48대 경문왕, 51대 진성왕은 전왕의 유고에 의해 왕위를 계승하였고, 42대 흥덕왕과 50대 정강왕, 55대 경애왕은 전왕의 동모제로서 즉위하였다. 태자책립과 유고, 동모제로서 즉위한 경우는 상시적 왕위계승에 해당한다. 태자제가 수용되었지만, 실질적으로 운용하는 과정에서 신라의 실정에 맞게 변용된 시기이다. 헌덕왕은 동모제인 수종을 태자에 해당하는 저이儲貳[8] 또는 부군副君[9]으로 삼았고, 흥덕왕은 동모제인 충공을 태자太子로 삼았다.[10] 특히 헌덕왕 14년에 태자비의 존재가 보이는데,[11] 이는 수종의 배필이 아니었다.[12] 이로 보아 헌덕왕대에 저이 또는 부군인 수종 외에 태자가 있었음을 알 수 있다. 신라 하대에 태자제가 신라의 실정에 맞게 변용되었음을 알 수 있다.

이처럼 신라의 왕위계승 방식에 따라 시기를 구분할 수 있는데, Ⅰ기는 토착적 왕위 계승기, Ⅱ기는 태자 칭호의 도입기, Ⅲ기는 태자제의 수용기, Ⅳ기는 태자제의 변용기이다.

---

8) 『三國史記』 卷45, 列傳5, 祿眞.
9) 『三國史記』 卷10, 新羅本紀10, 憲德王 14年.
10) 「聞慶 鳳巖寺 智證大師塔碑」
11) 『三國史記』 卷10, 新羅本紀10, 憲德王 14年.
12) 『三國遺事』 卷1, 王曆, 第四十二興德王.

2. 태자제의 수용과 운용

1) '태자' 칭호의 도입

『삼국사기』에는 이른 시기부터 '태자'의 기록이 나온다. 신라본기에도 이른 시기부터 태자 및 태손의 기록이 있다. 이들 '태자'의 용례를 살펴보고, '태자' 칭호가 도입된 시기와 배경에 대해 알아보고자 한다. 다음은 신라 상대에 해당하는 Ⅰ기와 Ⅱ기의 '태자' 관련 사료이다.

> A-1. 유리이사금이 왕이 되었다. 남해의 太子이다.13)
> A-2. 나해이사금이 왕위에 올랐다. 벌휴왕의 孫이다. 어머니는 내례부인이다. 왕비는 석씨로, 조분왕의 妹이다. 외모가 웅장하고 훌륭하며 재주가 뛰어났다. 전왕의 太子 골정과 둘째 아들 이매가 먼저 죽었고 太孫은 아직 어렸기 때문에, 이매의 아들을 왕위에 세웠으니, 바로 나해이사금이다.14)
> A-3. 처음에 탈해가 세상을 떠나자 신료들이 유리왕의 太子인 일성을 왕으로 세우고자 했으나, 혹자가 말하기를, "일성이 비록 嫡嗣이기는 하지만, 위엄과 총명이 婆娑에 미치지 못한다."라고 하여, 드디어 파사를 왕으로 세웠다.15)
> A-4. [진흥왕 27년(566)] 왕자 동륜을 세워 왕태자로 삼았다.16)
> A-5. 진지왕이 왕위에 올랐다. 이름은 舍輪「혹은 金輪」이고, 진흥왕의 次子이다. (생략) 太子가 일찍 죽었으므로 진지가 왕위에 올랐다.17)

---

13) 『三國史記』卷1, 新羅本紀1, 儒理 尼師今 元年, "儒理尼師今立. 南解太子也".
14) 『三國史記』卷2, 新羅本紀2, 奈解 尼師今 元年, "奈解尼師今立. 伐休王之孫也. 母內禮夫人. 妃昔氏, 助賁王之妹. 容儀雄偉, 有俊才. 前王太子骨正及第二子伊買先死, 太孫尙幼少, 乃立伊買之子, 是爲奈解尼師今".
15) 『三國史記』卷1, 新羅本紀1, 婆娑 尼師今 元年, "初脫解薨, 臣僚欲立儒理太子逸聖, 或謂逸聖雖嫡嗣, 而威明不及婆娑. 遂立之".
16) 『三國史記』卷4, 新羅本紀4, 眞興王 27年, "立王子銅輪爲王太子".

A-6. 진평왕이 왕위에 올랐다. 이름은 백정이고 진흥왕의 太子 동륜의 아들이다.18)

A-1은 유리니사금 즉위조의 기록으로 유리를 남해의 태자라고 하였다. A-2는 나해니사금 즉위조이고, 벌휴왕의 태자太子와 태손太孫 대신 나해가 즉위하였다고 하였다. A-1에서는 전왕의 아들이자 현왕인 유리니사금이 "태자"였다고 하였고, A-2에서는 벌휴니사금의 큰아들을 태자, 큰손자가 태손인데, 태자가 죽고, 태손이 어린 상황이어서 둘째아들의 아들이 즉위한 정황을 설명하였다. A-2의 태손은 조분니사금이다. 조분니사금은 나해니사금의 뒤를 이어 즉위하였는데, 태손이기 때문에 즉위한 것이 아니라 전왕인 나해니사금의 유고에 의해 사위의 자격으로 왕위를 계승하였다.

또한 A-3은 유리니사금의 아들인 일성이 적통을 이은 태자이지만, 2자二子인 파사가 일성보다 자질이 뛰어나다고 하여 파사가 왕위를 계승하였다는 내용이다. A-3의 태자는 첫 번째 아들인 장자長子의 의미로 쓰였다. 즉 조분니사금과 일성니사금이 왕위를 계승하였던 것은 태손과 태자이기 때문이 아니었다. 신라 상고기의 기록인 A-1과 A-2, A-3은 중국식 칭호인 '왕' 대신 거서간, 차차웅, 니사금을 사용하던 시기이다. 따라서 아직 '왕'의 칭호도 사용하기 이전에 '태자'와 '태손'을 사용하였다고 보기는 어렵다. 후대에 부회한 칭호였을 것으로 생각된다.19)

또한 A-4는 진흥왕 27년(566)에 왕자인 동륜을 왕태자를 책립하였다는 내용이다. 여기서 태자를 책립한 기록이 566년의 동륜에 한정해서 나오고 있다는 사실을 주목할 필요가 있다. A-5와 A-6의 사료에서 보이는 태자 역시 동륜을 지칭하는 것이다. A-5는 태자인 동륜이 죽었기 때문에 둘째인

---

17) 『三國史記』卷4, 新羅本紀4, 眞智王 元年, "眞智王立. 諱舍輪「或云金輪」, 眞興王大子.(생략) 太子早卒, 故眞智立".
18) 『三國史記』卷4, 新羅本紀4, 眞平王 元年, "眞平王立. 諱白淨, 眞興王太子銅輪之子也".
19) 김창겸은 진흥왕 27년 동륜 태자 이전의 "태자"에 대해 왕의 장자를 지칭한 것이거나 후대 찬자의 부회였을 것으로 보았다(앞의 논문, 1993, 155쪽).

진지왕이 즉위하였다는 것이고, A-6은 태자 동륜의 아들인 진평왕이 즉위하였다는 내용이다. 『삼국유사』 왕력편에도 진평왕의 부父는 동륜銅輪이고, 동륜태자東輪太子라고도 한다고 세주에 덧붙여져 있다. 진평왕이 동륜태자의 아들이었다는 점이 왕위를 계승하는 주요한 명분이 되었다는 사실을 유추할 수 있다. 이로 볼 때 566년에 있었던 동륜의 태자 책립이 신라의 태자제 수용으로 이어졌는지는 고려할 필요가 있다.

동륜은 진흥왕의 아들로, 진흥왕 27년(566) 2월에 태자에 책봉되었고, 진흥왕 33년(572) 3월에 죽었기 때문에[20] 왕위를 계승하지 못했다. 572년에 동륜이 죽었고, 576년에 진흥왕의 둘째 아들인 진지왕이 즉위하였는데, 이 기간동안 사륜이 태자로 책봉되었다는 기록은 없다. 기록이 누락되었을 가능성이 있으나, 진지왕을 포함해 진평왕, 선덕왕, 진덕왕, 태종무열왕에 이르기까지 태자를 책봉한 기록이 없다. 진흥왕대에 태자 책봉이 이루어진 것은 사실이지만, 이를 태자제의 수용으로 볼 수 있는지는 의문이다.

다음으로 진흥왕 27년의 '태자책봉'의 의미를 알아보고자 한다. 진흥왕 27년(566) 2월에 왕자 동륜을 태자로 책봉하였다. 왜 동륜일까. 동륜銅輪은 전륜성왕의 상징인 사륜四輪 중 하나이다. 진흥왕의 태자인 동륜銅輪 뿐만 아니라 차자次子인 사륜舍輪 혹은 금륜金輪 역시 전륜성왕이 가진 4개의 윤보輪寶 중 하나이다.[21] 다만 전륜성왕의 4개의 윤보輪寶는 각각 기능이 다른데, 그 중에서 태자의 이름이 동륜銅輪이라는 점이 주목된다. 전륜성왕은 윤보를 굴려 모든 장애를 물리치고, 수미산의 사방에 있는 네 대륙을 다스린다고 한다.[22] 진륜성왕 사상이 법흥왕대에 유입된 것으로 보는 견해도 있으나,[23] 대체로 진흥왕 10년(549)에 각덕과 함께 유입되었다고 보았

---

20) 『三國史記』 卷4, 新羅本紀4, 眞興王 33年.
21) 『翻譯名義集·帝王』, "金輪望風順化, 銀輪遣使方降, 銅輪震威乃服, 鐵輪奮戈始定".
22) 『長阿含經』
23) 성법흥대왕이 전륜성왕의 이념을 내포한 것이므로 법흥왕대에 전륜성왕 사상이 도입되었다고 보는 견해도 있다(윤세원, 「불교의 정치사상과 법흥왕」 『동양정치사상사』 12, 2013, 26쪽).

다.24) 다음은 관련 사료이다.

> B-1. 진흥왕10년(549), 봄에 梁나라에서 사신과 入學僧 覺德을 파견하여 부처의 舍利를 보냈다. 왕이 百官으로 하여금 흥륜사 앞길[興輪寺前路]에서 받들어 맞이하게 하였다.25)
>
> B-2. 진흥왕 26년(565), 陳나라에서 使臣 유사와 승려 명관을 보내 禮訪하고, 불교 經論 1천 7백여 권을 보내주었다.26)

B-1에서 유학승 각덕이 신라에 진신사리를 가져왔다고 하였다. 한반도에 진신사리가 전래된 최초의 기사이다.27)『삼국유사』에도 태청太淸 3년(549년)에 양나라 사신 심호沈湖가 사리를 가져왔다는 기록이 있다.28)『삼국유사』에서는 B-1의 기록에서 누락된 양나라 사신의 이름을 심호라고 밝히고 있다. B-2는 진흥왕 26년(565)에 진에서 사신인 유사와 승려인 명관이 불교 경론 1천 7백 여권을 가지고 신라에 왔다는 기록이다.『삼국유사』에 동일한 기록이 전하고 있는데,『삼국유사』에서는 내경內經을 가지고 왔다고 하였다.29) B 사료로 볼 때 진흥왕대에 진신사리와 불경이 유학승과 승려와 함께 수용되었음을 알 수 있다.

또한 B-1에서 진흥왕이 백관을 동원하여 흥륜사 앞길에서 진신사리를 받들어 맞이하였고, B-2에서는 진의 예방禮防이라는 공식적인 외교의례를

---

24) 최선자,「신라 전륜성왕 연구 : 진흥왕대를 중심으로」, 건국대학교대학원 박사학위논문, 2021.
25)『三國史記』卷4, 新羅本紀4, 眞興王 10年, "春, 梁遣使與入學僧覺德, 送佛舍利. 王使百官, 奉迎興輪寺前路".
26)『三國史記』卷4, 新羅本紀4, 眞興王 26年, "陳遣使劉思與僧明觀來聘, 送釋氏經論千七百餘卷" ;『海東高僧傳』卷2, 流通1, "釋覺德, 後二十六年陳遣使劉思及入學僧明觀, 送釋氏經論無慮二千七百餘卷".
27) 申大鉉,『한국사리장엄연구』, 혜안, 2005 ;「眞身舍利의 한국 내 전파 과정에 대하여 (I): 신라의 覺德 및 慈藏이 傳來한 眞身舍利를 중심으로」,『佛敎考古學』6, 2006, 51쪽.
28)『三國遺事』卷3, 塔像4, 前後所藏舍利.
29)『三國遺事』卷3, 興法3, 原宗興法 厭髑滅身.

통해 불경이 전해졌다. 이처럼 진흥왕대에 왕실의 공식적인 의례를 거쳐 진신사리와 불경이 수용되었고, 뿐만 아니라 유학승과 승려가 함께 들어왔다. 이로 보아 진흥왕대의 진신사리와 불경의 전래가 불교에 대한 이해를 한층 심화시켰을 것임을 알 수 있다.

다음으로 진흥왕대에 수용된 불교 이념에 대해서 살펴볼 필요가 있다. 중국의 양 무제蕭衍(재위 502-549)는 불교적 성왕인 법왕, 즉 전륜성왕을 지향하였다. 양무제는 여러 불교 진흥 정책을 폈는데, 특히 다수의 불서를 편찬하고, 경전을 한역하거나 주해하였다. 양무제는 번역된 경전 중 천감 10년(521)에 번역된 『아육왕경阿育王經』을 중요하게 여겼다.[30] 『아육왕경』에서 강조하고 있는 것은 인도 마우리아 왕조의 아육왕이 불타에게 친히 전륜성왕으로서 세상을 통치할 것이라는 수기를 받고 행한 행적이다.

전륜성왕은 불법에 의지하고 법을 존중하며 준수하는 이상적 제왕이다. 또한 아육왕은 인도 역사상 최초로 전 인도 대륙을 무력으로 통일하고 강력한 왕권을 구축한 인물인 동시에 전륜성왕의 현신이었다. 아육왕은 법왕으로서 8만4천탑의 불사리탑을 건립하였고, 불살생不殺生의 계율을 지켜 몸소 소식小食을 실천하고 동물을 제사에 사용하지 못하게 하고, 사신捨身하여 자신의 재물을 승단에 보시를 하였다.[31] 아육왕을 본받아 양무제 역시 4차례에 걸쳐 (527년 4일간, 529년 15일간, 546년 37일간, 547년 51일간) 사신행을 행하였다.[32] 진흥왕 또한 머리를 깎고 승복을 입고 스스로를 법운法雲이라 칭하며 사신捨身을 하였다.[33] 이처럼 인도의 아육왕과 중국의 양무제는 전륜성왕을 지향하였고, 이는 신라의 진흥왕에게 영향을 미쳤던 것이다.

진흥왕10년(549)에 양에서 파견한 사신과 각덕은 진신사리와 함께 전륜

---

30) 오명지, 「中國 歷代 王朝의 舍利奉安 연구」, 동국대학교 박사학위논문, 2015, 50-54쪽.
31) 오명지, 앞의 논문, 2015, 54쪽.
32) 오명지, 앞의 논문, 2015, 60-62쪽.
33) 『三國史記』 卷4, 新羅本紀4, 眞興王 37年.

성왕 사상을 전파했고, 이는 진흥왕과 신라 왕실에 영향을 미쳤을 것으로 여겨진다. 진흥왕10년(549) 이후, 진흥왕은 왕자의 이름을 동륜銅輪과 사륜舍輪으로 개명하고, 전륜성왕을 자처함으로써 왕권을 강화하고자 하였을 것으로 여겨진다.

다음으로 동륜을 태자로 책봉한 시기가 진흥왕 27년(566)이라는 점이 주목된다. 여기서 진흥왕 26년(565)에 명관이 신라에 들여온 불교 경론이 주목된다. 정확한 불교경전의 이름은 전해지지 않지만, 불교경전의 도입, 유학승인 각덕의 귀환으로 인해 진흥왕대의 불교사상이 다양해지고, 심화되었을 것임은 분명하다.

진흥왕 27년(566) 봄 2월에 기원사와 실제사가 완공되었고, 이어 왕자인 동륜이 태자로 책봉되었다. 기원사의 기원은 기수급고독원祇樹給孤獨園의 약자로 B.C. 6~5세기경 중인도 마갈타국 파사닉 왕의 아들인 기타태자祇陀太子의 동산[祇園]에 급고독장자가 지었다는 기원정사祇園精舍에서 유래하였다. 기원정사는 석가세존이 설법한 곳이다. 진흥왕 27년(566)에 기원사를 건립하고, 동륜을 태자를 책봉한 것은 호법의 상징인 기타태자와 기원정사에 대한 지향이었을 것으로 여겨진다. 진흥왕대에 전륜성왕 사상을 수용하였고, 이를 기반으로 중고기 왕실의 초월적인 지위를 강화하고자 하였음을 알 수 있다. 진흥왕 27년의 동륜태자의 책봉은 차기 왕위계승권자를 확정하여 왕위의 안정적인 계승과 왕권의 강화를 목적으로 한 것이었다. 다만 동륜이 사망한 이후, 사륜을 태자로 책봉하지 않았을 뿐만 아니라 이후 태자 책봉의 사례가 나오지 않는다. 태자 책봉을 할 수 없는 여러 여건을 감안할 필요가 있다. 그렇다 하더라도 중고기에 태자 책봉제가 시행되지 않은 것으로 보아 '태자'의 칭호가 도입되었으나 태자제의 수용으로까지 이어지지는 않았다고 보아야 할 것이다.

태자제의 목적은 안정적인 계승을 통한 왕권의 강화이다. 진흥왕대의 태자 책봉은 안정적인 왕위계승을 통해 진흥왕의 지향을 계승시키고자 하는 의도가 반영된 것이었다. 진흥왕대의 '태자'는 진흥왕의 전륜성왕 사상을 계승하여 불법을 수호하는 이상적인 왕의 역할을 수행할 계승자였다. 즉 기타태자와 같이 불법을 수호하는 왕을 기대하였고, 이는 곧 중고기 왕실의 신성화와 결부된 사안이었다. 진평왕은 진흥왕-동륜태자-진평왕으로 이어지는 왕계의 정통성을 기반으로 즉위하였고, 3대는 곧 신성한 왕실 '가족家族'의 인식이 성립하는 계기가 되었다.

또한 중고기 왕실의 신성화는 족내혼으로 인해 강화되었다. 진흥왕의 부모는 동륜태자와 만호부인이었는데, 만호부인은 입종갈문왕의 딸이었다.34) 족내혼은 부계뿐만 아니라 모계 및 처계의 계통성도 중시하는 결과를 가져왔다. 즉 '조부모祖父母-부모父母-부처夫妻(본인)-자녀子女'의 기본 구조로 신성한 왕실 '가家'의 인식이 성립하였고, 중첩된 족내혼은 외조부모外祖父母와 처부모妻父母까지 포함한 확대된 '가족家族'의 인식으로 귀결되었다.35)

2) '태자제'의 수용과 종묘제

'태자'는 차기 왕위계승권자를 지칭한다. 태자제는 차기 왕위계승권자를 공식화하고, 왕위계승의 안정성을 확보하여 왕권을 강화하는 것이 주요 목적이다. 태자제의 운영은 태자의 지위를 확정하는 책봉의례와 태자의 역할에 권한을 부여하는 태자부 및 동궁관 설치로 이루어진다. 책봉의례는 차

---

34) 『三國史記』 卷5, 新羅本紀5, 眞平王 元年.
35) 신라에서 지증왕 5년(504)에 상복법을 제정하고, 반포하여 시행하였다. 상복법에서는 상복을 입는 당사자인 夫와 父母와 妻子로 성된 '家'를 규정하고 있다. 신라는 상복법을 통해 유교의 예제적 '家', 즉 父母-子女와 夫妻로 구성된 '家'의 기본 개념을 인식하게 되었다(이현주, 「신라 유교 가족윤리의 도입과 변용 - 상복법을 중심으로」, 『新羅文化』 59, 2021, 40-46쪽). 이와 같은 유교의 예제적 '家' 인식을 기반으로 진흥왕은 동륜을 태자로 책봉하고, 족내혼을 하여 신성한 왕실 '가족'을 구상하였다. 동륜의 죽음으로 인해 신성한 왕실 '가족'은 동륜태자의 아들인 진평왕대에 구현되었고, 이는 진평왕의 첫 번째 딸인 선덕여왕의 즉위배경이 되었다.

기 왕위계승권자의 지위를 공식화하여 차기 왕권의 정당성을 공표하는 절차이다. 태자부 또는 동궁관은 태자가 차기 왕으로써 정국 운영에 참여하고, 이를 기반으로 안정적으로 왕위를 계승하도록 하는 제도였다.

태자를 책봉한 기록은 진흥왕 26년의 동륜태자 이후, 태종 무열왕대에 처음 나온다. 태종무열왕 2년(655)에 법민을 태자로 책봉한 이후, 중대의 왕은 동모제로 왕위를 계승한 성덕왕을 제외하고, 모두 태자로서 책봉되고, 왕위를 계승하였다. 이로 볼 때 신라에서 태자책봉제도를 수용하여 안정적으로 유지하였음을 알 수 있다. 중대는 태자제를 통해 중대왕권을 강화하는 기제로 사용하고자 하였던 것이다. 신라 중대에 태자제를 수용한 배경에 대해 알아보고자 한다. 다음은 무열왕, 문무왕, 신문왕대의 태자의례 관련 사료이다.

> D-1. 태종무열왕 2년(655), 3월 元子 법민을 태자로 삼고, 庶子인 문왕을 이찬으로, 노차를 해찬으로, 인태를 각찬으로, 지경과 개원을 각각 이찬으로 삼았다.[36]
> D-2. 문무왕 5년(665), 8월 왕자 정명을 세워 태자로 삼고, 大赦를 실시하였다.[37]
> D-3. 신문왕 7년(687), 2월에 元子가 태어났다.[38]
> D-4. 신문왕 7년(687), 4월, 大臣을 祖廟에 보내 제사를 올리고 다음과 같이 고하였다. "왕 아무개는 머리를 조아려 두 번 절하고, 삼가 태조대왕·진지대왕·문흥대왕·태종대왕·문무대왕의 靈殿에 아룁니다. (생략) 엎드려 바라옵건대, 미미한 성의라도 밝게 굽어 살피시고, 하찮은 이 몸을 불쌍히 여기셔서 사철의 기후를 순조롭게 하여 주시고 五事의 징험에 차질이 없게 하시며, 농사는 풍년이 들게 하고 역질을 없어지게 하며, 입고 먹는 것을 풍

---

36) 『三國史記』 卷5, 新羅本紀5, 太宗武烈王 2년, "立元子法敏爲太子, 庶子文王爲伊湌, 老且爲海湌, 仁泰爲角湌, 智鏡·愷元各爲伊湌".
37) 『三國史記』 卷6, 新羅本紀6, 文武王 5年.
38) 『三國史記』 卷8, 新羅本紀8, 神文王 7年.

족하게 하고 예의를 갖추게 하며, 안팎이 두루 평안하고 도적이 사라지게 하여 후손들에게 좋은 것을 남겨 길이 많은 복을 누리게 하여 주시옵소서. 삼가 아룁니다."39)
D-5. 신문왕 11년(691), 봄 3월 1일에 王子 理洪을 封하여 태자로 삼았다. 13일에 크게 사면하였다.40)

태종무열왕은 진골로서 왕위를 계승한 첫 왕이었다. 따라서 왕권 강화를 위하여 중고기의 성골왕권의 정통성을 극복하고, 진골귀족과의 차별성을 규정하는 것이 급선무였다. 태종 무열왕은 즉위 직후인 원년(654)에 왕의 죽은 아버지를 문흥대왕으로 추봉하고, 어머니를 문정태후로 삼았다.41) 태종무열왕의 부모를 각각 대왕과 태후로 추봉하여 중대왕실의 정통성을 수립하고자 하였던 것이다. D-1은 태종 무열왕이 부모를 추숭하고, 이듬해에 아들 법민을 태자로 책봉한 기록이다. 태종 무열왕대에 처음으로 실시된 태자 책봉 제도는 중대왕실의 위상을 높이고, 왕권을 강화하기 위한 필수불가결한 요건이었던 것이다. 이처럼 종묘제를 비롯한 조상 추숭과 태자제가 중대왕실의 위상 강화를 위한 일련의 제도 정비였다는 것은 문무왕의 유조를 통해서도 알 수 있다. 문무왕 21년(681)에 문무왕이 죽음을 앞두고 유조하기를, "(중략) 종묘의 주인은 잠시도 비워서는 안되므로, 태자는 곧 관 앞에서 왕위를 잇도록 하라."고 하였다.42) 문무왕의 유조는 종묘제와 태자제를 통해 수직적 정통성을 확립하고자 한 중대왕실의 지향을 천명한 것이었다.

D-2는 태종무열왕의 태자인 법민이 즉위하고, 자신의 아들인 정명을 태자로 책봉한 기록이다. 문무왕은 태자로 책봉하고, 이어 사면을 실시하였다. D-2의 사면은 태자 책봉 의례의 일환으로 행해진 것임을 알 수 있다.

---

39) 『三國史記』 卷8, 新羅本紀8, 神文王 7年.
40) 『三國史記』 卷8, 新羅本紀8, 神文王 11年.
41) 『三國史記』 卷5, 新羅本紀5, 太宗武烈王 元年.
42) 『三國史記』 卷7, 新羅本紀7, 文武王 7年.

D-3~5은 신문왕대의 태자 관련 의례이다. D-3은 신문왕 7년(687), 2월에 맏아들이 태어났다는 내용이다. D-4는 신문왕의 원자가 태어난 같은 해 4월에 조상의 묘에 제사를 올린 내용이다. 신문왕의 직계 5조인 태조대왕·진지대왕·문흥대왕·태종대왕·문무대왕의 영전에 제사를 지내며 국가의 안녕과 후손의 음덕을 기원한 것이다. 원자의 출생에 이어 조묘의 제사가 이루어지고 있다는 점이 주목된다. D-5는 신문왕 11년(691), 봄 3월 1일에 왕자 이홍을 태자로 책봉하였고, 3월 13일에 대사大赦, 크게 사면하였다는 내용이다. 이처럼 신문왕대에 행해진 '원자의 출생-조묘의 제사-태자의 책봉-사면'의 일련의 의례를 통해 태자제가 성립되고 운용되었다는 점을 알 수 있다.

태자는 적법한 왕위계승권자를 위미한다. 이는 신라 왕실 내의 '가家' 인식, 나아가 가계의 계승 및 상속과도 연관된 사안이다. 태자제와 왕실의 '가' 인식의 상관성에 대해서 살펴보고자 한다. 이와 관련하여 종묘의 신위神位 변화가 주목된다.

표2 문무왕~헌안왕의 종묘제 신위의 변천

王/神位	始祖	不毁之廟/別廟	高祖	曾祖	祖	考
문무왕	태조대왕 수로대왕				문흥대왕	태종대왕
신문왕			진지대왕	문흥대왕	태종대왕	문무대왕
효소왕 성덕왕	태조대왕		문흥대왕	태종대왕	문무대왕	신문대왕
효성왕 경덕왕			태종대왕	문무대왕	신문대왕	성덕대왕
혜공왕					성덕대왕	경덕대왕
선덕왕	시조대왕	태종대왕 문무대왕			성덕대왕	개성대왕
원성왕					흥평대왕	명덕대왕
소성왕					명덕대왕	혜충대왕
애장왕			명덕대왕	원성대왕	혜충대왕	소성대왕

王/神位	始祖	不毁之廟/別廟	高祖	曾祖	祖	考
헌덕왕 흥덕왕			홍평대왕	명덕대왕	원성대왕	혜충대왕
희강왕			명덕대왕	원성대왕	예영태자	익성대왕(헌정)
민애왕			명덕대왕	원성대왕	혜충대왕	선강대왕(충공)
신무왕			명덕대왕	원성대왕	혜강대왕(예영)	성덕대왕(균정)
문성왕				원성대왕	혜강대왕	성덕대왕	신무대왕
헌안왕			명덕대왕	원성대왕	혜강대왕	성덕대왕

표2는 문무왕부터 헌안왕에 이르기까지 종묘제의 신위가 변천된 것으로 표로 만든 것이다. 혜공왕 이전의 오묘제는 태조대왕과 직계 4조로 구성하였던 반면, 혜공왕대에는 시조대왕, 태종대왕, 문무대왕과 직계 2조 즉 친묘親廟로 구성한 것이다. 즉 혜공왕대의 오묘제는 김씨의 시조인 미추왕, 백제와 고구려를 평정한 큰 공이 있는 태종대왕과 문무대왕을 불천위로 삼고, 조고祖考의 친묘만 교체할 수 있도록 규정하였다.43) 이는 애장왕대에 종묘제가 개정되기 전까지 유지되었다. 문무왕대에 수용된 종묘제는 혜공왕대에 이르러서야 신라의 방식으로 정착되어 운용되었다. 혜공왕대에 시정된 오묘제는 현왕을 중심으로 직계 2조, 즉 조祖와 고考의 친묘親廟를 중심으로 구성되었다.

애장왕대에 종묘제가 개정되었는데, 즉위 2년(801)에 태종대왕과 문무대왕의 2묘를 별도로 세우고, 시조대왕과 왕의 고조부 명덕대왕, 증조부 원성대왕, 조부 혜충대왕, 아버지 소성대왕을 五廟로 하였다.44) 애장왕대 개

---

43) 혜공왕대의 오묘제는 중대왕실의 정통성의 근거인 혈연적인 시조, 중대 개창의 왕인 태종과 문무 2왕, 친묘의 2묘로 개편된 것이다. 이는 중대왕실의 존립의 근거를 명확히 천명한 것임과 동시에 실리적인 방향으로의 개편이었다. 신문왕대에 수용된 오묘제가 혜공왕대에 이르러 신라의 방식으로 정착된 것이고, 이것이 혜공왕대에 오묘제가 처음으로 정해졌다는 시정(始定)의 의미이다(이현주, 「신라 종묘제의 변천과 태후」 『사림』 66, 2018b, 175-177쪽).
44) 『三國史記』 卷10, 新羅本紀10, 哀莊王 2年.

정된 신라 하대의 종묘제는 별묘를 불천위로 두어 중대왕권의 계승을 표방하고, 동시에 원성왕계의 정통성을 수립한 것이었다.45) 다만 혜공왕대 이후 직계 2조 중심이었던 오묘제가 직계 4조로 개정되었다는 점이 주목된다.

기존의 종묘제 원칙에 따르면, 애장왕대 종묘의 신위는 불천위인 시조대왕, 태조대왕, 문무대왕의 3位와 친묘2, 즉 명덕대왕과 혜충대왕의 신위가 자리해야 한다. 그런데 따라서 애장왕대에 종묘제가 개정됨으로써 형식적으로는「시조대왕 + 직계 4조(+별묘)」의 오묘제이지만, 실질적으로는「시조대왕 + 별묘 2위 + 직계 4조」로 구성된 칠묘제로 구성되었다.

애장왕대의 종묘제 개정을 통해 직계 4조의 수직적 계통성이 확립되었고, 이는 왕실 '家家'의 점부를 확대하는 결과를 가져왔다. 애장왕대의 종묘제는 직계 4조, 명덕대왕, 원성대왕, 혜충대왕, 소성대왕으로 구성하였다. 소성왕의 태자인 애장왕이 즉위했을 당시에 나이가 13세였으므로 아찬 병부령 언승이 섭정하였다. 애장왕 2년의 종묘제 개정은 언승이 주도한 것이었다. 언승은 소성왕의 동모제이자 애장왕의 숙부이고, 후에 애장왕을 시해하고 즉위하는 헌덕왕이다. 원성왕-혜충왕-소성왕의 3代의 수직적 계통성을 종묘의 정통성에 기대어 천명할 수 있었던 것이다. 이처럼 수직적 계통성에 기반한 정통성을 동모제同母弟인 헌덕왕과 흥덕왕까지 공유하였음을 알 수 있다.

또한 애장왕은 6년(805)에 당으로부터 신라왕으로 책봉을 받았고, 이 때 왕모는 대비大妃로, 왕비는 비妃로 책봉을 받았다.46) 이후 애장왕 9년(808)에 당에 요청하여 김준옹을 신라왕으로, 왕모를 대비로, 김준옹의 처 숙씨를 왕비로 책봉한 문서를 돌려보내달라고 하여 받았다.47) 당의 책봉이 현왕을 기준으로 행해질 뿐만 아니라 애장왕 9년의 책봉문서를 요청하는 것

---

45) 이현주, 앞의 논문, 2018b, 179-180쪽.
46) 『三國史記』 卷10, 新羅本紀10, 哀莊王 6年.
47) 『三國史記』 卷10, 新羅本紀10, 哀莊王 9年.

이 이례적이라는 것으로 보아 정치적인 의도가 있었을 것이라는 점을 알 수 있다.

헌덕왕은 당의 책봉문서를 받은 이듬해인 809년에 반란을 일으켜서 왕을 시해하고 즉위하였다. 헌덕왕대에는 당으로부터 신라 왕모王母의 대비大妃 책봉이 이루어지지 않았는데, 헌덕왕의 모母는 이미 소성왕 2년(800)에 대비 책봉을 받았고, 애장왕 9년에 책봉문서를 요청한 바 있었기 때문에 헌덕왕의 즉위와 관련된 대비 책봉을 받을 필요가 없었기 때문이었다. 애장왕 9년에 당에 요청해서 받은 소성왕의 모母와 처妻를 책봉한 문서는 언승의 권력의 정당성을 지지하고, 나아가 왕위에 오르기 위한 정지작업이었던 것이다.48) 헌덕왕은 소성왕의 동모제同母弟이다. 원성왕-혜충대왕-소성왕의 3대의 왕계가 성립되어 있고, 헌덕왕과 홍덕왕은 동모제同母弟로서 3대의 수직적 왕계는 물론 왕실의 '가家'에 소속할 수 있었던 것이다.

이처럼 중대왕실 '가족家族'의 기본 구조는 「조부모祖父母와 외조부모外祖父母-부모父母와 처부모妻父母-(본인의)부처夫妻-자녀子女」이었다. 이와 같은 가족 구조이므로 동모형제同母兄弟가 계승과 상속의 권리를 공유할 수 있었던 것이다. 이후 애장왕대 종묘제의 개정 이후로 「고조高祖-증조曾祖-조祖-부父(고考)」로 이어지는 수직적 계통성이 인식되었고, 이는 왕실 '가족家族'의 범주를 확대하는 결과를 가져왔다.

3. 태자제와 왕실의 '가족家族' 인식

태자제는 단일 가계 내에서 적장자를 중심으로 이루어지는 왕위계승제도이다.49) 기존의 왕위계승 관련 연구에서는 대체로 나물왕 이후 김씨집

---

48) 이현주, 앞의 논문, 2018a, 384-388쪽.
49) 김병곤, 앞의 논문, 2011, 409쪽.

단이 왕위를 배타적으로 독점하였고, 눌지왕 이후 부계장자상속으로 왕위 계승으로 이루어졌다고 보았다.50) 따라서 신라 상대에 직계 위주의 왕위 계승이 이루어졌으므로 태자제가 수용되었던 것으로 이해하였다. 적장자嫡長子는 적자嫡子와 장자長子를 의미한다. 적자嫡子는 서자庶子에 대비되는 개념으로, 이는 일부일처제 기반의 처첩妻妾 관계를 전제로 한다. 일부일처제의 부부夫婦는 합법적인 혼인관계로 맺어진 적처嫡妻 1인을 상정한다. 적처嫡妻의 자녀, 그 중에서도 상속권을 가진 아들이 적자嫡子이다. 적자嫡子 중에서도 첫 번째 아들이 장자長子이므로, 적장자嫡長子는 적처의 첫 번째 아들로서 상속과 계승에서 최우선권을 가지는 존재이다. 반면 비공식적인 관계로 맺어진 첩妾의 존재가 있고, 첩妾의 아들이 서자庶子이다. 서자庶子는 부의 지위를 계승하거나 재산을 상속할 권리가 주어지지 않는다. 이와 같은 일부일처제의 처첩妻妾과 적서嫡庶의 개념은 부계의 수직적 계통성을 기반으로 하는 종법제적 가족제도를 전제로 한다.

태자제는 중국의 종법제를 기반으로 하는 적장자 계승을 원칙으로 하는 왕실의 가족제도이다. 태자제는 왕실의 가족 개념과 밀접하게 연관 되어 수용되고, 운용되었다. 태자제의 수용이 신라 왕실의 '가족' 인식의 형성에

---

50) 기존의 연구에서 신라의 왕위계승이 초기에는 朴·昔·金의 삼성교립이었는데, 나물왕 이후 김씨집단이 왕위를 독점하면서 부계의 장자상속으로 이루어졌다고 보았다. 다만 시기와 표현방식에 다소 차이가 있다. 우선 나물왕대부터 장자계 우선의 부계 계승으로 보거나(이종욱, 앞의 책, 1980, 13쪽), 내물왕계의 직계계승으로 보았다(선석열, 『신라왕위계승원리연구』, 혜안, 2015, 114쪽). 또는 지증왕대부터 부자상속의 확립기로 보는 견해도 제기되었다(申瀅植, 「新羅王位繼承考」 『惠庵柳洪烈博士華甲紀念論叢』, 惠庵柳洪烈博士華甲紀念事業委員會, 1971, 77-81쪽). 대체로 눌지왕을 기점으로 미숙한 장자 상속(末松保和, 「新羅中古王代考」 『新羅史の諸問題』, 東洋文庫, 1954, 196-197쪽), 또는 부자상속(李基白, 『新羅政治社會史研究』, 一潮閣, 1974, 19-22쪽)으로 보거나 부계장자계승원칙이 성립되었다고 보기도 하였다(申東河, 「新羅骨品制의 形成過程」 『韓國史論』 5, 1979, 33-34쪽). 나아가 나물왕조 성립 이후 나물왕의 長子인 눌지왕의 직계비속이 소지왕까지의 3대에 걸쳐 하나의 소니이지 집단을 형성하며 왕위를 계승하였다고 보기도 하였다(李基東, 『新羅骨品制社會와 花郞徒』, 一潮閣, 1984, 71쪽).

어떠한 영향을 미쳤는지를 살펴보고자 한다.

　신라 중대에 해당하는 Ⅲ기에는 29대 태종무열왕과 33대 성덕왕을 제외한 30대 문무왕, 31대 신문왕, 32대 효소왕, 36대 혜공왕은 전왕의 원자元子, 장자長子, 적자嫡子였고, 전왕 대에 태자로 책봉되었다. 34대 효성왕은 이자二子, 둘째아들이지만, 태자인 첫째아들이 죽었으므로 둘째아들이 책봉된 경우이다. 35대 경덕왕은 전왕인 효성왕의 동모제였는데, 전왕 대에 왕태자로 책봉받았다. 33대 성덕왕과는 달리 전왕과 부자관계가 아님에도 불구하고 태자책봉을 받은 것이다. 이로 볼 때 신라 중대에는 태자책봉제도가 안정적으로 운영되고 있었음을 알 수 있다. 이는 신라 왕실의 '가족' 인식에 영향을 미쳤을 것으로 생각된다.

　다만 왕위계승 상에서 많이 보이는 가족관계인 '동모제同母弟'가 주목된다. 신라 왕실에서 '동모제'가 갖는 의미는 알아올 필요가 있다. 「표 1」에서 알 수 있듯이 동모제로서 왕위를 계승한 사례는 신라 상대에 해당하는 Ⅰ기와 Ⅱ기에서는 12대 첨해이사금 1건이다. 첨해이사금은 전왕인 조분이사금의 동모제였다. Ⅲ기에 동모제로서 왕위를 계승한 사례는 성덕왕과 경덕왕의 2건, Ⅳ기에는 헌덕왕과 홍덕왕, 경애왕의 사례가 보인다. 또한 이모제異母弟인 경우도 1건 있는데, 47대 헌안왕은 신무왕의 이모제이다. 또한 왕위계승 사례는 아니지만, 신라 왕실 내에서 동모제同母弟 관계가 중요해졌다는 사실을 다음의 사료에서 확인할 수 있다.

> G-1. 진평왕이 왕위에 올랐다. 이름은 白淨이고 진흥왕의 太子 銅輪의 아들이다. 어머니는 김씨 萬呼夫人「또는 萬內」으로 갈문왕 立宗의 딸이고, 왕비는 김씨 摩耶夫人으로 갈문왕 福勝의 딸이다.[51]
> G-2. 진평왕 원년(579) 왕의 母弟 伯飯을 眞正葛文王으로, 國飯을 眞安葛文王으로 封하였다.[52]

---

[51] 『三國史記』卷4, 新羅本紀4, 眞平王 元年.

G-3. 진덕왕이 왕위에 올랐다. 이름은 勝曼이고, 진평왕의 친동생인 國飯「또는 國芬」葛文王)의 딸이다.53)

진평왕은 진흥왕의 태자인 동륜의 아들로서 즉위하였다. 진평왕의 즉위조에서는 조부祖父인 진흥왕-부父인 동륜태자-진평왕으로 이어지는 혈연에 기반한 수직적 계통성을 밝히고 있다. 이는 진평왕이 왕위를 계승하고, 왕권을 강화하는데 정당성과 권위를 부여하는 수단이 되었다. 진평왕과 백반, 국반의 모는 만호부인으로 입종갈문왕의 딸이다. 입종갈문왕은 법흥왕의 딸인 지소부인과 혼인하여 진흥왕과 만호를 낳았고, 진흥왕의 아들인 동륜은 고모인 만호와 혼인하였다.

족내혼을 통해 왕실의 혈연적 신성성을 강화하였고, 동륜의 태자 책립을 통해 불교적 신성성을 부가하였던 것이다. 진평왕은 마야부인과 혼인하였는데, 갈문왕 복승의 딸인 것으로 보아 진평왕과 마야부인 역시 족내혼일 가능성이 크다. 진흥왕은 동륜을 통해 족내혼과 불교의 가피를 활용하여 왕실가족을 신성화하고자 하였던 것이다. 진흥왕-동륜-진평왕에 이어 계승된 혈연에 기반한 수직적 계통성, 즉 '조부모祖父母-부모父母-부처夫妻(본인)'의 계통성은 족내혼을 통해 외조부모와 처부모까지 포함한 '가족'의 구조를 형성하였다. 이와 같은 '가족' 구성은 동모제同母弟인 백반伯飯을 진정갈문왕眞正葛文王으로, 국반國飯을 진안갈문왕眞安葛文王으로 책봉하면서 더욱 견고해졌던 것이다.

표 1의 Ⅳ기에 39대 소성왕, 41대 헌덕왕, 42대 흥덕왕은 동모제이다. 충공 역시 이들의 동모제인데, 44대 민애왕의 아버지로서 선강왕으로 추봉된다.

H-1. 소성왕(혹은 昭成)이 왕위에 올랐다. 왕의 이름은 俊邕으로, 원성왕의 太子 仁謙의 아들이다.54)

---

52) 『三國史記』卷4, 新羅本紀4, 眞平王 元年.
53) 『三國史記』卷5, 新羅本紀5, 眞德王 元年.

H-2. 헌덕왕이 즉위하였다. 왕의 이름은 彦昇으로 소성왕의 同母弟이다.55)

H-3. 흥덕왕이 즉위하였다. 왕의 이름은 秀宗이었으나 후에 景徽로 이름을 바꾸었다. 헌덕왕의 同母弟이다.56)

H-4. 민애왕이 즉위하였다. 왕의 성은 김씨이고 이름은 명명으로, 원성대왕의 증손자이다. 大阿湌 忠恭의 아들이다.57)

H-1의 즉위조에서 밝히고 있듯이 소성왕은 원성왕의 태자인 인겸의 아들이다. 소성왕 이후 아들인 애장왕이 즉위하였으나, 숙부인 언승이 조카인 애장왕을 시해하고 즉위하였다. H-2에서 헌덕왕은 소성왕의 동모제라고 하였고, H-3에서 흥덕왕은 헌덕왕의 동모제라고 하였다. 즉위조의 왕계는 대체로 전왕과의 관계를 밝힘으로써 왕위 계승의 정당성을 입증하고 있다. 헌덕왕은 전왕인 애장왕과의 관계를 숨기고, 소성왕의 동모제라고만 밝히고 있다. 이는 헌덕왕이 전왕인 애장왕을 시해하고 즉위한 정황도 있고, 아울러 원성왕-인겸-소성으로 이어지는 3대의 계보 속에서 동모제인 자신의 계통성과 정당성을 입증하고자 한 사정도 있었을 것이다. 흥덕왕은 전왕인 헌덕왕의 동모제라고 함으로써 원성왕-인겸-소성왕·헌덕왕·흥덕왕의 수직적 계통성에 위치하고, 왕위계승의 정당성을 표명하였다. 이처럼 동모제는 「조부모와 외조부모-부모와 처부모-(본인의)부처-자녀」의 계통성을 중심으로 동모제와 자손을 포함한 범주의 '가족' 인식의 형성으로 이어졌다. 점차 수직적 계통성이 강조되었고, 이는 이모제異母弟의 관계 설정에도 영향을 미치게 되었다. 헌안왕은 신무왕의 이모제이다.

헌안왕이 왕위에 올랐다. 이름은 의정誼靖「또는 우정祐靖」이다. 신무왕의 이모제이다. 어머니는 조명부인照明夫人인데, 선강왕宣康王의 딸이다. 문

---

54) 『三國史記』 卷10, 新羅本紀10, 昭聖王 元年.
55) 『三國史記』 卷10, 新羅本紀10, 憲德王 元年.
56) 『三國史記』 卷10, 新羅本紀10, 興德王 元年.
57) 『三國史記』 卷10, 新羅本紀10, 閔哀王 元年.

성왕의 유언에 따라 왕위에 올랐다.58)

　신무왕의 아들인 문성왕이 태자로서 먼저 즉위하였고, 문성왕의 태자가 죽자 유고에 의해 헌안왕이 즉위하였다는 점이 주목된다. 신라 하대에도 태자책봉제는 차기 왕위계승권자를 지정하는 중요한 절차였다. 신무왕과 문성왕은 아들을 태자로 책봉하여 안정적으로 왕위를 계승하고자 하였다. 문성왕은 신무왕의 태자로서 왕위를 계승하였으나,59) 문성왕의 태자는 사망하였다.60) 태자가 부재하자 왕위계승의 순서가 부왕父王의 이모제異母弟인 헌안왕으로 이어졌던 것이다.

　신라는 골품제에 기반한 사회이고, 왕실은 족내혼을 통해 왕실의 권위와 신성성을 지키고자 하였다. 헌안왕의 모母는 원성왕의 증손이자, 소성왕의 동모제인 충공의 딸이었다. 따라서 신무왕과 헌안왕이 이모형제異母兄弟 관계이지만, 사실상 족내혼으로 이어진 근친이었다. 이로 보아 중첩된 족내혼으로 이루어진 신라 왕실의 '가족' 구성에서는 부계 중심의 가족 질서인 적서嫡庶와 처첩妻妾의 위계보다 동모제同母弟와 이모제異母弟의 구분이 보다 중요하게 인식되었음을 알 수 있다.

　신라 왕실의 '가족' 범주를 고찰하여 동모제의 의미를 알아보고자 한다. 문무왕이 왕자 정명을 태자로 책봉하고, 대사大赦를 시행한 이래61) 태자책봉 의례의 일환으로 사면례가 행해졌다. 신문왕 11년(691) 3월 1일에 왕자 이홍을 태자로 책봉하고, 3월 15일에 대사大赦를 행하였다.62) 성덕왕 14년(715)에 왕자 중경을 태자로 책봉하였는데,63) 따로 사면에 관한 기사가 없다. 그러나 성덕왕 16년(717)에 중경이 죽자,64) 23년(724)에 왕자 승경을

---

58) 『三國史記』 卷11, 新羅本紀11, 憲安王 元年.
59) 『三國史記』 卷11, 新羅本紀11, 神武王 元年.
60) 『三國史記』 卷11, 新羅本紀11, 文聖王 9年 ; 『三國史記』 卷11, 新羅本紀11, 文聖王 14年.
61) 『三國史記』 卷5, 新羅本紀5, 文武王 5年 8月.
62) 『三國史記』 卷8, 新羅本紀8, 神文王 11年.
63) 『三國史記』 卷8, 新羅本紀8, 聖德王 14年.
64) 『三國史記』 卷8, 新羅本紀8, 聖德王 16年.

태자로 책봉하고, 대사大赦를 행한 것으로 보아[65] 성덕왕 14년의 대사大赦 기록이 누락된 것임을 알 수 있다. 이후 효성왕 3년(739)에 효성왕의 동모제인 파진찬 헌영을 태자로 책봉한 기사와[66] 경덕왕 19년(760)에 왕자 건운을 왕태자로 책봉한 기사에서도[67] 대사大赦에 관한 기록은 없으나 기록의 생략 내지 누락으로 태자 책봉 의례의 일환으로 사면례가 행해졌을 것이다.

태자책봉과 관련된 기록에서 '책봉冊封'과 '책립冊立'의 표현, '태자太子'와 '왕태자王太子'의 칭호가 모두 보이고 있는데, 이들 사이에 유의미한 차이는 보이지 않는다. 특히 성덕왕대에 2건의 태자 책봉이 있었는데, 처음은 '封'이라 하여 책봉冊封으로, 두 번째는 '立'이라 하여 책립冊立으로 표기한 것으로 보아 '책봉'과 '책립'의 표현이 혼용되어 사용되었음을 알 수 있다.

다만 '왕태자'의 표현은 진흥왕대 이후, 경덕왕대, 원성왕대, 문성왕대, 경문왕대, 신덕왕대에 보인다. 태자와 왕태자 모두 차기왕위계승권의 칭호로 사용하였으나, 대체로 경문왕대 이후 '왕태자' 칭호 사용의 빈도가 많아졌음을 알 수 있다. Ⅱ기의 진흥왕대 왕태자 1건, Ⅲ기의 경덕왕대 왕태자 1건을 제외하고, 신라 하대에 해당하는 Ⅳ에 왕태자 4건이 보인다. '태자'와 '왕태자' 간의 의미가 왕실의 '가족' 인식의 변화와 관련이 있을 것으로 추정된다.

태자제는 맏아들에게 왕위계승의 우선권이 주어지는 제도이다. 왕태자로 책봉된 사례를 보면, 경덕왕대, 원성왕대, 문성왕대, 경문왕대, 신덕왕대에 왕태자 책봉이 있었다. 문성왕대를 제외하고는 전왕과의 관계가 부자가 아닌 경우에 해당한다. 특히 원성왕대에는 태자책봉이 3건이 있었는데, 맏아들인 인겸을 제외하고, 의영과 준옹은 태자로 책봉을 하였다. 이들 시기의 특징인 동시에 동모제 간의 경쟁을 약화하기 위한 조치로도 이해할 수

---

65) 『三國史記』 卷8, 新羅本紀8, 聖德王 23年.
66) 『三國史記』 卷8, 新羅本紀8, 孝成王 3年.
67) 『三國史記』 卷8, 新羅本紀8, 景德王 19年.

있다. 또한 왕실 '가족'의 범주와 관련하여 신라 중·하대 왕실의 추봉 및 책봉 사례가 주목된다.

표3 신라 중·하대 추봉 및 책봉 대상 일람표

시기	王	추봉(추존)/책봉 대상				책봉(책립) 대상			
		시기	王祖父	王父	王母	王妃		太子	
						시기	책봉호	시기	太子
II	진흥왕							27년(566)	立王子銅輪 王太子
III	무열왕	원년(654)		文興 大王	文貞太后		文明王后(遺)	2년(665)	立元子法敏 爲太子
	문무왕						慈義王后(遺)	5년(665)	立王子政明 爲太子
	신문왕						(納后)神穆 王后(遺)	11년(691)	封王子理洪 爲太子
	성덕왕						(納后)陪炤 王后(遺) (納后)占勿 王后(遺)	14년(715) 23년(724)	封王子重慶 爲太子 立王子承慶 爲太子
	효성왕					3년(739)	(納后)惠明 王后(遺)	3년(739)	封波珍飡憲英 爲太子
	경덕왕						(納后)三毛 夫人(遺) (納后)滿月 夫人(景垂王后) (遺)	19년(760)	封王子乾運 爲王太子
	혜공왕						神巴夫人(遺) 昌昌夫人(遺)		
IV	선덕왕	원년(780)		開聖 大王	貞懿太后	원년(780)	王妃/具足 王后(遺)		
	원성왕	원년(785)		明德 大王	昭文太后	원년(785) 8년(792) 11년(795)		원년(780)	子仁謙爲 王太子 封王子義英 爲太子 封惠忠太子之 子俊邕爲太子
	소성왕	원년(799)		惠忠 大王	聖穆太后	2년(800)	王后	2년(800)	封王子 爲太子
	애장왕	6년(805)			大王后	6년(805)	王后		

시기	王	추봉(추존)/책봉 대상				책봉(책립) 대상			
		시기	王祖父	王父	王母	王妃		太子	
						시기	책봉호	시기	太子
	헌덕왕						皇娥王后(遺)		
	흥덕왕					원년(826)	定穆王后		
	희강왕	2년(837)		翌成大王	順成太后		文穆王后(遺)		
	민애왕	원년(838)		宣康大王	宣懿太后	원년(838)	允容王后		
	신무왕	원년(839)	惠康大王	成德大王	憲穆太后			원년(839)	子慶膺爲太子
	문성왕							9년(847)	封王子爲王太子
	경문왕	6년(866)		懿恭大王	光懿王太后	6년(866)	文懿王妃	6년(866)	立王子晸爲王太子
	진성왕					9년(895)			立憲康王庶子嶢爲太子
	효공왕	2년(898)			義明王太后	3년(899)	王妃(納妃)		
	신덕왕	원년(912)		宣聖大王	貞和太后	원년(912)	義成王后	원년(912)	立子昇英爲王太子
	경순왕	원년(927)	懿興大王(遺)	神興大王	王大后				

전거 : 『三國史記』 新羅本紀, 『三國遺事』 王曆(遺)

표 3에서[68] 중대의 첫 왕이자 진골출신으로 처음 왕위에 오른 태종무열왕은 즉위 직후에 부모를 추봉하였다. 이후 하대의 첫 왕인 선덕왕 역시 즉위 직후에 부모를 추봉하였다. 무열왕과 선덕왕 외에 원성왕, 소성왕, 희강왕, 민애왕, 신무왕, 경문왕, 신덕왕, 경순왕은 전왕과 부자 관계가 아니었으므로 즉위 직후에 부모를 추봉하였다. 추봉 대상과 이유에 대해 보다 살펴보고자 한다.

무열왕의 부는 진지왕의 아들인 이찬 용춘이었고, 모는 진평왕의 딸인

---

[68] 「표2」의 시기는 「표1」의 시기 구분을 따른다.

천명부인이었다.69) 무열왕의 계보에서 조부와 조모, 외조부와 외조모는 모두 대왕-왕후였다. 따라서 무열왕의 부모를 대왕-태후로 추봉(추존)하는 것은 무열왕을 중심으로 하는 왕계를 정립하는 데 필수적인 사안이었다. 하대의 첫 왕인 선덕왕은 전 왕인 혜공왕이 반란군에 의해 살해되자 왕위에 올랐다.70) 선덕왕은 나물왕 10세손이고, 父는 해찬 효방, 母는 성덕왕의 딸인 사소부인이다. 선덕왕은 즉위 직후에 부모를 개성대왕과 정의태후로 추봉(추존)하였다. 선덕왕의 증조는 원훈 각간이다.71) 이로 볼 때 선덕왕은 추봉된 부모, 즉 개성대왕과 정의태후, 그리고 외조부인 성덕왕의 계보를 취했음을 알 수 있다. 이처럼 중대의 첫 왕인 무열왕과 하대의 첫 왕인 선덕왕이 즉위 직후에 부모를 추봉하였던 것은 왕위의 정통성을 확보하기 위한 필수적인 작업이었다. 무열왕의 조부는 진지왕이었고, 선덕왕의 외조부는 성덕왕이었다. 이들은 부모의 추봉으로 인해 왕계에 위치하고, 왕실의 '가족' 속에 포함될 수 있었다. 왕실의 '가족'의 범주 안에 조부는 물론 외조부로 포함되어 있었음을 확인할 수 있다.

다음으로 선덕왕 사후 즉위한 원성왕의 경우, 즉위 과정에서 김주원과의 왕위를 둘러싼 갈등이 있었다. 선덕왕대에 김주원은 상재上宰였고, 김경신(원성왕)은 이재二宰였다.72) 김주원을 왕으로 옹립하려던 세력이 있었는데, 알천(북천)의 물이 넘쳐 김주원보다 김경신이 왕궁으로 먼저 들어왔기에 결국 김경신이 왕으로 즉위하였다.73) 원성왕은 즉위 원년(785) 2월에 고조부 대아찬 법선法宣을 현성대왕玄聖大王으로, 증조부 이찬 의관義寬을 신영대왕神英大王으로, 조부 이찬 위문魏文을 흥평대왕興平大王으로, 죽은 아버지 일길찬 효양孝讓을 명덕대왕明德大王으로, 어머니 박씨를 소문태후昭文

---

69) 『三國史記』 卷8, 新羅本紀8, 太宗武烈王 元年.
70) 『三國史記』 卷8, 新羅本紀8, 惠恭王 16年.
71) 『三國遺事』 卷1, 王曆, 第三十七宣德王.
72) 『三國遺事』 卷2, 紀異2, 元聖大王.
73) 『三國史記』 卷10, 新羅本紀10, 元聖王 元年.

太后로 추봉하고, 아들 인겸仁謙을 세워 왕태자로 삼았다. 또한 성덕대왕聖德大王과 개성대왕開聖大王의 두 사당[廟]을 없애고, 시조대왕始祖大王·태종대왕太宗大王·문무대왕文武大王과 조부 흥평대왕興平大王·죽은 아버지 명덕대왕明德大王을 오묘五廟로 만들었다.74) 이처럼 원성왕은 즉위 후에 고조高祖-증조曾祖-조祖-고考와 모母를 추봉하고, 아들 인겸을 왕태자로 책립하였다. 그리고 현왕인 원성왕을 중심으로 오묘五廟를 세웠는데, 오묘에 조祖와 고考의 신위만 세우고 있어 주목된다. 이로 볼 때 부계로는 「조祖-고考-본인本人」으로 이어지는 3대代의 수직적 계통성이 중시되었음을 알 수 있다.

또한 원성왕은 차기 왕위계승권자인 태자太子를 책봉함으로써 왕계의 정통성에 기반한 안정적인 왕위계승을 도모하였다. 원성왕대에 인겸을 혜충태자로 책봉하였으나 죽었고, 이어 의영을 헌평태자로 책봉하였으나 또한 죽었다. 셋째 아들인 예영 잡간이 있었으나75) 그 대신 인겸의 아들인 준옹(소성왕)을 태자로 책봉하였다.76) 소성왕은 즉위 후, 5월에 부父인 혜충태자를 혜충대왕으로 추봉하였고, 8월에 모母를 성목태후聖穆太后로 추봉하였다. 이처럼 부모의 추봉 시기가 달랐던 것은 소성왕의 부인 혜충태자와는 달리 모인 성목태후는 생존해 있었기 때문이었을 것으로 생각된다.77) 소성왕 역시 조祖-고考로 이어지는 왕계의 정통성을 세우기 위해 부父를 책봉하였음을 알 수 있다. 소성왕의 정통성은 동모제인 헌덕왕과 흥덕왕도 공유하였다.

신라 하대의 애장왕대 종묘제 개정으로 인해 왕실의 범주는 직계 4조의 수직적 계통성을 중심으로 확대되었다. 직계 4조를 기반으로 한 왕실 '가家'의 범주에서는 원성왕-예영-균정으로 이어지는 3세대와 원성왕-예영-헌

---

74) 『三國史記』 卷10, 新羅本紀10, 元聖王 元年.
75) 『三國遺事』 卷2, 紀異2, 元聖大王.
76) 『三國史記』 卷10, 新羅本紀10, 元聖王 11年.
77) 이현주, 「신라 하대초기 왕실여성의 책봉과 의미」 『신라사학보』 42, 2018a, 375-377쪽.

정-희강왕으로 이어지는 4세대가 동일하게 인식되었고, 이로 인해 균정과 희강왕 사이의 왕위쟁탈전이 발생하였던 것이다. 신라 하대의 쟁탈전은 기존의 3세대가 중심이었던 왕실 '가족家族'의 범주가 확대된 결과에 의해 발생한 왕위계승의 자격을 둘러싼 갈등이었다.

희강왕, 민애왕, 신무왕, 경문왕, 신덕왕, 경순왕 역시 전왕과 관계가 부자가 아니었으므로, 즉위 후에 부모를 추봉한 왕들이다. 원성왕의 셋째아들 예영은 아들 헌정과 균정이 있었고, 헌정의 아들이 희강왕이고, 균정의 아들이 신무왕이다. 흥덕왕이 죽은 후, 희강왕과 균정 사이에 왕위쟁탈전이 벌어졌고, 희강왕이 먼저 즉위하였으나 충공의 아들인 김명에 의해 왕위를 빼앗겼다. 김명은 민애왕으로 즉위하였으나, 곧 신무왕에게 왕위를 빼앗겼다. 표 3에서 희강왕과 민애왕은 즉위 후에 父母를 추봉하였고, 신무왕은 조부와 부모를 추봉하였다는 사실을 알 수 있다. 민애왕의 부인 충공은 소성왕·헌덕왕·흥덕왕의 동모제同母弟이므로, 민애왕은 부모를 추봉하는 것만으로 왕계에 편입되고, 왕실의 '가족家族'에 포함된다.

희강왕은 부모만을 추봉하였는데, 신무왕이 조부인 예영을 혜강대왕으로 추봉함으로써 부계 중심의 수직적 계통성이 수립되었다. 희강왕이 부모만을 추봉하였던 것은 처인 문목부인이 충공의 딸이었는데, 충공은 흥덕왕 대에 선강태자였다.78) 흥덕왕 사후에 왕위쟁탈전이 벌어졌던 것은 흥덕왕보다 선강태자가 먼저 사망했기 때문이었던 것이다. 희강왕이 가졌던 왕위계승의 자격은 부계의 수직적 계통성뿐만 아니라 처계의 정통성도 작용했을 것이다. 신라 왕실 내의 족내혼은 부계와 모계는 물론 처계의 혈연에 기반한 '가족' 인식의 형성으로 이어졌음을 알 수 있다.

경문왕이 즉위한 정황에 대해 헌안왕의 사위가 된 이력이 상세히 기록되어 있으나79) 경문왕 역시 희강왕의 손자로서 왕계에 속한 인물이었다.

---

78) 「聞慶 鳳巖寺 智證大師塔碑」, "… 及興德大王纂戎 宣康太子監撫 去邪毉國 樂善肥家 …"
79) 『三國史記』 卷11, 新羅本紀11, 憲安王 4年.

경문왕은 부모를 의공대왕과 광의왕태후로 추봉하였고,80) 이를 통해 왕계의 수직적 계보에 포함되었다. 경문왕은 즉위 6년(866)에 부모를 추봉하면서 부인 김씨를 문의왕비로 책봉하고, 왕자 정을 왕태자로 책립하였다. 경문왕 6년의 조치는 이미 정립된 왕실 '가족家族'의 범주,「부모父母-부처夫妻-자녀子女」로 구성된 3대代의 '가족' 인식을 표방하였는데, 이로 인해 사실상「조부모祖父母와 외조부모外祖父母-부모父母와 처부모妻父母-(본인의)부처夫妻-자녀子女」의 왕실 '가족'에 위치할 수 있었다. 경문왕의 태자 정은 헌강왕으로 즉위하였고, 이후 동모제인 정강왕, 동모매인 진성왕이 즉위하였다. 정강왕과 진성왕은 동모同母의 형제자매로서 왕실의 '가족'에서 헌강왕과 동일한 지위를 점했다는 사실을 알 수 있다.

신덕왕은 신라 하대의 3대 박씨 왕 중 첫 왕이다. 신덕왕은 원년(912)에 부모를 선성대왕과 정화태후로 추존하고, 왕비를 의성왕후로, 아들 승영을 왕태자로 책립하였다. 『삼국유사』 왕력에는 신덕왕이 추존한 부모는 의부모義父母인 예겸의 부처夫妻이고, 외조부인 순홍順弘 각간은 성호대왕成虎大王으로, 친부인 부원父元 이간伊干은 흥렴대왕興廉大王으로 추봉하였다고 한다. 신덕왕이 즉위하는 데 있어서 예겸이 결정적인 역할을 한 것에 기인한 것으로 여겨지는데, 사실상 왕위를 계승할 수 있었던 명분은 처인 의성왕후가 헌강왕의 딸이었기 때문이었다.

또한 경순왕은 신라의 마지막 왕으로, 견훤이 경애왕을 자살하게 하고, 왕으로 즉위시켰다. 경순왕은 즉위 후에 부모를 신흥대왕과 왕태후로 추존하였는데, 경순왕의 모母는 헌강왕의 딸인 계아태후이다. 이처럼 헌강왕 이후의 왕위계승은 헌강왕가의 협소한 범주를 중심으로 이루어졌다. 왕위계승 양상 또한 부계친의 적장자 계승이 아닌 형제, 서자, 사위, 외손의 계승으로 이어졌다.81)

---

80)『三國史記』卷11, 新羅本紀11, 景文王 6年.
81) 이현주,「신라 하대 왕위계승권과 왕실여성-경문왕가를 중심으로-」『新羅文化』 56, 2020, 101쪽.

신라 왕실의 '가족' 인식 하에서 상시의 왕위계승은 태자 책봉을 통해 부자 간의 계승이 이루어졌다. 비상시의 왕위계승은 신라 왕실 '가족' 구조 기반의 계승원리에 따라 이루어졌다. 신라 왕실의 가족구조에서는 '동모제同母弟'는 계승과 상속의 자격이 있는 존재였다. 또한 왕실의 '가족' 의 범주에서 세대별로 왕위계승의 자격이 주어졌음을 알 수 있다. 왕위계승의 자격이 동모제에 이어 자손으로 이어지는데, 자손의 경우 자와 녀(또는 여서女壻), 친손親孫과 외손外孫의 범주에서 우선순위에 따라 계승의 자격이 주어졌다.

　요컨대 신라의 왕위계승은 태자제가 수용된 이후 상시의 경우에는 왕의 맏아들에게 왕위계승의 우선권이 주어졌으나, 비상시의 경우에는 부계친 중심의 수직적 계통성을 기반으로 이루어지지 않았다. 비상시의 경우, 신라 왕실의 '가족' 구조에 기반하여 왕위계승의 우선권이 부여되었다. 신라 왕실의 가족 구조에서는 중첩된 족내혼으로 인해 부계와 아울러 모계 및 처계의 계통성도 중시되었던 것이다.

　신라 왕실 '가족' 의 기본구조는 '조부모祖父母-부모父母-부처夫妻(본인)-자子'였다. 다만 신라 왕실의 중첩된 족내혼으로 인해 실질적으로 외조부모와 처부모를 포함한 확대된 '가족家族' 구조, 즉「조부모祖父母와 외조부모外祖父母-부모父母와 처부모妻父母-(본인의)부처夫妻-자녀子女」로 인식하였다. 이처럼 신라 왕실의 '가족' 구성과 운영은 중국의 종법제적 질서를 기반으로 한 적장자 중심의 가족제도와는 다르게 인식되었다.

맺음말

　본 논문은 신라에서 태자 칭호의 도입-태자제의 수용-태자제의 변용을 각 시기별로 살펴보았다. 이를 통해 신라에서 태자제가 수용되고 운용되는 과정이 신라 왕실의 '가족' 인식 형성에 어떠한 영향을 미쳤는지 알아보았다.

신라의 태자제는 중국의 종법제적 가족제도에 기반한 왕위계승제도를 수용한 것이다. 신라는 태자제를 수용하고 운용하면서 신라의 실정에 맞게 변용하였다. 태자제는 종묘제, 후비제와 함께 신라 왕실의 '가족' 인식이 형성되는 요소 중 하나였다.

신라에서 '태자' 칭호가 도입된 것은 진흥왕 27년(566)에 동륜왕자를 태자로 책봉한 것에서 비롯되었다. 이후 진지왕을 포함해 진평왕, 선덕왕, 진덕왕, 태종 무열왕에 이르기까지 태자의 책봉 기록이 없다. 진흥왕대에 태자 책봉이 이루어진 것은 사실이지만, 이를 태자제의 수용으로 보기는 어렵다. 진흥왕대의 '태자'는 진흥왕의 전륜성왕 사상을 계승하여 불법을 수호하는 이상적인 왕의 역할을 수행할 계승자였다. 진흥왕은 동륜태자에게 기타태자와 같이 불법을 수호하는 왕을 기대하였고, 이는 곧 중고기 왕실의 신성화와 결부되었다. 또한 중고기 왕실의 신성화는 족내혼으로 인해 강화되었다. 이는 신성한 왕실 '가족'의 인식이 성립하는 계기가 되었다.

신라 중대의 태종 무열왕은 진골로서 왕위를 계승하였기 때문에 왕권 강화를 위하여 중고기의 성골왕권의 정통성을 극복하고, 진골귀족과의 차별성을 규정하는 것이 급선무였다. 중대왕실은 왕계의 정통성을 천명하기 위해 조상을 추숭하고, 종묘제를 도입하였는데, 태자제는 그 일환으로 수용되었다. 태자제는 중대왕실의 정통성을 기반으로 한 왕권 강화의 일환으로 수용되고 운용되었던 것이다. 이처럼 신라 중대의 태자제는 종묘제와 더불어 태종무열왕계의 왕실일원과 지지 세력을 결집시키는 구심점의 역할을 하였다.

신라 하대에는 애장왕대 종묘제 개정으로 인해 왕실의 범주는 직계 4조의 수직적 계통성을 중심으로 확대되었다. 직계 4조를 기반으로 한 왕실 '가家'의 범주에서는 원성왕-예영-균정으로 이어지는 3세대와 원성왕-예영-

헌정-희강왕으로 이어지는 4세대가 동일하게 인식되었고, 이로 인해 균정과 희강왕 사이의 왕위쟁탈전이 발생하였던 것이다. 신라 하대의 쟁탈전은 기존의 3세대가 중심이었던 왕실 '가족家族'의 범주가 확대된 결과에 의해 발생한 왕위계승의 자격을 둘러싼 갈등이었다.

신라 왕실의 '가족'은 중첩된 족내혼으로 인해 부계와 아울러 모계 및 처계의 계통성도 중시되었다. 신라 왕실 '가족'의 기본구조는 '조부모祖父母-부모父母-부처夫妻(본인)-자子'였다. 실질적으로는 신라 왕실의 중첩된 족내혼으로 인해 외조부모와 처부모를 포함한 확대된 '가족'의 구조, 즉 「조부모祖父母와 외조부모外祖父母-부모父母와 처부모妻父母-(본인의)부처夫妻-자녀子女」로 인식하였다.

이와 같은 신라 왕실의 '가족' 인식 하에서 상시의 왕위계승은 태자 책봉을 통해 부자 간의 계승이 이루어졌다. 비상시의 왕위계승은 신라 왕실 '가족' 구조 기반의 계승원리에 따라 이루어졌다. 신라 왕실의 가족구조에서는 '동모제'는 계승과 상속의 자격이 있는 존재였다. 또한 왕실의 '가족'의 범주에서 세대별로 왕위계승의 자격이 주어졌음을 알 수 있다. 왕위계승의 자격이 동모제에 이어 자손으로 이어지는데, 자손의 경우 자子와 녀女(또는 여서女壻), 친손親孫과 외손外孫의 범주에서 우선순위에 따라 계승의 자격이 주어졌다. 이를 통해 신라에서 왕실 '가족'의 인식이 중국의 종법제적 질서를 기반으로 한 적장자 중심의 가족제와는 차이가 있었고, 그로 인해 왕위계승이 다른 양상으로 나타났다는 점을 알 수 있다.

제5장 신라 하대초기의 왕위계승과 태후의 역할

머리말

신라 하대는 선덕왕부터 경순왕에 이르는 시기를 말한다. 780년에 혜공왕이 김양상과 김경신에 의해 피살되었고, 김양상이 선덕왕으로 즉위하면서 하대가 시작되었다.[1] 하대는 신라의 전 시기 중에 치열한 왕위계승분쟁이 있었던 시기이다. 특히 선덕왕, 헌덕왕, 희강왕~신무왕은 선왕을 직·간접적으로 시해하고 왕위를 계승한 왕이었다. 또한 김경신 역시 김주원과의 경쟁에서 이기고 왕위에 올랐다. 하대초기의 왕들 중에서 선왕과 부자관계로서 왕위를 계승한 왕은 애장왕과 문성왕만 해당한다.[2]

---

1) 선덕왕에 이어 원성왕이 즉위한 이후에는 원성왕계가 왕위를 계승하였는데, 이에 대해 기왕의 연구에서는 선덕왕은 중대에서 하대로 이양하는 과도기였고, 원성왕이 하대의 실질적인 시조였다고 보았다(末松保和, 「新羅三代考」 『新羅史의 諸問題』, 東洋文庫, 1954, 31쪽 ; 申瀅植, 『韓國古代史의 新研究』, 일조각, 1984, 131-132쪽 ; 김수태, 『新羅中代政治史研究』, 일조각, 1996, 124쪽). 또한 원성왕대를 하대의 권력구조를 특징짓는 왕실친족집단원에 의한 권력 장악, 권력 집중의 한 전형이 확립되어 가던 시기로 파악하였다(李基東, 「新羅 下代의 王位繼承과 政治過程」 『新羅骨品制社會와 花郎徒』, 一潮閣, 1984, 152쪽).

2) 李佑成은 초기(선덕왕-신무왕)·중기(문성왕-헌강왕,정강왕)·말기(진성왕-경순왕)까지로 설정하였다(李佑成, 『韓國中世社會研究』, 一潮閣, 1991, 179-180쪽). 김창겸은 왕통의 변천과 정치세력의 변화에 의거하여 하대를 4기로 구분하였는데, 1기는 선덕왕-흥덕왕, 2기는 희강왕-헌안왕, 3기는 경문왕-효공왕, 4기는 신덕왕-경순왕이다(김창겸, 『新羅 下代 王位繼承 研究』, 景仁文化社, 2003, 340쪽). 권영오는 초기(선덕왕-민애왕)·중기(신무왕-진성여왕2년)·말기(진성여왕3년-경순왕)까지로 보아, 각각 왕위계승 분쟁기-하대 정국 안정기-신라의 쇠퇴기로 파악하였다(권영오, 『신라 하대 정치사연구』, 혜안, 2011, 180쪽). 본 논문에서는 원성왕계로 왕위계승이 이어진 선덕왕-헌안왕까지를 하대초기로 파악하고, 이 시기에 왕위계승분쟁이 치열했던

하대의 왕위계승은 태자책봉에 의한 계승, 유조遺詔에 의한 계승, 찬탈에 의한 계승, 추대에 의한 계승으로 이루어졌다.3) 기왕의 연구에서 하대에 왕위계승분쟁이 치열했던 이유는 왕계를 중심으로 가계의 분지화分枝化가 이루어졌고, 각 가계별로 정치 세력화하였기 때문이라고 보았다.4) 나아가 원성왕계라는 대가계 내에서 그의 후손들에 의해 소가계가 분지화되어 인겸계와 예영계로 나뉘고, 예영계는 균정계와 헌정계로 나뉜다는 것이다.5) 이들 연구에서는 하대초기의 왕위계승분쟁의 배경으로 왕실세력 내부의 분열, 즉 왕실의 소가계 간의 갈등을 주목하였다. 또한 왕실여성과의 연관 하에 다각적으로 파악한 연구도 이루어졌다.6) 이 역시 원성왕의 방계로서 충공계 정치세력의 추이에 촛점을 맞춘 연구였다.

　그러나 하대의 왕위계승분쟁은 초기에 국한되어 있고, 그 중 왕위쟁탈의 양상을 보인 시기는 원성왕 이후, 헌덕왕, 희강왕~신무왕대에 한정된다. 따라서 하대 초기에 나타난 왕위계승분쟁을 하대 전 시기의 특징으로 일반화하기는 어렵다. 왕위를 둘러싼 갈등은 왕위계승의 명분, 즉 '왕의 자격'에 초점이 맞춰질 수밖에 없다. '왕의 자격'은 혈연적 정통성을 내세움

　　이유에 대해 알아보고자 한다.
3) 하대 20명의 왕들 중에서 찬탈에 의한 것이 5명, 국인 및 지지 세력에 의한 옹립이 3명, 즉위 관련 이유가 명확하지 않은 경우가 2명이다. 하대초기인 원성왕은 왕위를 탈취하였고, 헌덕왕, 희강왕, 민애왕, 신무왕은 왕위를 찬탈하였다(金昌謙, 앞의 책, 2003 ; 권영오, 앞의 책, 2011 ; 崔毅光, 『新羅下代 王位繼承 樣相과 性格』, 고려대학교 박사학위논문, 2012의 연구 참조).
4) 李基白, 「新羅 下代의 執事省」 『新羅政治社會史研究』, 일조각, 1974, 181, 186, 189, 190쪽.
5) 吳星, 「新羅 元聖王系의 王位交替」 『全海宗博士華甲紀念史學論叢』, 1979 ; 李基東, 「新羅下代의 王位繼承과 政治過程」 『歷史學報』 85, 1980 ; 『新羅骨品制社會와 花郎徒』, 1984 재수록 ; 尹炳喜, 「新羅 下代 均貞系의 王位繼承과 金陽」 『歷史學報』 96, 1982 ; 金昌謙, 앞의 책, 2003 ; 崔毅光, 앞의 논문, 2012.
6) 文暻鉉, 「神武王의 登極과 金昕」 『西巖趙恒來교수화갑기념 한국사학논총』, 아세아문화사, 1992 ; 金昌謙, 앞의 책, 2003 ; 손흥호, 「9세기 전반 신라의 정치동향과 충공의 역할」 『韓國古代史研究』 83, 2016 ; 이재환, 「新羅 眞骨의 '家系 分枝化'에 대한 재검토 - 사위의 왕위계승권을 중심으로 -」 『大丘史學』 127, 2017; 홍승우, 「헌덕왕대 太子妃 貞嬌와 태자」 『新羅文化』 51, 2018.

으로써 충족된다. 비상시적 상황 하에서의 왕위계승은 '왕의 자격'에 대한 차별적 조건을 덧붙여야만 한다. 신라 하대 왕위계승분쟁에서의 '왕의 자격'과 관련하여 태후의 위상을 주목하고자 한다.

본 논문에서는 하대초기의 왕위계승분쟁의 원인과 결과로서 태후의 위상 변화와 의미를 고찰하고자 한다. 우선 선덕왕-헌덕왕대의 인겸계의 등장과 태후의 위상을 살펴보고자 한다. 다음으로 헌덕왕-흥덕왕대에 태자의 존재양상을 살펴보고, 태후의 위상이 강화될 수밖에 없는 상황에 대해서 고찰할 것이다. 마지막으로 희강왕-신무왕대의 왕위계승권과 태후의 역할을 알아보고자 한다. 이를 통해 신라 하대의 왕위계승의 자격이 '부계'만으로는 성립되지 않는 정황과 왕위계승에서의 태후의 역할에 대해 고찰해보고자 한다. 이를 통해 신라 하대의 왕실여성의 존재양상에 대한 이해에 일조할 수 있기를 기대한다.

1. 인겸계의 등장과 태후의 위상

하대의 첫 왕인 김양상은 나물왕의 10세손이고, 김양상을 이어 즉위한 김경신은 나물왕 12세손이다. 선덕왕은 전왕인 혜공왕이 시해되었기에 왕위에 올랐고, 원성왕은 선덕왕이 아들이 없었기에 국인의 추대로 왕위에 올랐다. 이들은 왕위의 정통성을 위해 즉위한 직후에 부모를 대왕과 태후로 추봉하였다. 다음은 선덕왕-애장왕대 태후의 추봉과 관련한 사료이다.

  A-1. 선덕왕 원년(780), 아버지를 개성대왕開聖大王으로 추봉하고 어머니 김씨를 정의태후貞懿太后로 추존하였다.[7]
  A-2. 원성왕 원년(785), 2월에 추봉追封하여 고조부인 대아찬 法宣을

---

 7) 『三國史記』 卷9, 新羅本紀9, 善德王 元年.

玄聖大王이라 하고, 증조부인 이찬 義寬을 神英大王이라 하고, 조부인 이찬 魏文을 興平大王이라 하고, 아버지 일길찬 孝讓을 明德大王이라하고, 어머니 박씨를 昭文太后라 하였다. 아들 仁謙을 왕태자로 삼았다. 聖德大王과 開聖大王의 두 묘를 닫고 시조대왕·太宗大王·文武大王과 조부 왕興平大王·아버지 明德大王을 五廟로 하였다.[8]

A-3. 소성왕 원년(799), 여름 5월에 아버지 惠忠太子를 惠忠大王으로 추봉하였다. (중략) 8월에 어머니 김씨를 聖穆太后로 추봉하였다.[9]

A-1에서 선덕왕은 왕위의 정당성을 확보하기 위하여 즉위 직후에 부모를 각각 개성대왕과 정의태후로 추봉하였다.[10] 또한 오묘제를 개편하였는데, 기왕의 오묘제 규정에 따라 왕의 친묘親廟인 조고祖考의 신위를 교체하지 않고, 단지 아버지의 신위만을 교체하였다. 이는 혜공왕의 할아버지[祖]인 성덕왕이 김양상의 외조外祖였기 때문이다. 즉 김양상의 어머니인 사소부인四炤夫人은 성덕왕의 딸이었고, 김양상은 외조인 성덕왕을 계승하여 정통성을 확보할 수 있었던 것이다.[11]

선덕왕이 죽은 후에 김경신과 김주원 사이에서 왕위를 둘러싼 갈등이 있었다. 선덕왕이 죽었을 당시에 김주원은 상재였고, 김경신은 차재였다. 뿐만 아니라 김주원은 무열왕계로, 혜공왕대의 시중이었고, 선덕왕대의 상대등이었다.[12] 이로 보아 김주원이 부계적 정통성과 관직의 서열에서 김경신보다 우위를 점하고 있었음을 알 수 있다. 왕위계승권에서는 김주원이 우위에 있었으나, 결국 김경신이 왕위를 잇게 되었다. A-2에서 원성왕은 즉위 직후에 직계 4조를 추봉하고, 오묘제를 개편하였는데, 이는 부계적

---

8) 『三國史記』 卷10, 新羅本紀10, 元聖王 元年.
9) 『三國史記』 卷10, 新羅本紀10, 昭聖王 元年.
10) 『三國史記』 卷9, 新羅本紀9, 宣德王 元年.
11) 이현주, 「신라 하대초기 왕실여성의 책봉과 의미」 『新羅史學報』 42, 2018, 369쪽.
12) 『三國史記』 卷10, 新羅本紀10, 元聖王 元年 ; 『三國遺事』 卷2, 紀異2, 元聖大王.

정통성을 확립하기 위한 것이었다.
　A-2에서 원성왕은 4대조를 추봉하고, 맏아들인 인겸을 왕태자로 책봉함으로써 부계의 수직적 정통성을 세우고자 하였다. 이후 왕태자인 인겸이 죽자,13) 의영義英을 왕태자로 책봉하였다.14) 의영 역시 죽자15) 인겸의 아들인 준옹俊邕을 태자로 책봉하였다.16) 이처럼 원성왕은 차기왕위계승자인 태자를 책봉함으로써 왕위계승을 둘러싼 분쟁을 방지하고, 왕권을 확고히 하고자 하였다.
　원성왕이 죽자 준옹이 소성왕으로 즉위하였다. A-3에서 소성왕은 5월에 아버지인 인겸을 혜충대왕으로 추봉하고, 8월에 어머니 김씨를 성목태후로 추봉하였다. 소성왕은 부모를 각각 5월과 8월에 추봉하였는데, 이처럼 부모의 추봉을 다른 시기에 하는 것은 매우 이례적이다.
　A-1과 2에서 선덕왕은 즉위 직후에 부모를 추봉하였다. A-2에서 선덕왕은 특히 어머니의 추봉에 "尊"을 쓰고 있어, '태후'의 칭호를 추존하고, 그에 따른 지위를 부여하였던 것으로 여겨진다. 추봉과 추존은 모두 죽은 부모에 대한 칭호와 지위 부여의 의미를 지닌다. 그러나 A-3의 소성왕이 어머니인 성목태후를 추봉하였다고 하였는데, 이후 생존하여 활동한 기사가 보여 주목된다. 다음은 애장왕대의 성목태후의 활동에 관한 기록이다.

　　貞元 18년(802), 10월 16일에 동지를 데리고 여기에 건물을 세웠다. 산신령도 妙德의 이름을 돕고 땅은 청량한 형세를 자리잡아 주었다. 五鬐를 나누어 꾸며서 다투어 一毛를 뽑았다. 이 때에 聖穆王太后께서 우리나라에 어머니로 군림하시어 불교도들을 아들처럼 육성하셨다. 소문을 듣고 공경하며 기뻐하시어 날짜를 정하여 부처님께 귀의하시고, 좋은 음식을 내리시고 예물까지 곁들여 주셨다.17)

---

13) 『三國史記』 卷10, 新羅本紀10, 元聖王 7年.
14) 『三國史記』 卷10, 新羅本紀10, 元聖王 8年.
15) 『三國史記』 卷10, 新羅本紀10, 元聖王 10年.
16) 『三國史記』 卷10, 新羅本紀10, 元聖王 11年.

위의 사료에 의하면, 성목태후가 해인사를 창건할 때에 음식과 예물을 시주하는 등의 지원을 하였다고 한다. 해인사는 애장왕 3년(802)에 창건하였기.18) 이로 보아 성목태후가 802년 당시에 생존해 있었음을 알 수 있다. 그러므로 A-3에서 소성왕이 부모를 추봉한 시기가 다르게 나타나는 것은 우선 5월에 죽은 아버지[考]인 혜충태자를 추봉하고, 다음으로 8월에 어머니를 성목태후로 책봉하였기 때문일 것이다.

그럼에도 불구하고 A-2에서 원성왕이 그의 처를 왕비로 책봉한 기록이 없고, A-3에서 소성왕이 부모를 동시에 봉封하지 않았다는 점이 주목된다. 뿐만 아니라 소성왕은 그의 처를 2년(800), 정월에 왕후로 책봉하고, 6월에 왕자를 태자로 책봉하였다.19) 뿐만 아니라 소성왕에 이어 즉위한 애장왕은 즉위 6년에 어머니와 처를 책봉하였다. 이처럼 왕의 어머니와 처에 대한 책봉은 지연되는 양상을 보인다.

신라 하대초기에는 원성왕, 소성왕, 애장왕에 이르기까지 추봉과 오묘제를 통해 부계적 정통성을 강조하는 반면 상대적으로 왕실여성에 대한 계보는 불확실하다. 하대초기의 부계적 계통성을 강조하는 경향은 왕실여성의 공식적인 기록, 즉 계보와 지위를 희미하게 하는 결과를 초래하였던 것이다.

그러나 하대초기의 왕위계승과 관련하여 왕실여성의 역할, 특히 태후의 위상과 역할은 실질적으로 강화되었다. 다음은 애장왕대의 왕실여성의 책봉과 관련된 사료이다.

    B-1. 애장왕 6년(805년), 봄 정월에 어머니 김씨를 봉하여 大王后로

---

17) 『東文選』 卷64, 記, 「新羅迦耶山海印寺善安住院壁記」 "越貞元十八年良月旣望。牽率同志 卜築於斯 山靈鈞妙德之名 地體印淸涼之勢 分裝五髻 競拔一毛 于時聖穆王太后 母儀四夷 子育三學 聞風敬悅 誓日歸依 捨以嘉蔬 副之束帛 是乃自天獲祐 實惟得地成因 然屬生徒方霧 擁咠扉 耆德遽露晞林宇 利貞禪伯 踵武興功 依乎中庸".
18) 『三國史記』 卷10, 新羅本紀10, 哀莊王 3年.
19) 『三國史記』 卷10, 新羅本紀10, 昭聖王 2年.

삼고, 왕비 박씨를 봉하여 王后로 삼았다. (중략) 또 왕을 책봉하여 開府儀同三司 檢校太尉 使持節 大都督雞林州諸軍事 雞林州刺史 持節充寧海軍使 上柱國 新羅王으로 삼고, 그 어머니 숙씨叔氏를 책봉하여 大妃로 삼았으며, 대비의 아버지는 叔明으로 나물왕의 13세손이니, 곧 어머니의 성은 김씨이다. 아버지의 이름으로 숙씨라 하였으니, 이는 잘못이다. 부인박씨를 책봉하여 妃로 삼았다.[20]

B-2. 애장왕 9년, 당에 김력기金力奇를 보내 조공하였다. 력기가 말씀 올리기를 "貞元16년(800년)에 조서를 내려 신의 옛 임금인 金俊邕을 신라 왕으로, 어머니 신씨를 대비로, 부인 숙씨를 왕비로 책봉하셨으나, 册封使인 위단이 도중에서 왕의 죽음을 듣고 돌아가 그 책문은 中書省에 있습니다. 엎드려 청하옵건대, 지금 신이 귀국하는 길에 가지고 돌아갈 수 있게 해주십시오."라고 하였다. 칙명을 내려 "김준옹 등의 册書는 鴻臚寺가 중서성에서 수령하고, [김]역기가 홍려시에서 받아 받들어 귀국하게 하라." 또 왕의 숙부 彦昇과 그 아우 仲恭 등에게 문극門戟을 하사하고, 本國의 예에 준하여 그것을 주도록 하였다. [신씨는 金神述의 딸로, 神자와 음이 같아 성을 신申이라 하였으니, 이는 잘못이다.]

애장왕이 13세의 어린 나이로 즉위하였기 때문에 숙부인 김언승이 섭정을 하였다.[21] B-1에서 애장왕은 6년(805)에 어머니와 부인을 각각 대왕후와 왕후로 책봉하고, 공식 20여조를 반포하였다.[22]

대왕후大王后와 왕후王后는 당의 책봉호인 대비大妃와 비妃에 등치된 칭호이다. 왕의 어머니로서의 '대왕후'의 칭호는 이곳에서 유일하게 등장한다. '대왕후'의 칭호는 '왕후'의 위상이 높았던 신라의 특성이 반영된 것임

---

20) 『三國史記』 卷10, 新羅本紀10, 哀莊王 6年.
21) 『三國史記』 卷10, 新羅本紀10, 哀莊王 元年.
22) 『三國史記』 卷10, 新羅本紀10, 哀莊王 6年.

과 동시에 성목태후의 '태후'와 구별된 칭호였다.[23]

B-1의 애장왕 6년, 805년은 애장왕이 18세가 되던 해로, 친정을 시작한 시기이다.[24] 이 해에 애장왕은 어머니와 처에 대한 책봉을 하였고, 7년(806)에 教로써 새로운 불사를 창건하는 것과 불사에 수를 놓은 비단과 금은 그릇을 사용하는 금지시켰다.[25] 805년을 기점으로 한 일련의 변화는 애장왕이 친정을 한 이후의 제도 개편이었던 것이다.[26]

B-2는 애장왕 9년(808)에 당으로부터 대비와 왕비의 책봉문서를 요구하여 받았다는 내용이다. 805년에 애장왕의 어머니와 처는 대내적으로 대왕후와 왕후로 책봉받았고, 대외적으로 당으로부터 대비와 왕비로 책봉을 받았다.[27] 따라서 808년에 당에 요구한 책봉문서는 애장왕의 어머니와 처에 대한 것이 아님을 알 수 있다. 808년에 당에 요구했던 것은 소성왕의 모와 처에 대한 책봉문서이다.

소성왕이 즉위한 후에 당은 소성왕과 그의 모와 처를 각각 대비와 왕비로 책봉하였다. 책봉사인 위단이 책봉문서를 갖고 신라로 오는 길에 소성왕이 죽었다는 소식을 듣고 당으로 돌아갔다.[28] 808년에 요구한 것은 소성왕의 모와 처에 대한 책봉문서였고, 요청이 받아들여져서 돌려받을 수 있었다. 아울러 언승과 그의 아우인 중공에게 문극門戟을 하사하였다고 한다. 소성왕의 처는 애장왕의 어머니로, 이미 당으로부터 대비 책봉을 받았다. 따라서 808년의 책봉문서는 소성왕의 어머니인 성목태후의 대비 책봉과 관련된 내용이 핵심이었음을 알 수 있다.

---

23) 이현주, 앞의 논문, 2018, 377-378쪽.
24) 이문기, 「新羅 惠恭王代 五廟制 改革의 政治的 意味」『白山學報』52, 1999, 815-816쪽 ; 채미하, 『신라 국가제사와 왕권』, 혜안, 2008 ; 최홍조, 「新羅 哀莊王代의 政治變動과 金彦昇」『韓國古代史硏究』34, 2004, 344쪽.
25) 『三國史記』卷10, 新羅本紀10, 哀莊王 7年.
26) 최홍조, 앞의 논문, 2004, 353-354쪽.
27) 『三國史記』卷10, 新羅本紀10, 哀莊王 6年.
28) 『三國史記』卷10, 新羅本紀10, 哀莊王 元年.

다음의 표1은 신라 중대의 마지막 왕인 혜공왕부터 하대의 경문왕에 이르는 시기까지의 책봉에 관한 것이다.

표1 혜공왕~경문왕의 부모 추봉과 왕비·태자 책봉

王	王父	王母	王妃	太子	당의 大妃王妃책봉
혜공왕					왕대비
선덕왕	개성대왕	정의태후	구족왕후		
원성왕	명덕대왕	소문태후		인겸(혜충대왕)	하사품(왕비)
소성왕	혜충대왕	성목태후			대비·왕비
애장왕		대왕후	왕후		대비·왕비
헌덕왕					왕비
흥덕왕			정목왕후		대비·왕비
희강왕	익성대왕	순성태후			
민애왕	선강대왕	선의태후	윤용왕후		
신무왕	성덕대왕	헌목태후		경응(문성왕)	
문성왕					왕비
헌안왕					
경문왕	의공대왕	광화부인	문의왕비	정(헌강왕)	하사품(왕비)

중대의 마지막 왕이었던 혜공왕은 어린 나이에 즉위하였기 때문에 어머니인 만월태후가 섭정을 하였다. 만월태후가 섭정할 때에 신라 내에서 반란이 지속되었다. 이와 같은 상황을 타개하기 위해서 만월태후는 대외적으로 당과 적극적으로 외교를 하고, 대내적으로 「성덕대왕신종」을 주조함으로써 혜공왕의 정통성을 강조하였다.29)

만월태후는 왕모王母로서 최초로 당으로부터 왕대비의 책봉을 받았는데, 이는 사실상 신라내의 입지를 강화하기 위한 수단이었다. 혜공왕 이후 하대초기에는 신라 왕실여성이 당의 책봉을 받는 사례가 빈번하게 보인다.

29) 이현주, 「신라 중대 王母의 칭호와 위상-혜공왕대 만월태후를 중심으로-」 『韓國古代史研究』 85, 2017, 431-434쪽.

혜공왕 이후에 원성왕과 경문왕대에 당으로부터 신라왕으로 책봉을 받고, 하사품을 받았을 때에 왕비의 하사품도 받았다. 또한 당으로부터 왕실여성의 책봉을 받은 사례를 보면, 소성왕, 애장왕, 흥덕왕대에 왕의 어머니와 왕비의 책봉을 받았고, 헌덕왕과 문성왕대에는 왕비의 책봉을 받았다. 이들 왕 중 애장왕과 문성왕은 선왕의 적자로서, 왕위를 계승하였고, 소성왕은 선왕의 적손으로서 왕위를 계승하였다. 이 중 경문왕은 선왕인 헌안왕의 사위로, 유조를 통해 왕위를 계승하였고, 흥덕왕은 헌덕왕의 동모제로서 왕위를 계승하였다.

원성왕은 김주원과의 왕위계승분쟁을 통해 왕위를 계승하였고, 헌덕왕인 김언승은 섭정이었는데, 애장왕이 친정을 하게 되자 위기감을 느껴 결국 왕위를 찬탈하고 헌덕왕으로 즉위하였다. 808년에 당으로부터 어머니인 성목태후의 책봉문서를 돌려받았던 것은 김언승이 왕위에 오르기 위한 정지작업이었다.

또한 흥덕왕은 즉위 후에 당의 문종으로부터 신라왕으로 책봉을 받았고, 아울러 그의 어머니 박씨와 처인 박씨 모두 각각 대비와 왕비로 책봉을 받았다. 흥덕왕은 헌덕왕의 동모제이므로, 태후는 성목태후로 김씨이다. 또한 흥덕왕의 처인 장화왕후 역시 김씨이고, 장화왕후 사후에 흥덕왕은 혼인하지 않았다. 즉 흥덕왕의 어머니와 처가 모두 김씨임에도 불구하고, 각각 박씨로서 당의 책봉을 받은 것이다. 신라는 왕실 내의 근친혼과 부자가 아닌 형제간의 왕위계승을 당에 알리고 싶어 하지 않았다. 따라서 신라가 당에 제공한 정보에는 의도적인 오류가 있었다.[30]

그럼에도 불구하고 당으로부터 신라왕 및 신라의 왕실여성, 즉 대비와

---

30) 흥덕왕이 책봉을 받은 시기에 대해 『삼국사기』에서는 흥덕왕 2년(827)이라고 하였고, 『구당서』에서는 흥덕왕 6년(831)이라고 하였다. 헌덕왕과 흥덕왕의 즉위와 책봉의 시기가 『삼국사기』와 『구당서』 등의 중국 사서에서 다르게 기록하였다. 이는 헌덕왕과 흥덕왕의 즉위사정에 따른 신라측의 의도가 반영된 데 따른 것으로 여겨진다. 즉 애장왕의 시해 시점과 헌덕왕의 즉위시점의 일치, 헌덕왕의 동모제인 흥덕왕의 즉위에 대해 알리지 않기 위한 신라측의 의도가 있었을 것이다.

왕비의 책봉을 받을 필요가 있었다. 당의 책봉을 통해 대내적으로 왕권의 안정을 도모하고자 하였던 것이다. 이로 볼 때 당의 왕실여성 책봉은 신라 하대초기의 왕권의 정당성을 확보하는 요소였음을 알 수 있다.

소성왕의 아들인 애장왕과 소성왕의 동생인 헌덕왕과 흥덕왕은 원성왕계이고, 그 중에서도 인겸계이다. 이처럼 부계가 동일하므로, 왕권의 정당성을 확보하고, 왕위의 정통성을 내세우기 위해서는 모계를 통한 차별화를 꾀할 수밖에 없었다.[31] 특히 당의 책봉을 받은 왕의 어머니, 태후의 위상은 왕권의 정당성을 확보하는 데 중요한 요소가 되었다. 성목태후는 소성왕, 헌덕왕, 흥덕왕의 어머니이다. 성목태후의 태후이자 대비로서의 지위는 헌덕왕과 흥덕왕의 왕권을 지지하는 요소로 작용하였던 것이다.

2. 인겸계의 태자와 태후

헌덕왕이 후사가 없었기에 흥덕왕이 부군으로 책봉되어 왕위를 계승하였다. 흥덕왕 역시 후사가 없었고, 이에 차기왕위계승권자로 충공이 부상하였다. 이와 관련하여 다음의 사료들이 주목된다.

> C-1. 애장왕 9년(808), 또 왕의 숙부 彦昇과 그 아우 仲恭 등에게 門戟을 하사하고, 본국의 예에 준하여 그것을 주도록 하였다.[32]
> C-2. 헌덕왕 9년(817년), 봄 정월에 이찬 金忠恭을 시중으로 삼았다.[33]
> C-3. 헌덕왕 13년(821), 여름 4월에 시중 김충공이 죽어 이찬 永恭이 시중이 되었다.[34]
> C-4. 헌덕왕 14년(822), 각간 忠恭과 잡찬 允膺은 문화관문을 지켰다.[35]

---
31) 이현주, 앞의 논문, 2018, 384-388쪽.
32) 『三國史記』卷10, 新羅本紀10, 哀莊王 9年.
33) 『三國史記』卷10, 新羅本紀10, 憲德王 9年.
34) 『三國史記』卷10, 新羅本紀10, 憲德王 13年.

C-5. 각간 忠恭의 딸 貞嬌를 맞아들여 태자비로 삼았다.36)

C-6. 헌덕대왕 14년(822)에 국왕에게 왕위를 이을 아들이 없었으므로 同腹의 아우 秀宗을 儲貳로 삼아 月池宮에 들게 하였다. 그때 각간 충공이 상대등이 되어, 政事堂에 앉아 내외 관원을 전형, 선발하였다. 공무公務를 물리치고 병이 들었는데, 國醫를 불러 진맥하니, "병이 심장에 있어 반드시 龍齒湯을 복용하여야 합니다."고 하였다. 마침내 [충공은] 21일간의 휴가를 청하고 문을 닫고 손님을 만나지 않았다. (중략) 각간[충공]은 이에 醫官을 사양하고 물리쳐 보내고, 수레를 타고 왕궁으로 입조하였다. [헌덕]왕이, "경에게 날짜를 정해 놓고 약을 먹으라고 했는데, 어찌하여 조정에 나왔는가?"라고 말하였다. [충공이] 대답하기를, "제가 녹진의 말을 들으니, 藥石과 같았습니다. 어찌 용치탕을 마시는 데 그칠 정도이겠습니까?"라고 말하였다. 인하여 [헌덕]왕을 위하여 일일이 [녹진이 한 말을] 이야기하였다. [헌덕]왕은, "과인이 人君이 되고 경이 수상이 되어, 이와같이 직언하는 사람이 있으니 얼마나 기쁜 일인가? 태자로 하여금 알게 하지 않을 수 없으니, 마땅히 월지궁으로 가라!"고 말하였다. 태자가 이 말을 듣고 들어와서 하례하기를, "일찍이 임금이 밝으면 신하가 곧다고 들었습니다. 이 역시 국가의 아름다운 일입니다."라고 말하였다.37)

C-7. 홍덕왕이 왕위를 계승하고, 선강태자가 국정을 감무하여 사악한 것을 제거하여, 나라를 바르게 다스리고 선을 즐겨하여 왕가의 생활을 기름지게 하였다.38)

C-1은 애장왕 9년에 당이 언승과 그의 아우인 중공에게 문극을 하사하였다는 기록이다. 충공忠恭이 충효忠孝, 또는 중공重恭으로도 기록된 것으로

---

35) 『三國史記』卷10, 新羅本紀10, 憲德王 14年.
36) 『三國史記』卷10, 新羅本紀10, 憲德王 14年.
37) 『三國史記』卷15, 列傳5, 祿眞.
38) 「鳳巖寺智證大師寂照塔碑」.

보아,39) C-1의 언승의 아우인 중공仲恭은 충공忠恭과 동일인물임을 알 수 있다.40) C-2에서 충공은 헌덕왕 9년(817년)에 시중이 되었고, C-3에서는 충공이 821년에 죽어서 영공이 시중이 되었다고 하였다. 그런데 C-4에서 그 이듬해인 822년에 충공이 김헌창金憲昌의 난을 진압하는데 활약한 기록이 나온다. 뿐만 아니라 C-7의 최치원이 924년에 찬한「봉암사지증대사적조탑비」에는 흥덕왕이 즉위한 후에 선강태자宣康太子, 곧 충공이 국정을 감무하였다는 기록이 나오고 있다.

C-5와 6은 헌덕왕대의 충공의 일화이고, C-7은 흥덕왕대의 충공의 중책을 보여준다. 헌덕왕대의 충공과 흥덕왕대의 충공을 동일인물으로 보기도 하고41), 혹은 동명이인으로 보기도 한다.42) 그러나 C-3의 충공의 죽음[卒]에 대한 기록은 물러난 것[退]에 대한 오기로 여겨진다. C-4~7에서 알 수 있듯이 충공이 지속적으로 활동한 기록이 나오고 있기 때문이다.

C-6은 헌덕왕 14년(822)의 일화이다. 수종은 태자이고, 충공은 상대등이었는데, 당시 충공이 내외관원 선발을 담당하였음을 알 수 있다. 이 일화에서 충공이 녹진이 제시한 인사 관련 제언을 헌덕왕에게 직접 보고하였고, 헌덕왕이 태자에게도 알리라고 하고 있다. 여기서는 인사에 관련된 일이지만, 국정 전반에 걸쳐 헌덕왕과 수종, 충공이 함께 논의하여 결정하였을 것으로 생각된다. 이로 보아 상대등으로 인사를 총괄하는 충공이 부군인 수종에 버금가는 정치적 위상을 지녔을 것으로 보인다.43)

또한 C-7에서 충공을 '선강태자'라고 하였는데, 이에 대해 흥덕왕이 왕위를 계승한 직후에 충공을 태자로 책봉하였을 것으로 보기도 하고44) 충

---

39) 『三國遺事』卷1, 王歷, 僖康王.
40) 권영오, 앞의 책, 2011, 158쪽 ; 이문기, 『신라 하대 정치와 사회 연구』, 학연문화사, 2015, 63쪽 ; 손홍호, 앞의 논문, 2016, 306쪽.
41) 이기백, 앞의 책, 1974, 183쪽
42) 이기동, 앞의 책, 1984, 162쪽.
43) 손홍호, 앞의 논문, 2016, 321-322쪽.
44) 金昌謙, 앞의 책, 2003, 111쪽 ; 조범환, 「신라 하대 헌덕왕의 부군 설치와 그 정치

공이 책봉되었다는 기록이 없는 것으로 보아 '선강태자'는 후대에 부회되었을 것으로 보기도 한다.45) 민애왕이 왕으로 즉위한 후에 아버지인 충공을 선강대왕으로 추봉하였는데, '선강대왕'의 '선강'은 '선강태자'에서 기인한 것으로 보인다. 흥덕왕대에 동모제인 충공이 태자로 책봉되었음을 알 수 있다.

C의 사료로 볼 때 헌덕왕대에 동모제인 수종이 저이였고, 흥덕왕대에 동모제인 충공이 태자였음을 알 수 있다. 소성왕, 헌덕왕, 흥덕왕, 충공은 모두 동모제로, 인겸, 즉 혜강대왕과 성목태후의 아들이다. 기왕의 연구에서는 헌덕, 수종, 충공의 관계에 대해서, 헌덕왕이 그의 형제들과 조카인 애장왕을 시해하고 즉위하였기 때문에 왕권의 안정을 위하여 공동정권을 창출하였고, 태자제가 아닌 부군제가 안출된 것으로 보았다.46) 이를 전제로 헌덕왕 11년(819)에 수종이 상대등에 임명되고, 흥덕왕대에 충공이 상대등이었는데, 이는 각각 차기왕위계승자로서의 지위를 보여주는 것으로 파악하기도 하였다.47) 그러나 결과적으로 동모형제 간의 왕위계승이 이루어졌음에도 불구하고, 당대에 태자가 있었다는 점이 주목된다.

이 시기의 '태자'에 대해 알아보자. 우선 부군副君인 수종이 태자였을 것으로 보는 견해가 있다.48) 그런데 수종이 흥덕왕으로 즉위한 이후에 그의 왕비인 장화부인에 대한 기록만이 있을 뿐, 충공의 딸인 정교에 대한 기록이 보이지 않는다. 태자가 수종이었는지에 대한 의문이 제기된다.

이에 정교와 혼인한 태자가 균정이라고 보기도 한다. 신무왕 즉위조에 그의 어머니를 정교부인貞矯夫人이라고 하였는데, 이를 충공의 딸인 정교로

적 의미」『진단학보』 110, 2010, 49쪽.
45) 신정훈, 『8세기 신라의 정치와 왕권』, 한국학술정보, 2010, 262쪽.
46) 주보돈, 「신라 하대 김헌창의 난과 그 성격」『한국고대사연구』 51, 2008, 275쪽.
47) 헌덕왕대에 수종이 태자로 책봉되고, 흥덕왕대에 충공이 태자로 책봉된 것에 대하여 신라의 태자제가 가졌던 하나의 특성으로, 형제계승의 가능성을 보이는 예로 파악하기도 하였다(김창겸, 앞의 책, 2003, 107-113쪽).
48) 손흥호, 앞의 논문, 2016, 313-314쪽.

보았다. 신무왕의 모의 이름이 '정교'라는 점과 헌안왕이 신무왕의 배다른 형제로, 균정의 아들인데, 헌안왕의 모인 조명부인이 선강왕, 즉 충공의 딸이라는 점을 근거로 하였다.49) 이와 같은 견해는 충공이 흥덕왕 다음의 왕위계승권자였다는 점과50) 균정이 태자였을 것이라는 점이 전제가 되어야 하는데, 근거를 찾기는 어렵다.

마지막으로 헌덕왕에게는 김장렴과 심지를 포함한 여러 아들이 있었음이 확인되므로,51) 헌덕왕에게는 태자가 있었을 것이라는 견해이다. D-6)에서 저이儲貳와 태자太子가 나오는데, 이 둘을 동일인물로 보는 견해와52) 별개의 인물로 보는 견해가 나뉘어져 있다.53) 「여신라왕김중희서與新羅王金重

---

49) 홍승우는 흥덕왕대 공인된 왕위계승권자는 충공이었고, 충공의 사위인 희강왕과 균정이 계승분쟁을 벌인 것으로 보았다. 신무왕은 자신의 아버지인 균정이 충공의 사위로서 정당한 왕위계승권자임을 강조하기 위해, 생모가 아닌 계모인 정교를 태후로 삼았다고 보았다. 또한 이 정교가 헌안왕의 모인 조명부인과 동일인물일 수도 있으나 이름이 다르기 때문에 확증할 수 없다고 하였다(홍승우, 앞의 논문, 2018, 191-192쪽).
50) 윤경진은 충공의 딸을 태자비로 삼은 것은 차기왕위계승권자로서 흥덕왕의 지위를 확증한 동시에 그 다음 왕위는 충공으로 갈 수 있다는 것을 확인하는 조치라고 보았는데(윤경진, 「신라 흥덕왕대 체제정비와 김유신 추봉」『사림』 52, 2015, 113쪽), 그렇게 보기는 어렵다.
51) 『삼국사기』와 『책부원귀』에 헌덕왕의 왕자인 김장렴이 당에 가서 활동한 기사가 있다. 또한 「민애대왕석탑기」에는 心地(心智)가 헌덕왕의 아들이라고 하였고(황수영, 「신라민애대왕석탑기-동화사 비로암 삼층석탑의 조사」『사학지』 3, 1969, 66-67쪽). 또 「팔공산동화사사적」에 포함되어 있는 「심지왕사사적」에는 "心地王師卽新羅憲德大王第三子也"라고 하여 심지가 헌덕왕의 셋째아들이라고 기록되어 있다(김창겸, 「신라 승려 心地 연구: 삼국유사 심지계조와 관련하여」『신라문화제학술발표논문집』 34, 2013, 210-217쪽).
52) 이기백, 앞의 책, 1974, 122쪽 ; 이승현, 「신라의 동궁제도」『한국고대사연구』 55, 2009, 231-232쪽 ; 손홍호, 앞의 논문, 2016, 313-314쪽.
53) 이기동, 「新羅 興德王代의 政治와 社會」『국사관논총』 21, 1991, 160쪽 ; 김창겸, 앞의 책, 2003, 109-110쪽; 김창겸, 앞의 논문, 2013, 219쪽 ; 조범환, 앞의 논문, 2010, 34-36쪽 ; 김병곤, 「신라 헌덕왕대 부군 수종의 정체성과 태자」『동국사학』 55, 2013, 190-192쪽 ; 선석열, 「신라 헌덕왕대의 정치과정과 정교부인의 혼인 문제」『신라문화』 48, 2016, 175-176쪽.

熙書」에 의하면, 헌덕왕 2년(810)에 당이 애장왕의 사망사실을 모르고, 칙서勅書를 보내는데, 이 문서에서 '부왕副王'의 존재가 나온다.[54] 여기서의 부왕은 800년에 애장왕이 즉위하고, 섭정을 하였던 김언승을 가리키는 것으로 보인다.[55] 이로 볼 때 신라에서는 부군副君은 부왕副王과 관계되는 칭호로, 태자를 보좌하는 역할을 담당하는 역할을 의미하는 것으로 여겨진다.[56] 태자는 헌덕왕의 아들이었을 것이다.

따라서 헌덕왕 14년에 흥덕왕을 부군으로 삼고, 충공의 딸을 부군의 부인인 태자비로 삼았다. 이는 김헌창의 난을 진압한 것에 대한 논공행상인 동시에 언승, 수종, 충공의 혈연을 기반으로 유대를 강화하였을 것이다. 즉 수종에게는 저이로 책봉하고, 충공에게는 혼인을 통해 지위를 보장하였던 것이다. 또한 태자의 안정적인 왕위계승을 위한 정지작업의 의미도 있었다. 즉 헌덕왕은 충공을 태자비의 부父로 포섭하고, 수종을 태자를 보좌하는 부군으로 삼았던 것이다.

헌덕왕은 원성왕-인겸-태자로 이어지는 직계의 왕위계승을 의도하였을 것이다. 다만 헌덕왕의 사후에 태자의 부재로 인해 부군副君의 지위에 있던 수종이 흥덕왕으로 즉위하였던 것이다.[57] 이처럼 신라 하대초기에는 왕위의 정통성을 확보하기 위하여 부계적 정통성을 수립하고자 하였다.[58]

그러나 왕의 부계적 정통성이 차별화되지 않을 경우에는 모계, 즉 태후의 출신과 지위가 중요하게 작용하였다. 성목태후가 지닌 태후이자 대비로서의 위상은 인겸계의 구심점으로 작용하였다. 혜충대왕(인겸)-성목태후의

---

54) 『全唐文』卷284, 張九齡 勅新羅王金重熙書 ; 『文苑英華』卷471, 審書4, 張九齡 與新羅王金重熙書. "今遣金獻章等歸國, 並少有信物, 具在別錄, 卿母及妃並副王宰相以下, 各有賜物, 至宜領之. 冬寒卿比平安好. 卿母比得如宜".
55) 이문기, 앞의 책, 2015, 84-87쪽 ; 선석열, 앞의 논문, 2016, 176쪽.
56) 조범환, 앞의 논문, 2010, 41쪽 ; 선석열, 앞의 논문, 2016, 176쪽.
57) 흥덕왕 즉위 시에 헌덕왕의 아들인 태자와 부군인 수종 사이에 무력적 대립이 있었을 것으로 보기도 하였다(井上秀雄, 『新羅史基礎研究』, 東出版, 1974, 246쪽 ; 조범환, 앞의 논문, 2010, 48-51쪽 ; 선석열, 앞의 논문, 2016, 190-191쪽).
58) 이현주, 「신라 종묘제의 변천과 태후」『史林』66, 2018, 180-184쪽.

자녀는 소성왕, 헌덕왕, 흥덕왕, 충공이다. 헌덕왕, 흥덕왕, 충공은 동모형제同母兄弟의 혈연적 결연을 매개로 왕실의 중추적 역할을 담당하였던 것이다.

3. 왕위계승과 태후의 역할

하대의 왕위계승분쟁은 하대 전 시기에 일어난 것이 아니라 특정 시기에 집중되어 있다. 특히 하대 초기의 헌덕왕, 희강왕, 민애왕, 신무왕은 선왕을 죽이고, 왕위를 찬탈한 왕이었다. 그 중에서도 희강왕, 민애왕, 신무왕에 이르는 836년부터 839년까지는 왕위계승분쟁이 특히 격심하였다. 이처럼 희강왕-신무왕대의 왕위계승분쟁이 격심했던 배경을 알아보고자 한다.

> D-1. 僖康王이 즉위하였다. 휘는 제륭(또는 제옹이라고도 한다)이고, 원성대왕의 손자 이찬헌정(또는 초노라고도 한다)의 아들이다. 비는 문목부인이니, 갈문왕 충공의 딸이다. 앞서 흥덕왕이 죽자, 그 사촌동생[堂弟] 균정과 [다른] 사촌동생의 아들 제륭이 모두 임금이 되고자 하였다. 이에 시중 金明과 아찬 이홍, 배훤백등이 제륭을 받들고, 아찬 우징은 조카 예징 및 김양과 아버지 균정을 받들어, 일시에 대내에 들어가 서로 싸웠다. 김양이 화살을 맞아 우징 등과 함께 도망치고 균정은 해를 당하니, 그 후에 제륭이 즉위한 것이다.[59]
> D-2. 개성 원년 병진(836)에 흥덕왕이 죽었다. 왕위를 이을 적자가 없어, 왕의 사촌 동생 균정과 사촌 동생의 아들 제륭이 왕위를 다투었다. 양은 균정의 아들인 아찬 우징과 균정의 매서인 예징과 함께 균정을 받들어 왕으로 삼고, 적판궁에 들어가 족병으로써

---

59) 『三國史記』 卷10, 新羅本紀10, 僖康王 元年.

숙위하였다.[60]

D-3. 희강왕 3년(838년) 봄 정월에 상대등 김명, 시중 이홍 등이 군사를 일으켜 난을 꾸며서 왕의 측근들을 해치니, 왕은 자신이 온전치 못할 것을 알고 궁중에서 목을 맸다. 시호를 희강이라 하고 소산에 장사지냈다.[61]

D-4. 민애왕이 즉위하였다. 성은 김씨이고 휘는 명으로, 원성대왕의 증손이다. 대아찬 충공의 아들로, 여러 번 벼슬하여 상대등이 되었다. 시중 이홍과 왕을 핍박하여 살해하고 스스로 즉위하여 왕이 되었다.[62]

D-5. 술자리가 끝나기 전에 [희강]왕이 시해되어 나라가 어지럽고 임금의 자리가 비었다는 소식을 들었다. [장]보고가 군사를 나누어 5천 명을 [정]년에게 주며, [정]년의 손을 잡고 눈물을 흘리면서, "그대가 아니면 환란을 평정할 수 없다."고 말하였다. [정]년이 왕경에 들어가 반역자를 죽이고, [신무]왕을 세웠다. [신무]왕이 [장]보고를 불러 재상으로 삼고, [정]년으로 대신 청해를 지키게 하였다.[63]

D-6. 신무왕이 즉위하였다. 휘는 우징으로 원성대왕의 손자인 균정 상대등의 아들이며, 희강왕의 사촌동생이다. 예징 등이 궁궐을 깨끗이 한 후, 예를 갖추어 왕을 맞아 즉위케 하였다.[64]

D-1은 『삼국사기』 희강왕 즉위조이고, D-2는 『삼국사기』 열전의 김양조이다. D-1과 2는 836년에 흥덕왕이 후사가 없이 죽자 균정과 제륭 사이에 일어나는 왕위계승분쟁의 양상을 알려준다. 제륭과 균정이 왕위를 놓고, 계승분쟁을 벌이는데, 제륭, 김명, 이홍, 배훤백과 함께하였고, 균정은 우징, 예징, 김양과 함께였다. 이들이 궁에서 격전을 벌였는데, 이는 균정이

---

60) 『三國史記』 卷44, 列傳4, 金陽.
61) 『三國史記』 卷10, 新羅本紀10, 僖康王 3年.
62) 『三國史記』 卷10, 新羅本紀10, 閔哀王 元年.
63) 『三國史記』 卷44, 列傳4, 張保皐.
64) 『三國史記』 卷10, 新羅本紀10, 神武王 元年.

죽고, 김양은 화살을 맞아 우징 등과 도망가는 것으로 일단락이 되었다. 제륭이 희강왕으로 즉위하였던 것이다.

D-3과 4는 『삼국사기』의 기록으로, 민애왕이 즉위한 사정에 대해 알려주고 있다. 그에 따르면, 제륭이 희강왕으로 즉위한 이후에 그의 편에서 서서 그를 왕으로 추대하였던 김명과 이홍이 난을 일으켰고, 왕을 핍박하여 살해한 후에 김명이 스스로 왕이 되었다는 것이다. 그리고 D-5와 6은 균정의 아들인 우징이 즉위한 배경에 대한 기록이다. 우징이 청해진의 장보고에게 군사를 요청하였고, 무력으로 신무왕으로 즉위한 사정을 알 수 있다.

이처럼 흥덕왕 사후에 희강왕, 민애왕, 신무왕의 즉위는 무력에 의한 왕위 찬탈의 양상으로 전개되었다. 제륭과 균정의 관계, 이들과 함께 한 이들과의 관계를 살펴볼 필요가 있다. 다음의 그림 1은 원성왕-경문왕대의 왕실계보도이다.

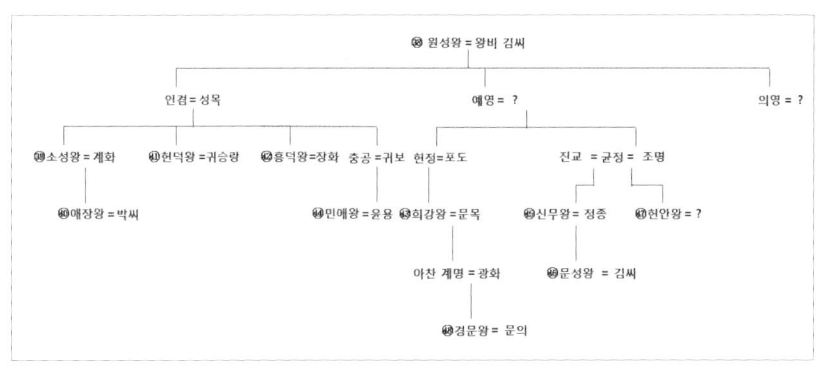

그림1 원성왕-경문왕대의 왕실계보도

균정은 왕의 사촌동생이고, 제륭은 왕의 사촌동생의 아들이라고 하였다. 원성왕대에 태자인 인겸이 죽자, 의영을 태자로 책립하였는데, 의영 역시 일찍 죽었으므로, 인겸의 아들인 준옹을 태자로 삼아 왕위를 계승하였다. 원성왕의 아들로, 인겸과 의영 외에 예영도 있었는데, 균정과 제륭은 모두 예영의 후손이다. 사료에서 확인되는 예영의 아들은 2명이다. 하나는 제륭의 아버지인 헌정憲貞이고,[65] 다른 하나는 균정이다. 헌정은 애장왕 8년(807) 1월에 시중이 되었고, 헌덕왕 2년(810) 1월까지 역임하고, 같은 해에 당 순종의 죽음을 애도하기 위한 건당사로 파견되었다.[66] 또한 헌덕왕 11년(819) 1월에 병으로 보행이 불가능하자 왕으로부터 궤장机杖을 하사받기도 하였다.[67]

또한 균정은 헌덕왕대에 김헌창의 난을 진압한 공로가 있을 뿐만 아니라 시중을 거쳐 상대등의 지위에 올랐다. 제륭 역시 김헌창의 난을 진압하는 참여했으나, 이후의 논공행상으로 보아 균정에 비하여 상대적으로 공이 적었던 것으로 여겨진다. 따라서 인겸계의 후계자가 명확하지 않은 상황에서 균정의 왕위계승은 당연하게 여겨졌을 것이다.

그런데 헌정의 아들인 제륭이 그와 더불어 왕위계승분쟁을 벌였고, 이러한 무리한 상황은 왕위계승분쟁을 격화시키는 계기로 작용하였던 것이다. 제륭이 균정과 더불어 왕위계승분쟁을 벌일 수 있었던 배경은 무엇일까. 제륭이 마침내 희강왕으로 즉위할 수 있었던 것은 아내인 문목부인과 처남인 김명의 지지가 컸을 것으로 여겨진다. 문목부인과 김명은 충공의 자녀인데, 충공은 인겸의 아들로, 소성왕, 헌덕왕, 흥덕왕과 형제간이다. 흥덕왕 사후에 가장 유력한 왕위계승자는 선강태자였던 충공이었다.

D-1에서 희강왕의 비인 문목부인이 갈문왕 충공의 딸이라고 하였는데, 충공이 이미 사망하였음을 알 수 있다. 흥덕왕 10년(835)에 균정이 충공에

---

[65] 애장왕 8년에 이찬 김헌창이 시중이 되었다는 기록이 나오는데, 세주에 혹은 金憲貞이라고 한다는 기록이 덧붙여져 있다. 애장왕 8년에 시중이 된 인물은 제륭의 아버지인 김헌정이었을 것이다(이기백, 앞의 책, 1974, 177쪽: 이기동, 앞의 책, 1984, 156쪽). 또한 헌덕왕 5년(813)에 건립된 「斷俗寺神行禪師碑」에 헌정의 관직이 "國相兵部令兼修城府令"이라고 하였는데, 헌덕왕 2년(811)에 시중직에서 물러난 이후에도 재상직을 유지하고 있었음을 알 수 있다(손홍호, 앞의 논문, 2016, 306쪽).

[66] 『三國史記』 卷10, 新羅本紀10, 憲德王 2年.

[67] 『三國史記』 卷10, 新羅本紀10, 憲德王 11年.

이어 상대등으로 임명된 기사로 보아68) 충공이 사망한 시점은 835년이었음을 알 수 있다. 차기왕위계승자인 태자 충공이 죽었으므로 흥덕왕 사후에 왕위계승분쟁이 일어났던 것이다.

흥덕왕 사후에 균정과 제륭을 중심으로 왕위계승분쟁이 일어났다. 흥덕왕 사후의 왕위계승분쟁은 예영계 후손 간의 다툼으로, 인겸계의 왕위계승자가 명확하지 않았기 때문에 예영계로 이양되는 데 따른 다툼이었음을 알 수 있다.69)

그런데 균정이 죽고, 제륭이 희강왕으로 즉위하였다. 이후 김명은 제륭을 겁박하여 살해하고 스스로 왕위에 올라 민애왕으로 즉위하였다.70) 흥덕왕 사후의 왕위계승분쟁은 표면적으로는 예영계 후손 간의 다툼이었으나, 실질적으로는 균정과 제륭을 내세운 김명과의 대립구도로 전개되었다.71) 이로 보아 흥덕왕 사후에 가장 유력한 왕위계승자는 균정이었고, 김명은 그에 비해 정당성이 부족하였음을 알 수 있다.

흥덕왕 사망 당시에 김명은 19세였고,72) 흥덕왕대에 상대등이자 태자였던 충공의 아들로 인겸계이다. 그럼에도 불구하고 제륭을 내세울 수밖에 없었던 이유는 무엇일까. 다음은 희강-신무왕대의 즉위조 기사이다.

E-1. 희강왕 2년(837년), 아버지를 추봉하여 익성대왕으로 삼고, 어머

---

68) 『三國史記』 卷10, 新羅本紀10, 興德王 10年.
69) 김균정과 김명의 대립은 인겸계와 예영계의 싸움이고, 김균정과 김제륭의 대립은 예영계 내부의 싸움이었다(이기동, 앞의 책, 1984, 165-166쪽).
70) 김명은 흥덕왕의 태자였던 충공의 아들로 왕위계승예정자 순위에 포함되었지만, 충공이 왕위를 계승하지 못하고 죽었으므로 그 권리를 상실하였다고 보았다. 이에 상대등이었던 김균정에게로 왕위계승권이 넘어갔다고 파악하였다(김창겸, 앞의 책, 2003, 301-302쪽 ; 권영오, 앞의 책, 2011, 169쪽).
71) 김명이 김제륭을 도와 즉위토록 한 것은 김명 자신이 왕위에 오르기 위한 발판으로 김제륭을 잠시 이용하고자 하는 의도가 작용하였던 것으로 보았다(尹炳喜, 앞의 논문, 1982, 67쪽 ; 李基東, 앞의 책, 1984, 165쪽 ; 권영오, 앞의 책, 2011, 154쪽).
72) 「閔哀王石塔 舍利函記」.

니 박씨를 순성태후로 삼았다.73)

E-2. 민애왕이 즉위하였다. 성은 김씨이고 휘는 명으로, 원성대왕의 증손이다. 대아찬 충공의 아들로, 여러 번 벼슬하여 상대등이 되었다. (중략) 아버지에게 선강대왕의 시호를 추증하고, 어머니 박씨 귀보부인을 선의태후라 하였으며, 부인 김씨를 윤용왕후라 하였다.74)

E-3. 신무왕이 즉위하였다. 휘는 우징으로 원성대왕의 손자인 균정 상대등의 아들이며, 희강왕의 사촌동생이다. 예징 등이 궁궐을 깨끗이 한 후, 예를 갖추어 왕을 맞아 즉위케 하였다. 조부 이찬 예영(또는 효진이라고도 한다)을 추존하여 혜강대왕이라 하고, 아버지를 성덕대왕이라 하였으며, 어머니 박씨 진교부인을 헌목 태후라 하였다. 아들 경응을 세워 태자로 삼았다.75)

E-1은 희강왕이 아버지인 헌정을 익성대왕으로, 어머니인 박씨를 순성태후로 추봉한 내용이다. E-2는 민애왕이 즉위한 직후에 아버지인 충공을 선강대왕으로, 어머니 박씨인 귀보부인을 선의태후로 삼은 내용이다. E-3은 신무왕이 즉위한 후에 조부인 예영을 혜강대왕으로, 아버지 균정을 성덕대왕으로, 어머니 박씨 진교부인을 헌목태후로 삼은 내용이다.

희강왕, 민애왕, 신무왕은 전왕을 죽이고 왕으로 즉위하였다. 이들은 왕위의 정당성을 확보하기 위해서 그의 부모를 추봉할 필요가 있었다. 특히 신무왕은 그의 조부인 예영도 대왕으로 책봉하였을 뿐만 아니라 그의 아들인 경응을 태자로 삼아서 원성왕-예영-균정-우징-경응으로 이어지는 부계적 정통성을 확립하고자 하였다.

또한 이들 희강왕과 민애왕, 그리고 신무왕은 모두 원성왕의 증손으로, 부계적 계통성만을 볼 때 왕위계승상의 우열을 가리기가 어려웠을 것이다.

---

73) 『三國史記』 卷10, 新羅本紀10, 僖康王 2年.
74) 『三國史記』 卷10, 新羅本紀10, 閔哀王 元年.
75) 『三國史記』 卷10, 新羅本紀10, 神武王 元年.

그러므로 이들이 왕으로 즉위하였을 때, 왕위의 정통성을 위해 부계 못지 않게 모계가 중요하였고, 따라서 모의 추봉이 중시되었던 것이다. 여기서 E의 『삼국사기』 즉위조에서 희강왕과 민애왕, 그리고 신무왕의 어머니를 모두 박씨로 기록하고 있다는 점이 주목된다. 『삼국유사』 왕력편에 의하면, 희강왕의 모는 미도부인(또는 심내부인, 파리부인)으로, 충연 대아간의 딸이라고 하였고,[76] 민애왕의 모는 혜충왕의 딸인 귀파부인으로 시호가 선의왕후라고 하였다.[77] 또한 신무왕의 모는 정교부인이라고 하였다.[78]

희강왕은 김헌정의 아들이고, 그의 어머니는 박씨이고, 미도부인이다. 김우징은 김균정의 아들이고, 어머니는 진교부인 박씨이다. 김균정에게는 최소한 2명의 부인이 있었다. 한명은 신무왕의 어머니인 진교부인 박씨이고, 다른 한명은 헌안왕의 어머니인 조명부인 김씨이다.

민애왕은 김충공의 아들이고, E-2)에 의하면, 그의 어머니는 귀보부인 박씨이다. 그런데 『삼국유사』에서는 민애왕의 어머니가 혜충왕의 딸인 귀파부인이라고 하였다. 즉 민애왕의 어머니인 귀파부인은 인겸의 딸로, 김씨인 것이다. 또한 희강왕의 어머니는 충연 대아간의 딸이므로, 김씨였음을 알 수 있다. 이로 보아 신무왕의 어머니 역시 김씨일 가능성이 크다. 따라서 즉위조에서 보이는 왕의 어머니에 대한 기록의 오류는 단순한 사실의 누락이라기보다는 의도된 오기였을 것이다.

희강왕, 민애왕, 신무왕의 즉위는 정당한 왕위계승에 의한 것이 아니었다. 따라서 책봉이라는 왕위의 정당성 확보를 위한 장치가 필요했다. 헌덕왕과 흥덕왕은 당의 책봉을 통해 왕위의 정당성을 확보하였다. 희강왕, 민애왕, 신무왕 역시 당의 책봉을 통해 왕위의 정당성을 확보하고자 하였던 것이다. 짧은 재위기간으로 인하여 당의 책봉을 받지는 못하였으나, 이를 염두하고 있었기 때문에 왕실 내의 근친혼을 은폐하기 위한 왕실 계보의

---

[76] 『三國遺事』 卷1, 王歷, 제43대 僖康王.
[77] 『三國遺事』 卷1, 王歷, 제44대 閔哀王.
[78] 『三國遺事』 卷1, 王歷, 제45대 神武王.

조작이 이루어졌을 것이다. 즉 제륭과 균정, 명은 부계로는 원성왕의 증손이고, 모계 역시 진골귀족이었음을 알 수 있다. 이들의 왕위계승권에 영향을 미칠 수 있는 다른 요소를 찾을 필요가 있다.

왕이 사망하고, 차기왕위계승권자인 태자가 부재할 경우, 왕위계승에 영향을 미칠 수 있는 존재는 선왕의 부인, 즉 태후이다. 흥덕왕 사후에 왕위계승에 영향을 미칠 수 있는 태후로는 헌덕왕의 부인인, 귀승랑이 있었다.

신라 하대의 태후의 지위와 역할을 알아보기 위해 중국의 황후 및 태후의 존재양상을 살펴볼 필요가 있다. 중국의 선진先秦시대 이래 황제지배체제 하에서의 제위帝位의 계승은 크게 두 가지이다. 하나는 부자父子를 중심으로 한 혈연적·혈통적 계승방식인 동성계승同姓繼承이고, 다른 하나는 '선양禪讓'의 형식을 띠는 이성異姓간의 계승이다.[79] 후자의 경우, 선황제의 적처인 황후가 새로운 황제의 즉위의례에 관여한다.[80] 즉 황후가 왕조를 대표하고 차기제위계승자에게 제위를 계승하는 주체가 되는 것이다.[81]

이는 한대漢代에 성립된 황후권皇后權과 관련된다. 한대의 황후는 황제와 동체同體이며, 황제의 종묘宗廟를 받들고, '모천하母天下' 존재로 인식되었다.[82] 전한과 후한을 통해서 황후와 황제의 일체성이 강조되면서, 왕조의 개창과 유지에 황후의 조력이 크게 작용하였다.[83] 이와 같은 황후의 지위와 역할은 태후의 위상과 역할로 이어졌다. 중국의 태후는 황제의 생모가 아닌 선제先帝의 적처嫡妻로서 임조칭제臨朝稱制를 하였던 것이다.[84] 고려

---

79) 尾形 勇,「中國古代における帝位の繼承-その正當化の過程と論理」『史學雜誌』85-3, 1976, 58-60쪽.
80) 西嶋定生,「漢代における卽位儀禮-とくに帝位繼承のばあいについて」『榎博士還曆記念東洋史論叢』, 山川出版社, 1975 : 『中國古代國家と東アジア世界』, 東京大學出版會, 1983 재수록, 93-113쪽.
81) 金慶浩,「漢代 皇太后權의 性格에 대한 再論」『阜村 申延澈敎授 停年退任紀念 史學論叢』, 일월서각, 1995, 41쪽.
82) 『後漢書』卷10, 皇后紀 上, "十四年夏 …… 帝曰皇后之尊, 與朕同體, 承宗廟, 母天下, 豈易哉 唯鄧貴人德冠後庭, 乃可當之" 至冬, 立爲皇后. 辭讓者三, 然後卽位"
83) 谷口やすよ,「漢代の皇后權」『史學雜誌』87-1, 1978, 45-47쪽.

의 경우, 국왕의 생모가 임조칭제권을 행사하였다.85)

　신라는 중대 이후에 대왕의 배우자로 왕후의 칭호를 사용하였는데, 이는 당제인 후비제에 대한 이해가 심화된 결과였다.86) 또한 종묘제도 수용하였는데, 이는 왕권의 정통성을 입증하는 중요한 기제였다. 왕은 즉위 직후에 종묘에 선왕의 신위神位를 봉안하였다. 현왕이 선왕과 부자관계가 아닐 경우, 부모를 대왕과 태후로 추봉하고, 종묘에 부모의 신위를 봉안하였을 것이다. 신라 하대초기의 경우, 찬탈에 의한 왕위계승이 빈번하였기 때문에 왕의 부모를 추봉하고 종묘를 정비하는 것이 중요시될 수밖에 없었다.

　신라 종묘제는 문무왕대에 수립되어 혜공왕대에 시정되고, 애장왕대에 개정되었다. 혜공왕대에 시정한 오묘제는 시조대왕-태종대왕-문무대왕이 불천위不遷位이고, 왕의 친묘親廟 2묘만 천위遷位로써 교체되었다. 이와 같은 종묘제의 규정은 하대초기까지 지속되다가 애장왕대에 개정되었다. 애장왕대 이후로는 시조대왕과 태종대왕-문무대왕은 별묘別廟로, 불천위不遷位이고, 왕의 직계 4조祖를 천위遷位로 하였던 것이다.87)

　종묘제의 신위神位 개편은 추봉한 이후에 이루어진다. 하대 초기에 선왕과 부자관계가 아닌 경우, 부모를 추봉하였는데, 이는 부계가 원성왕 이후에는 동일하므로, 왕의 부父와 조祖만 추봉의 대상이었음을 알 수 있다. 왕의 선대 왕실여성 역시 종묘의 배위配位 대상이었다. 특히 왕의 아버지와 더불어 어머니인 태후를 종묘에 안치하는 것은 왕위의 정통성과 직결되는 사안이었다.

---

84) 谷口やすよ,「漢代の太后臨朝」『歷史評論』359, 1980, 92-93쪽.
85) 고려의 경우, 임조칭제권(臨朝稱制權)이 전왕(前王)의 적처가 아닌 현왕(現王)의 생모(生母)에게 주어졌다. 고려왕실은 다처제(多妻制)였고, 또한 어린 임금에 대한 부정적인 인식이 온존하고 있었기 때문에 이로 인해 현왕의 생모에게 임조칭제권이 주어졌던 것이다(이정란,「고려 전기 太后의 이념적 지위와 '太后權'의 근거」『사학연구』111, 2013, 215-216쪽).
86) 이현주,「신라 중대 왕후의 책봉과 위상 정립」『역사와 현실』95, 2015, 250-252쪽.
87) 이현주, 앞의 논문, 2018, 175-180쪽.

신라 중대 이후 당과의 교류는 당제에 대한 이해를 심화시켰고, 이는 왕실여성의 지위와 역할의 제도화에도 영향을 미쳤다. 신라 하대의 태후는 현왕의 모후로서 대내적으로는 태후의 책봉을 받았고, 대외적으로는 당으로부터 대비의 책봉을 받았다. 태후의 위상은 정통성이 부족한 왕에게는 왕위의 정당성을 지지하는 주요한 요건이었고, 나아가 차기 왕위계승권자를 결정하는 결정적인 역할을 담당하였다.

귀승랑은 헌덕왕비이자 흥덕왕 사후에 유일한 태후였다. 흥덕왕 사후의 왕위계승분쟁에서 태후인 귀승랑의 지위와 역할을 중요하게 작용하였던 것이다. 인겸계인 충공의 아들이 왕위계승 후보자가 되지 못하고, 가장 유력한 왕위계승후보인 균정을 상대로 제륭이 왕위쟁탈전을 벌였던 배경에는 태후인 귀승랑이 있었다.

귀승랑의 아버지에 대해서는 2가지의 기록이 남아 있다. 『삼국사기』에서는 귀승부인貴勝夫人은 예영禮英 각간의 딸이라고 하였고,[88] 『삼국유사』에서는 귀승랑貴勝娘은 충공忠恭 각간의 딸로, 시호는 황아왕후皇娥王后라고 하였다.[89] 흥덕왕 사후에 충공의 아들인 김명이 아니라, 예영계인 균정과 제륭 사이에 왕위계승분쟁이 야기되었다. 태후인 귀승랑은 왕위가 예영계로 계승되기를 원했던 것이다. 이로 보아 귀승랑은 예영계, 즉 예영의 딸이었음을 알 수 있다.[90]

이처럼 제륭이 왕위계승 후보자로 부상하였던 것은 예영계인 태후 귀승랑과 충공계인 처妻 문목부인과 처남妻男 김명의 지지로 가능할 수 있었다. 즉 흥덕왕 사후에 왕위가 인겸계인 김명에게 계승되지 않고, 예영계 간의 왕위계승분쟁이 야기되었던 것은 예영계인 귀승랑이 태후로서 차기 왕위

---

[88] 『三國史記』 卷10, 新羅本紀10, 憲德王 元年.
[89] 『三國遺事』 卷1, 王歷, 제41대 憲德王.
[90] 김창겸은 『삼국유사』에 의하면, 귀승랑은 헌덕왕의 동생인 충공의 딸로, 숙질간의 근친혼이 된다. 이는 일반적으로 이해하기 어려우므로, 귀승부인은 예영의 딸이었을 것이라고 보았다(앞의 책, 2003, 44쪽).

계승권에 간여한 결과였다.

　요컨대 왕위가 부자로 계승되지 않은 경우에 왕위의 정통성과 왕권의 정당성이 부족하였다. 이와 같은 경우에 왕은 즉위 직후에 그의 부모를 추봉함으로써 왕위의 정당성을 확보하고자 하였다. 하대초기에 원성왕계 간의 왕위계승분쟁에서는 부계적으로 동일한 위상이었으므로 상대적으로 모계 및 처계의 위상과 역할이 중요해졌다. 뿐만 아니라 하대에 당의 제도에 대한 이해가 더욱 심화되었고, 이는 왕실여성, 특히 태후의 지위와 역할을 강화시키는 요인으로 작용하였다.

맺음말

　신라 하대초기의 왕은 즉위 직후에 종묘제와 태자제를 통해 부계적 정통성을 수립하고자 하였다. 이는 왕의 수직적 계통성을 수립하여 부계적 정통성을 천명하고, 왕위의 정당성을 확립하기 위한 것이었다. 원성왕 사후에 적손인 준옹이 소성왕으로 즉위하고, 이어서 소성왕의 아들인 애장왕이 즉위하였는데, 이는 적자계승원리에 따른 것이다.

　헌덕왕 14년에 흥덕왕을 부군으로 삼고, 충공의 딸을 부군의 부인인 태자비로 삼았다. 이는 김헌창의 난을 진압한 것에 대한 논공행상인 동시에 언승, 수종, 충공의 혈연을 기반으로 유대를 강화한 것이다. 헌덕왕은 충공을 태자비의 부父로 포섭하고, 수종을 태자를 보좌하는 부군으로 삼았다. 이로 보아 헌덕왕이 원성왕-인겸-헌덕왕-태자로 이어지는 직계의 왕위계승을 의도하였음을 알 수 있다. 흥덕왕의 사후의 왕위계승분쟁은 왕위의 적자계승원리가 실질적으로 이루어지기 어렵게 되자 발생한 것이었다.

　하대초기의 왕은 모두 원성왕계이고, 이들 중 소성왕, 애장왕, 헌덕왕, 흥덕왕, 민애왕은 인겸계이고, 희강왕, 신무왕, 문성왕, 헌안왕은 예영계이다. 하대초기의 왕위계승분쟁은 왕위의 정통성과 연관된 사안이었다. 왕의 부계적 정통성이 차별화되지 않을 경우에는 모계, 즉 태후의 출신과 지위가 중요하게 작용하게 된다.

혜충대왕(인겸)-성목태후의 자녀는 소성왕, 헌덕왕, 흥덕왕, 충공이다. 헌덕왕, 흥덕왕, 충공은 동모형제同母兄弟의 혈연적 결연을 매개로 왕실의 중추적 역할을 담당하였다. 성목태후는 지닌 태후이자 대비로서의 위상은 인겸계의 구심점이 되었던 것이다.

또한 차기왕위계승권자인 태자가 부재할 경우, 왕위계승에 영향을 미칠 수 있는 존재는 선왕의 부인, 즉 태후이다. 귀승랑은 헌덕왕의 왕비로, 흥덕왕 사후에 왕위계승에 영향을 미칠 수 있는 태후였다. 즉 흥덕왕 사후에 예영계 간의 왕위계승분쟁이 야기되었던 것은 예영계인 귀승랑이 태후로서 차기 왕위계승권에 간여한 결과였다.

이처럼 하대초기는 왕위계승분쟁이 치열했던 만큼 부계 못지않게 모계 및 처계도 중요하였다. 왕위가 부자로 계승되지 않은 경우에 왕위의 정통성이 결핍되고, 이에 왕은 즉위 직후에 그의 부모를 봉하여 왕권의 정당성을 확보하고자 하였다. 하대초기에 원성왕계 간의 왕위계승분쟁은 부계적으로 동일하므로 상대적으로 모계 및 처계의 위상이 중요해졌다. 또한 하대에 당의 제도에 대한 이해가 더욱 심화되었고, 이는 왕실여성, 특히 태후의 지위와 역할을 강화시키는 요인으로 작용하였다.

제6장 신라 하대 왕위계승권과 왕실여성

머리말

 신라 하대는 선덕왕부터 경순왕에 이르는 시기를 말한다. 신라 하대의 왕통은 원성왕가와 경문왕가를 중심으로 하대 전기와 하대 후기로 나뉜다.[1] 신라 하대는 왕계를 중심으로 가계의 분지화가 이루어졌고, 각 가계별로 정치 세력화하였다.[2] 이로 인해 하대 전기의 왕위계승은 쟁탈전으로 격화된 양상을 보였다.

 신라 하대 왕위계승 연구에서 왕위계승의 유형을 태자책봉, 유조遺詔, 찬탈簒奪, 추대推戴 등으로 구분하였는데, 혈연적 친소親疏에 따라 부계친의 남자를 중심으로 계승되었다고 보았다.[3] 왕위계승의 순서는 자子, 적손嫡

---

1) 신라 하대는 정치세력의 변동에 따라 2시기와 3시기, 또는 4시기로 구분하여 파악할 수 있다. 우선 정치변동에 따라 왕권쟁탈기(선덕왕~정강왕)과 지방세력의 자립기(진성왕~경순왕)로 구분하거나(井上秀雄,「新羅政治體制の變遷過程」,『新羅史基礎硏究』, 東出版, 1974, 427쪽), 헌덕왕 14년(822)의 김헌창의 난을 기점으로 전기와 후기의 2시기로 구분하였다(주보돈,「통일신라의 지배체제와 정치」,『한국사』 3, 한길사, 1994, 332쪽). 또는 정치변동과정을 세분화하여 초기(선덕왕~신무왕)·중기(문성왕~헌강왕·정강왕)·말기(진성왕~경순왕)의 3시기로 보거나(李佑成,『韓國中世社會硏究』, 一潮閣, 1991, 179~180쪽), 또는 초기(선덕왕~민애왕)·중기(신무왕~진성왕2년)·말기(진성왕3년~경순왕)의 3시기로 구분하였다(권영오,『신라하대 정치사 연구』, 혜안, 2011, 180쪽). 또한 왕통과 정치세력의 변화를 근거로 Ⅰ기(선덕왕~흥덕왕), Ⅱ기(희강왕~헌안왕), Ⅲ기(경문왕~효공왕), Ⅳ기(신덕왕~경순왕)의 4시기로 구분하였다(金昌謙,『新羅下代王位繼承硏究』, 景仁文化社, 2003, 336~340쪽).
2) 李基白,『新羅政治社會史硏究』, 일조각, 1974, 181쪽. 186쪽, 189쪽, 190쪽.
3) 金昌謙, 앞의 책, 2003 ; 최의광,『新羅 下代 王位繼承 樣相과 性格』, 고려대학교 대학원 박사학위논문, 2013.

孫 순이었고, 정당한 왕위계승자가 없을 경우, 제弟, 숙부叔父, 조카[姪], 사위[女壻]의 순이었다는 것이다.[4] 이는 왕위계승의 원칙이 부계친의 적장자 계승이었다는 점을 전제한 것이다. 반면 부계혈족집단의 존재를 부정하고, 자子·녀女·여서女壻·친손親孫·외손外孫의 친족원이 왕위계승권을 가지고 있었다고 본 견해도 제시되었다.[5] 최근 신라 왕위계승의 특징적인 요소로 사위의 왕위계승권을 주목하기도 하고,[6] 경순왕이 전왕의 '족제族弟'라는 부계적 혈통을 통해 왕위계승의 정당성을 확보한 측면을 주목한 연구도 이루어졌다.[7]

경문왕 이후, 적장자의 왕위계승은 단 두 차례뿐이다. 경문왕에 이어 왕위를 계승한 헌강왕과 신덕왕에 이어 왕위를 계승한 경명왕이 그들이다. 이들 두 명을 제외하고, 적자, 형제, 여제女弟, 서자, 사위로 왕위가 계승되었다. 특히 서자로 왕위를 계승한 효공왕과 박씨로 왕위를 계승한 신덕왕은 예외적인 사례로 주목된다. 효공왕의 즉위 배경과[8] 신라 말 박씨왕의 등장 배경에 대한 연구가[9] 다수 이루어졌으나, 왕위계승의 원리보다는 왕

---

4) 이기백, 앞의 책, 1974, 김창겸, 앞의 책, 2003 ; 최의광, 앞의 논문, 2013 ; 선석열, 『신라 왕위계승 원리 연구』, 혜안, 2015.
5) 최재석, 「新羅 王室의 王位繼承」 『韓國家族制度史研究』, 一志社, 1983 ; 하정룡, 「新羅 上代 王位繼承 硏究-王室內 近親婚을 중심으로-」 『新羅文化』 12, 1995.
6) 이재환, 「新羅 眞骨의 '家系 分枝化'에 대한 재검토-사위의 왕위계승권을 중심으로-」 『大丘史學』 127, 2017.
7) 이천우, 「신라 경순왕의 즉위를 통해 본 신라 하대의 왕위 계승 원리-혈연적 요인을 중심으로-」 『서강인문논총』 54, 2019.
8) 金昌謙, 「新羅 下代 孝恭王의 卽位와 非眞骨王의 王位繼承」 『史學研究』 58·59, 1999 ; 앞의 책, 2003 재수록 ; 「신라 憲康王과 義明王后, 그리고 '野合'과 孝恭王 - 특히 신라말 '非眞骨王'의 등장과 관련하여 -」 『신라사학보』 22, 2011 ; 李文基, 「최치원(崔致遠) 찬(撰) 9세기 후반 불국사(佛國寺) 관련자료의 검토」 『신라문화』 26, 2005 ; 「新羅 孝恭王(嶢)의 出生과 王室의 認知 時期에 대하여」 『新羅文化』 30, 2007a ; 「新羅 孝恭王(嶢)의 太子冊封과 王位繼承」 『歷史教育論集』 39, 2007b ; 『신라 하대 정치와 사회 연구』, 학연문화사, 2015 재수록 ; 선석열, 「신라 하대 효공왕의 헌강왕 서자설 재검토」 『석당논총』 62, 2015 ; 김수태, 「신라 헌강왕대 국왕 친영례의 변화」 『신라문화』 45, 2015.

권과 정치세력의 추이에 치중되었다. 이들 연구를 통해 왕위계승의 양상에 대해서 부분을 이해할 수 있었으나, 여전히 왕위계승에서 보이는 다양한 면모를 이해하기에는 미흡한 점이 있다. 이에 왕위계승과 왕실여성의 상관성에 주목하고자 한다.

본 장에서는 왕위계승권과 관련하여 왕실여성의 지위와 역할을 고찰할 것이다. 헌안왕부터 경순왕에 이르기까지 왕녀 출신의 왕후 및 태후의 존재가 다수 보인다. 이들이 왕위계승에 미친 역할을 살펴보고, 신라 하대에 태후의 지위가 강화되는 과정을 알아보고자 한다. 우선 경문왕가의 성립 배경과 헌강왕계의 왕위계승 양상을 살펴보고자 한다. 다음으로 효공왕의 즉위와 신덕왕의 즉위 과정에서 살펴보고, '의부모義父母'의 등장 배경에 대해서 알아볼 것이다. 마지막으로 신라 하대의 왕위계승에서 '왕녀' 출신 왕실여성의 역할과 의미를 고찰하고자 한다. 이를 통해 왕위계승과 관련하여 왕실여성의 역할과 위상을 이해하는 데 일조할 수 있기를 기대한다.

1. 경문왕가의 성립과 왕위계승 양상

1) 경문왕가의 성립 배경

헌안왕은 신무왕의 이모제異母弟이다. 아버지는 김균정이고, 어머니는 조명부인照明夫人으로, 선강왕宣康王의 딸이다.10) 선강왕은 인겸의 아들이

---

9) 李鍾恒, 「新羅의 下代에 있어서의 王種의 絶滅에 대하여」 『法史學硏究』 2, 1975 ; 文暻鉉, 「新羅 朴氏의 骨品에 대하여」 『歷史敎育論集』 13·14합집, 1990 ; 李明植, 「新羅末 朴氏王代의 展開와 沒落」 『大邱史學』 83, 2006 ; 전기웅, 「신라의 멸망과 朴氏王家」 『韓國民族文化』 31. 2008 ; 『新羅의 멸망과 景文王家』, 혜안, 2010 재수록 ; 조범환, 「新羅末 朴氏王의 登場과 그 政治的 性格」 『歷史學報』 129, 1991 ; 『중세로 가는 길목 신라 하대사』, 새문사, 2018 재수록.
10) 『三國史記』 卷11, 新羅本紀11, 憲安王 元年.

자, 소성왕, 헌덕왕, 흥덕왕의 동생이고, 민애왕의 아버지이다.[11] 헌안왕이 즉위할 수 있었던 것은 조카인 문성왕의 유조遺詔에 의해서였는데,[12] 헌안왕의 부계는 원성왕-예영-균정-헌안왕으로 이어지고, 모계는 원성왕-인겸-충공-조명부인으로 이어진다. 헌안왕과 조명부인의 혼인은 예영계와 인겸계의 결합의 의미를 지닌 것이었다.[13] 희강왕, 민애왕, 신무왕에 이르기까지 예영계와 인겸계 간의 왕위쟁탈전이 격화되었던 정황을 고려하면, 헌안왕의 혼인과 즉위는 왕위쟁탈전을 종식시키는 의미를 지녔던 것임을 알수 있다. 이와 관련하여 경문왕의 혼인과 즉위 역시 주목된다. 다음은 관련 사료이다.

> A-1. 헌안왕 4년(860), 가을 9월에 왕이 臨海殿에 여러 신하들을 모이게 하였다. 왕족 膺廉은 15세의 나이로, 자리에 참석하였다. (중략) 왕이 듣고 가만히 있다가 왕후에게 귓속말로 말하길, "내가 많은 사람을 보았지만 응렴만한 이는 없었다."하고는, 딸을 妻로 삼게 하고자 하여 돌아보고 말하길, "그대는 몸을 아끼길 바란다. 나에게 딸 자식이 있으니 그대의 배필로 삼게 하겠다."라고 하였다. 다시 함께 술을 마시며 조용히 말하기를 "나에게 두 딸이 있는데, 큰 아이[兄]는 올해 스물 살이고 작은 아이[弟]는 열아홉 살이다. 그대 마음에 드는 대로 장가를 들라."라고 하였다. 응렴은 사양하다가 마침내 일어나 감사의 절을 드리고 집에 돌아와 부모에게 알렸다. 부모가 말하기를 "듣건대 왕의 두 딸의 얼굴은 언니가 동생만 못하다고 하니, 만약 부득이하다면 그 동생에게 장가드는 것이 좋겠다."라고 하였다.
>
> A-2. 그러나 응렴은 여전히 망설이며 결정을 하지 못하다가 興輪寺의 스님에게 물었다. 스님이 말하기를 "언니에게 장가들면 세

---
11) 『三國史記』 卷10, 新羅本紀10, 閔哀王 元年.
12) 『三國史記』 卷11, 新羅本紀11, 文聖王 19年.
13) 김창겸, 「신라 憲安王의 卽位와 그 治積」『신라문화』 26, 2005 ; 『신라 하대 국왕과 정치사』, 온샘, 2018 재수록, 124쪽.

제6장 신라 하대 왕위계승권과 왕실여성 321

가지 이로움이 있을 것이고, 동생에게 장가들면 반대로 세 가지 손해가 있을 것이다."라고 하였다. 응렴이 곧 왕에게 아뢰기를 "신은 감히 결정하지 못하겠으니, 왕의 명령을 따르겠습니다."라고 하였다. 이에 왕이 큰 딸[長女]를 그에게 출가[出降]시켰다.14)

A-3. 경문왕 3년(863), 영화부인의 동생을 맞아들여 둘째 부인으로 삼았다. 그 뒤 어느 날 왕이 흥륜사 스님에게 묻기를 "대사가 전에 이르기를 세 가지의 유익한 것이 있다고 했는데 무엇입니까?"라고 하니, [스님이] 대답하기를 "그 당시에 왕과 왕비께서 당신들 뜻대로 된 것을 기뻐하여 총애가 점점 깊어졌으니 이것이 첫째 이로움이고, 이로 인하여 왕의 자리를 이었으니 이것이 둘째 이로움이며, 마침내 처음부터 바라던 작은 딸에게 장가들 수 있게 되었으니 이것이 셋째 이로움 아니겠습니까."라고 하였다. 왕이 듣고 크게 웃었다.15)

A-1~3은 『삼국사기』의 기록으로, 경문왕이 즉위한 내력이다. 『삼국사기』의 A-1~3의 내용은 『삼국유사』에도 실려 있는데, 내용은 대동소이하다.16) 헌안왕이 응렴의 성품을 맘에 들어 했고, 그로 인해 사위로 맞고 싶어 했으며, 이후 사위인 응렴에게 왕위를 물려주었다고 한다. 이처럼 응렴의 혼인과 즉위가 의도치 않은 사건들의 연속인 것으로 기술하였다.

그러나 A-1에서 헌안왕이 자리를 마련하여 왕족이자, 국선인 응렴을 불러들였음을 알 수 있다. A-2에서 응렴은 헌안왕의 제안을 부모 및 자제들과 의논하였고, 그 결과는 왕의 둘째 딸이었다. 이는 헌안왕의 의중과는 다른 결론이었다. A-3에서 응렴은 흥륜사의 범교사와 의논하였고, 범교사는 강력하게 헌안왕의 맏딸과 혼인할 것을 권하였고, 이에 응렴은 헌안왕의 맏딸인 영화부인과 혼인하였던 것이다. A-3은 경문왕이 첫째공주와 혼인

---

14) 『三國史記』卷11, 新羅本紀11, 憲安王 4年.
15) 『三國史記』卷11, 新羅本紀11, 景文王 3年.
16) 『三國遺事』卷2, 紀異2, 景文大王.

하고, 왕으로 즉위한 후 흥륜사의 스님으로부터 3가지의 이로움이 구체적으로 어떠한 것인지에 대해 듣는 내용이다. 경문왕 3년(863), 경문왕이 영화부인과 혼인해서 얻게 된 3가지의 이로운 점을 말하고 있다. 즉 경문왕이 헌안왕의 큰 딸과 결혼하여 첫째, 헌안왕과 헌안왕비를 기쁘게 하였고, 둘째, 왕위를 계승하였고, 셋째, 처음에 원하던 헌안왕의 둘째딸도 부인으로 맞아들일 수 있었다는 것이다. 헌안왕이 죽은 후, 경문왕이 헌안왕의 유조遺詔에 의해 즉위하였다. 그런데 헌안왕이 남긴 유조의 내용이 『삼국사기』와 『삼국유사』가 다소 다르다.

> B-1. 헌안왕 5년(861), 봄 정월에 왕이 병으로 누운 것이 오래되자 좌우의 신하들에게 말하기를 "과인이 불행하여 아들이 없고 딸만 있다. 우리나라의 옛 일에 비록 善德과 眞德의 두 女主가 있었으나, 그것은 암탉이 새벽을 알리는 일에 가까우니 본받을 바가 못된다. 사위(甥) 응렴은 나이는 비록 어리지만 老成한 덕이 있다. 경들이 옹립해 섬긴다면 반드시 祖宗의 아름다운 업적을 떨어뜨리지 않을 것이니, 과인이 죽더라도 썩지 않을 것이다"라고 하였다.17)
>
> B-2. 그 후 3개월이 지나자 왕은 병이 위독하여 여러 신하들을 불러서 말하기를, "짐은 男孫이 없으니 죽은 후의 일[窀穸之事]은 마땅히 장녀의 남편[長女之夫]인 응렴이 계승해야 할 것이다"라고 하였다. 다음 날 왕이 세상을 떠나니 낭이 遺詔를 받들어 즉위하였다.18)

헌안왕이 죽은 후, 경문왕이 헌안왕의 유조遺詔에 의해 즉위하였다. B-1)의 『삼국사기』에서는 아들이 없고, 여왕의 예는 본받을 바가 아니므로, 노성한 덕이 있는 사위 응렴에게 왕위를 계승한다고 하였다. 반면 B-2)의

---

17) 『三國史記』 卷11, 新羅本紀11, 憲安王 5年.
18) 『三國遺事』 卷2, 紀異2, 景文大王.

『삼국유사』에서는 아들이 없으므로, 장녀의 남편에게 왕위를 계승하는 것이 마땅하다는 것이다. 『삼국사기』에서는 헌안왕의 두 딸을 여식女息, 장長과 제弟로만 일컬은 반면, 『삼국유사』에서는 상공주上公主와 제2공주第二公主의 칭호가 기록되어 있고, 상공주上公主는 장공주長公主로도 기록하고 있다.[19] 응렴이 왕위를 계승하였던 것은 헌안왕의 딸 중에서도 '장녀長女'와 혼인했기 때문이었다. 이로 보아 왕위계승 상에서 '장녀長女', 또는 장녀長女의 사위[壻], 즉 맏사위가 부각되었던 것으로 보아 '취생聚生', 즉 출생 순서가 중요했던 것이다. 사위[여서女壻]의 왕위계승이 왕녀王女의 출생순서에 따라 이루어진 것으로 보아 부계와 모계가 모두 중시된 양계적 친족구조를 기반으로 한 원칙이었음을 알 수 있다.[20]

또한 응렴이 왕의 사위가 되고, 왕위계승자가 된 것이 헌안왕과 김계명의 정치적인 이해관계에 따른 정략이었다고 보기도 한다.[21] 또한 응렴의 혼인과 즉위가 헌안왕이 의도한 결과였다고 보거나,[22] 계명과 응렴이 범교사의 요구에 승복한 것으로 보기도 하고,[23] 또는 헌안왕과 범교사로 대표되는 응렴의 낭도들의 의도대로 이루어진 것으로 보았다.[24] 계명과 응렴은 아들이 없는 왕의 사위가 된다는 것은 곧 왕위계승자가 될 가능성이 높다는 사실을 알았을 것이다. 헌안왕은 응렴에게 공주와 혼인할 의사가 있는지, 있다면 둘 중 누구와 혼인할 것인지 물어봄으로써 왕위계승자가 될 의사가 있는지 제안하였다. 응렴이 부모의 권유가 아닌 범교사의 권유를 따른 것은 왕위계승자가 되겠다는 응렴의 의지였다. 즉 경문왕이 즉위하였던 것은 헌안왕의 의도와 응렴의 의지가 맞물린 결과였던 것이다.

---

19) 『三國遺事』 卷2, 紀異2, 景文大王.
20) 義江明子, 『古代王權論』, 岩波書店, 2011, 173-180쪽.
21) 李基東, 『新羅骨品制社會와 花郞徒』, 一潮閣, 1984, 173쪽.
22) 全基雄, 「新羅 下代末의 政治社會와 景文王家」 『釜山史學』 16, 1989, 5-6쪽.
23) 김창겸, 「신라 경문왕에 대한 연구의 현황과 제안」 『한국 고대사 연구의 현단계』, 주류성, 2009, 845쪽.
24) 張日圭, 「응렴의 결혼과 그 정치적 의미」 『신라사학보』 22, 2011, 185-186쪽.

경문왕의 아버지인 김계명은 희강왕의 아들이고, 경문왕의 어머니인 광화부인은 신무왕의 딸이다.[25] 흥덕왕 사후, 왕위를 두고 균정과 제륭이 쟁탈전을 벌였다.[26] 결국 균정은 죽고, 제륭이 희강왕으로 즉위하는데, 희강왕 역시 김명의 반란으로 왕위를 오래 지속하지 못하였다.[27] 김명이 민애왕으로 즉위하였으나, 김균정의 아들인 우징이 반란을 일으켜 민애왕을 죽이고, 신무왕으로 즉위하였다.[28] 문성왕이 부왕인 신무왕을 이어 즉위하였는데,[29] 이후, 숙부이자, 신무왕의 이복동생인 헌안왕에게 유조로 왕위를 계승하였다.[30] 흥덕왕 사후의 왕위쟁탈전은 제륭과 균정, 즉 희강왕계와 신무왕계 사이에 치열하게 벌어졌다. 희강왕의 아들인 김계명과 신무왕의 딸인 광화부인의 혼인이 안정적인 왕권이라는 정치적 이해관계에 의해 이루어졌음을 알 수 있다.[31] 헌안왕의 즉위에 이어 경문왕의 즉위 역시 왕위쟁탈전의 종식을 의도한 정략에 의한 것이었음을 알 수 있다. 다음으로 경문왕의 왕비에 대해 알아보고자 한다. 다음은 관련 사료이다.

> C-1. 경문왕 원년(861), 景文王이 즉위하였다. 이름은 膺廉이고「응렴은 疑廉라고도 쓴다」 희강왕의 아들인 아찬 啓明의 아들이다. 어머니는 光和夫人「光義라고도 한다」이고, 비는 김씨 寧花夫人이다.[32]
>
> C-2. 제48대 경문왕, 김씨이고, 이름은 응렴이다. 아버지는 啓明 角干으로 義恭大王으로「懿라고도 한다」追封되었는데, 즉 희강왕의 아들이다. 어머니는 신무왕[神虎王]의 딸이고, 光和夫人이다.

---

25) 『三國史記』卷11, 新羅本紀11, 景文王 元年.
26) 『三國史記』卷10, 新羅本紀10, 僖康王 元年.
27) 『三國史記』卷10, 新羅本紀10, 閔哀王 元年.
28) 『三國史記』卷10, 新羅本紀10, 神武王 元年.
29) 『三國史記』卷11, 新羅本紀11, 文聖王 元年.
30) 『三國史記』卷11, 新羅本紀11, 憲安王 元年.
31) 이기동, 앞의 책, 1984, 173쪽.
32) 『三國史記』卷11, 新羅本紀11, 景文王 元年.

妃는 文資□后로 헌안왕의 딸이다. 신사년에 즉위하여, 14년간 다스렸다.33)

C-3. 헌강왕 원년(875), 헌강왕이 즉위하였다. 이름은 晸이고 경문왕의 太子이다. 어머니는 文懿王后이고, 妃는 懿明夫人이다. 왕은 성품이 총명하고 민첩하였으며, 책을 보는 것을 좋아해 눈으로 한 번 본 것은 모두 입으로 외웠다.34)

C-4. 제49대 헌강왕. 김씨이고, 이름은 晸이다. 아버지는 경문왕이고, 어머니는 文資皇后이다. 義明王后이라고도 한다. 을미년에 즉위하여, 11년간 다스렸다.35)

C-5. 경문왕 6년(866), 봄 정월에 왕의 아버지를 懿恭大王으로 추봉하고, 어머니 박씨 光和夫人을 光懿王太后로, 부인 김씨를 文懿王妃로 封했으며, 왕자 晸을 세워 왕태자로 삼았다.36)

C-1과 2는 경문왕의 계보에 관한 기록이다. C-1 『삼국사기』의 기록에 따르면, 경문왕의 아버지는 희강왕의 아들인 아찬계명이고, 어머니는 광화부인光和夫人「또는 광의光義」이다. 왕비는 김씨 영화부인寧花夫人이다. C-2의 『삼국유사』에서는 경문왕의 비妃는 문자□후文資□后라고 하였다. C-3)~4는 헌강왕의 왕계와 관련된 사료로, C-3은 『삼국사기』이고, C-4는 『삼국유사』의 기록이다. 헌강왕의 모에 대해서 C-3은 문의왕후라고 하였고, C-4는 문자황후라고 하였다. C-5는 866년에 경문왕이 그의 부모와 왕비, 왕태자를 책봉한 기사이다. 경문왕은 그의 왕비를 문의왕비로 책봉하였는데, 이는 C-3의 '문의文懿'와 일치한다. 따라서 C-4의 "文資"는 '문의文懿'의 오기이거나 '同音異義'로 동일인물을 지칭한 것으로 여겨진다. 따라서 C-1의 영화부인은 C-2~5와 동일인물로, '문의'는 책봉호임을 알 수 있다. 이처럼 헌강왕은 경문왕과 문의왕후의 적자이고, 왕태자로 책봉을 받

---

33) 『三國遺事』 卷1, 王歷, 景文王.
34) 『三國史記』 卷11, 新羅本紀11, 憲康王 元年.
35) 『三國遺事』 卷1, 王歷, 憲康王.
36) 『三國史記』 卷11, 新羅本紀11, 景文王 6年.

앉으므로, 적법한 왕위계승자로서 정통성을 확보한 왕이었다.

요컨대 헌안왕은 문성왕의 유조에 의해서 즉위하였고, 경문왕은 헌안왕의 유조에 의해서 즉위하였다. 또한 헌안왕의 왕비는 선강왕의 딸이고, 경문왕의 딸은 헌안왕의 딸로서 모두 왕녀이다. 헌안왕과 경문왕의 혼인과 즉위는 예영계와 인겸계의 결합을 의미하는데, 이는 희강왕, 민애왕, 신무왕에 이르기까지 격화되었던 예영계와 인겸계 간의 왕위를 둘러싼 갈등을 종식시키는 의미를 지닌 것이었다. 헌강왕은 예영계와 인겸계의 계승자였다.

2) 헌강왕계의 왕위계승 양상

헌강왕은 경문왕의 적자이자 왕태자이다. 875년에 경문왕의 적장자이자, 태자인 정이 헌강왕으로 즉위하였다. 『삼국사기』에는 875년 7월에 경문왕이 죽었다고 기록하고 있으나, 「낭혜화상백월보광탑비명朗慧和尙白月葆光塔碑銘」에서는 876년(헌강왕 2년) 봄에 경문왕이 병으로 죽었다고 하였다.[37] 헌강왕 사후, 부계친의 적장자가 없었기 때문에 형제, 서자, 사위 등 다양한 왕위후계자가 등장하였다.

헌강왕 이후의 왕위계승 양상에 대해서 알아보고자 한다. 우선 헌강왕 사후의 왕위계승은 동모제인 정강왕과 진성왕으로 이어졌다. 다음은 관련 사료이다.

    D-1. 정강왕 원년(886), 정강왕이 즉위하였다. 이름은 晃이고 경문왕

---

37) 崔鈆植, 「聖住寺 朗慧和尙塔碑」 『譯註韓國古代金石文』 3, 韓國古代社會硏究所 編, 1992. "乾符三年春, 先大王不預, 命近侍曰, 亟迎我大翳王來. 使至, 大師曰, 山僧足及王門, 一之謂甚. 知我者, 謂聖住爲無住, 不知我者, 謂无染爲有染乎. 然顧與吾君有香火因緣, 忉利之行有期矣, 盍就一訣 復步至王居, 設藥言, 施箴戒, 覺中愈, 擧國異之. 旣踰月, 獻康大王居翌室, 泣命王孫勛榮諭旨曰, 孤幼遭閔凶, 未能知政. 致君奉佛誧濟海人, 與獨善其身, 不同言也. 幸大師無遠適所, 居唯所擇. 對曰, 古之師則六籍在, 今之輔則三卿在. 老山僧何爲者, 坐蝗蠹桂玉哉. 就有三言, 庸可留獻, 曰, 能官人.

의 둘째아들이다.38)

D-2. 정강왕 2년(887), 여름 5월에 왕이 병이 악화되자 시중 준흥에게 말하기를 "내 병이 위독해 다시 일어나지 못할 것이 틀림없는데, 불행하게도 대를 이을 아들이 없다. 그러나 누이동생 曼은 천품이 명민하고 골격이 흡사 장부와 같으니, 그대들은 마땅히 선덕왕과 진덕왕의 옛 일을 본받아서 왕으로 세우는 것이 좋겠다."라고 하였다.39)

D-3. 진성왕 원년(887), 진성왕이 즉위하였다. 이름은 曼이고 헌강왕의 누이동생[女弟]이다. 「최치원 문집 제2권의 謝追贈表에는 "臣 坦이 아룁니다. 엎드려 칙지를 받자오니 죽은 아버지 신 凝을 추증해 太師로 삼고, 죽은 형 晸을 太傅로 삼았습니다."라고 하였고, 또 納旌節表에는 "신의 맏형 국왕정이 지난 光啓 3년(887) 7월 5일에 갑자기 성스런 시대를 버렸고, 신의 조카 嶢는 아직 돌도 되지 않았는지라, 신의 둘째 형 晃이 임시로 나라를 다스리던 바, 또 1년도 넘기지 못하고 멀리 세상을 떠났습니다."라고 하였다. 이로써 말하자면 경문왕의 이름은 凝인데 본기에는 膺廉이라 하였고, 진성왕의 이름은 坦인데 본기에서는 曼이라 했다. 또 정강왕 晃은 광계 3년에 죽었는데 본기에는 2년에 죽었다고 하니, 모두 어떤 것이 옳은지 알 수 없다.」40)

　D 사료는 『삼국사기』의 기사로, 정강왕과 진성왕의 즉위 관련 사료이다. D-1의 정강왕은 경문왕의 둘째아들[第二子]라고 한 반면 D-3의 진성왕은 헌강왕의 누이동생[女弟]라고 하였다. 『삼국유사』에서는 정강왕이 민애왕의 동모제[母弟]라고 하였는데, 이는 오류임이 분명하다.41) D-2에서 정강왕이 누이동생[妹]인 만에게 왕위를 물려주었는데, 이로 보아 정강왕은 경문왕의 아들로, 헌강왕의 동생임을 알 수 있다. 반면 진성왕은 『삼국유사』에

---

38) 『三國史記』 卷11, 新羅本紀11, 定康王 元年.
39) 『三國史記』 卷11, 新羅本紀11, 定康王 2年.
40) 『三國史記』 卷11, 新羅本紀11, 眞聖王 元年.
41) 『三國遺事』 卷1, 王歷, 定康王.

서 정강왕의 같은 어머니의 누이동생[同母妹]이라고 하여,42) 선왕과의 관계를 기록하였다. 이는 『삼국사기』 즉위조와 『삼국유사』 왕력에서 선왕과의 관계를 중심으로 현왕을 기록하는 서술상의 특징에 부합한다.

D-3에서 진성왕을 부왕인 경문왕의 딸, 또는 선왕인 정강왕의 동모제로 기록하지 않고, 헌강왕의 누이동생으로 기록하였다는 점이 주목된다. 또한 D-3의 납정절표納旌節表에서 진성왕은 정강왕이 즉위한 이유가 헌강왕의 아들인 요가 아직 돌도 되지 않았기 때문이라고 하였다. D-3의 납정절표의 원문이 지금 남아 있지 않아서 전문을 파악할 수는 없다. 납정절표에 따르면, 진성왕은 헌강왕 사후, 왕위계승의 우선권이 헌강왕의 아들에게 있었다고 인식하였음을 알 수 있다. 진성왕이 요가 어려서 정강왕이 임시로 왕위를 계승하였으나, 일찍 죽었다고 기술한 것으로 보아 진성왕 역시 임시로 왕위를 맡은 것으로 보았을 것이다. 즉 왕위의 정통성의 근거를 경문왕이 아닌 헌강왕에서 찾고 있음을 알 수 있다.

이처럼 헌강왕의 정통성은 후대왕의 왕위 계승의 근거가 되었다. 특히 효공왕은 서자로서 즉위한 유일한 왕이다. 다음은 관련 사료이다.

  E-1. 효공왕 원년(897), 헌강왕의 庶子이고 어머니는 김씨이다.43)
  E-2. 제52대 효공왕. 김씨이고, 이름은 嶢이다. 아버지는 헌강왕이고, 어머니는 文資王后이다. 정사년에 즉위하여, 15년간 다스렸다. 師子寺의 북쪽에서 화장하고, 뼈를 仇知堤의 동쪽 산허리에 묻었다.44)
  E-3. 겨울 10월에 헌강왕의 서자 嶢를 태자로 삼았다. 앞서 헌강왕이 사냥을 갔다가 지나는 길 옆에서 자태가 아름다운 한 여자를 보았다. 왕이 마음속으로 사랑하여 뒤쪽 수레에 태우게 해서 왕의 장막에 이르러 야합했는데, 곧 태기가 있어 아들을 낳았다. 그가

---

42) 『三國遺事』 卷1, 王歷, 眞聖女王.
43) 『三國史記』 卷12, 新羅本紀12, 孝恭王 元年.
44) 『三國遺事』 卷1, 王歷, 孝恭王.

장성하자 몸과 용모가 뛰어났고 이름은 嶢라 했다. 진성왕이 이 말을 듣고 안으로 불러들여 손으로 그 등을 어루만지며 말하기를 "나의 형제자매는 골격이 다른 사람들과는 다른데, 이 아이의 등 뒤에 두 뼈가 솟아 있으니 진실로 헌강왕의 아들이다."하고, 즉시 담당 관리에게 명하여 예를 갖추어 받들어 태자로 봉하고 공경하게 하였다.[45]

E-4. 진성왕 11년(897), 여름 6월에 왕이 좌우 신하에게 이르기를 "근년 이래 백성이 곤궁하고 도적이 벌떼처럼 일어나니, 이는 나의 부덕한 탓이다. 어진 이에게 왕위를 넘겨주기로 나의 뜻은 결정되었다."고 하고, 태자 요에게 왕위를 넘겨주었다. 이에 당나라에 사신을 보내 표문으로 아뢰기를 "① 신이 삼가 말씀드립니다. 義仲의 관직에 있는 것이 신의 본분이 아니고, 延陵의 절개를 지키는 것이 신의 좋은 방책인가 합니다. ② 신의 조카 嶢는 신의 죽은 형 정의 아들인 바, 나이는 바야흐로 15세를 바라보고 그 그릇됨이 종실을 일으킬 만하기에 밖에서 구할 필요 없이 안에서 천거했습니다. 근래 들어 이미 그로 하여금 번국의 일을 임시로 맡게 하여 나라의 재난을 진정시키고 있사옵니다."라고 하였다.[46]

E-1은 효공왕의 왕계에 대한 『삼국사기』의 기록이고, E-2는 『삼국유사』의 기록이다. E-2에서 효공왕의 어머니를 문자왕후라고 하였는데, 헌강왕의 모가 문자왕후이다. 따라서 이 기록은 착오 또는 오기로 보인다. E-3은 진성왕이 헌강왕의 서자인 요를 태자로 삼았다는 기록이다. 헌강왕이 사냥을 나갔다가 한 여인을 만났고, 야합하여 요를 낳았는데, 진성왕이 불러다가 태자로 삼았다는 것이다. E-4는 진성왕이 태자 요에게 양위를 하고, 이를 당에 알리는 내용이다. E-4의 양위표讓位表는 최치원이 작성한 진성왕의 '양위표'[47] 중 중요 내용을 소략하게 기록한 것이다. 그에 따르면, ① 진성

---

45) 『三國史記』 卷12, 新羅本紀12, 眞聖王 9年.
46) 『三國史記』 卷12, 新羅本紀12, 眞聖王 11年.

왕은 왕위를 감당하기 부족한데, ② 태자인 요는 헌강왕의 아들이고, 나이도 15세이므로 종통宗統을 이을 자격이 있으므로 양위를 하게 되었다는 것이다. 즉 진성왕은 헌강왕의 아들인 요를 정당한 왕위계승권자로 인정하고, 요가 성장할 때까지 왕위를 일시적으로 맡고 있었다고 인식하였던 것으로 보인다.

효공왕에게는 왕위를 계승할 후계자가 없었기 때문에 국인들이 추대하여 신덕왕이 즉위하였다. 신덕왕은 신라 말의 첫 박씨왕이다. 신덕왕이 왕위를 계승할 수 있었던 자격에 대해서 알아보고자 한다. 다음은 관련 사료이다.

> F-1. 신덕왕이 즉위하였다. 성은 박씨이고 휘는 景暉이니, 아달라왕의 먼 후손이다. 아버지는 乂兼「또는 乂謙」이니 정강대왕을 섬겨 대아찬이 되었다. 어머니는 貞和夫人이고, 비 김씨는 헌강대왕의 딸이다. 효공왕이 죽고, 아들이 없자, 國人이 추대하여 즉위하였다.[48]
>
> F-2. 경명왕이 즉위하였다. 휘는 昇英이고, 신덕왕의 태자이다. 어머니는 義成王后이다.[49]
>
> F-3. 경애왕이 즉위하였다. 휘는 魏膺이고, 경명왕의 同母弟이다.[50]
>
> F-4. 경순왕이 즉위하였다. 휘는 傅이고, 문성대왕의 후손이고 孝宗 이찬의 아들이다. 어머니는 桂娥太后이다. 견훤이 세워서 즉위하였다.[51]
>
> F-5. 제53대 신덕왕. 박씨이고, 이름은 景徽인데, 본명은 秀宗이다. 어머니는 眞花夫人이다. 부인의 아버지는 順弘 角干인데, 시호를 成虎大王으로 추증하였고, 할아버지는 元弘 角干으로 何達□王

---

47) 서거정편, 최치원저, 『東文選』 43, 表箋, 讓位表.
48) 『三國史記』 卷12, 新羅本紀12, 神德王 元年.
49) 『三國史記』 卷12, 新羅本紀12, 景明王 元年.
50) 『三國史記』 卷12, 新羅本紀12, 景哀王 元年.
51) 『三國史記』 卷12, 新羅本紀12, 敬順王 元年.

의 세대가 먼 자손이다. 아버지는 父元 伊干이고, 興廉大王으로 추봉하였다. 할아버지는 文官 海干이다. 義父는 銳謙 角干이고, 宣成大王으로 추봉하였다. 妃는 資成王后이고, 懿成 또는 孝資라고도 한다. 임신년에 즉위하여, 5년간 다스렸다. 화장하여 뼈를 箴峴의 남쪽에 묻었다.[52]

F-6. 제54대 경명왕. 박씨이고, 이름은 昇英이다. 아버지는 神德이고, 어머니는 資成이다. 왕비는 長沙宅으로 大尊 角干이며, 추봉된 聖僖大王의 子[53]이다. 大尊, 즉 水宗 伊干의 아들이다. 정축년에 즉위하여, 7년간 다스렸다. 皇福寺에서 화장하여, 뼈를 省等 仍山의 서쪽에 뿌렸다.[54]

F-7. 제55대 경애왕. 박씨이고, 이름은 魏膺이다. 景明의 母弟이다. 어머니는 資成이다. 갑신년에 즉위하여, 2년간 다스렸다.[55]

F-8. 제56대 경순왕. 김씨이고, 이름은 傅이다. 아버지는 孝宗 伊干으로, 神興大王으로 추봉하였다. 할아버지는 官□ 角汗으로, 懿興大王으로 봉해졌다. 어머니는 桂娥太后로 헌강왕의 딸이다.[56]

F-1~4는 『삼국사기』 신라본기이고, F-5~8은 『삼국유사』 왕력이다. F-1과 5는 신덕왕, F-2와 6은 경명왕, F-3과 7은 경애왕, F-4와 8은 경순왕의 기사이다. 신라 하대의 첫 박씨왕인 신덕왕이 즉위한 이후, 신덕왕의 아들인 경명왕과 경애왕이 즉위하였다. 이후 견훤이 김씨인 경순왕을 즉위시켰다.

신덕왕이 박씨인 점에 대해서 효공왕이 신덕왕의 누이를 왕비로 삼은 것을 계기로 성을 김씨에서 박씨로 바꿨다고 본 견해가 제시되기도 하였는데,[57] 이를 '개성改姓'의 경우로 보기는 어렵다.[58] 하대에 신라가 당과

---

52) 『三國遺事』 卷1, 王歷, 神德王.
53) 子는 女의 誤記일 것이다.
54) 『三國遺事』 卷1, 王歷, 景明王.
55) 『三國遺事』 卷1, 王歷, 景哀王.
56) 『三國遺事』 卷1, 王歷, 敬順王.
57) 井上秀雄, 「新羅朴氏王系의 成立」, 앞의 책, 1974, 321-374쪽.
58) 이종항, 앞의 논문, 1975 ; 조범환, 앞의 책, 2018, 47-48쪽, 각주3.

교류할 때 왕모와 왕비의 성씨를 그 아버지의 가운데 이름자나 박씨로 알렸는데, 이는 신라의 왕실혼인이 김씨 간의 동성혼이었음을 알리고 싶지 않았기 때문이었다.59) 이 경우, '개성改姓'은 외교를 위한 편의에 따른 방편일 뿐이었고, '개성改姓'의 대상 역시 왕모 또는 왕비 개인에 국한되었다. 따라서 신덕왕가가 박씨로 개성했다고 보기는 어렵다.

또한 F-1에서는 신덕왕의 가계에 대한 기록이 소략한 반면, F-5는 보다 상세한 기록을 전하고 있다. F-1에서는 신덕왕의 부모와 처에 대해서만 기록하였는데, 특히 아버지는 예겸, 어머니는 정화부인이라고만 하였다. 반면 F-5에서는 부계와 모계에 대해서 증조까지 기록하였고, 예겸이 친부가 아닌 의부義父라는 사실도 적시하였다. 신덕왕의 모계는 모母인 진화부인-외조부外祖父인 순홍 이간-외증조外曾祖인 원홍 각간이고, 부계는 부父인 부원 이간-조부祖父인 문관 해간이다. 신덕왕의 모를 F-1에서는 '정화부인貞和夫人'이라고 하였고, F-5에서는 '진화부인眞花夫人'이라고 하였는데, 이 역시 동일인물을 동음이의어로 기록하는 과정에서 생긴 오류로 보인다. F-5에서 신덕왕의 외증조부가 아달라왕의 자손이었다는 점이 주목된다.60) 신덕왕의 부와 조부는 각각 이찬과 해찬이었던 것으로 보아 진골귀족으로, 김씨였을 것이다. 따라서 신덕왕이 2세기에 재위하였던 박씨왕인 아달라의 후손으로, 박씨를 칭했던 것은 모계를 따른 것임을 알 수 있다.

신덕왕 이후, 그의 아들이 차례로 왕위를 계승하였다. F-2와 6의 경명왕, F-3과 7의 경애왕은 동모同母의 형제간이다. 『삼국사기』의 기록인 F-1에서는 신덕왕의 비는 김씨로 헌강대왕의 딸이라고만 기록하였고, F-2에서는 경명왕의 어머니는 의성왕후義成王后라고 하였다. 『삼국유사』의 기록에서는 F-5에서 신덕왕의 왕비는 자성왕후資成王后이고, 의성懿成 또는 효자孝資라고도 한다고 하였고, F-6과 7에서 경명왕과 경애왕의 어머니는 자성資成

---

59) 이현주, 「신라 하대초기 왕실여성의 책봉과 의미」 『신라사학보』 42, 2018a, 385쪽, 389쪽.
60) 정구복 외, 『역주 삼국사기』 3 주석편(상), 한국정신문화연구원, 1997, 369쪽.

이라고 하였다. 신덕왕의 왕비이자 경명왕과 경애왕의 어머니는 의성왕후(또는 자성왕후)로, 헌강왕의 딸임을 알 수 있다. 신덕왕이 즉위할 수 있었던 대외적인 조건은 '헌강왕의 사위'라는 것이었고, 실질적으로는 효공왕대 정치세력의 지지, 즉 국인國人의 추대에 의한 것이었다.[61]

또한 경순왕의 어머니 역시 헌강왕의 딸이다. F-4 『삼국사기』에서 계아태후로 기록하였는데, F-8에서 계아태후가 헌강왕의 딸이라고 명시하였다. 경순왕의 아버지는 효종인데, 진성왕이 그의 노성老成함을 보고, 헌강왕의 딸과 혼인시켰다.[62] 신덕왕과 경순왕은 헌강왕의 사위이고, 경명왕과 경애왕은 헌강왕의 외손이다. 따라서 의성왕후와 계아태후는 헌강왕의 딸로서 신라말 왕권의 정통성을 확보하는 지지기반이었음을 알 수 있다. 의성왕후는 신라 하대의 3명의 박씨왕인 신덕왕, 경명왕, 경애왕의 지지기반이었고, 계아태후는 경순왕의 지지기반이었다.[63] 즉 헌강왕의 딸인 자성왕후와 계아태후는 왕위의 정통성을 보증하고, 왕권의 정당성을 확보하는 역할을 했던 것이다.

이처럼 헌강왕 사후, 헌강왕의 형제, 서자, 사위, 외손을 중심으로 왕위가 계승되었음을 알 수 있다. 즉 헌강왕가의 왕통은 왕위의 정통성의 근거로 작용하였고, 왕권의 정당성을 확보하는 지지기반이 되었던 것이다.

---

61) 효공왕 사후, 김효종과 박경휘는 헌강왕의 女壻이고, 효공왕과 처남·매부로 김씨왕실과의 관계가 동일한 조건이었다. 김효종이 아닌 박경휘가 왕위를 계승한 것은 계강, 예겸, 모계 등의 지지세력이 있었기 때문이었다(조범환, 앞의 책, 2018, 49-57쪽).
62) 『三國史記』 卷48, 列傳8, 知恩.
63) 신라 하대에는 왕위의 정통성을 수립하기 위하여 父系 못지않게 母系가 중시되었다. 이는 신라 하대에 '태후'의 위상을 높이는 요소 중 하나였다. 王母의 출신은 부계적 정통성이 미약할 경우에 왕권의 정통성을 입증하고, 부계가 동일할 경우에 차별적 지위를 부여하는 결정적인 요소로 작용하였다(이현주, 「신라 종묘제의 변천과 태후」 『사림』 66, 2018b, 183-184쪽).

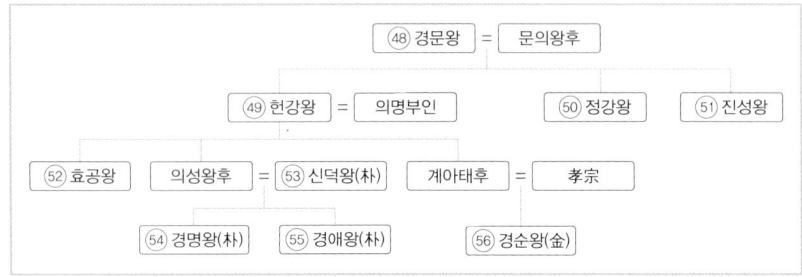

그림1 경문왕가의 왕위계승도

2. 헌강왕계의 왕위계승과 '의부모義父母'

헌강왕 사후의 왕위계승 양상을 살펴보고, 이를 통해 헌강왕가의 왕통이 왕위의 정통성과 정당성의 근거가 되었음을 알 수 있었다. 다만 헌강왕의 서자인 요가 적법한 왕위계승권자로 인정받게 된 배경과 박씨인 신덕왕이 왕위를 계승한 배경에 대해서 보다 구체적으로 살펴볼 필요가 있다. 우선 효공왕의 모와 관련된 사료를 검토하고자 한다.

『삼국사기』에 기록된 효공왕의 어머니에 대한 기록은 E-1에서 김씨, E-3에서 길에서 야합한 여인이다. 또한 『삼국유사』에서는 E-2에서 문자왕후라고 하였는데, 문자왕후는 헌강왕의 어머니이므로, 착오임을 알 수 있다. 이처럼 『삼국사기』 즉위조와 『삼국유사』 왕력에서는 효공왕의 어머니에 대한 기록이 상세하지 않다. 이에 헌강왕의 왕비와 효공왕의 생모는 누구인지에 대해 살펴보고자 한다. 이와 관련하여 다음의 불국사 광학장光學藏의 시주와 관련된 서書와 문文이 주목된다.

G-1. 불국사 光學藏①「註: 媛妃 權氏가 머리를 깎고 중이 되었는데, 법호는 秀圓 또는 光學이다.」의 왼쪽 벽에 모신 화상은 ②贈太傅憲康大王「註: 景文王의 元子이며, 太傅로 추증되었고 이름은

聚이다. 唐 乾符 을미에 즉위하였고 왕위에 있은 지 12년이다」인데, 脩媛 權氏가 받들고 명복을 빌기 위해 건립하였다.64)

G-2. 故 全州大都督 金公「蘇判公 順憲은 大城의 아들이다」은 少昊氏의 아득한 후예이며 太常의 令孫이다. (중략) ③ 부인은 덕이 난초와 혜초처럼 향기롭고, 예는 마름이나 흰쑥처럼 깨끗했는데, 갑자기 남편[所天]을 잃었기에 죽은 목숨과 같았다. 풀죽은 마음을 쓸어안고 절개를 맹세하여 구름같은 머리털을 깎아 모습을 바꾸고 淨財를 희사하여 명복을 빌었다. ④ 中和 6년 병오년(886) 5월 10일에 삼가 석가여래불상幡 1탱[幀]에 수를 놓고, 받들어 소판공을 위해 장엄구로 고하는 것을 마쳤다.65)

G-3. 불제자 어린 자매는 일찍이 선한 인연에 의지하여 귀족의 자제로서 태어났으나, 어린 나이에 어버이를 잃고 가느다란 숨을 몰아쉬며 살고자 하였습니다. …… 비로소 (시집가서) 婦德을 닦게 되었으나 얼마 되지 않아 부부가 해로하는 일이 어긋나 버렸습니다. 닷새만에 돌아오겠다던 아름다운 기약은 날로 날고 멀어져만 가고, 三星[壽星]이 높다랗게 늘어서 있다가 저마다 흩어져 버렸으니 운우의 정은 참으로 허망한 꿈 일 뿐이요, 부형에 대한 그리움은 슬픈 정회를 다 표현하기 어렵습니다. …… 이제 돌아가신 아버지 夷粲 및 오라버니의 명복을 빌고자 벼 3천 섬을 서울 동산 光學 寢陵과 불국사의 表訓·瑜伽·圓測의 三聖講院에 함께 희사합니다.66)

G-4. 동생은 남의 며느리가 되어 재상가의 공이 되고, (저는) 婦道를 받들어 행하여 王家의 본보기가 될 줄 어찌 기약이나 했겠습니까? …… 괴연히 홀로 있으면서 망연자실하여 죽은 듯이 지내지만, 그렇다고 임금의 곁을 떠나 정성을 아릴 수 없는지라 부질없이 비구니나 본받고자 할 따름입니다. …… 마침내 죽은 아

---

64) 崔英成,「華嚴佛國寺毘盧遮那佛文殊普賢菩薩像讚幷書」『崔文昌侯全集』 2 (孤雲文集), 아세아문화사, 1999, 213-214쪽.
65) 崔英成,「王妃金氏「金大城三世孫女也」爲考繡釋迦如來像幡讚幷書」, 앞의 책, 1999, 213-214쪽.
66) 崔英成,「王妃金氏奉爲先考及亡兄追福施穀願文」, 앞의 책, 1999, 238-239쪽.

우를 위해 불국사 光學藏에 명복을 빌고 稻穀 1천 섬을 경건히 바칩니다.67)

G 사료는 최치원이 찬술한 것으로, 불국사에서 전승되어 오던 자료이다. G-1은 수원 권씨가 헌강왕을 위해 화상을 제작하여 불국사 광학장의 왼쪽 벽에 모셨다는 내용이다. G-2는 중화 6년, 즉 헌강왕 12년(886)에 소판공 김순헌이 죽었고, 이에 그의 부인이 남편[所天] 죽음을 슬퍼하여 비구니가 되고, 재물을 희사하여 명복을 빌었다는 내용이다. 1740년에 활암동은이 편찬한『불국사고금창기佛國寺古今創記』에서는 "王妃金氏爲考"라는 구절이 덧붙여져 전해진다.68) G-2의 ③에서는 김순헌의 부인이 남편[所天]을 위해 명복을 빌었다고 하였고, ④에서는 왕비김씨가 죽은 아버지[考]를 위해 석가여래상번을 바쳤다고 하였다. 즉 소판공 김순헌의 부인과 딸은 각각 그의 남편과 아버지를 위해 명복을 빌었음을 알 수 있다. 김순헌의 딸은 왕비 김씨, 즉 헌강왕의 비인 의명부인이었을 것이다.

G-3은 왕비 김씨가 죽은 아버지와 오라버니를 위하여 벼 3천섬을 광학침륭과 불국사 3성 강원에 희사한 내용이다. G-4는 왕비 김씨가 죽은 여동생을 위해 도곡稻穀 1천 섬을 광학장에 바치고 명복을 빌었다는 내용이다. G-1-4에서 시기를 특정할 수 있는 사료는 G-1과 2에 한정되고, G-3과 4는 특정 시기나 명칭을 확인 할 수 없다. 다만 최치원이 덧붙인 협주 ①에서 수원 권씨의 법호가 광학인 것으로 보아, 광학장의 명칭은 수원 권씨에 의해 비롯되었을 가능성이 크다.69) 따라서 G-3과 4의 왕비 김씨 역시 G-1과 동시기였을 것으로 보인다. G-1의 ②에서 '증태부헌강대왕贈太傅憲康大王'

---

67) 崔英成,「王妃金氏奉爲亡弟追福施穀願文」, 앞의 책, 1999, 234쪽.
68) 이문기는 "王妃金氏爲考"의 구절이 후대에 가필된 것으로, 역사적 사실과 부합하지 않으므로, 오류 또는 조작으로 보았다(李文基,「崔致遠 撰 9세기 후반 佛國寺 關聯資料의 檢討」『新羅文化』26, 2005 :『신라 하대 정치와 사회 연구』, 학연문화사, 2015 재수록, 148-154쪽, 170-176쪽).
69) 이문기, 앞의 책, 2015, 162-163쪽.

로 지칭한 것으로 보아 헌강왕 사후였음을 알 수 있다.70)

G-1 권씨의 경우, 9세기 말에 권씨의 성이 실재했다고 보기도 하고,71) 신라 왕실내의 김씨 족내혼을 숨기기 위해 최치원이 개서改書했을 것으로 보기도 하였다.72) 또한 G-1의 수원 권씨와 G-2의 왕비 김씨가 동일인물일 가능성이 제시되기도 하였으나,73) 양자를 동일인물로 보기는 근거가 부족하다. 다만 G사료는 동시기에 작성된 것으로 보이므로, 수원권씨와 왕비김씨 모두 헌강왕의 비였을 것이다. 이에 왕비 김씨를 의명부인으로 비정하기도 하고, 이는 효공왕의 생모였을 것으로 보기도 하였다.74) 이와 관련하여 효공왕이 책봉한 태후의 기록이 주목된다.

> 효공왕은 2년(898), 봄 정월에 어머니 김씨를 높여 義明王太后로 삼았다.75)

헌강왕의 왕비는 C-3의 『삼국사기』에서 의명부인懿明夫人이라 하였고, C-4의 『삼국유사』에서 의명왕후義明王后라고 하였다. '의명懿明'과 '의명義明'은 동음이의어로 동일인물을 지칭한 것으로 여겨진다. 헌강왕의 비인 의명부인과 의명왕후, 효공왕의 모인 의명왕태후는 동일인물이었을 것이다. 다만 수원권씨를 왕비 또는 왕후였던 의명왕태후와 동일인물로 보기는 어렵다.

---

70) 이문기는 최치원이 당에 2번째로 입당한 진성왕 7년(893) 이후에 작성된 것으로 보았다(앞의 책, 2015, 165쪽).
71) 김창겸, 앞의 책, 2003, 67쪽, 각주102.
72) 이문기, 앞의 책, 2015, 182-183쪽.
73) 전기웅, 앞의 책, 2010, 199쪽, 각주17.
74) 효공왕의 생모와 의명왕태후를 동일인물로 본 견해와(李文基, 앞의 논문, 2007a, 152쪽, 186-190쪽 ; 김수태, 앞의 논문, 2015, 256-258쪽 ; 선석열, 앞의 논문, 2015, 145-147쪽), 효공왕의 생모와 의명왕태후를 다른 인물로 본 견해로 나뉜다(이영호, 「통일신라시대의 왕과 왕비」『신라사학보』22, 2011, 48-49쪽 ; 金昌謙, 앞의 논문, 2011, 63-67쪽, 235쪽).
75) 『三國史記』卷12, 新羅本紀12, 孝恭王 2年.

그리고 요의 생모는 출신신분이 불명확한데다가 요嶢 역시 적자가 아닌 서자庶子로, 이례적으로 태자가 된 경우였다. 정비인 왕후가 낳은 소생을 서자庶子로 칭하고, 궁 밖에서 양육했다고 보기는 어렵다. 따라서 요의 생모는 헌강왕의 정비인 의명부인이 아니었음을 알 수 있다. 즉 헌강왕에게는 정비인 의명부인 외에 수원 권씨, 요의 생모 등 후궁이 있었던 것이다. 따라서 위의 사료에서 의명왕태후는 헌강왕의 정비正妃인 의명부인이었을 것이다.

헌강왕대에 헌강왕의 정비正妃인 의명부인이 왕후王后가 아닌 부인夫人으로 칭해졌던 것은 왕위계승자인 아들을 출산하지 못하였기 때문이다.76) 신라 하대에는 왕의 배우자는 부인夫人으로 칭해졌고, 이들 중 별도의 책봉册封 절차를 거쳐 정비正妃인 왕후가 될 수 있었다. 또한 정비正妃인 왕후 책봉은 차기 왕위계승권자인 태자와 연동된 사안이었다.77) 따라서 의명부인은 요嶢가 즉위함에 따라 비로소 왕태후의 칭호와 지위를 가지게 되었던 것이다. 의명부인은 헌강왕의 서자인 요가 즉위하자, 헌강왕의 正妃 자격으로, 현왕의 모후母后 지위인 왕태후로 책봉되었다.78) 즉 의명부인은 효공왕의 '생모生母'가 아닌 '의모義母'였고, 효공왕은 헌강왕비인 의명왕태후의 지지 하에 왕권의 정당성을 확보할 수 있었다. 또한 효공왕은 즉위 후에 왕실혼인을 통해 왕비를 맞아들였다. 다음은 관련 사료이다.

> 효공왕 3년(899), 봄 3월에 이찬 乂謙의 딸을 맞아들여 왕비로 삼았다.79)

효공왕은 이찬 예겸의 딸을 왕비로 맞아들였다. 의명부인과 예겸은 모

---

76) 李炫珠, 『新羅 王室女性의 稱號變遷 硏究』, 성균관대학교 박사학위논문, 2013, 141-143쪽.
77) 이현주, 앞의 논문, 2018a, 377-380쪽.
78) 李炫珠, 앞의 논문, 2013, 141-143쪽.
79) 『三國史記』 卷12, 新羅本紀12, 孝恭王 3年.

두 헌강왕대의 인물로, 각각 헌강왕의 정비이자 시중이었다.[80] 그러나 의명부인은 태자를 생산하지 못하였고, 예겸은 헌강왕 6년 시중에서 물러났다. 헌강왕 사후 그의 형제들인 정강왕과 진성왕대를 거쳐 이들의 영향력이 쇠퇴하였다.[81]

이후 헌강왕의 서자인 요嶢가 즉위함에 따라 의명부인은 왕태후로서, 예겸은 왕비세력으로서 왕실일원의 중추를 점하게 되었던 것이다.[82] 진성왕 9년(895)에 요嶢를 맞아들이고, 태자를 책봉한 후 진성왕 11년(897)에 왕위를 양도한다. 진성여왕이 요嶢에게 왕위를 양위하게 된 배경으로는 의명부인과 예겸세력의 압력도 일정 부분 작용하였으리라는 점을 유추할 수 있다. 그리고 이들 세력은 왕태후와 왕비의 부父라는 지위를 통해 왕실에 영향력을 행사할 수 있었던 것이다.

예겸의 영향력은 신덕왕의 즉위과정에도 영향을 미쳤다. 효공왕은 후계가 없이 죽었고, 신덕왕이 국인의 추대에 의해 왕으로 즉위하였다. 신덕왕의 왕위계승에 영향력을 미칠 수 있었던 존재는 헌강왕비인 의명왕태후와 효공왕비이다. 실질적으로 효공왕비의 부父인 예겸과 예겸세력의 영향력이 컸을 것이다.

예겸은 F-1에서 신덕왕의 아버지라고 하였으나, F-5로 보아 사실상 신덕왕의 친부가 아닌 의부였음을 알 수 있다. '의부義父'는 '생부生父'가 아니지만, '부父'로 여기는 것을 말하는데, 어머니의 남편인 '계부繼父', 또는 처의 부父인 '장인丈人', 또는 자구 그대로 '의義로 맺은 부자父子관계'의 의부

---

80) 『三國史記』 卷11, 新羅本紀11, 憲康王 元年.
81) 헌강왕은 즉위 직후에 위홍을 상대등으로, 예겸을 시중으로 삼았는데(『三國史記』 卷11, 新羅本紀11, 憲康王 元年), 헌강왕 6년에 예겸이 시중에서 물러난 것은 위홍이 예겸세력을 견제하려 했기 때문일 가능성이 크다(전기웅, 앞의 책, 2010, 117쪽). 경문왕의 親弟인 위홍은 진성왕 2년(888)에 죽었는데, 죽은 후 惠成大王로 추봉될 정도로 정치적 영향력이 컸던 인물이었다.
82) 예겸이 정치적으로 다시 활동할 수 있었던 시기는 효공왕에게 딸을 납비했던 무렵부터였을 것이다(李基東, 앞의 책, 1984, 46쪽). 의명왕태후의 지지 하에 예겸이 납비할 수 있었을 것이다.

가 이에 해당한다. 신덕왕의 비의 경우, 헌강왕의 딸이므로, 예겸은 계부 또는 의부였음을 알 수 있다.

헌강왕 사후, 헌강왕의 형제, 서자, 사위, 외손을 중심으로 왕위가 계승되었음을 알 수 있다. 즉 헌강왕가의 왕통은 왕위의 정통성의 근거로 작용하였고, 왕권의 정당성을 확보하는 지지기반이 되었다. 효공왕은 헌강왕의 서자로서 즉위하였고, 신덕왕은 헌강왕의 사위로서 즉위하였다. 이들의 즉위는 실질적으로 '의부모義父母'의 정치적 지원에 인해 가능할 수 있었다. 의명부인은 '의모義母'로서 효공왕의 즉위를 지지하였고, 예겸은 '의부義父'로 신덕왕의 즉위를 지지하였던 것이다.

이처럼 헌강왕 이후, 왕위계승이 헌강왕계의 협소한 범주를 중심으로 계승되었다. 왕위계승 양상 또한 부계친의 적장자 계승이 아닌 형제, 서자, 여서 계승으로 이어졌다. 이로 인해 헌강왕 이후의 왕들은 왕권의 정당성을 확보하기에는 왕위의 정통성에서 한계가 있었다. 신라 말의 골품제의 붕괴는 왕위계승에서도 노정되었다. 효공왕과 신덕왕의 즉위는 표면적으로는 경문왕가의 헌강왕계 왕통으로 왕위를 계승한 것이었으나, 실질적으로는 '의부모義父母'의 정치적지지 하에 왕위를 계승하고, 왕권을 유지한 것이었다.

3. 왕위계승권과 왕실여성의 상관성

신라 하대의 첫 왕인 선덕왕은 780년에 혜공왕이 피살되고, 즉위하였다.[83] 선덕왕과 원성왕은 부자간의 계승이 아니었을 뿐만 아니라 무력이

---

83) 『三國史記』에서는 이찬 金志貞 등이 반란을 일으켰고, 이를 김양상과 김경신이 진압하였으나, 혜공왕이 끝내 반란군에 의해 피살되었다고 하였다(『三國史記』卷9 新羅本紀9, 惠恭王 16년). 반면 『三國遺事』에서는 김양상, 즉 선덕왕에게 피살되었다고 하였다(『三國遺事』卷2, 紀異2, 景德王·忠談師·表訓大德).

개입된 상황이었으므로 왕위의 정통성이 부족하였다. 선덕왕과 원성왕은 즉위 직후에 부모를 대왕과 태후로 추봉하였고, 이를 통해 왕권의 정당성을 확보하고자 하였다.84) 또한 선덕왕과 원성왕은 오묘제를 개편하여 왕위의 정통성을 천명하였다. 선덕왕의 오묘제는 시조대왕-태종대왕-문무대왕-성덕대왕개성대왕으로 구성되었고, 원성왕의 오묘제는 시조대왕-태종대왕-문무대왕-흥평대왕-명덕대왕으로 구성되었다. 선덕왕은 외조부인 성덕왕의 신위를 오묘五廟에 포함시켰고, 원성왕은 직계 4조를 추봉하고, 오묘五廟에 친묘親廟인 2묘만을 개편하였다.85) 선덕왕은 외조부를 통해 중대 왕통을 계승함으로써 왕권의 정당성을 확보하였고, 원성왕은 중대의 오묘제를 계승하고, 직계4조를 추봉하여 부계의 수직적 정통성을 수립하였다.

원성왕 이후, 신라 하대의 왕위계승은 원성왕계를 중심으로 이루어졌다. 원성왕 사후, 원성왕의 적장자인 인겸의 장자인 소성왕이 즉위하였으나, 당의 책봉이 신라에 도착하기도 전에 사망하였다. 이후, 소성왕의 적장자인 애장왕이 13세의 나이로 즉위하였고, 애장왕이 어렸기에 숙부인 김언승이 섭정을 하였다.86) 애장왕 10년(809)에 왕의 숙부인 김언승과 김제옹이 반란을 일으켰고, 애장왕을 죽이고 김언승이 왕위에 올랐다.87) 소성왕과 헌덕왕, 흥덕왕은 원성왕의 장자인 인겸과 성목태후의 아들들이다. 소성왕의 아들인 애장왕과 헌덕왕, 흥덕왕은 원성왕가의 인겸계로 부계적 지지기반이 동일하다. 왕위를 찬탈한 흥덕왕으로서는 왕위의 정통성을 확보하기 위해서 애장왕과는 다른 모계를 강조하여야 했다. 애장왕 9년에 소성왕비의 책봉문서를 요청하였던 것은88) 헌덕왕이 즉위와 왕권의 정당성 확보를 위한 정지작업이었다. 즉 부계가 동일하므로, 왕권의 정당성을 확보하고,

---

84) 이현주, 앞의 논문, 2018a, 368-371쪽.
85) 이현주, 앞의 논문, 2018b, 177-179쪽.
86) 『三國史記』 卷10 新羅本紀10, 哀莊王 元年.
87) 『三國史記』 卷10 新羅本紀10, 哀莊王 10年.
88) 『三國史記』 卷10 新羅本紀10, 哀莊王 9年.

왕위의 정통성을 내세우기 위해 모계를 통해 차별적 위상을 부각하였던 것이다.[89]

홍덕왕 사후, 원성왕의 4대손인 희강왕, 민애왕, 신무왕 사이에 왕위를 둘러싼 쟁탈전이 벌어졌다. 왕위계승권은 인겸계에서 예영계로 넘어갔는데, 예영계의 3대손인 균정과 4대손인 제륭사이에 왕위를 둘러싸고, 쟁탈전이 일어났다. 즉 예영계의 헌정의 아들인 제륭이 長孫으로서 계승할지, 3대손인 균정이 계승할지의 문제였던 것이다. 결국 균정이 죽었고, 왕위는 제륭에게 이어졌다. 희강왕이 즉위한 후, 김명에게 핍박을 받아 자살했고, 김명이 민애왕으로 즉위하였다.[90] 홍덕왕 사후의 왕위계승분쟁은 표면적으로는 예영계 후손 간의 다툼이었으나, 실질적으로는 균정과 제륭을 내세운 김명과의 대립구도로 전개되었다.[91] 「그림 2」는 신라 하대 원성왕부터 경순왕까지의 왕위계승도이다.

그림2 신라 하대 원성왕~경순왕의 왕위계승도

---

89) 이현주, 앞의 논문, 2018a, 384-391쪽.
90) 『三國史記』 卷10 新羅本紀10, 僖康王 3年; 『三國史記』 卷10 新羅本紀10, 閔哀王 元年.
91) 尹炳喜, 「新羅 下代 均貞系의 王位繼承과 金陽」 『歷史學報』 96, 1982, 67쪽; 李基東, 앞의 책, 1984, 165쪽; 권영오, 앞의 책, 2011, 154쪽.

김명은 인겸계이다. 그럼에도 불구하고, 김명이 처음부터 왕위쟁탈전의 전면에 나서지 않았던 것으로 보아, 균정과 제륭에 비해 왕위를 계승할 정당성이 부족했음을 알 수 있다. 흥덕왕 사후에 왕위가 인겸계인 김명에게 계승되지 않고, 예영계 간의 왕위계승분쟁이 야기되었던 것은 헌덕왕비인 귀승랑이 태후로서 차기 왕위계승권에 간여한 결과였다. 귀승랑은 태후로서 왕위계승권자를 지정하고, 지지할 권한을 가졌던 것이다. 제륭이 왕위계승 후보자로 부상하였던 것은 예영계인 태후 귀승랑과 충공계인 처妻 문목부인과 처남妻男 김명의 지지로 가능했다.[92]

이처럼 헌덕왕의 왕권은 당의 책봉을 받은 성목태후, 즉 왕모王母의 차별적 지위를 통해 강화되었다. 신라 하대의 태후는 왕위계승권자를 선정하는 것에 영향력을 미칠 수가 있었고, 이와 같은 태후의 역할은 태후의 위상을 높이는 수단이 되었다. 또한 신라 하대 태후의 지위와 권한은 그의 혈연적 계통성에 의해 정당화되었다.

이와 관련하여 신라왕 중 동모제同母弟와 이모제異母弟로 왕위를 계승한 사례를 살펴보고, 왕모의 출신을 알아보고자 한다. 우선 동모제同母弟로 왕위를 계승한 왕은 신라 상고기에는 첨해왕,[93] 신라 중대에는 성덕왕,[94] 경덕왕,[95] 신라 하대에는 헌덕왕,[96] 흥덕왕,[97] 정강왕,[98] 진성왕,[99] 경애왕[100]이고, 이모제異母弟로 왕위를 계승한 왕은 헌안왕 1인이다.[101] 신라

---

92) 이현주, 「신라 하대초기 왕위계승과 태후의 역할」 『여성과 역사』 29, 2018c, 239-241쪽.
93) 『三國史記』 卷2, 新羅本紀2, 沾解 尼師今 元年.
94) 『三國史記』 卷8, 新羅本紀8, 聖德王 元年.
95) 『三國史記』 卷8, 新羅本紀8, 景德王 元年.
96) 『三國史記』 卷10, 新羅本紀10, 憲德王 元年.
97) 『三國史記』 卷10, 新羅本紀10, 興德王 元年.
98) 『三國史記』 卷11, 新羅本紀11, 定康王 元年. 『三國遺事』 王曆篇 정강왕조에서 "閔哀王之母弟"라고 하였는데, 여기서의 민애왕은 헌강왕의 오기일 것이다.
99) 『三國史記』 卷11, 新羅本紀11, 眞聖王 元年.
100) 『三國史記』 卷12, 新羅本紀12, 景哀王 元年.
101) 『三國史記』 卷11, 新羅本紀11, 憲安王 元年.

하대에 동모제同母弟로서 왕위를 계승한 사례가 다수인데, 다른 시기에 비해 하대의 비중이 높음을 알 수 있다.

다음으로 왕녀王女 출신의 왕모王母를 살펴보고자 한다. 신라 상대에는 자비왕의 어머니인 아로부인은 실성왕의 딸이고,[102] 진흥왕의 어머니는 지소부인으로, 법흥왕의 딸이었다. 신라 중대에는 왕녀王女 출신의 왕모王母가 보이지 않는다. 신라 하대에는 선덕왕의 어머니가 성덕왕의 딸이다.[103] 헌안왕은 신무왕과 조명부인의 아들이고, 조명부인은 충공, 즉 선강대왕의 딸이다. 또한 헌강왕, 정강왕, 진성왕의 어머니는 문의왕후, 헌안왕의 딸이다. 경명왕과 경애왕은 의성왕후의 아들이고, 의성왕후는 헌강왕의 딸이다. 경순왕의 어머니인 계아태후 역시 헌강왕의 딸이다. 이처럼 상고기의 자비왕, 중고기의 진흥왕, 하대의 선덕왕, 헌안왕, 헌강왕, 정강왕, 진성왕, 경명왕, 경애왕, 경순왕의 어머니, 즉 왕모王母가 왕녀王女이다. 이처럼 신라 하대에 왕녀 출신 왕모의 사례가 상대적으로 많음을 알 수 있다. 특히 헌안왕 이후, 왕녀王女출신의 왕모王母의 비중이 매우 높다.

경문왕가의 성립은 경문왕과 왕녀인 영화부인의 결합으로 이루어졌고, 적통계승자인 헌강왕을 중심으로 헌강왕계의 형제, 자매, 서자, 사위가 계승하였다. 헌강왕 이후, 왕위계승이 헌강왕계의 협소한 범주를 중심으로 계승되었다. 왕위계승 양상 또한 부계친의 적장자 계승이 아닌 형제, 서자, 여서 계승으로 이어졌다. 이로 인해 헌강왕 이후의 왕들은 왕권의 정당성을 확보하기에는 왕위의 정통성에서 한계가 있었다. 신라 말의 왕녀출신 왕후와 태후는 현왕의 정통성이 미약할 경우에 왕통 계승의 매개자로서 왕위계승의 정당성을 지지하는 역할을 하였다.

신라 하대왕실의 왕위계승은 적장자嫡長子, 동모제同母弟, 이모제異母弟, 동모매同母妹, 서자庶子, 여서女壻 등 다양한 양상을 보이고 있다. 이는 하대

---

102) 『三國遺事』 卷1, 王曆1, 慈悲麻立干.
103) 『三國史記』 卷9, 新羅本紀9, 宣德王 元年.

왕실 내의 근친혼에 기반한 왕위계승으로, 왕통은 신라 하대 전기는 원성왕가, 신라 하대 후기는 경문왕가로 구분된다. 원성왕가 내에서 3세대는 인겸계와 예영계로 나뉘었고, 4세대는 예영계 내의 헌정계와 균정계로 나뉘었다. 헌안왕에 이어 경문왕대에 헌정계와 균정계는 혼인을 통해 화합하였고, 이는 왕위계승으로 이어졌다.

경문왕에 이어 적장자로서 헌강왕이 즉위하였는데, 이후 헌강왕의 동모제同母弟인 정강왕, 헌강왕의 동모매同母妹인 진성왕, 헌강왕의 서자庶子인 효공왕, 헌강왕의 여서女壻인 신덕왕, 헌강왕의 외손外孫인 경명왕, 경애왕, 경순왕이 즉위하였다. 헌강왕은 경문왕과 헌안왕의 왕녀인 영화부인의 적장자였고, 왕태자로서 왕위를 계승하였다. 경문왕은 여서女壻로서 왕위를 계승한 반면, 헌강왕은 왕과 왕녀의 적자로서 왕위를 계승하였다. 즉 부계와 모계의 혈연적 정통성을 계승한 왕이었던 것이다. 이에 경문왕 이후의 왕들은 경문왕가의 정통왕위계승자인 헌강왕의 권위를 계승하여 왕위의 정당성을 확보하였다.

이와 같이 신라는 왕위계승에서 부계친의 적장자계승을 지향하였으나, 하대에는 그 원칙이 지켜지기 어려웠다. 하대왕실은 정치적으로 왕위계승권을 둘러싸고 쟁탈전의 양상이 격화되었다. 또한 하대왕실은 남녀왕족男女王族이 부계와 모계로부터 재산과 권위를 계승하고, 근친혼近親婚을 거듭하여 점차 특수한 권위를 창출하였다.[104] 신라의 왕위계승은 부계와 모계를 동일한 비중으로 중시하는 '양계적 친족구조(bilateral kindred)'를 기반으로, 지위와 재산의 계승은 부계와 모계 및 처계의 역량에 따라 선택적(kin selection)으로 이루어졌다.[105] 하대왕실은 근친혼과 왕위계승에서 부계 못

---

104) 義江明子, 앞의 책, 2011, 180쪽.
105) 이종서는 고려의 '양측적 혈연의식'과 이에 근거한 '양측적 친속조직'의 연원을 신라 하대 진골귀족까지 소급할 수 있다고 보았다. 신라 하대의 박씨왕의 등장에 주목하고, 신라 하대에 '김·박'은 혈족집단을 표현하는 요소가 아니라, 개인의 신분과 특권을 나타내는 요소가 되었다고 본 것이다 (「신라 진골眞骨 성씨의 성립과 기능 변화-친족 관계의 구조 및 변동과 관련하여-」『역사와현실』105, 2017, 231-

지 않게 모계의 혈연적 계통성이 중시되었던 '양계적 친족구조'를 기반으로 하였다. 그로 인해 경문왕가의 헌강왕계는 혈연적 정통성을 신성화하였다.

맺음말

　본 장에서는 신라 하대의 왕위계승권과 '왕실여성'의 상관성에 대해서 고찰하였다. 헌안왕의 왕비는 선강왕의 딸이고, 경문왕의 딸은 헌안왕의 딸로서 모두 왕녀이다. 헌안왕과 경문왕의 혼인과 즉위는 예영계와 인겸계의 결합을 의미하는데, 이는 희강왕, 민애왕, 신무왕에 이르기까지 격화되었던 예영계와 인겸계 간의 왕위를 둘러싼 갈등을 종식시키는 의미를 지닌 것이었다.

　경문왕 이후 헌강왕이 적장자嫡長子로 왕위를 계승하였고, 이후 헌강왕의 동모제同母弟, 동모매同母妹, 서자庶子, 여서女壻에게로 왕위가 계승되었다. 헌강왕은 왕과 왕녀의 적자로서 왕위를 계승하였다. 즉 부계와 모계의 혈연적 정통성을 계승한 왕이었던 것이다. 이에 경문왕 이후의 왕들은 경문왕가의 정통왕위계승자인 헌강왕의 권위를 계승하여 왕위의 정당성을 확보하였다.

　헌강왕가의 왕통은 왕위의 정통성의 근거로 작용하였고, 왕권의 정당성을 확보하는 지지기반이 되었다. 또한 서자인 효공왕의 즉위와 박씨인 신덕왕의 즉위가 가능할 수 있었던 것은 실질적으로 '의부모義父母'의 지지세력이 있었기 때문이었다. 의명부인은 '의모義母'로서 효공왕의 즉위를 지지하였고, 예겸은 '의부義父'로 신덕왕의 즉위를 지지하였다.

　　242쪽). 여기서 주목한 '양계적 친족구조'와는 다른 맥락의 논지 전개이지만, 신라 하대의 연장선상에서 고려의 친족구조를 파악한 관점은 동일하다.

신라 하대, 특히 헌안왕부터 경순왕에 이르기까지 왕녀 출신의 왕후 및 태후의 존재가 다수 보인다. 신라 하대의 태후는 왕위계승권자를 선정하는 것에 영향력을 미칠 수가 있었고, 이와 같은 태후의 역할은 태후의 위상을 높이는 수단이 되었다. 또한 신라 하대 태후의 지위와 권한은 그의 혈연적 계통성에 의해 정당화되었다. 또한 현왕의 정통성이 미약할 경우, 왕녀출신의 왕후와 태후는 왕통의 계승을 매개하고, 왕위계승의 정당성을 지지하는 역할을 하였다. 이처럼 신라하대의 왕위계승은 부계와 모계를 동일한 비중으로 중시하는 양계적 친족구조(bilateral kindred)를 기반으로 이루어졌고, 이는 태후의 역할과 위상을 높이는 요인으로 작용하였다.

맺으며

한국의 고대는 역동적이었다. 역동적인 '고대'에서 여성의 기록은 선택적으로 기록되고, 누락되었다. 여성의 삶의 흔적을 찾아 복원하는 것은 인간의 역사를 총체적으로 파악하기 위해서는 필수적인 작업이다. 신라, 그 중에서 왕실여성에 주목함으로써 한국 고대 여성의 삶을 장기지속적인 관점에서 이해하고자 한다. 격변의 시기, 신라 왕실여성의 삶의 조건은 어떻게 변화했는가.

기존의 고대의 왕실여성에 관한 연구는 제도사적 변천에 주목하지 않았다. 여성에 관한 사료는 단편적인데다가 남성 위주의 편향적인 관점으로 기술되어 있어 여성의 실체는 물론 변화 추이를 찾기가 어려웠다. 따라서 여성 존재양상의 변화 추이를 시기 구분한다거나 단계화하는 작업 역시 이루어지기 어려웠다.

이 책은 한국 고대사의 여성을 주목하고, 조명한다. 여성에 관한 역사 기록은 적다. 남아 있는 기록 역시 단편적이다. 이는 여성사 연구를 어렵게 하는 가장 근본적인 요인이다. 여성사 분야에서 특히 고대사는 이와 같은 한계가 더욱 뚜렷하다. 그렇기 때문에 한국 고대의 여성은 남아 있는 기록에 의거하여, 신모神母와 여사제女司祭의 모습만 부각되었다.

이 책은 이와 같은 고대 여성의 역사 연구의 한계를 정면으로 돌파한다. 한국 고대의 발전 단계에서 여전히 신성한 역할만 부여받은 '여성'의 이미지를 탈피하고, 고대 역사에서 실재한 여성의 모습을 되살리는 것을 목적으로 한다. 신라의 발전단계와 더불어 능동적으로 변화의 중심에 있었던 왕실여성을 주목한다. 이 책은 두 부분으로 구성되어 있다.

첫 번째는 왕실여성과 정치의 상관성을 중심으로 고찰하였다. 특히 왕실여성이 공적영역에서 책봉을 받는 행위에 대한 고찰이 중심이다. 중대

왕권의 안정과 강화를 목적으로 한 체계의 변화의 일환으로 왕실여성의 제도화가 이루어졌다. 신라 중대에 당의 후비제를 수용하였는데, 초기에는 완비된 제도가 아닌 왕실여성 칭호인 '태후'·'왕후' 칭호와 지위만 도입하였다. 이처럼 신라의 왕실여성의 제도화에는 추봉과 책봉, 시호 제정 등의 공식적인 칭호와 위상의 정립에서 비롯되었다. 중대 왕실여성의 칭호는 중대 왕권의 한화적 내정개혁의 연장선상에서 이루어졌다. 신라 왕실여성의 제도가 중대에 '왕후' 책봉이 제도화되고, '정비正妃' 개념이 도입됨으로써 왕후-부인 체계로 성립되었다. 이후 하대에 왕후-부인 체계가 변용되어 결국 신라의 왕후-비·부인 체계로 운영하였다. 그 중심에는 왕실여성의 책봉이라는 공식적인 정치행위가 있었다. 대외적으로 신라와 당과의 외교관계가 신라의 왕실여성의 책봉에 미친 영향, 그리고 대내적으로 신라 내부의 정치적 역학관계에서 신라의 왕실여성의 책봉이 중요시된 배경에 대해 고찰하였다.

두 번째는 왕실여성과 가족의 상관성을 중심으로 고찰하였다. 신라에는 '부계적 가家'와 '비부계적 가家'의 두 가지 원리가 있었다. 신라는 중국의 제반 제도를 수용하여 왕권을 강화하고, 지배체제를 정비하였고, 왕권의 강화와 통치 질서의 수립을 위해 중국의 예제를 기반으로 한 제도를 수용하였다. 상복법과 종묘제, 후비제, 태자제 등은 중국의 예제적 질서를 기반으로 한 제도로 중국 고유의 친족제도인 종법제를 기반으로 한 제도이다. 신라는 당의 후비제를 수용하였지만, 신라의 가족 및 친족제도의 기반 하에 신라의 실정에 맞게 운용하였다. 왕실의 가묘적 성격을 지닌 국가제의인 종묘제는 왕의 부계적 계통성을 기반으로 한 제도인 반면 왕의 즉위와 더불어 이루어진 왕의 부모 추봉은 왕 개인을 중심으로 한 부계와 모계의 위상을 높인 것이었다. 상복법의 도입은 삼국이 부모와 처자로 구성된 '가家'를 통치의 대상으로 새롭게 인식하는 계기가 되었다. 신라의 태자제는 중국의 종법제를 기반으로 하는 적장자 계승을 원칙으로 하는데, 태자제의 수용과 운용은 신라 왕실의 '가족' 인식의 형성에 영향을 미쳤다.

이처럼 중국 종법제에 기반한 제도의 수용이 기존에 있었던 신라의 친족질서를 전면적으로 변화시켰다고 보기는 어렵다. 신라는 중국의 종법제에 근거한 제도가 수용되면서 부계적 가의 개념이 수용되었다. 그러나 여전히 모계 및 처계는 '가家'를 구성하는 중요한 요인이었다. 이처럼 종래 한국의 가족 및 친족제도를 유지하면서 중국의 제도를 수용하여 운용하는 과정에서 양자 간의 괴리, 즉 기존의 사회적 기반과 새로운 제도 사이의 괴리가 발생하였다. 한국 고대의 가족 및 친족 제도의 이원적 운영 원리는 한국과 중국의 가족 및 친족 구조 및 제도 사이의 괴리로부터 비롯한 것이다.

신라는 오랜 기간 왕조를 유지하면서 변화하고, 발전하였다. 신라의 각 발전 단계에는 중국제도의 수용과 주변국과의 교류가 있었다. 신라의 대내외적 발전단계와 맞물려 왕실여성의 정치제도사적 변천도 이루어졌다. 이 책에서 신라 왕실 여성의 공적 영역에 주목하여 그들 역시 동시대의 변화에 조응하며 변화하고 발전하였음을 구체적으로 규명하고자 하였다.

『신라 왕권과 여성』은 신라의 왕실 여성이 유구한 역사적 흐름 속에서 변화하고 발전해 온 과정을 실증적으로 고찰한 연구이다. 이 책은 신라가 주변 국가들과의 교류를 통해 변화하고 발전해 간 양상이 왕실 여성에게 미친 영향을 제도사와 사회사의 관점에서 밝혀내었다.

우선 정치제도사의 관점에서 신라 왕권의 변화와 국제 관계가 왕실 여성의 책봉과 제도에 어떤 영향을 주었는지를 구체적으로 분석하였고, 다음으로 가족사의 관점에서 신라가 중국의 제도를 수용하고 변용한 프로세스를 밝혀내어 신라 가족제의 형성과 특징을 고찰하였다. 이를 통해 신라의 정치·사회적 변화에 따라 왕실 여성의 지위와 역할이 어떻게 역동적으로 변화해 갔는지를 다각도로 분석하여 신라 정치제도 및 가족제도의 역사적 맥락을 '변화와 지속'이라는 관점에서 심층적으로 탐구하였다.

참고문헌

1. 사료 및 자료

『三國史記』『三國遺事』『東文選』『册府元龜』『唐大詔令集』
『舊唐書』『新唐書』「大崇福寺碑銘幷序」「葛項寺石塔記」
崔英成,『註解 崔致遠全集』, 亞細亞文化社, 1998.
韓國古代社會硏究所 編, 1992,『譯註 韓國古代金石文』, 駕洛國史蹟開發硏究院.

2. 저서

권영오,『新羅 下代 政治史 硏究』, 혜안, 2011
金瑛河,『韓國古代社會의 軍事와 政治』, 高麗大學校 民族文化硏究院, 2002
金昌謙,『新羅 下代 王位繼承 硏究』, 景仁文化社, 2003
김복순,『신라화엄종연구』, 민족사, 1990
김수태,『新羅中代政治史硏究』, 일조각, 1996
金昌謙,『新羅下代王位繼承硏究』, 景仁文化社, 2003
김창겸,『신라 하대 국왕과 정치사』, 온샘, 2018
권영오,『신라하대 정치사 연구』, 혜안, 2011
김영하,『新羅中代社會硏究』, 일지사, 2007
김창호,『삼국시대 금석문 연구』, 서경문화사, 2009
권덕영,『古代韓中外交史-遣唐使硏究-』, 一潮閣, 1997
노용필,『한국고대사회사상사탐구』, 한국사학, 2007
박해현,『신라중대정치사연구』, 국학자료원, 2003
백남운,『朝鮮社會經濟史』, 改造社, 1933
신정훈,『8세기 신라의 정치와 왕권』, 한국학술정보, 2010.
申瀅植,『韓國古代史의 新硏究』, 일조각, 1984
선석열,『신라 왕위계승 원리 연구』, 혜안, 2015
李光奎,『韓國家族의 史的硏究』, 一志社, 1977
李基東,『新羅骨品制社會와 花郞徒』, 一潮閣, 1984
李基白,『新羅政治社會史硏究』, 일조각, 1974

李基白, 『新羅思想史研究』, 일조각, 1986
李德星, 『朝鮮古代社會研究』, 正音社, 1949
이문기, 『신라 하대 정치와 사회 연구』, 학연문화사, 2015
李明植, 『新羅政治史研究』, 螢雪出版社, 1992
李佑成, 『韓國中世社會研究』, 一潮閣, 1991
李丙燾, 『國譯三國史記』, 乙酉文化社, 1977
李丙燾, 『韓國古代史研究』, 博英社, 1976
이영호, 『신라 중대 정치와 권력구조』, 지식산업사, 2014
李佑成, 『韓國中世社會研究』, 一潮閣, 1991
李熙德, 『高麗儒敎政治思想의 硏究』, 일조각, 1984
이현주, 『신라 후비제 연구』, 신서원, 2024
張懷承, 『中國學術通史』 隋唐卷, 人民出版社, 2004
장창은, 『신라 상고기 정치변동과 고구려 관계』, 신서원, 2008
전기웅, 『新羅의 멸망과 景文王家』, 혜안, 2010
정구복 외, 『역주 삼국사기』, 한국정신문화연구원, 1997
조범환, 『중세로 가는 길목 신라 하대사』, 새문사, 2018
조범환, 『신라 중대 혼인 정치사』, 일조각, 2022
채미하, 『신라 국가제사와 왕권』, 혜안, 2008
崔英成, 『崔文昌侯全集』 2 (孤雲文集), 아세아문화사, 1999
최재석, 『韓國家族制度史研究』, 一志社, 1983

末松保和, 『新羅史の諸問題』, 東洋文庫, 1954
井上秀雄, 『新羅史基礎研究』, 東出版, 1974
西嶋定生, 『中國古代國家と東アジア世界』, 東京大學出版會, 1983
井上秀雄, 『新羅史基礎研究』, 東出版, 1974
濱田耕策, 『新羅國史の研究: 東アジア史の視点から』, 吉川弘文館, 2002
義江明子, 『古代王權論』, 岩波書店, 2011

3. 논문

李基東, 「新羅下代의 王位繼承과 政治過程」 『歷史學報』 85, 1980
尹炳喜, 「新羅 下代 均貞系의 王位繼承과 金陽」 『歷史學報』 96, 1982
文暻鉉, 「神武王의 登極과 金昕」 『西巖趙恒來교수화갑기념 한국사학논총』, 아

세아문화사, 1992
손홍호, 「9세기 전반 신라의 정치동향과 충공의 역할」 『韓國古代史硏究』 83, 2016
李基東, 「新羅下代의 王位繼承과 政治過程」 『歷史學報』 85, 1980
이기동, 「新羅 興德王代의 政治와 社會」 『국사관논총』 21, 1991
이정란, 「고려 전기 太后의 이념적 지위와 '太后權'의 근거」 『사학연구』 111, 2013
이재환, 「新羅 眞骨의 '家系 分枝化'에 대한 재검토 - 사위의 왕위계승권을 중심으로 -」 『大丘史學』 127, 2017
이현주, 「신라 중대 왕후의 책봉과 위상 정립」 『역사와 현실』 95, 2015
이현주, 「신라 중대 王母의 칭호와 위상-혜공왕대 만월태후를 중심으로-」 『韓國古代史硏究』 85, 2017
이현주, 「신라 하대초기 왕실여성의 책봉과 의미」 『新羅史學報』 42, 2018
이현주, 「신라 종묘제의 변천과 태후」 『史林』 66, 2018
이현주, 「신라 중대 효성왕대 혜명왕후와 '正妃'의 위상」 『한국고대사탐구』 21, 2015
이현주, 「신라 종묘제의 변천과 태후」 『史林』 66, 2018
이현주, 「신라 효경의 수용과 활용」 『韓國思想史學』 64, 2020
尹炳喜, 「新羅 下代 均貞系의 王位繼承과 金陽」 『歷史學報』 96, 1982
윤경진, 「신라 흥덕왕대 체제정비와 김유신 추봉」 『사림』 52, 2015
김창겸, 「신라 승려 心地 연구: 삼국유사 심지계조와 관련하여」 『신라문화제학술발표논문집』 34, 2013
이승현, 「신라의 동궁제도」 『한국고대사연구』 55, 2009
조범환, 「신라 하대 헌덕왕의 부군 설치와 그 정치적 의미」 『진단학보』 110, 2010
김병곤, 「신라 헌덕왕대 부군 수종의 정체성과 태자」 『동국사학』 55, 2013
선석열, 「신라 헌덕왕대의 정치과정과 정교부인의 혼인 문제」 『신라문화』 48, 2016
주보돈, 「신라 하대 김헌창의 난과 그 성격」 『한국고대사연구』 51, 2008
황수영, 「신라민애대왕석탑기-동화사 비로암 삼층석탑의 조사-」 『사학지』 3, 1969
홍승우, 「헌덕왕대 太子妃 貞嬌와 태자」 『新羅文化』 51, 2018
孔炳奭, 「先秦儒家의 喪服制度 - 『禮記』를 중심으로-」 『東洋禮學』 30, 2013
김병곤, 「中國 正史 新羅傳에 記錄된 新羅 初期 王系 및 主要 集團의 出自」 『史學硏究』 91, 2008
김정식, 「唐朝 官人 喪葬 연구의 현황과 과제」 『역사와 세계』 51, 2017
김정식, 「唐 前期 官人 父母喪의 확립과 그 성격」 『中國古中世硏究』 28, 2012

김영하, 「新羅 中代의 儒學受容과 支配倫理」『한국고대사연구』 40, 2005
金哲埈, 「新羅時代의 親族集團」『韓國史研究』 1, 1968
노중국, 「신라 중고기 유학 사상의 수용과 확산」『대구사학』 93, 2008
박초롱, 「지증왕·법흥왕대 왕실 상장례 변화와 그 의미」『한국사상사학』 62, 2019
서영교, 「신라 지증왕대 喪服法과 一夫一妻制」『역사와 세계』 53, 2018
李鎔賢, 「『梁書』·『隋書』·『南史』·『北史』의 新羅傳 비교 검토: 통일이전 신라 서술 중국 사료의 성격」『新羅史學報』 8, 2006
朱甫暾, 「신라 金入宅과 財買井宅」『新羅文化』 46, 2015
全永燮, 「高麗의 律令制와 唐의 禮法- '禮主刑(法)補'의 繼受에 대한 一試論」『역사와 경계』 70, 2009
채미하, 「신라 중대 오례와 왕권 -오례 수용을 중심으로-」『한국사상사학』 27, 2006
홍승우, 「지증왕대 喪服法과 律令」『歷史敎育論集』 74, 2020

관련 연구

1부 신라 왕실여성과 정치

1. 「한국 고대 여성의 역사와 인식-경계넘나들기-」『新羅史學報』 50, 2020
2. 「신라 중대 册封號 授受의 배경과 의미」『新羅文化』 55, 2020
3. 「신라 중대 만월태후의 자기인식과 '성덕대왕신종(聖德大王神鍾)'」『여성과 역사』 27, 2017
4. 「신라 하대초기 왕실여성의 책봉과 의미」『新羅史學報』 42, 2018
5. 「9세기 나당관계와 재당신라인 사회」『역사와 경계』 115, 2020
6. 「신라『효경』의 수용과 활용-」『韓國思想史學』 64, 2020

2부 신라 왕실여성과 가족

1. 「한국 고대의 '가(家)'의 기원: 신라의 골(骨)과 족(族)에 대한 연구사를 중심으로」『가족과 커뮤니티』 8, 2023
2. 「한국 고·중세의 혼인제와 '유녀(遊女)'의 인식-서옥제와 서류부가제를 중심으로-」『여성과 역사』 36, 2022
3. 「신라 유교 가족윤리의 도입과 변용 - 상복법을 중심으로」『新羅文化』 59, 2021
4. 「신라 태자제의 수용과 왕실의 '家族' 인식」『新羅史學報』 55, 2022
5. 「신라 하대초기의 왕위계승과 태후의 역할」『여성과 역사』 29, 2018
6. 「신라 하대 왕위계승권과 왕실여성 - 경문왕가를 중심으로 -」『新羅文化』 56, 2020

찾아보기

[ㄱ]

가족 인식 267
가천하家天下 153
갈항사석탑기 88
강수 146
강태자宣康太子 301
개성改姓 331
경계공간(middle ground) 107, 118, 134
경덕왕 73, 155
경문왕 284, 320, 321
경순왕 285
계아태후 285, 333
계화부인 93
골품제 278
광학장光學藏 334
광화부인 324
교의 예제적 '가家' 개념 231
구당신라소勾當新羅所 114, 116
구당신라압아 114
국학 147
귀승랑 314
김계명 324
김균정 319
김순헌 336

김씨부인묘명 125
김양상 75, 291
김옹 75, 76
김원량 87
김일제金日磾 121

[ㄴ]

나물왕 141, 142
남귀여가혼男歸女家婚 196
납정절표納旌節表 328
눌지왕 142

[ㄷ]

당대종 51
당태종 30
당현종 51
대당고금씨부인묘명 118, 121
대비大妃 49, 93, 96, 98, 101
대숭복사비명 87
대왕大王 84
대왕후大王后 93, 295
독서삼품과 147
동륜銅輪 266
동모제同母弟 275, 277, 284, 326, 332, 343

[ㅁ]
동모형제同母兄弟　98

마운령신라진흥왕순수비　143
만월태후　72, 75, 297
무열왕　269, 281
문목부인　314
문무왕릉비　125
민애왕　284, 311

[ㅂ]
법흥왕　143
봉덕사　58, 72
봉암사지증대사적조탑비　301
부부지의夫婦之義　241, 244
부인夫人　93, 94, 338
불국사고금창기佛國寺古今創記　336
비妃　93, 98
빈민구휼　164

[ㅅ]
사륜舍輪　266
삼모부인　73
삼종지의三從之義　243
상복법　185, 223, 230, 234
상복제　223
서류부가제婿留婦家制　196, 206
서옥제壻屋制　17, 196, 201
선덕왕　83, 128, 282, 292
선화봉사고려도경　202

설총　146
성덕대왕신종　54, 60, 70, 75
성덕왕　36, 40, 43, 58, 129
성모聖母　18
성목태후　88, 91, 101, 283, 294, 296
세속오계世俗五戒　144, 237
소문태후　87
소성왕　90, 293
소호금천씨　124, 126
소호씨금천少昊氏金天　121
솔서제率壻制　196
수원 권씨　336
숙정왕후　88
신덕왕　285, 331
신라 왕실 가족　286
신라게 당인　122
신라왕대비新羅王大妃　47, 50
신라왕비新羅王妃　47, 50, 98
신라왕태비新羅王太妃　98
신모神母　17
신무왕　284, 311
신문왕　35
신정오경新定五經　145

[ㅇ]
압신라발해양번사押新羅渤海兩蕃使
　108, 110, 112, 113
애장왕　92, 271
양계적 친족구조(bilateral kindred)　323, 345

양위표讓位表 329
어주효경 153, 154
여사제女司祭 17
여신女神 18
여신라왕김중희서與新羅王金重熙書 304
여왕女王 19, 162
영화부인 321
예겸 339
예서제豫婿制 196
오묘제五廟制 83, 104, 271
왕녀王女 344
왕모王母 98, 344
왕비王妃 96
왕실 가족 273, 278, 285
왕실여성 19, 43, 55, 72, 294
왕위계승 305, 312, 342, 344
왕태자 279
왕후王后 47, 83, 93, 94, 313, 338, 344
울주천전리서 212
울진봉평신라비 143
원성왕 83, 282, 293
유遊 212
유교의 예제적 '가家' 개념 245, 250
유녀 190, 194, 203, 212
유녀적遊女籍 215
유학 139
의례 226, 228
의명부인懿明夫人 125, 336, 337, 339

의모義母 338
의부모義父母 340
의부義父 332, 339
의성왕후義成王后 285, 332
이모제異母弟 343
임신서기석 143
입당구법순례행 108

[ㅈ]
자녀안恣女案 215
작호爵號 95
재당신라인 108, 126, 131
재당신라인 사회 127, 134
전륜성왕 265, 267
정강 285
정교부인貞矯夫人 302
정비正妃 48, 94, 338
정화부인 332
제한적 처변거주(서류부가형)의 혼인 가족제 197, 202, 208
조명부인照明夫人 319
족내혼 267, 276
종묘제 184, 271, 272, 283, 313
지증왕 224
진덕왕 34
진성왕 160, 162, 285, 329
진흥왕 29, 263, 266

[ㅊ]
책립册立 46

책봉册封   26, 43, 46, 94, 95, 132, 280, 299
추봉追封   83
충공   299, 308
충효양전忠孝兩全   235, 239, 244, 246
충효일본론忠孝一本論   245, 250
충효일체론忠孝一體論   149
측천무후   32, 35

[ㅌ]

태자太子   73, 93, 94, 255, 261, 267, 270, 283, 302
태자제   185, 253, 266, 267, 273, 279
태자책봉   263, 266
태자책봉제도   268
태후太后   69, 83, 84, 93, 294, 304, 312, 314, 344
태후추봉   291
통치이념   140

[ㅎ]

헌강왕   285
헌덕왕   301, 304
헌안왕   319
혜공왕   75, 271
혜화상백월보광탑비명朗慧和尙白月葆光塔碑銘   326
혼인   195
화번공주和蕃公主   50
황복사석탑금동사리함기皇福寺石塔金銅舍利函記   70
황후권皇后權   312
회창폐   115
효   72
효경   137, 148, 153, 156, 245
효공   329
효공왕   334, 338
효녀   156
효성왕   59
효소왕   36, 38
효제孝悌   153
효치   160, 163
효치론孝治論   153
효치천하孝治天下   153, 155
후비제   184, 313
후后   69
희강왕   284, 309, 311

이현주 李炫珠, Hyunju Lee

성균관대학교 박사, 역사학 전공, 신라사
성균관대학교 석사, 역사학 전공, 신라사
성균관대학교 학사, 사회학 전공(역사학 복수전공)
2023.09-2024.08 University of Wisconsin-Madison, Visiting Scholar
아주대학교 인문과학연구소 연구교수
수선사학회, 신라사학회, 한국여성사학회 편집이사 역임
한국고대사학회 평의원

대표저서 :
이현주, 신라 후비제 연구, 신서원, 2024
이현주, 베이지안 네트워크 모델링을 활용한 신라 지배층 가족의 복원, 한국고대사연구118, 2025
Hyunju Lee, Won-tak Joo, Joseph Dennis, Sangkuk Lee, Centralized power, decentralized ambitions: the reconfiguration of local power during the transition from Goryeo to Joseon Korea, HISTORY OF THE FAMILY(2025)
伴瀬明美·稲田奈津子·榊佳子·保科季子 編, 『東アジアの後宮』, 勉誠社, 2023 외 공저 다수.

신라 왕권과 여성

2025년 08월 14일 초판 인쇄
2025년 08월 21일 초판 발행

지 은 이	이현주
발 행 인	한정희
발 행 처	경인문화사
편 집 부	김지선 한주연 김한별 양은경
마 케 팅	하재일 유인순
출 판 신 고	제406-1973-000003호
주 소	경기도 파주시 회동길 445-1 경인빌딩 B동 4층
대 표 전 화	031-955-9300 팩 스 031-955-9310
홈 페 이 지	http://www.kyunginp.co.kr
이 메 일	kyungin@kyunginp.co.kr

ISBN 978-89-499-6874-2 93910
값 29,000원

저자와 출판사의 동의 없는 인용 또는 발췌를 금합니다.